순식간에 벡터 디자인을 생성하는

일러스트레이터 with AI

허준영 지음

길벗 캠퍼스

허준영
제일기획에서 KT, 갤럭시, 에스오일, 삼성화재 등의 통합 광고 아이디어와 영상 및 그래픽 디자인을 총괄한 아트디렉터로 일했습니다. 일본 게이오대학에서 미디어 디자인 박사학위를 취득했고, 현재 호서대학교에서 전임교수로 재직 중입니다.

주요 경력
현재: 호서대학교 시각디자인학과 전임교수
이전: 우송대학교 커뮤니케이션 전공 광고디자인 강의
제일기획 제작본부 아트디렉터
Wieden+Kennedy Tokyo 크리에이티브 어드바이저
HAKUHODO JAPAN 아트디렉터

학력
게이오대학(KEIO University), 미디어 디자인 박사
홍익대학교, 시각디자인 석사
홍익대학교, 광고 멀티미디어디자인학과 학사

순식간에 벡터 디자인을 생성하는
일러스트레이터 with AI

초판 1쇄 발행 • 2024년 11월 29일 | **지은이** • 허준영 | **발행인** • 이종원 | **발행처** • (주)도서출판 길벗 | **브랜드** • 길벗캠퍼스
출판사 등록일 • 1990년 12월 24일 | **주소** • 서울시 마포구 월드컵로 10길 56(서교동) | **대표 전화** • 02)332-0931 | **팩스** • 02)323-0586
홈페이지 • www.gilbut.co.kr | **이메일** • gilbut@gilbut.co.kr | **책임편집** • 신유진(backdoosan@gilbut.co.kr) | **디자인** • 강은경
제작 • 이준호, 손일순 | **영업마케팅 및 교재 문의** • 박성용(psy1010@gilbut.co.kr) | **영업관리** • 김명자 | **독자지원** • 윤정아
전산편집 • 앤미디어 | **CTP 출력 및 인쇄** • 예림인쇄 | **제본** • 경문제책

길벗캠퍼스는 (주)도서출판 길벗의 IT대학교재 출판 브랜드입니다.

ISBN 979-11-407-1158-1(길벗 도서번호 060133)
정가 27,000원

더 쉽게 드로잉하는 방법!
어도비 생성형 AI를 활용한 일러스트레이터 스킬업

디지털 디자인의 세계는 끊임없이 변화하고 있으며, 생성형 AI 기술의 발전은 우리의 디자인 접근 방식을 혁신적으로 변화시키고 있습니다. 『순식간에 벡터 디자인을 생성하는 일러스트레이터 with AI』는 이러한 변화 속에서 디자인 역량을 향상시키기 위해 집필되었습니다.

일러스트레이터로 처음 작업하는 가장 쉬운 생성형 AI

어도비 파이어플라이는 강력한 생성형 AI 도구로, 일러스트레이터와 통합되어 창의적인 작업을 더 효율적이고 직관적으로 만들어 줍니다. 새로운 Generate Vectors 기능을 통해 쉽게 벡터 이미지를 생성할 수 있습니다. 이 책은 혁신적인 도구를 활용하여 디자인 프로세스를 개선하고, 새로운 아이디어를 빠르게 구현할 수 있는 다양한 예제와 실습을 제공합니다.

학교와 실무에서 적용할 수 있는 단계별 생성형 AI

여러분은 단순한 기술적 지식뿐만 아니라 기초 디자인의 본질과 생성형 AI의 상호작용을 이해하고, 이를 통해 독창적인 스타일을 구축하는 것을 목표로 합니다. 각 장에서는 실습을 통해 직접 작업하고, 생성형 AI가 여러분의 실무 디자인 작업에 어떻게 변화를 불러올 수 있는지를 경험할 수 있습니다.

이 책이 여러분의 디자인 여정에 도움이 되기를 바라며, 새로운 도전을 두려워하지 않고 창의력을 발휘하는 계기가 되기를 희망합니다. 벡터 이미지로 만나는 생성형 AI, 함께 이 흥미로운 여정을 시작해 봅시다!

THANKS TO

이 책의 출간을 위해 함께해 주신 하나님께 깊이 감사드립니다. 디자인 소스 제작에 도움을 주신 연구 조교와 기획부터 출간에 이르기까지 세심한 배려를 해 주신 길벗출판사 담당자께도 감사의 말씀을 전합니다. 마지막으로, 기획과 편집을 맡아 주신 앤미디어 담당자분들에게도 고마움을 표합니다.

목차

WEEK 02
기본 도형을 활용한 일러스트레이션 스킬업

WEEK 06
다양한 효과를 더한 프로필 디자인

WEEK 07
비주얼 스토리텔링을 위한 인포그래픽 디자인

WEEK 08

효율적이고 직관적인 타이포그래피

WEEK 09

입체적인 벡터 이미지, 3D 게임 디자인

WEEK 10

투시 기법으로 나타내는 원근감

WEEK 11

끌리는 브랜드 디자인

WEEK 12

시선을 사로잡는 광고 디자인

WEEK 13

알아두면 유용한 포트폴리오 북 디자인

책 내용을 따라할 수 있는 실습 파일은 길벗 홈페이지를 통해 제공됩니다. 길벗 출판사 홈페이지(www.gilbut.co.kr) 검색란에 '일러스트', '일러스트레이터'를 검색 → 해당 도서 자료실의 '실습예제' 항목 → 실습에 필요한 예제 소스 파일을 다운받습니다.

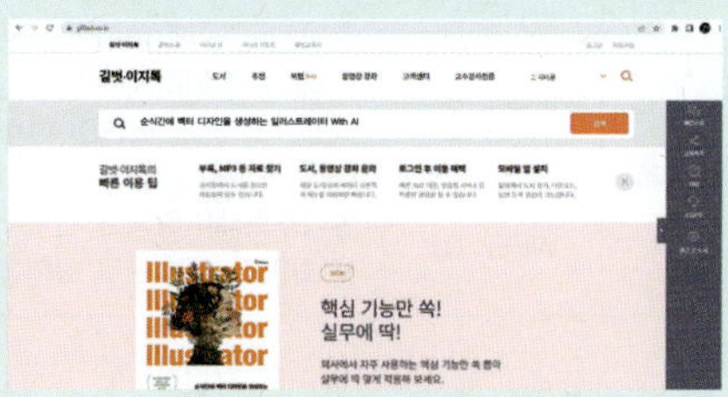

강의 계획서

1. 학습 개요

이 교재는 일러스트레이터의 주요 기능과 생성형 AI를 활용한 디자인 기법을 배우는 과정으로 구성되어 있습니다. 15주 동안 진행되는 수업은 기본 개념부터 고급 기능까지 다양한 디자인 기술을 체계적으로 학습할 수 있도록 설계되었습니다. 주차별 실습을 통해 이론을 학습하고, 생성형 AI를 활용한 혁신적인 디자인 접근 방식을 익힙니다. 또한 인포그래픽, 타이포그래피, 3D 디자인 등 여러 디자인 프로젝트를 통해 실무 능력을 배양할 수 있습니다.

2. 학습 목표

일러스트레이터 기본 이해	일러스트레이터의 기능과 인터페이스를 배우고, 기본 도구와 작업 환경에 익숙해집니다.
디자인 기법 습득	벡터 이미지와 픽셀 이미지의 차이를 이해하고, 다양한 도형과 도구를 활용해 창의적인 디자인을 제작합니다.
생성형 AI 활용	생성형 AI를 이용하여 디자인 생성과 목업 제작 기술을 익혀 최신 디자인 트렌드에 맞춘 작업을 수행합니다.
인포그래픽 및 타이포그래피 디자인	데이터 시각화와 효과적인 타이포그래피 디자인 기법을 학습하고, 이를 실무에 적용하는 능력을 기릅니다.
브랜드 디자인 및 광고 제작	브랜드 로고와 광고 디자인 프로젝트를 생성형 AI를 활용해 제작합니다.
프로젝트 기반 포트폴리오	실제 디자인 작업에 필요한 포트폴리오를 구성합니다. 최종적으로 포트폴리오 북을 만들어 자신의 작품을 정리하고 발표할 수 있는 능력을 갖춥니다.

3. 수업 계획

주차	챕터	학습 목표
1주	WEEK 00	일러스트레이터의 기본 기능과 사용 환경을 이해한다. 프로그램 설치, 벡터와 픽셀 이미지의 차이를 배우고 디자인 소스를 찾는 방법을 익힌다.
	WEEK 01	일러스트레이터의 문서 관리 기능을 파악한다. 홈 화면과 기본 도구 화면을 살펴보고 파일 열기 및 닫기 방법을 연습한다.

2주	WEEK 02	기본 도형과 도구를 활용하여 디자인 능력을 기른다. Tools 패널을 이용한 도형 그리기 및 펜 도구를 활용한 선 그리기 기술을 익힌다.
3주	WEEK 03	패스파인더 기능을 이해하고 활용한다. 오브젝트 병합과 나누기 등을 통해 로고 디자인을 시도하고, 일러스트 재구성 기술을 연습한다.
4주	WEEK 04	캐릭터 디자인 기술을 향상시킨다. 핸드 드로잉으로 캐릭터를 그리고, 이를 디지털화하는 방법을 배운다.
5주	WEEK 05	생성형 AI를 이용한 디자인 기법을 익힌다. Text to Vector Graphic 패널을 살펴보고 AI 프롬프트를 통해 목업 디자인을 생성한다.
6주	WEEK 06	이미지에 다양한 효과를 적용하는 기술을 배운다. 그러데이션, 마스크를 활용한 텍스처 효과 적용 및 이미지 조합 방법을 익힌다.
7주	WEEK 07	그래프 디자인 기법을 습득한다. 다양한 유형의 그래프를 그리고, 디자인 요소를 적용해 시각적으로 매력적인 그래프를 제작한다.
8주	중간 고사	그래프 디자인 능력을 평가한다. 개인 프로필을 디자인하고, 다양한 그래픽 툴을 활용하여 인포그래픽을 제작한다.
9주	WEEK 08	타이포그래피 디자인 기법을 익힌다. 문자 도구 사용법을 배우고, 텍스트 변형을 통해 로고와 포스터를 디자인한다.
10주	WEEK 09	3D 디자인 기법을 이해하고 적용한다. 3D 효과와 아이소메트릭 일러스트레이션을 활용하여 포스터와 게임 디자인을 연습한다.
11주	WEEK 10	원근감 표현 기술을 익힌다. 1, 2, 3점 투시 그리드를 활용하여 다양한 일러스트레이션을 제작한다.
12주	WEEK 11	브랜드 디자인의 기초를 배우고 실습한다. 생성형 AI의 도움을 받아 브랜드 로고와 패키지를 디자인하여 실제 사례를 통해 브랜드 아이덴티티를 이해한다.
13주	WEEK 12	광고 디자인 기법을 익힌다. 브랜드 배너 광고와 생성형 AI를 활용한 인쇄광고를 디자인한다.
14주	WEEK 13	개인 포트폴리오 구성 능력을 기른다. 템플릿 소스를 작성하고 본문에 적용하여 최종적으로 PDF로 내보내는 과정을 진행한다.
15주	기말 발표	포트폴리오 공유 기말 발표

WEEK 00

새로워진 생성형 AI 일러스트레이터를 학습하기 전에

학 습 목 표

일러스트레이터의 기본 기능과 설치 방법을 배우고, 벡터 이미지와 픽셀 이미지의 차이점을 이해합니다. 또한, 일러스트레이터를 활용한 다양한 디자인 분야를 소개하고, 효과적인 디자인 소스와 글꼴을 찾는 방법도 알아봅니다. 마지막으로, 새롭게 추가된 생성형 AI 기술이 일러스트레이터에 어떻게 통합되었는지와 이를 활용한 창의적인 디자인 작업의 가능성을 탐구합니다.

0.1 벡터 이미지와 픽셀 이미지 이해하기

일러스트레이터를 사용하기 전에 벡터 이미지, 픽셀 이미지의 차이점과 특징을 자세히 살펴봅니다. 벡터 이미지와 픽셀 이미지는 각기 다른 장점이 있어 다양한 분야에서 활용하므로 프로젝트의 목적과 요구 사항에 맞는 이미지 형식을 선택하는 것이 중요합니다.

벡터 이미지

벡터 이미지는 일러스트레이터에서 수학 공식과 선, 곡선을 사용해 그리드에 점을 설정하여 만든 이미지로, 픽셀이 없고 도형, 선, 면으로 구성됩니다. 그래서 벡터 이미지는 크기를 조정할 때도 이미지 품질에 영향을 주지 않으며, 수학적 공식으로 구성되어 파일 크기도 작습니다. 또한, 각 요소를 독립적으로 편집해 유연하게 수정할 수 있습니다. 이러한 특성 덕분에 벡터 이미지는 로고, 아이콘, 일러스트레이션, 기술 도면 등 선명한 품질이 필요한 분야에 적합합니다.

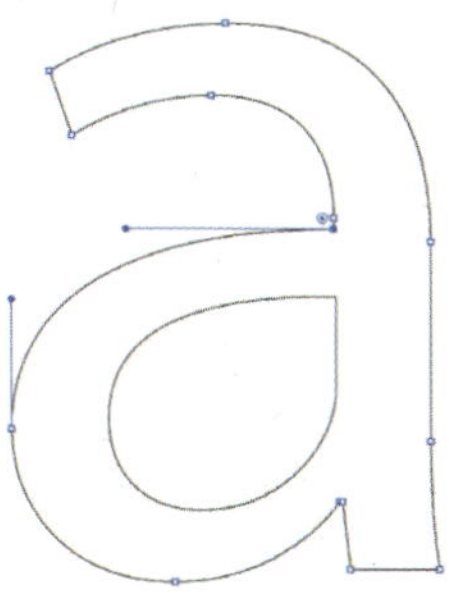

벡터 문자 오브젝트

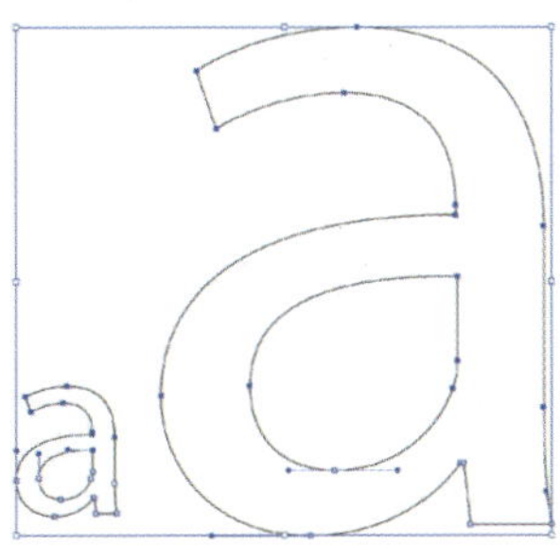

확대해도 이미지 품질에 문제 없음

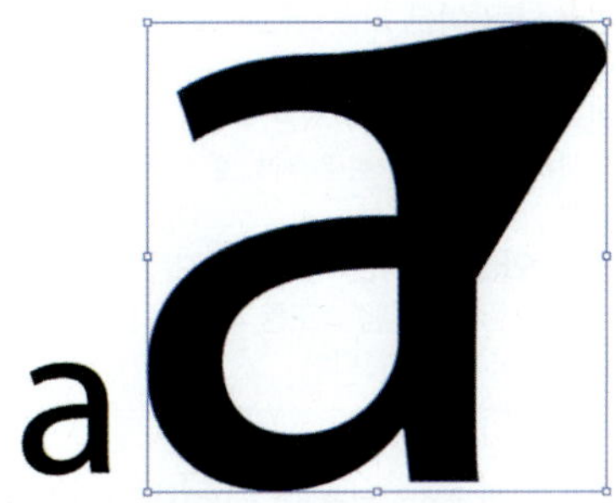

수정의 용이성

픽셀 이미지

픽셀 이미지는 격자 형태의 작은 점들(픽셀)로 구성된 이미지 형식으로, 작은 모자이크의 집합이라고 볼 수 있습니다. 가까이서 보면 사각형들처럼 보이지만, 멀리서 보면 전체 이미지 형태를 이룹니다. 픽셀 격자는 보이지 않지만, 격자를 추가하여 확인할 수 있습니다. 픽셀 이미지는 고정된 해상도를 가지고 있어 크기를 변경하면 화질이 저하됩니다. 또한, 각 픽셀의 정보를 저장해야 하므로 픽셀 수가 많아질수록 파일 크기가 커지며, 전체적으로 편집해야 해서 세부적인 수정이 어렵습니다. 이러한 특성 때문에 픽셀 이미지는 사진, 디지털 페인팅, 웹 이미지, 동영상 등 사실적인 표현이 필요한 분야에 적합합니다.

픽셀 문자 이미지

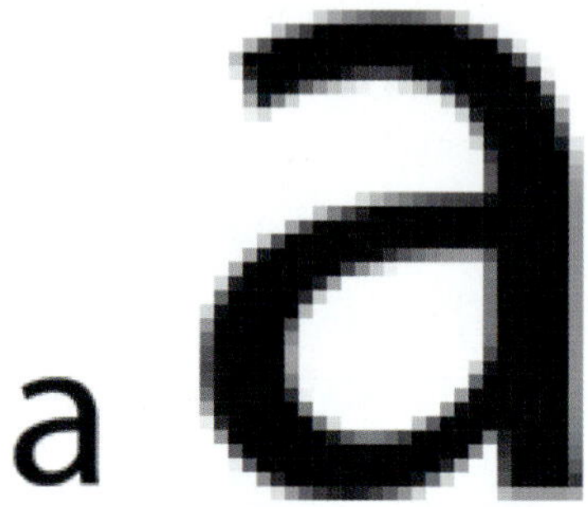

확대하면 이미지 품질에 문제 있음

벡터/픽셀 이미지 활용 분야

벡터 이미지의 활용 분야	픽셀 이미지의 활용 분야
• 벡터 이미지는 해상도에 독립적이므로 로고와 아이콘을 다양한 크기로 사용할 수 있습니다. 이를 통해 일관된 브랜드 이미지를 유지할 수 있습니다. • **일러스트레이션 및 그래픽 디자인:** 벡터 이미지는 편집이 쉬워 일러스트레이션, 기술 도면, 인포그래픽 등을 만들기에 적합합니다. • **인쇄 매체:** 벡터 이미지는 해상도와 관계없이 선명한 품질을 유지하므로 명함, 브로슈어, 포스터 등 인쇄물 제작에 유용합니다. • **웹 및 모바일 디자인:** 벡터 이미지는 파일 크기가 작아 웹과 모바일에서 빠른 로딩 속도를 제공합니다. 아이콘, 버튼, 배너 등의 디자인에 적합합니다.	• **사진 및 디지털 페인팅:** 픽셀 이미지는 세밀한 표현할 수 있어 사진이나 디지털 페인팅, 합성 이미지 제작에 적합합니다. • **웹 및 모바일 이미지:** 픽셀 이미지는 고해상도 세부 표현이 가능하여 웹 페이지, 모바일 앱, 소셜 미디어에서 사용되는 이미지에 잘 어울립니다. • **영화 및 게임 그래픽:** 픽셀 이미지는 사실감 있는 시각 효과를 제공하여 영화, 게임, 애니메이션 등에서 실감 나는 그래픽을 만드는 데 유용합니다. • **편집 및 합성:** 픽셀 이미지는 세밀한 조정이 가능하여 사진 편집, 이미지 합성, 레이어 작업 등에 유리합니다.

TIP **픽셀 이미지를 벡터 이미지로 만드는 방법**

❶ **이미지 스캔 또는 캡처:** 픽셀 이미지를 스캔하거나 디지털 카메라로 촬영합니다.
❷ **이미지 편집 및 최적화:** 이미지 편집 도구를 사용하여 이미지를 최적화합니다.
❸ **이미지 벡터화:** 이미지 편집 도구의 벡터화 기능을 사용하여 픽셀 이미지를 벡터 이미지로 변환합니다.
❹ **벡터 이미지 편집 및 활용:** 벡터 이미지를 편집하고 다양한 용도로 활용할 수 있습니다.

0.2 일러스트레이터를 활용한 디자인 분야 살펴보기

일러스트레이터는 로고, 아이콘, 일러스트레이션, 인쇄물, 웹 및 모바일 앱 디자인, 패키지 디자인 등 다양한 분야에서 유용하고 강력한 벡터 이미지 편집 도구입니다. 디자이너들은 일러스트레이터의 다양한 기능을 활용해 창의적이고 전문적인 디자인 작업을 할 수 있습니다.

CI/BI와 아이콘 디자인

일러스트레이터는 CI 및 BI 로고와 아이콘 디자인에 널리 사용되는 프로그램 중 하나입니다. 벡터 기반 일러스트레이터는 로고와 아이콘을 다양한 크기로 확장하거나 축소해도 일관된 브랜드 이미지를 유지할 수 있습니다. 또한 세부적인 편집이 쉬워 다양한 스타일의 로고와 아이콘을 창의적으로 디자인할 수 있어, 많은 디자이너가 이 벡터 이미지로 로고를 제작하고 있습니다.

일러스트레이션, 도면, 인포그래픽

벡터 기반의 일러스트레이터는 편집이 쉽고 해상도에 영향을 받지 않아 다양한 크기와 매체에 적용할 수 있으므로 일러스트레이션, 기술 도면, 인포그래픽 제작에 특히 적합합니다. 또한 레이어, 펜 및 브러시 도구 등을 활용해 창의적이고 세부적인 일러스트레이션을 만들 수 있습니다.

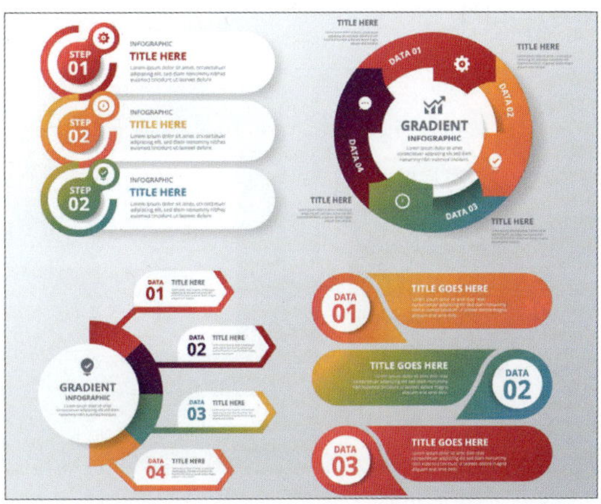

인쇄 디자인

일러스트레이터는 명함, 브로슈어, 포스터 등 인쇄물 디자인에 많이 사용됩니다. 일러스트레이터는 수학적 형식으로 구성되어 있어 품질이 변하지 않아 인쇄 시에도 선명한 품질을 유지할 수 있습니다. 또한 다양한 레이아웃 도구와 문자 기능을 활용해 전문적인 인쇄물 디자인을 할 수 있습니다.

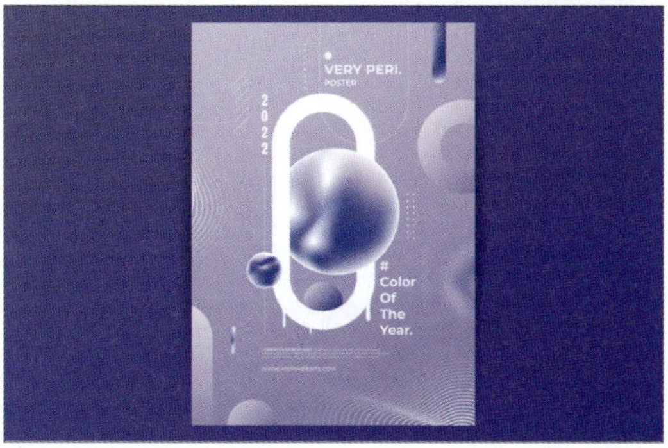

웹/앱 디자인

일러스트레이터는 웹 및 모바일 앱의 아이콘, 버튼, 배너 디자인에 적합하며, 벡터 기반으로 파일 크기가 작아 빠른 로딩 속도와 다양한 화면 크기에 대응할 수 있습니다. 레이어와 마스크 도구를 활용하여 인터랙티브한 디자인도 쉽게 구현할 수 있습니다.

패키지 디자인

일러스트레이터는 제품 패키지 디자인에도 활용되어 다양한 크기와 형태의 패키지에 적용할 수 있고, 세부적인 편집이 가능하여 브랜드 아이덴티티를 효과적으로 표현할 수 있습니다. 또한 3D 기능을 활용해 실제 패키지의 모습을 시뮬레이션할 수 있습니다.

캐릭터 디자인

일러스트레이터는 캐릭터 디자인에 널리 사용되어 세부 형태, 표정, 의상 등을 정교하게 표현할 수 있습니다. 레이어와 마스크 기능을 활용하여 다양한 포즈와 움직임도 표현할 수 있으며, 이를 통해 게임, 애니메이션, 웹툰 등 여러 분야에서 창의적인 캐릭터를 디자인할 수 있습니다.

0.3 디자인 소스와 글꼴 구하기

일러스트레이터로 디자인할 때 필요한 무료 디자인 소스와 글꼴을 구하는 방법에 대해 자세히 알아보겠습니다. 일러스트레이션과 글꼴을 사용할 때는 각 사이트의 이용 약관을 확인해 상업적 용도 사용 여부와 출처 표기 등의 조건을 반드시 준수해야 합니다.

디자인 소스 다운로드 사이트

일러스트레이터로 디자인할 때는 다양한 주제와 스타일의 무료 일러스트레이션이 필요합니다. 다음의 사이트에서는 상업적 용도로도 무료로 사용할 수 있는 고품질 일러스트레이션을 찾을 수 있습니다. 이들 사이트에서는 여러 주제와 스타일의 일러스트레이션을 제공하며, 벡터 이미지 형식으로 되어 있어 일러스트레이터에서 편집하기도 쉽습니다.

- Adobe Stock(stock.adobe.com): 어도비에서 무료 벡터 이미지를 제공하며 구독 서비스를 통해 고품질 벡터 이미지를 다운로드해서 사용할 수 있습니다.

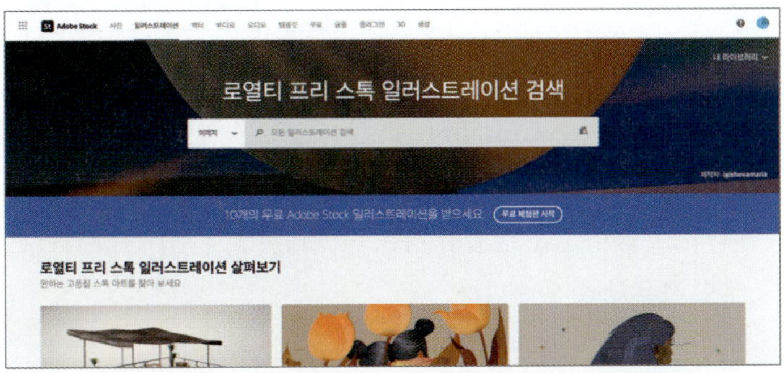

- Freepik(www.freepik.com): 다양한 그래픽 소스를 제공하며, 무료로 다운로드할 경우 출처 표기가 필요합니다. 상업적 용도로 사용하려면 2차 가공이 필요할 수 있습니다.

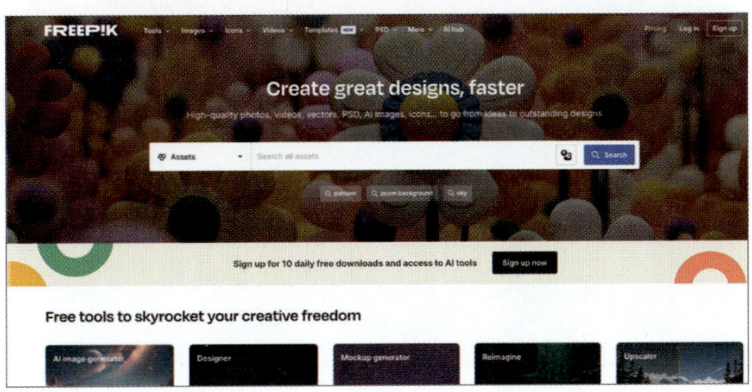

- Ouch by Icons8(icons8.com/illustrations): 다양한 감성의 일러스트레이션을 제공하며, 인공지능을 활용한 일러스트레이터 확장자 파일을 생성할 수 있지만, 구독이나 구매가 필요합니다. SVG 파일도 구독 또는 구매를 통해 이용할 수 있습니다.

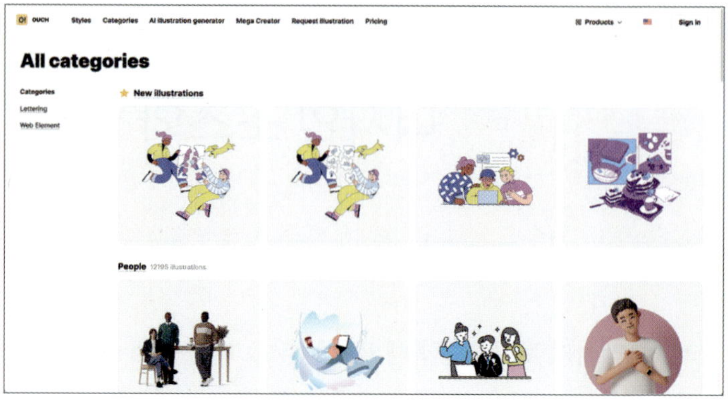

- Free Vector(www.freevector.com): 무료 벡터 이미지를 제공하며, SVG와 PNG 파일을 다운로드할 수 있습니다.

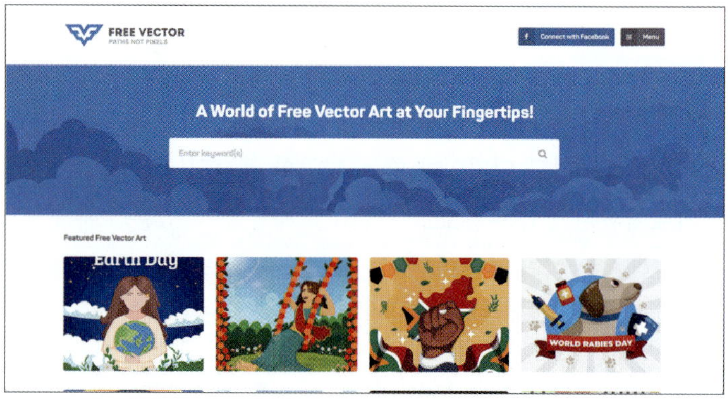

- **어반브러시**(www.urbanbrush.net): 국내에서 무료로 제공되는 일러스트레이션을 상업적 용도로도 사용할 수 있습니다.

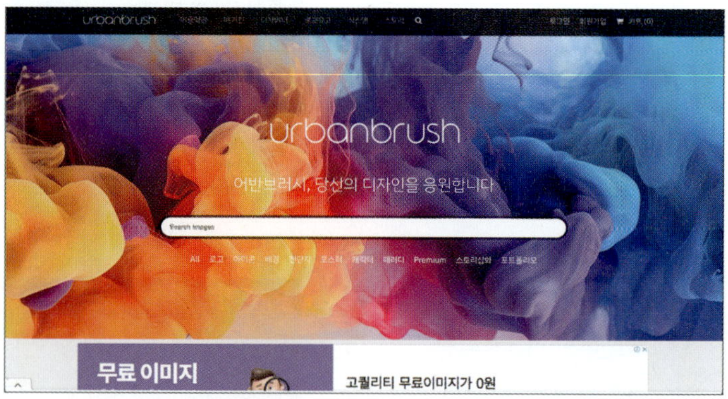

- manypixels(www.manypixels.co/gallery): 다양한 분야의 무료 일러스트레이션을 제공하며, 비상업적 및 상업적 목적으로 모두 사용할 수 있습니다.

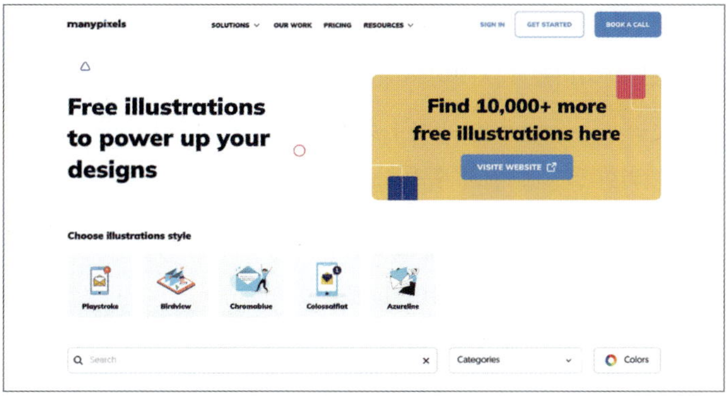

- unDraw(undraw.co/illustrations): 사람과 기술 중심의 모던한 일러스트레이션을 제공하며, 키워드 검색과 색상을 선택할 수 있습니다.

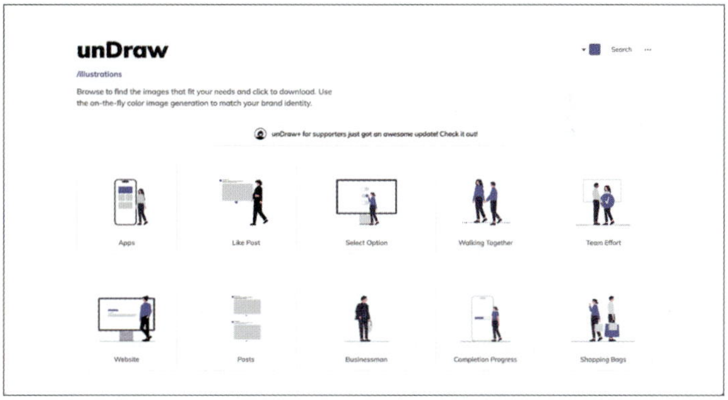

- Pixabay(pixabay.com/ko/): 2백만 개 이상의 저작권 없는 무료 아이콘과 벡터 이미지를 제공합니다.

무료 글꼴 다운로드 사이트

일러스트레이터로 디자인할 때 다양한 글꼴이 필요합니다. 무료 글꼴은 어도비 폰트(Adobe Fonts)나 구글 폰트(Google Fonts)에서 찾을 수 있으며, 상업적 용도로도 사용할 수 있습니다. 일러스트레이터에서는 이러한 글꼴을 쉽게 활용하고 변형할 수 있습니다.

- **Adobe Fonts(fonts.adobe.com)**: 어도비 크리에이티브 클라우드 구독을 통해 무료로 제공되는 한글 및 영문 글꼴을 일러스트레이터에서 쉽게 찾고 활용할 수 있습니다.

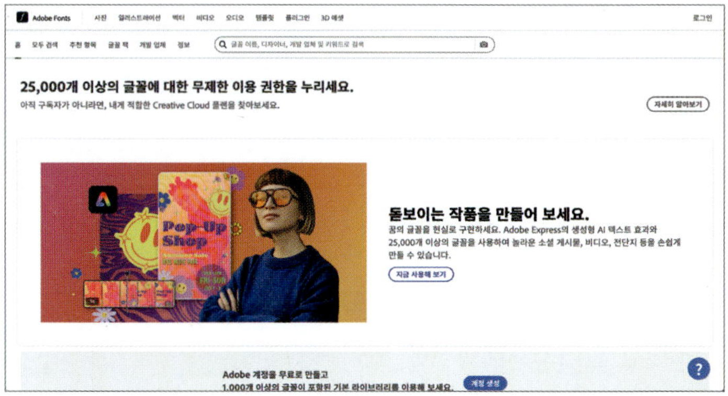

- **기타 무료 글꼴 사이트**: 구글(NOTO) 폰트, 배달의민족, 롯데리아 등의 브랜드 사이트에서도 다양한 무료 글꼴을 제공하고 있습니다.

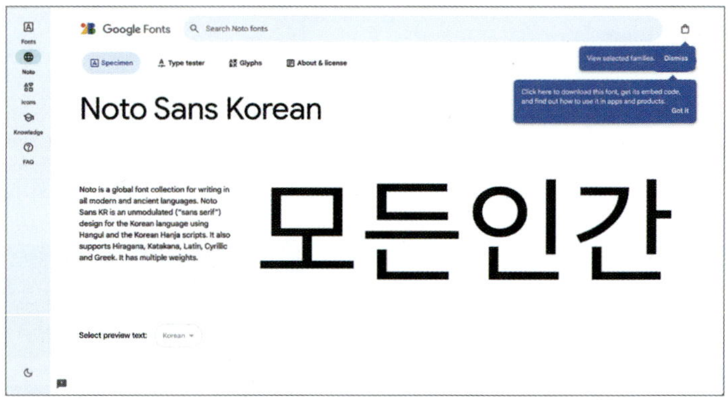

0.4 새로워진 생성형 AI 일러스트레이터 이해하기

일러스트레이터 CC 2024부터 새롭게 도입된 인공지능 기반 생성형 기능은 사용자에게 혁신적인 기능을 제공합니다. 이 기능을 통해 사용자는 간단한 문자 프롬프트를 입력하여 이미지를 생성하거나 기존 이미지를 확장하고 편집할 수 있습니다. 이는 복잡한 이미지 편집 과정을 크게 간소화해 일반 사용자와 디자이너 모두에게 유용합니다.

문자 프롬프트를 통한 벡터 이미지 생성

'문자 프롬프트를 벡터 이미지로 변환'하는 기능은 사용자가 간단한 문장을 입력하면 AI가 자동으로 해당 벡터 이미지를 생성하는 것입니다. 예를 들어 "아침 햇살을 받는 숲속의 계곡을 그려줘."라고 입력하면 AI가 즉시 이미지를 만들어냅니다.

일러스트레이터는 이러한 기능을 통해 복잡한 벡터 이미지 제작을 쉽게 할 수 있도록 설계되었습니다. 디자이너뿐만 아니라 일반 사용자도 인공지능 기술을 활용해 창의적인 작업을 수행할 수 있습니다. 이 기능은 디자인, 마케팅, 콘텐츠 제작 등 다양한 분야에서 유용하게 사용될 것입니다.

앞으로 이 기능은 사용자 인터페이스 개선과 기능 추가를 통해 더욱 발전할 것으로 기대되며, 디자인 및 콘텐츠 제작 분야에 혁신적인 변화를 가져올 것입니다. 자세한 사용 방법은 WEEK 05장 및 본문을 참고하세요.

벡터 이미지 편집 및 확장 기능

간단한 문자 프롬프트를 입력받아 완전히 새로운 벡터 이미지를 생성할 뿐만 아니라, 기존 벡터 이미지를 편집하는 데에도 유용합니다. 사용자는 이미지 일부를 수정하거나 확장할 수 있으며, 전체 오브젝트의 색상을 손쉽게 변경할 수 있습니다.

사실적인 목업 디자인

일러스트레이터 CC 2024부터는 목업 디자인 기능이 생성형 AI 기술과 결합되었습니다. 이 기능을 통해 디자이너들은 간단한 프롬프트로 다양한 제품 모형과 환경을 생성할 수 있습니다. 프롬프트에 예를 들어 "에코백에 로고 적용하기"를 입력하면, AI가 자동으로 에코백 모형에 로고를 적용합니다.

이미지로 된 글자를 다시 벡터 문자로 만들기

그동안 'Create Outlines(외곽선 만들기)' 기능으로 문자를 이미지로 변환하면 수정이 불가능했지만, 일러스트레이터 CC 2024부터는 문자를 수정할 수 있는 기능이 추가되었습니다. 이제 픽셀 이미지 안의 문자도 수정할 수 있으며, 현재는 영문만 지원되고 일부 오류가 있지만, 향후 업그레이드를 통해 개선될 예정입니다. 이로 인해 내용 수정과 편집이 훨씬 쉬워질 것입니다.

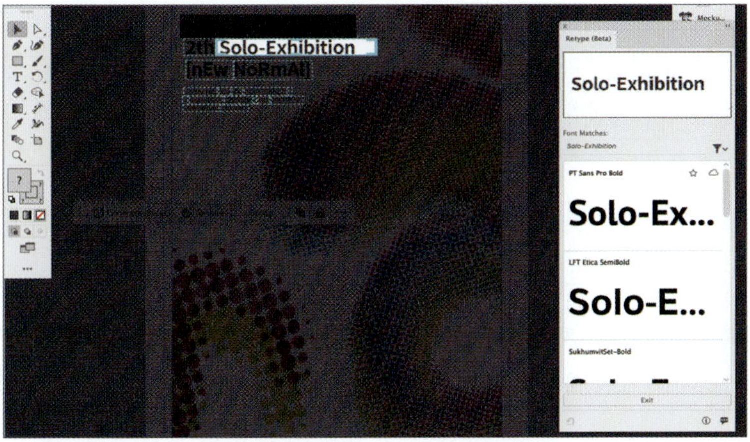

외곽선을 벡터 이미지로 채우기

Gen Shape Fill(생성형 모양 채우기) (Beta) 기능은 사용자가 선택한 외곽선에 다양한 패턴이나 텍스처를 자동으로 채울 수 있는 혁신적인 도구로, 간단한 명령어로 원하는 스타일을 설정할 수 있습니다. 이를 통해 디자인 작업의 효율성이 크게 향상되고, 창의적인 표현이 더 쉬워졌습니다. 이 기능은 일러스트레이터 28.6 버전 이상에서 사용할 수 있습니다.

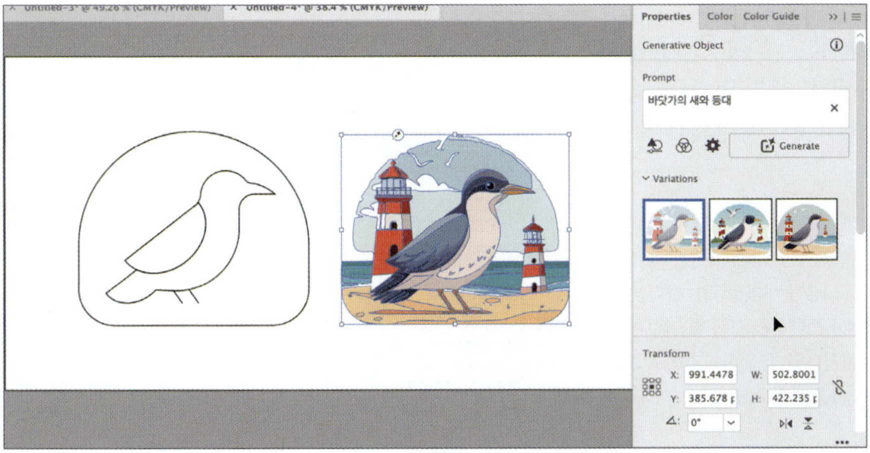

05 일러스트레이터 설치 및 실행하기

일러스트레이터를 설치하기 위해 무료 체험판 다운로드와 크리에이티브 클라우드(Creative Cloud) 앱 설치부터 일러스트레이터 프로그램 설치와 실행까지 단계별로 알아봅니다. 또한, 정식 라이선스 구매 방법도 함께 소개합니다.

어도비 회원 가입하고 무료 체험판(7일) 구독 신청하기

일러스트레이터를 구매하기 전에 7일 동안 무료 체험판을 사용할 수 있습니다. 7일 이내에 구독을 취소하면 무료로 사용할 수 있으며, 취소하지 않으면 자동으로 결제가 진행됩니다.

01 어도비(Adobe) 공식 웹사이트(www.adobe.com/kr/)에 접속하고, 위쪽 <무료 체험판> 버튼을 클릭해 체험판을 다운로드합니다.

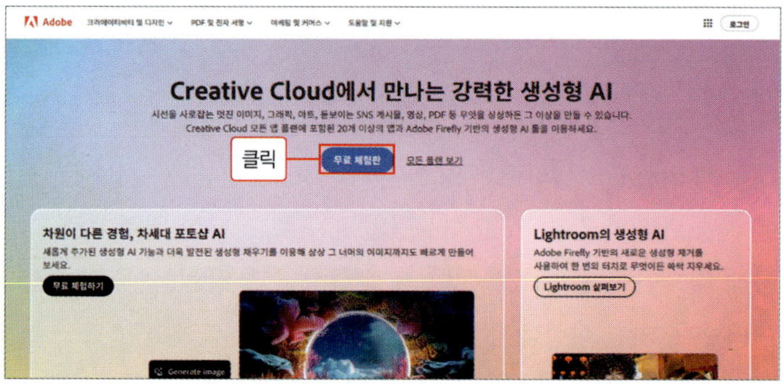

02 '정식 버전의 Adobe 앱을 7일간 무료로 체험하세요.'라는 안내 문구가 나타나면, 사용 목적에 맞는 플랜을 선택합니다. <계속> 버튼을 클릭해 다음 단계로 진행하세요.

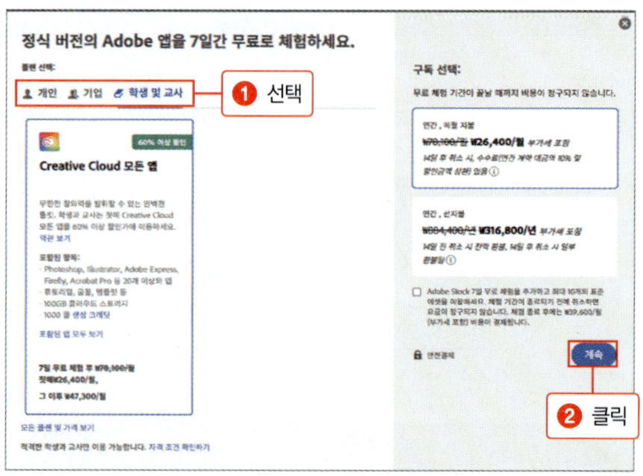

TIP

무료 체험판을 사용하더라도 나중에 구독할 가능성이 있으므로, 사용 목적에 맞는 플랜을 선택하는 것이 좋습니다. 예를 들어, 교육 목적으로 사용한다면 '학생 및 교사' 플랜을 선택하세요. 각 플랜에 따라 사용료가 다릅니다.

03 무료 체험판 가입은 몇 가지 단계로 진행됩니다. 먼저, 어도비 계정을 새로 만들기 위해 필요한 이메일 주소를 입력하고, 필수 정보 이용 동의에 체크 표시한 후 <계속> 버튼을 클릭합니다.

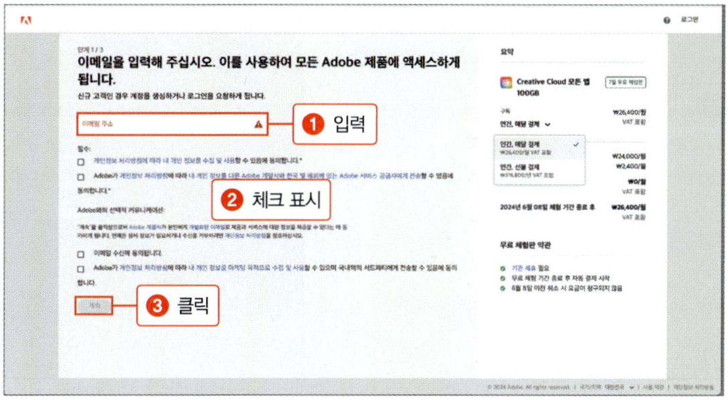

04 무료 체험판에서도 결제 정보를 입력해야 합니다. 결제할 카드 정보를 입력하고 인증한 다음 <무료 체험 기간 시작> 버튼을 클릭하세요. 체험판의 사용 기간과 제공되는 기능을 확인합니다.

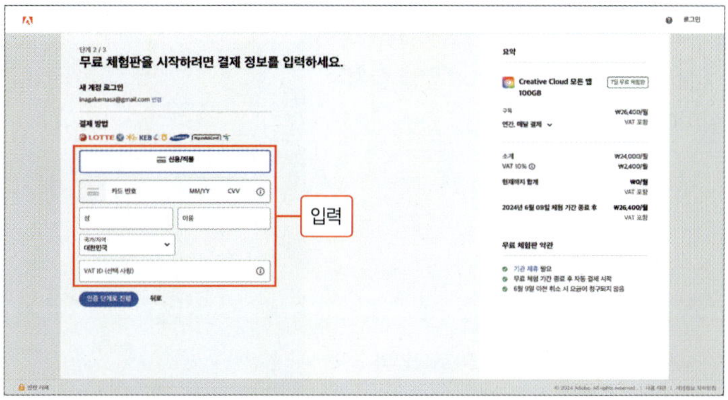

Creative Cloud 앱 다운로드하고 설치하기

01 어도비 크리에이티브 클라우드(Adobe Creative Cloud) 공식 웹사이트(creativecloud.adobe.com/ko/)에 접속한 다음 <다운로드> 버튼을 클릭합니다.

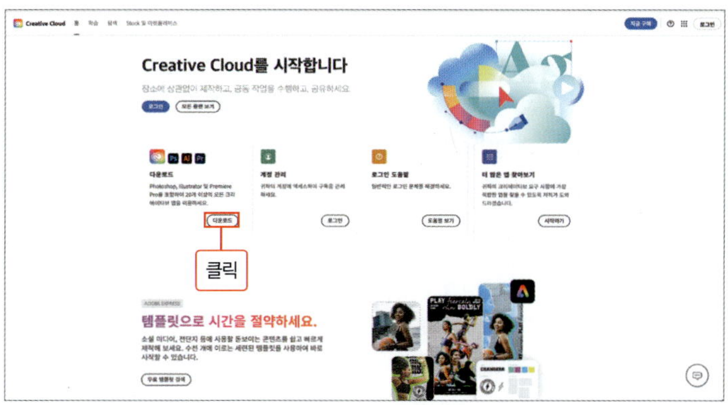

02 <Creative Cloud 다운로드> 버튼을 클릭해 다운로드를 시작합니다.

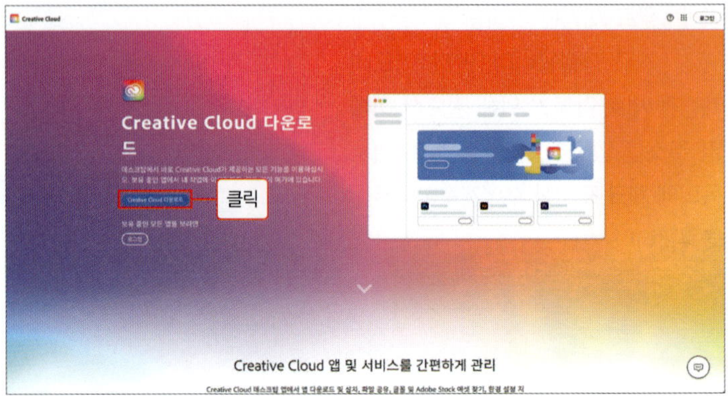

03 다운로드한 설치 파일을 실행한 다음 Creative Cloud 앱을 설치합니다.

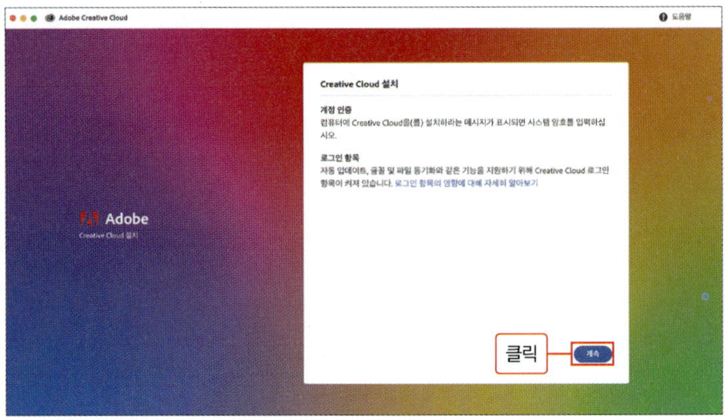

> **TIP**
>
> 설치 과정에서 Adobe 계정 로그인이 필요할 수 있습니다.

일러스트레이터 다운로드 및 설치하기

01 설치된 Creative Cloud 앱을 실행합니다. [앱] 탭을 선택하고 'Illustrator'를 찾아 신택합니다.

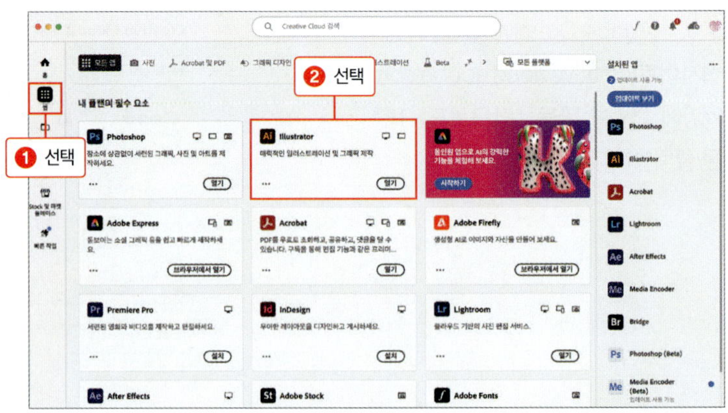

02 본 교재에서는 영문 버전으로 설치를 진행합니다. Creative Cloud에서 '프로필' 아이콘을 클릭하고 '환경 설정'을 선택합니다. 기본 설치 언어를 'English (International)'로 지정한 다음 <완료> 버튼을 클릭합니다.

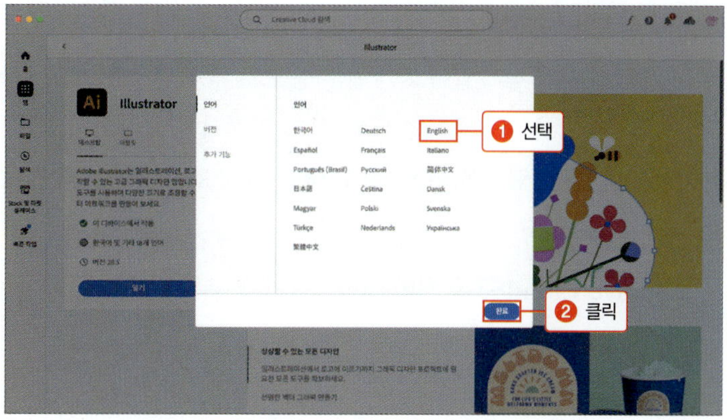

TIP

한글 버전 일러스트레이터를 설치한 상태에서는 임의로 언어만 바꿀 수 없습니다. 한글 버전 일러스트레이터를 다시 영문 버전으로 설치하려면 먼저 일러스트레이터를 삭제합니다. Creative Cloud 앱의 '프로필' 아이콘을 클릭하고 '환경 설정'을 선택합니다. [앱] 탭을 선택하고 기본 설치 언어를 'English (International)'로 지정하여 설치합니다.

03 Illustrator의 <설치> 버튼을 클릭하여 일러스트레이터를 다운로드합니다.

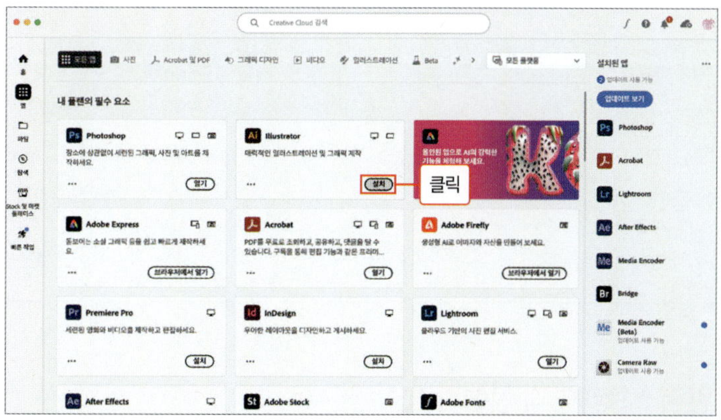

04 다운로드가 완료되면 자동으로 설치 과정이 시작됩니다. 안내에 따라 설치를 완료합니다. 설치 완료 후 <열기> 버튼을 클릭하면 일러스트레이터가 실행됩니다.

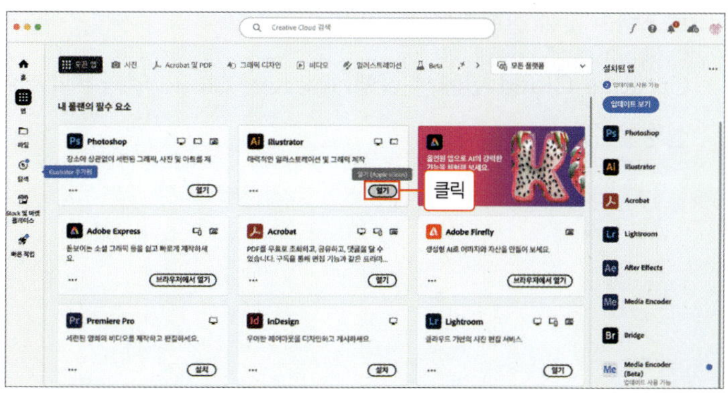

일러스트레이터 정식 라이선스 구매하기

무료 체험판 사용 후 7일이 지나면 자동으로 정식 라이선스로 구독이 시작됩니다. 따라서 일러스트레이터 무료 체험판을 다운로드할 때와 같은 과정이 필요합니다. 만약 7일 이내에 먼저 구독을 원하면, 어도비(Adobe) 공식 웹사이트(www.adobe.com/kr/)에 접속하여 로그인한 다음 원하는 플랜으로 변경합니다.

- **Creative Cloud 구독 서비스**: 월간/연간 구독 서비스를 통해 일러스트레이터 정식 라이선스를 사용할 수 있습니다.
- **교육/기관 라이선스**: 교육기관 및 기업에서는 단체 라이선스를 구매할 수 있습니다.

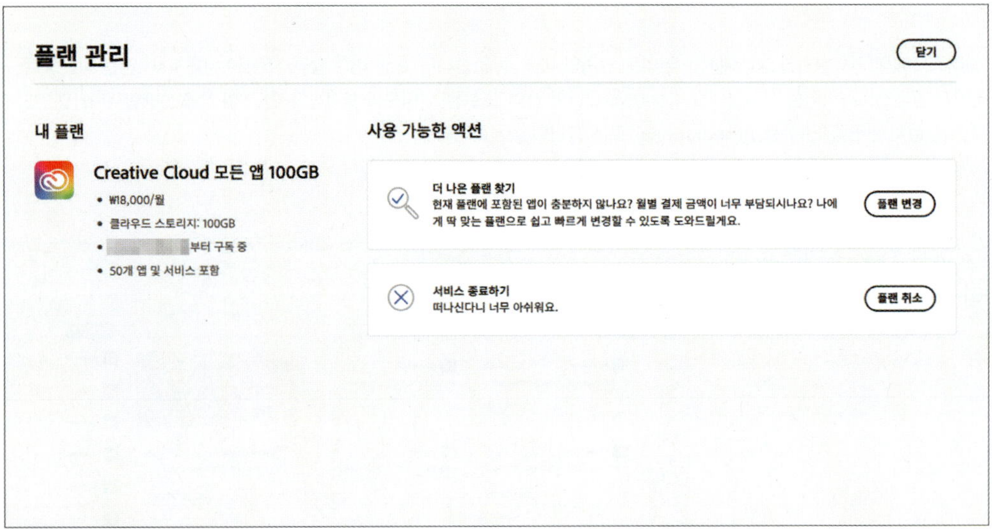

일러스트레이터 실행하기

- **데스크톱에서 실행**: 설치가 완료되면 데스크톱의 응용 프로그램 파일 목록에서 '일러스트레이터' 프로그램을 찾아 실행할 수 있습니다.
- **Creative Cloud 앱에서 실행**: Creative Cloud 앱의 [앱] 탭에서 '일러스트레이터' 아이콘을 클릭해 실행할 수도 있습니다.

WEEK 01

쉽고 빠른 생성형 AI 일러스트레이터의 시작

학 습 목 표

일러스트레이터는 사용자가 다양한 프로젝트를 효율적으로 관리할 수 있도록 강력한 기능들을 제공합니다. 기본 파일 관리 기능인 문서 만들기, 열기, 저장, 공유는 물론, 버전 관리, 템플릿 활용, 문서 설정 변경 등 다양한 고급 기능도 갖추고 있습니다. 이번 장에서는 일러스트레이터의 문서 관리 기능을 자세히 살펴보고, 작업 효율성을 높일 수 있는 다양한 팁을 소개합니다.

1.1 생성형 AI 일러스트레이터 시작 화면 살펴보기

일러스트레이터를 실행하면 가장 먼저 시작 화면이 표시됩니다. 여기서는 최근에 사용한 문서들을 확인할 수 있으며, 새로운 문서를 만들거나 기존 문서를 열 수 있습니다. 또한 다양한 템플릿과 도움말 자료가 제공되어 쉽게 작업을 시작할 수 있습니다. 템플릿은 미리 설정된 레이아웃과 스타일을 제공하여 빠르게 작업을 시작할 수 있도록 도와줍니다.

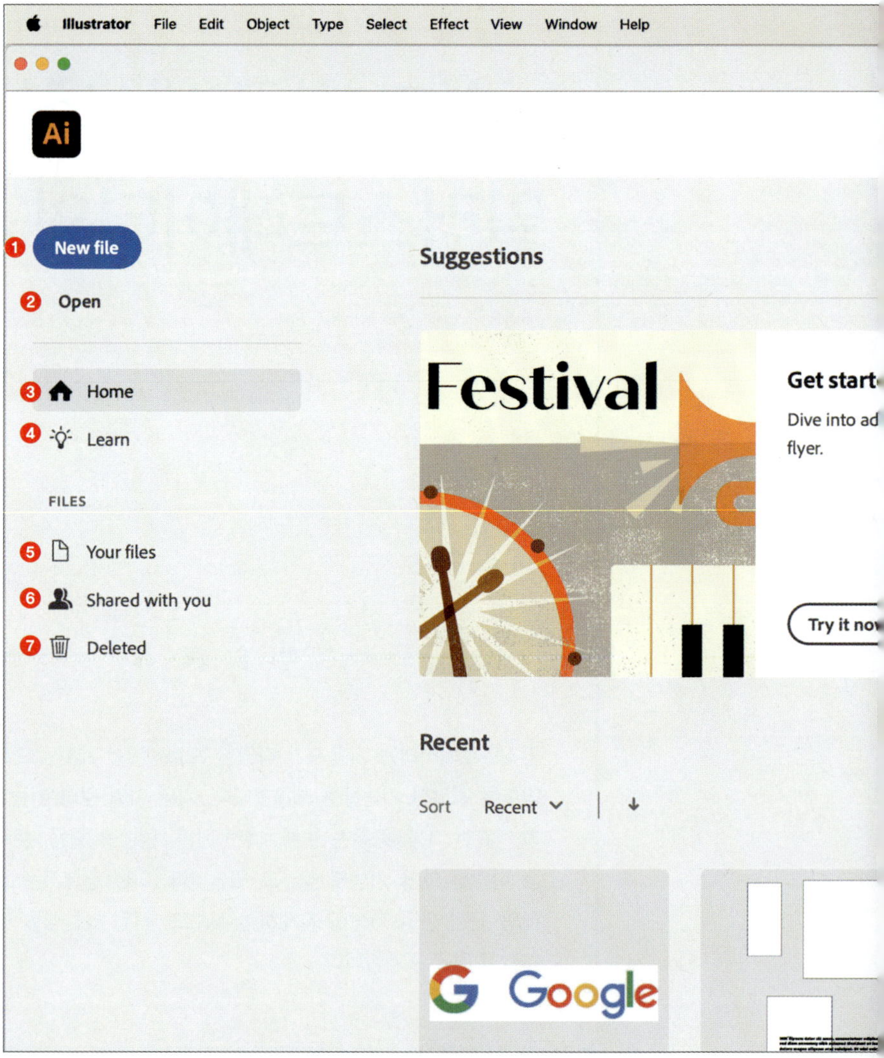

❶ New File: 클릭하면 새로운 일러스트레이터 문서를 생성할 수 있습니다. 이 버튼을 클릭하면 기본 설정이 적용된 New Document 대화상자가 표시되어 새로운 프로젝트를 시작하거나 기존 작업을 이어나갈 수 있습니다.

❷ Open: 기존에 저장된 일러스트레이터 파일을 열 수 있습니다. 이 버튼을 클릭하면 Open 대화상자 또는 파일 탐색기에서 로컬 디스크나 클라우드 저장소에 저장된 파일들을 확인하고 선택할 수 있습니다.

❸ Home: 일러스트레이터의 기본 시작 화면으로 돌아갑니다. 이 버튼을 클릭하면 새 파일 만들기, 기존 파일 열기, 최근 문서 보기 등의 옵션이 표시됩니다.

❹ Learn: 일러스트레이터 사용 방법과 관련된 교육 자료를 확인할 수 있습니다. 클릭하면 어도비 공식 튜토리얼, 동영상 강좌, 커뮤니티 리소스 등 다양한 학습 콘텐츠를 탐색할 수 있습니다. 이를 통해 일러스트레이터 기능과 기술을 깊이 있게 익힐 수 있습니다.

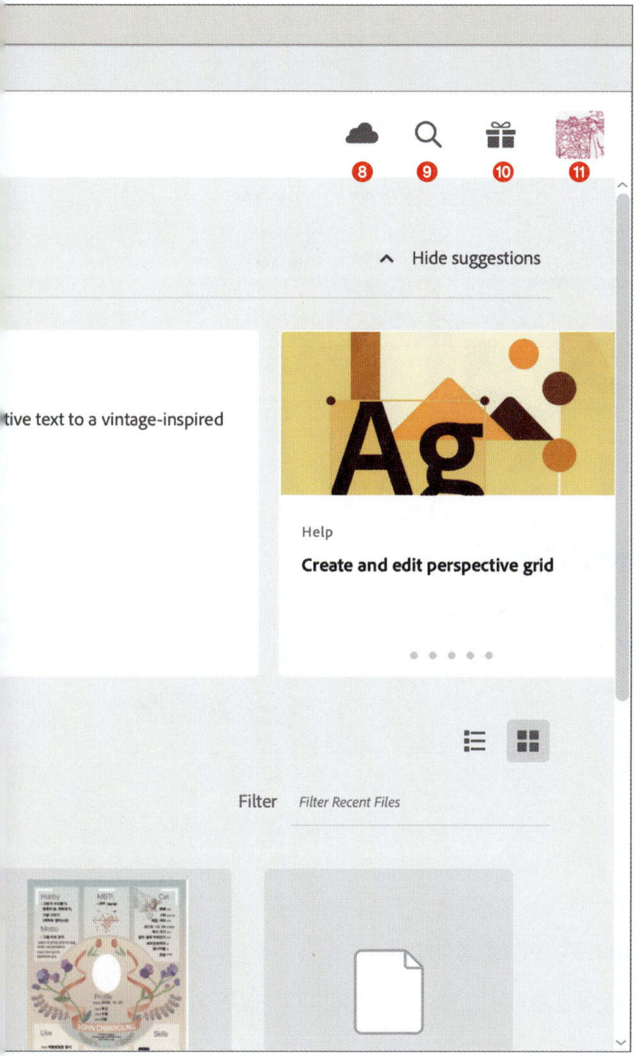

❺ Your Files: 사용자의 클라우드 저장소에 저장된 일러스트레이터 파일들을 확인하고 관리할 수 있습니다. 클릭하면 사용자 계정에 연결된 클라우드 스토리지 서비스(예: Creative Cloud, Dropbox 등)의 파일 목록이 표시됩니다.

❻ Shared with you: 다른 사용자가 공유한 일러스트레이터 파일들을 확인할 수 있습니다. 클릭하면 협업 중인 프로젝트 파일들을 쉽게 찾아 열 수 있습니다.

❼ Deleted: 선택한 일러스트레이터 파일을 삭제할 수 있습니다. 파일을 영구적으로 삭제하기 전에 확인 과정을 거칩니다.

❽ Cloud Storage: 사용자의 크리에이티브 클라우드(Creative Cloud) 계정에 연결된 클라우드 저장소의 용량을 관리할 수 있는 메뉴입니다. 이 아이콘을 클릭하면 파일을 클라우드에 업로드하거나 다운로드하고, 공유 권한을 설정하며, 저장 공간 사용량을 확인할 수 있습니다. 클라우드 기반 협업 및 백업이 필요한 사용자에게 유용한 기능입니다.

❾ Search: 일러스트레이터에서 특정 기능, 도구, 자산 등을 검색할 수 있는 메뉴입니다. 키워드를 입력하면 관련된 메뉴, 패널, 튜토리얼 등이 검색 결과로 표시됩니다. 이를 통해 원하는 기능을 빠르게 찾아 사용할 수 있습니다.

❿ What's New: 일러스트레이터의 최신 업데이트 및 새로운 기능을 확인할 수 있는 메뉴입니다. 이 메뉴를 통해 사용자는 프로그램의 개선 사항과 추가된 기능들을 알아볼 수 있어, 더 효율적으로 작업할 수 있습니다.

⓫ My Account: 크리에이티브 클라우드(Creative Cloud) 계정 정보를 확인하고 관리할 수 있는 메뉴입니다. 여기서는 구독 상태, 저장 공간 사용량, 결제 내역 등을 확인할 수 있으며, 계정 설정을 변경할 수 있습니다. 이 아이콘을 통해 어도비 계정을 종합적으로 관리할 수 있습니다.

* 본 교재에서는 일러스트레이터 CC 2024 맥OS 버전을 사용했습니다.

1.2 New Document 대화상자 살펴보기

시작 화면에서 <New File> 버튼을 클릭하면 문서 설정을 위한 New Document 대화상자가 표시됩니다. 이 대화상자에서는 문서의 속성(모바일, 웹, 인쇄, 필름과 비디오, 아트와 일러스트레이션, 무료 템플릿)을 선택할 수 있으며, 선택한 속성에 맞는 기본 설정이 자동으로 표시됩니다.

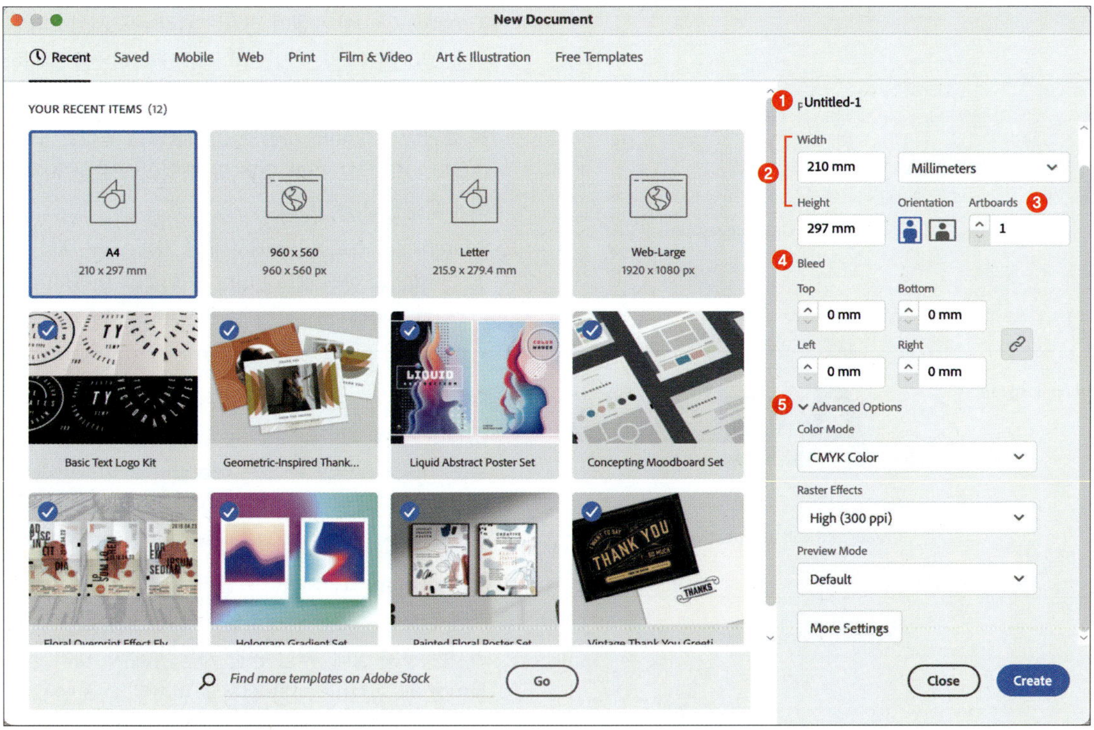

❶ **Name**: 문서 이름을 입력합니다.

❷ **Width/Height**: 아트보드의 가로와 세로 크기를 직접 입력하여 설정합니다.

❸ **Artboards**: 아트보드 개수를 설정합니다.

❹ **Bleed**: 아트보드의 Top(위), Bottom(아래), Left(왼쪽), Right(오른쪽) 여백을 설정합니다.

❺ **Advanced Options**: 색상 모드는 주로 인쇄 출력용은 'CMYK', 화면 출력용은 'RGB'로 지정합니다. 해상도와 보기 모드도 지정할 수 있습니다.

1.3 생성형 AI 일러스트레이터 작업 화면 이해하기

일러스트레이터에서 새 문서를 생성한 후 표시되는 작업 화면을 기준으로 주요 기능을 소개합니다. 초기 작업 화면에 표시되는 패널과 도구들은 일러스트레이터에서 효율적으로 작업을 수행하는 데 도움을 줍니다.

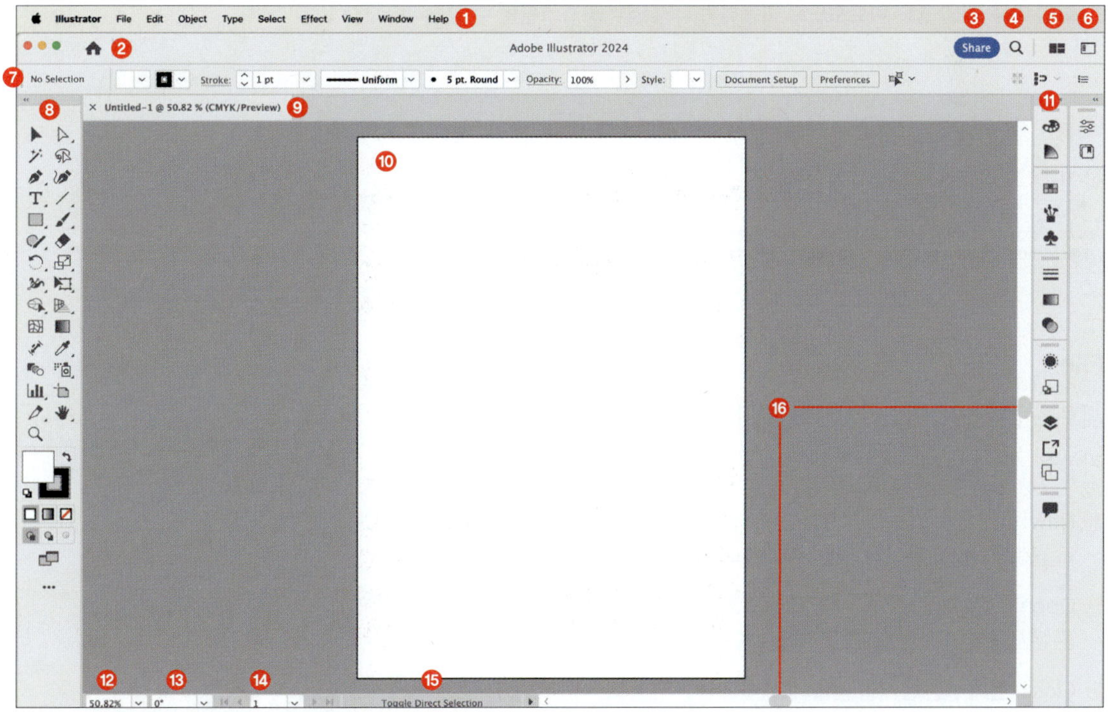

❶ **메뉴(Menu)**: 자주 사용하는 다양한 명령을 제공하는 메뉴입니다.

❷ **홈(Home)**: 최근 파일, 새로운 파일 생성, 템플릿 선택 등을 할 수 있는 시작 화면으로 이동합니다.

❸ **공유(Share)**: 작업 중인 파일을 다른 사용자와 공유하거나 클라우드에 저장할 수 있습니다.

❹ **도움말(Help)**: 일러스트레이터 사용에 대한 도움말 및 튜토리얼을 제공합니다.

❺ **문서 재배열(Arrange Documents)**: 여러 문서를 동시에 열 때, 화면에 배열하여 작업할 수 있습니다.

❻ **작업 화면 선택(Switch Workspace)**: 미리 정의된 작업 공간을 선택하거나 사용자 정의 작업 공간을 저장할 수 있습니다.

7 **Control 패널(Control)**: Tools 패널에서 선택한 도구의 추가 옵션을 설정할 수 있습니다.

8 **Tools 패널(Toolbars)**: 다양한 그리기 및 편집 도구를 제공합니다. 예를 들어, 선택 도구, 펜 도구 등이 포함됩니다.

9 **파일(File Tabs/Document Tabs)**: 현재 열려 있는 여러 파일을 탭 형식으로 표시하여 쉽게 전환할 수 있습니다.

10 **아트보드(Artboard)**: 실제 작업 영역으로, 여러 아트보드를 사용하여 다양한 작업을 동시에 관리할 수 있습니다.

11 **패널 모음(Panels)**: Properties, Layers, Color, Swatches, Character 등의 다양한 패널을 포함하여 작업에 필요한 다양한 기능을 제공합니다.

12 **화면 비율**: 작업 화면의 확대 및 축소 비율을 표시하고 조절할 수 있습니다.

13 **화면 각도(Rotate View)**: 작업 화면의 각도를 변경하여 편리하게 작업할 수 있습니다.

14 **아트보드 이동(Artboard Navigation)**: 여러 아트보드를 사용할 때 각 아트보드로 이동할 수 있습니다.

15 **현재 선택 도구**: 현재 선택된 Tools 패널의 도구를 표시합니다.

16 **화면 이동**: 작업 중인 아트보드로 이동하여 작업 영역을 스크롤할 수 있습니다.

메뉴

화면 위쪽 메뉴의 대표적인 기능을 소개합니다.

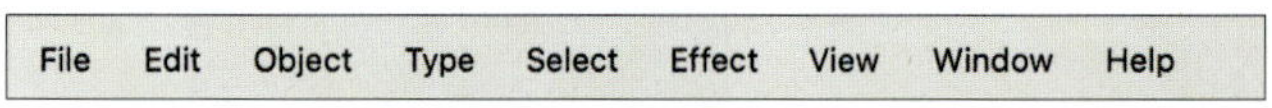

File

새로운 문서 만들기, 기존 파일 열기, 저장 및 내보내기 등 문서 관리 기능을 제공합니다.

1 **New**: 새로운 일러스트 문서를 만듭니다. 시작 화면에서 <New File> 버튼을 클릭하거나 메뉴에서 [File] → New를 실행하여 문서를 시작합니다.

2 **Open**: 기존 일러스트 문서를 엽니다. 시작 화면에서 새 문서를 만들거나 기존 문서를 열면 작업 화면이 나타납니다.

3 **Close**: 현재 열린 문서를 닫습니다.

4 **Save**: 현재 문서를 저장합니다.

5 **Save As**: 현재 문서를 다른 이름으로 저장합니다.

6 **Export**: 문서를 다양한 파일 형식으로 내보냅니다.

7 **Document Setup**: 문서 설정을 변경합니다.

8 **Print**: 문서를 인쇄합니다.

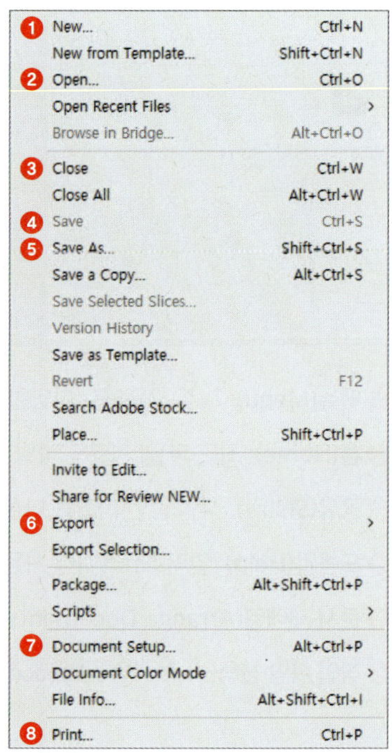

Edit

실행 취소/다시 실행, 복사/붙여넣기, 오브젝트 변형 등 편집 관련 기능을 제공합니다.

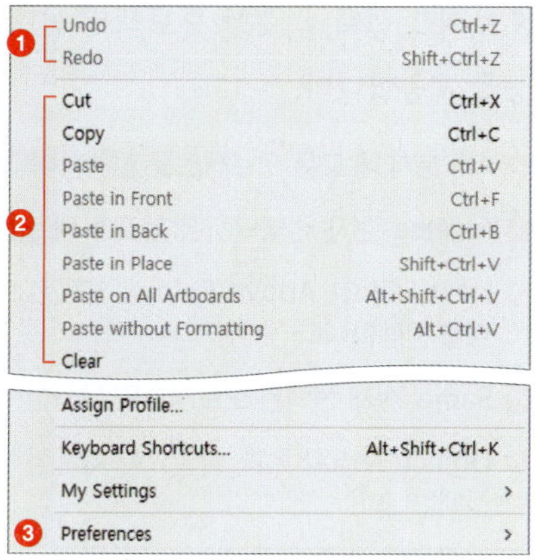

❶ **Undo/Redo**: 마지막 작업을 실행 취소하거나 다시 실행합니다.

❷ **Cut/Copy/Paste**: 선택한 오브젝트를 잘라내기, 복사, 붙여넣기합니다.

❸ **Preferences**: 일러스트레이터의 환경 설정을 변경합니다. 맥OS는 메뉴의 Illustrator 안에 있습니다.

Object

오브젝트 그룹화, 정렬, 배치 등 오브젝트 조작 기능을 제공합니다.

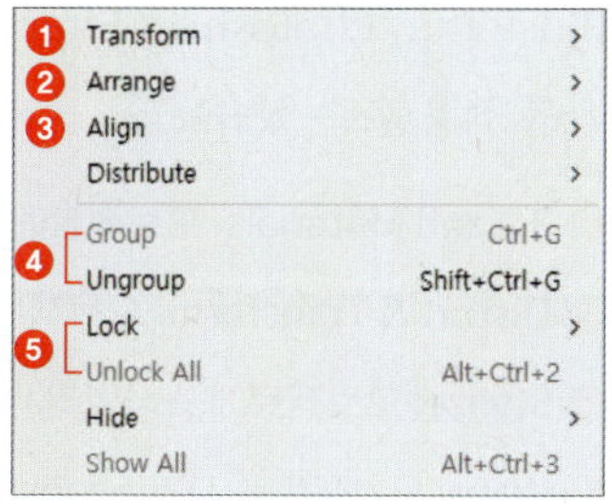

❶ **Transform**: 선택한 오브젝트의 크기, 회전, 기울기 등을 변경합니다.

❷ **Arrange**: 선택한 오브젝트의 순서를 앞/뒤로 변경합니다.

❸ **Align**: 선택한 오브젝트들을 정렬합니다.

❹ **Group/Ungroup**: 선택한 오브젝트들을 그룹화하거나 그룹을 해제합니다.

❺ **Lock/Unlock**: 선택한 오브젝트를 잠그거나 잠금을 해제합니다.

Type

문자 도구 선택, 문자 편집, 글꼴 관리 등 타이포그래피 관련 기능을 제공합니다.

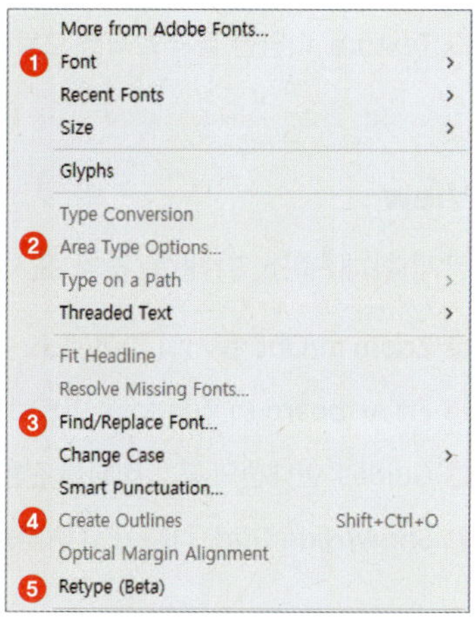

❶ **Font**: 문자를 다양한 글꼴로 선택하거나 변경합니다.

❷ **Area Type Options**: 문자 영역의 설정을 조정할 수 있습니다.

❸ **Find/Replace Font**: 사용한 글꼴을 찾아 일괄적으로 글꼴 업데이트를 할 수 있습니다.

❹ **Create Outlines**: 문자를 오브젝트로 변환합니다.

❺ **Retype (Beta)**: 이미 외곽선을 만든 문자를 편집합니다.

Select

오브젝트 선택, 비슷한 오브젝트 선택, 선택 범위 반전 등 선택 관련 기능을 제공합니다.

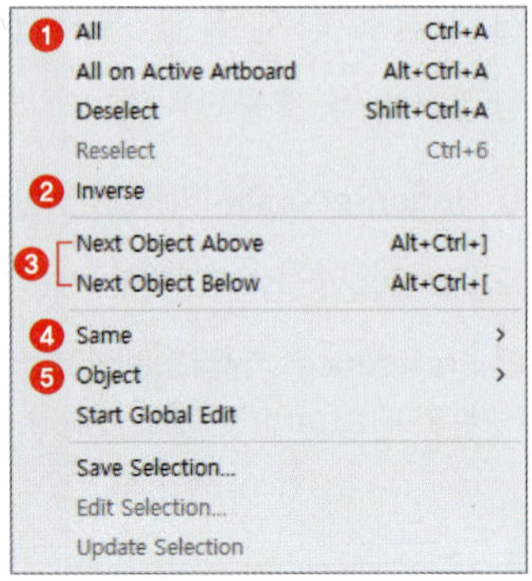

❶ **All**: 문서 내 모든 오브젝트를 선택합니다.

❷ **Inverse**: 현재 선택되지 않은 오브젝트를 선택합니다.

❸ **Next Object Above/Below**: 선택된 오브젝트의 위아래에 있는 다음 오브젝트를 선택합니다.

❹ **Same**: 현재 선택된 오브젝트와 유사한 특성을 가진 오브젝트들을 선택합니다.

❺ **Object**: 브러시 효과, 불필요한 기준점, 클리핑 마스크가 적용된 오브젝트 등을 선택합니다.

Effect

Illustrator/Photoshop Effects로 나뉘어 스타일, 왜곡, 결합 등 다양한 효과를 적용할 수 있습니다.

❶ **3D and Materials**: 오브젝트에 입체감 있는 3D 효과를 부여합니다.

❷ **Distort & Transform**: 오브젝트 모양을 왜곡하거나 변형하는 효과를 적용합니다.

❸ **Stylize**: 오브젝트에 스타일리시한 효과를 적용합니다.

❹ **Warp**: 오브젝트를 자연스럽게 휘어지도록 만듭니다.

❺ **Artistic**: 예술적인 느낌의 효과를 오브젝트에 부여합니다.

❻ **Blur**: 오브젝트에 부드러운 블러 효과를 적용합니다.

❼ **Sketch**: 스케치 효과를 통해 손그림 등의 느낌을 연출합니다.

❽ **Texture**: 다양한 질감 효과를 오브젝트에 추가합니다.

View

문서 확대/축소, 안내선/격자 표시 등 화면 설정 기능을 제공합니다.

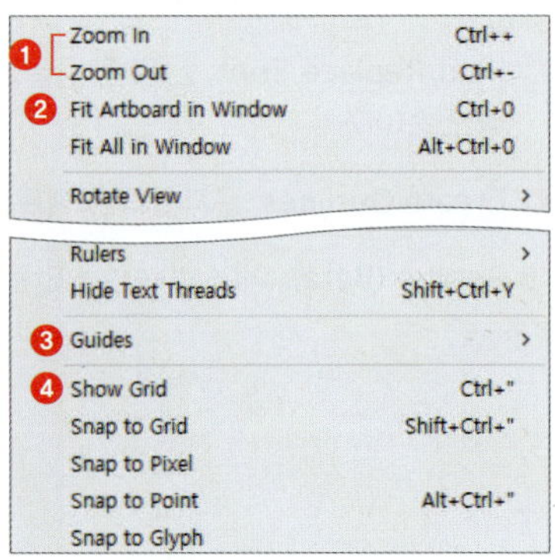

❶ **Zoom In/Out**: 문서의 확대/축소 수준을 조절합니다.

❷ **Fit Artboard In Window**: 아트보드가 화면에 맞게 표시됩니다.

❸ **Guides**: 안내선의 표시 여부를 전환합니다.

❹ **Show/Hide Grid**: 격자 표시 여부를 전환합니다.

Window

도구, 속성, 레이어 등 다양한 패널을 표시하거나 숨기는 기능을 제공합니다.

❶ **Contextual Task Bar**: 작업 중 필요한 옵션과 설정을 즉시 제공해 디자인 프로세스를 더욱 효율적으로 만들어줍니다.

❷ **Brushes**: Brushes(브러시) 패널을 표시하거나 숨깁니다.

❸ **Color**: Color(컬러) 패널을 표시하거나 숨깁니다.

❹ **Layers**: Layers(레이어) 패널을 표시하거나 숨깁니다.

❺ **Properties**: Properties(속성) 패널을 표시하거나 숨깁니다.

❻ **Stroke**: Stroke(선) 패널을 표시하거나 숨깁니다.

❼ **Swatches**: Swatches(색상 견본) 패널을 표시하거나 숨깁니다.

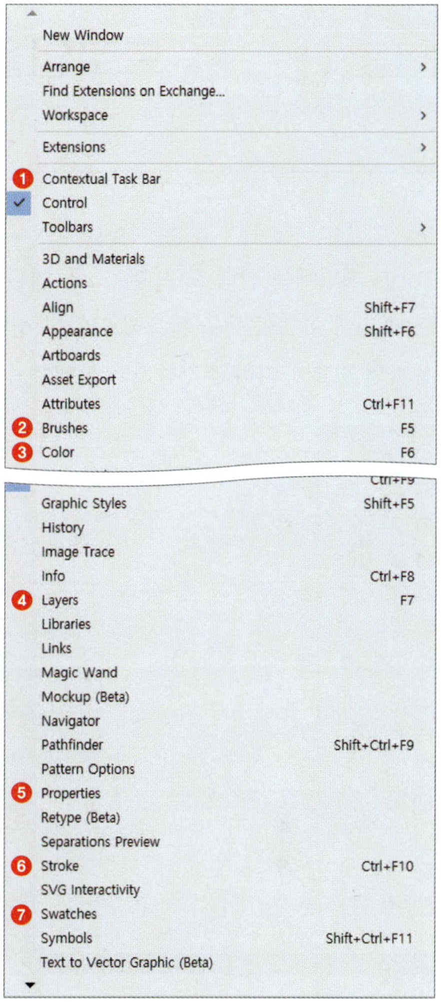

TIP

새로운 Contextual Task Bar의 기능은 다음과 같습니다.

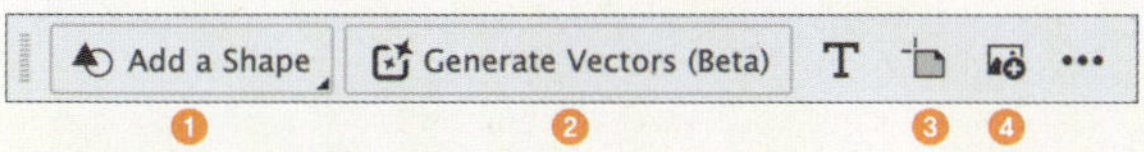

① **Add a Shape**: 다양한 기본 도형을 쉽게 추가하여 디자인에 필요한 요소를 빠르게 삽입할 수 있습니다.

② **Generate Vectors (Beta)**: 비트맵 이미지를 벡터 형태로 변환해 편집 가능한 그래픽으로 만들 수 있는 베타 기능입니다.

③ **Artboard**: 아트보드를 추가, 수정 또는 삭제해 디자인 작업 공간을 효과적으로 관리할 수 있습니다.

④ **Place Image**: 외부 이미지를 문서에 삽입하여 디자인에 통합할 수 있습니다.

Help

사용 설명서, 교육 자료, 업데이트 확인 등 도움말 기능을 제공합니다.

❶ **Illustrator Help**: 일러스트레이터 사용 설명서를 엽니다.

❷ **Tutorials**: 일러스트레이터의 교육 튜토리얼을 엽니다.

❸ **System Info**: 시스템에 관련된 정보를 엽니다.

❹ **Updates**: 일러스트레이터 버전 정보를 확인하고 업데이트합니다.

1.4 드로잉을 위한 Tools 패널 살펴보기

Tools 패널에는 선택 도구, 펜 도구, 연필 도구, 선 도구, 사각형 도구, 원형 도구 등 여러 그리기 도구가 모여 있어 이 도구들을 활용해 다양한 형태의 그래픽 요소를 쉽게 생성할 수 있습니다. Tools 패널은 사용자의 필요에 따라 추가하거나 삭제할 수 있습니다.

TIP

Tools 패널 아래쪽의 'Edit Toolbar' 아이콘(…)을 클릭하면 숨겨져 있던 모든 도구가 나타납니다.

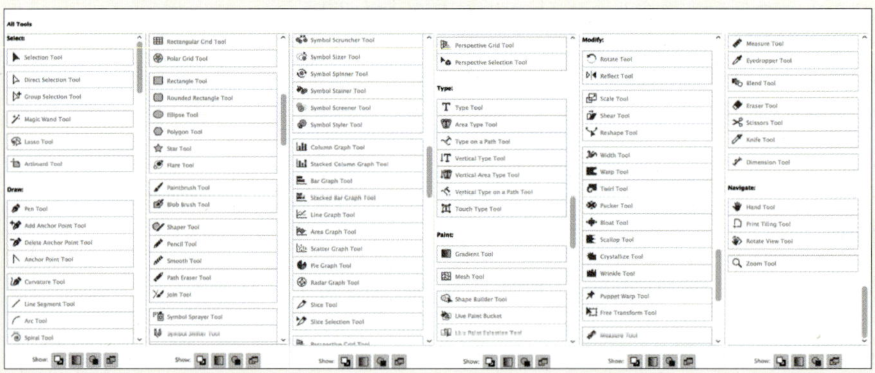

TIP

일러스트레이터를 실행하고 새 문서를 만들었을 때 Tools 패널의 도구가 몇 가지 없다면 메뉴에서 [Window] → Toolbars → Advanced를 실행하여 본 교재에서 설명하는 형태로 표시합니다.

❶ 선택 도구(Selection Tool, V,)

전체 오브젝트를 선택하면 이동, 크기 조절, 회전 등의 작업을 할 수 있습니다. 여러 오브젝트를 동시에 선택해 일괄 작업을 수행할 수도 있으며, 선택 범위를 자유롭게 조정하여 정교하게 편집할 수 있습니다.

❷ 직접 선택 도구(Direct Selection Tool, A,)

오브젝트의 기준점이나 패스를 선택할 수 있어, 선택한 부분만 편집하며 세부적으로 조정할 수 있습니다. 이를 통해 오브젝트 형태를 세밀하게 변형할 수 있습니다.

그룹 선택 도구(Group Selection Tool, Shift+A,)

그룹화된 오브젝트 전체를 한 번에 선택할 수 있습니다. 또한, 그룹 내 개별 오브젝트를 선택하거나 수정할 수도 있습니다.

❸ 마술봉 도구(Magic Wand Tool, Y,)

비슷한 색상이나 영역을 자동으로 선택할 수 있습니다. 이를 통해 복잡한 오브젝트에서도 원하는 부분을 빠르게 선택할 수 있어 효율적입니다.

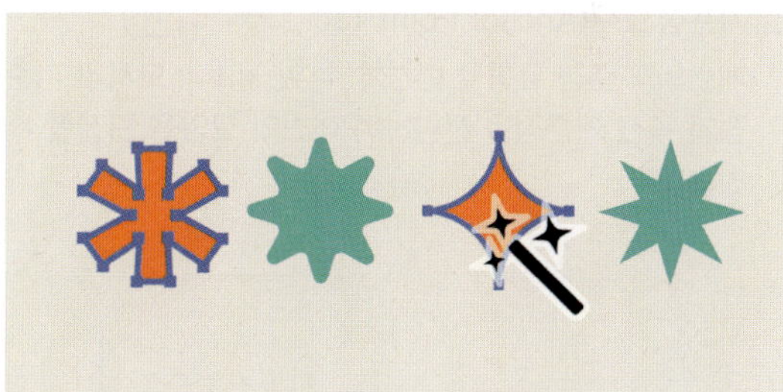

❹ 올가미 도구(Lasso Tool, Q,)

자유롭게 드래그하여 선택 영역을 지정할 수 있습니다. 이를 통해 불규칙한 형태의 오브젝트도 정밀하게 선택할 수 있습니다. 또한, 선택 범위를 추가하거나 제외해 원하는 부분을 정확히 선택할 수 있습니다.

❺ 펜 도구(Pen Tool, P,)

자유로운 곡선 패스를 그릴 수 있습니다. 클릭해 기준점을 만들고 드래그하면 곡선을 만들 수 있습니다.

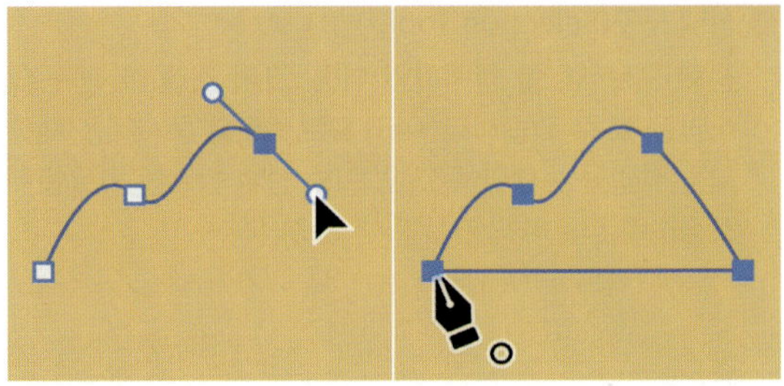

기준점 추가 도구(Add Anchor Point Tool, +,)

기존 패스에 새로운 기준점을 추가할 수 있습니다. 추가된 기준점을 이용해 패스를 세부적으로 편집할 수 있습니다.

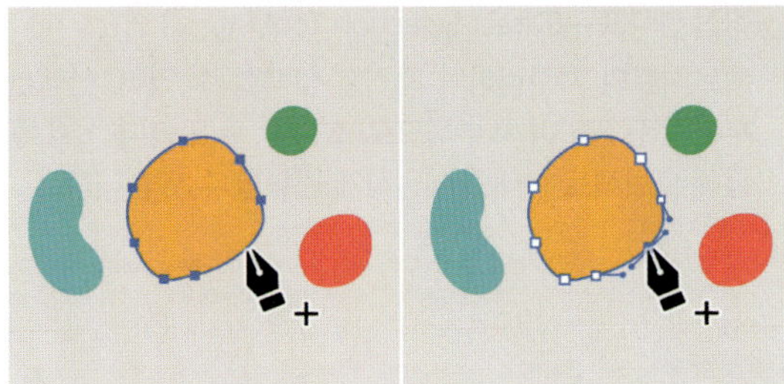

기준점 삭제 도구(Delete Anchor Point Tool, −,)

패스의 기준점을 삭제합니다. 불필요한 기준점을 제거하여 패스를 간소화할 수 있습니다.

기준점 도구(Anchor Point Tool, Shift+C,)

패스의 기준점 유형을 변경할 수 있습니다. 모서리 기준점과 곡선 기준점을 전환하여 패스의 모양을 편집할 수 있습니다.

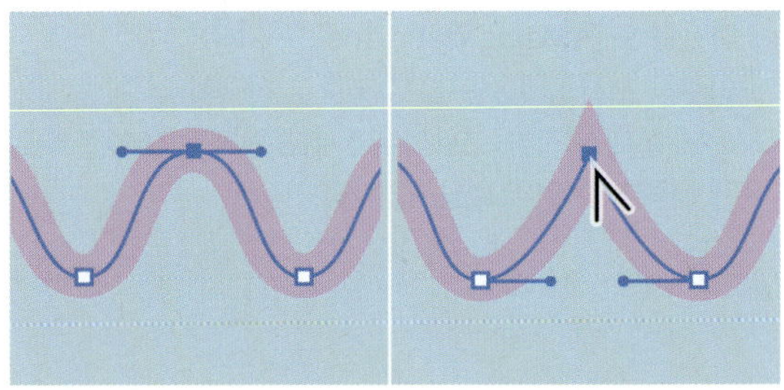

❻ 곡률 도구(Curvature Tool,)

패스로 곡선을 편집할 수 있는 도구입니다. 기준점을 클릭하고 드래그하면 곡선 모양을 변경할 수 있습니다.

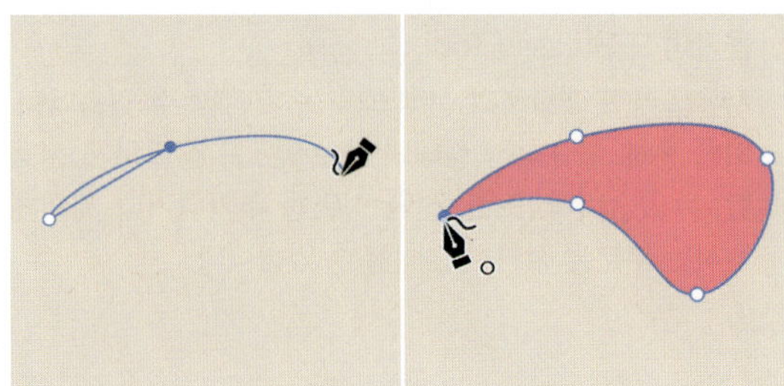

❼ 문자 도구(Type Tool, T, T)

문자를 입력하고 편집할 수 있습니다. 문자 도구를 사용하면 글자 크기, 글꼴, 스타일, 정렬 등을 자유롭게 조정하고, 문자 상자를 생성해 문자를 쉽게 입력하고 배치할 수 있습니다.

영역 문자 도구(Area Type Tool,)

영역 안에 문자를 입력할 수 있습니다. 펜 도구나 도형 도구 등을 이용해 문자 상자 형태를 만든 다음 영역 문자 도구로 오브젝트를 클릭하면 영역 안에 문자를 입력할 수 있습니다.

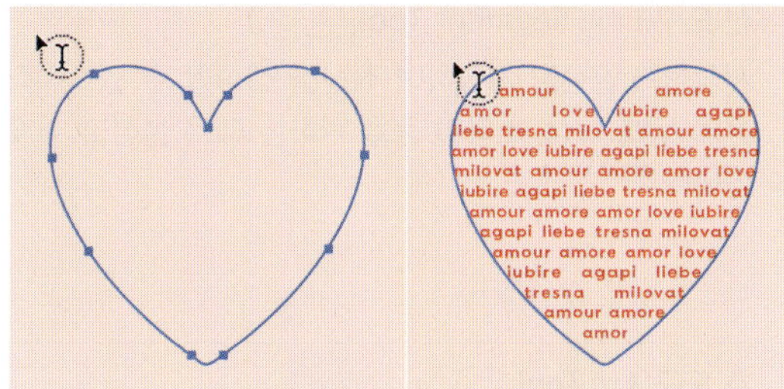

패스 문자 도구(Type on a Path Tool,)

곡선/직선 패스 위에 문자를 배치할 수 있고, 문자의 방향과 정렬을 조정할 수 있습니다.

세로 문자 도구(Vertical Type Tool,)

수직 방향으로 문자를 입력하고 편집할 수 있습니다.

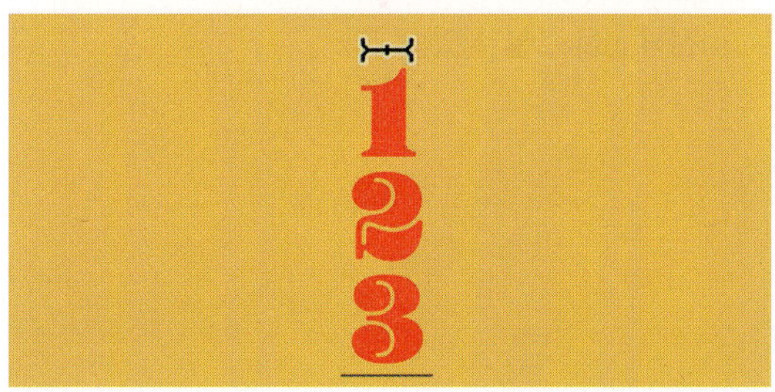

세로 영역 문자 도구(Vertical Area Type Tool,)

세로 영역 문자 도구를 선택한 채 오브젝트를 선택하면 오브젝트 형태대로 수직으로 문자를 입력, 편집할 수 있습니다.

세로 패스 문자 도구(Vertical Type on a Path Tool,)

패스의 형태대로 문자를 수직 방향으로 입력할 수 있습니다.

문자 손질 도구(Touch Type Tool, Shift+T, [icon])

문자를 작성하고 각 글자의 위치를 조정하거나 회전 등 다양한 변화를 줄 때 사용합니다.

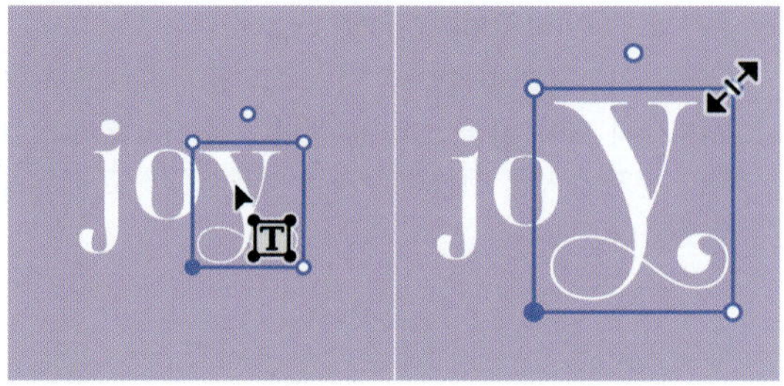

8 선 도구(Line Segment Tool, \, [icon])

시작점과 끝점을 지정하여 직선을 생성할 수 있습니다. 선의 두께, 색상, 스타일 등을 원하는 대로 설정할 수 있습니다.

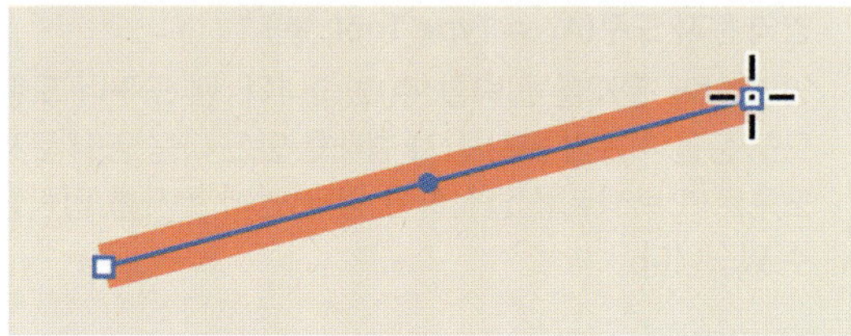

호 도구(Arc Tool, [icon])

호 형태의 곡선을 그릴 수 있습니다.

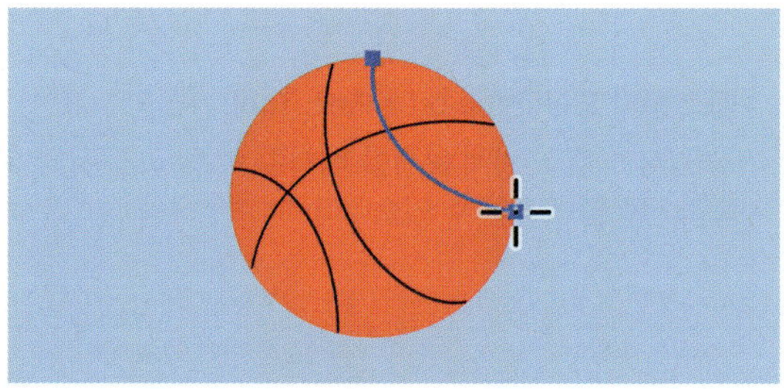

나선형 도구(Spiral Tool, [icon])

나선형 선을 그릴 수 있습니다.

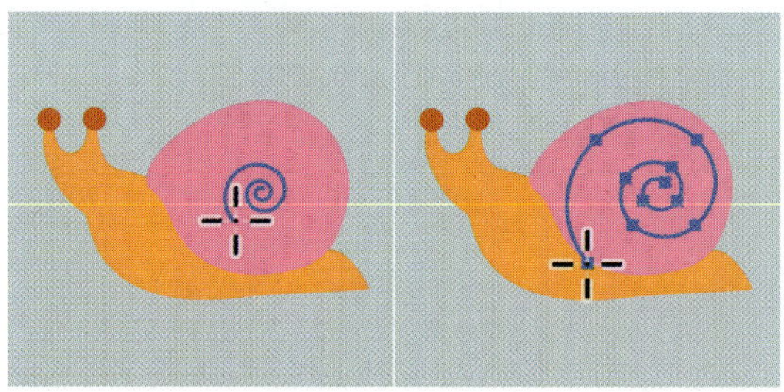

사각형 격자 도구(Rectangle Grid Tool, [icon])

사각형 그리드 패턴을 만들 수 있습니다.

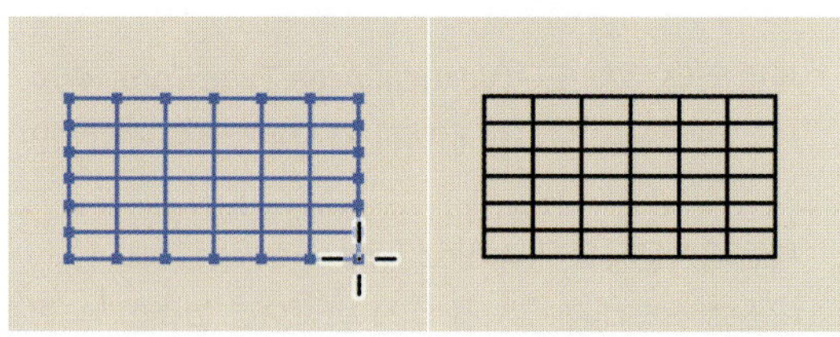

극좌표 격자 도구(Polar Grid Tool, [icon])

원형 그리드 패턴을 만들 수 있습니다.

⑨ 사각형 도구(Rectangle Tool, M,)

직사각형을 그릴 수 있습니다.

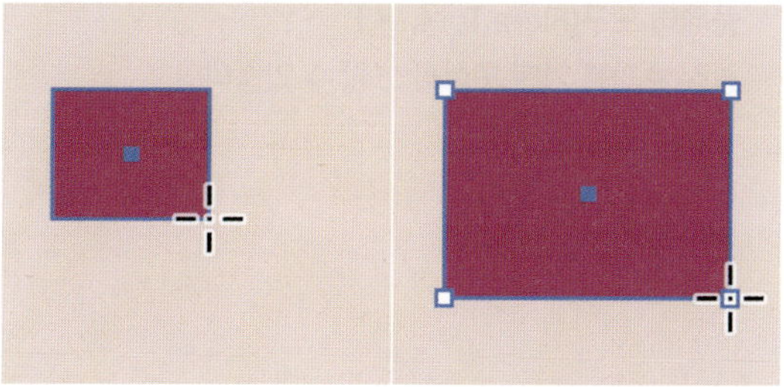

둥근 사각형 도구(Rounded Rectangle Tool,)

모퉁이 곡률을 설정해 다양한 둥근 사각형을 쉽게 만들 수 있습니다.

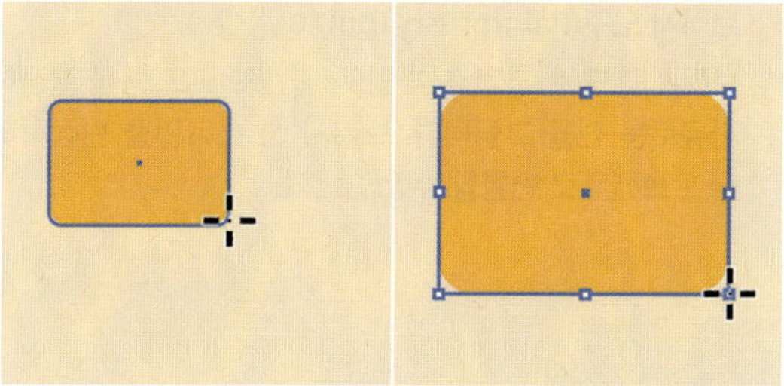

원형 도구(Ellipse Tool, L,)

원 또는 타원 모양을 그릴 수 있습니다. 시작점과 끝점을 지정하여 원이나 타원을 간편하게 만들 수 있습니다.

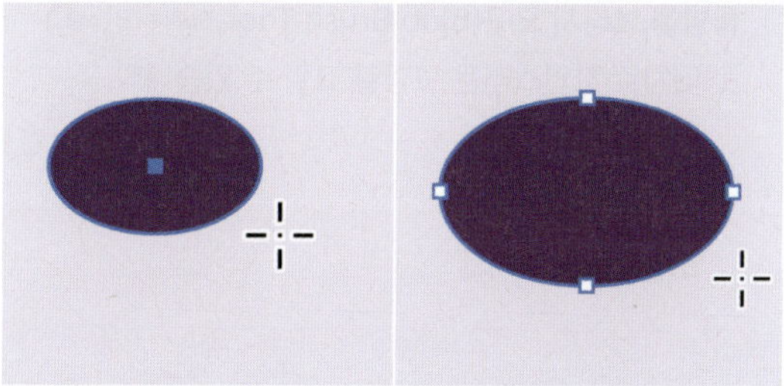

다각형 도구(Polygon Tool,)

다각형의 꼭짓점 수와 내부 각도를 설정하여 다각형을 그립니다. 도형의 크기, 비율, 회전 등을 자유롭게 조정할 수 있습니다.

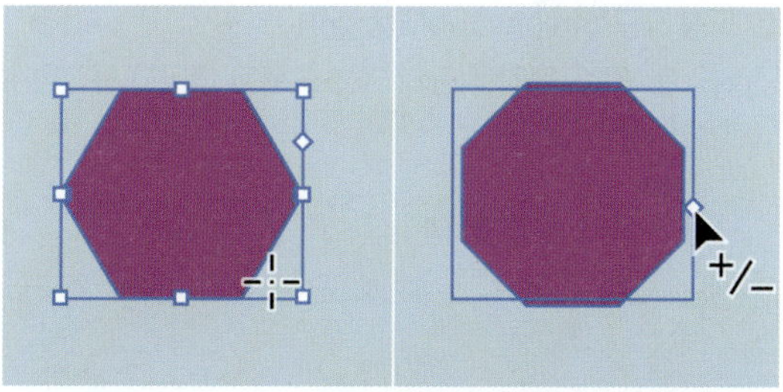

별 도구(Star Tool,)

별의 꼭짓점 수와 내부, 외부 반경을 설정하여 별 모양을 그릴 수 있습니다.

플레어 도구(Flare Tool,)

광선 효과를 가진 도형을 그릴 수 있습니다.

⑩ 브러시 도구(Paintbrush Tool, B,)

브러시의 모양, 크기, 불투명도, 블렌드 모드 등을 설정해 자유로운 선을 그립니다. 브러시 선 스타일을 편집하거나 오브젝트로 변환할 수 있습니다.

물방울 브러시 도구(Blob Brush Tool, Shift+B,)

붓 터치로 자연스러운 모양을 그릴 수 있습니다.

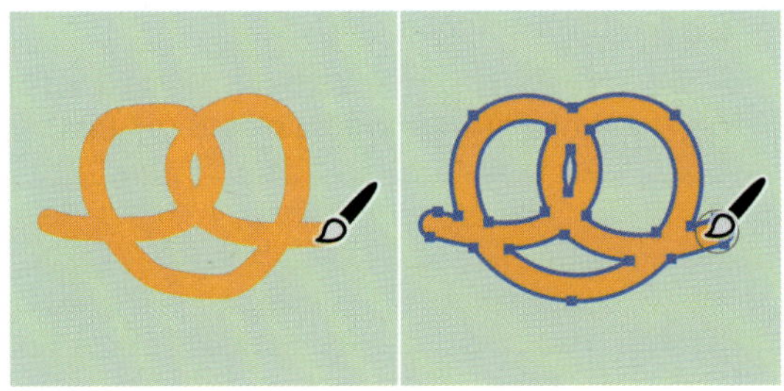

⑪ 도형 도구(Shaper Tool, Q,)

사각형, 원형, 다각형 등의 기본 도형을 그리고 편집할 수 있습니다.

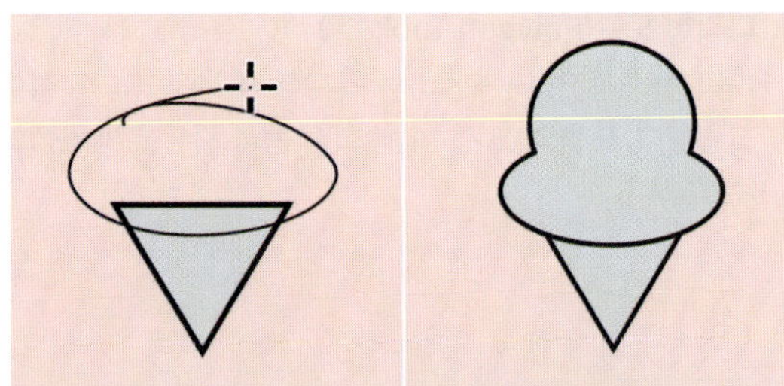

연필 도구(Pencil Tool,)

마우스나 태블릿 펜을 사용하여 손으로 직접 그린 것 같은 효과를 낼 수 있습니다. 선의 두께, 부드러움 등을 조정할 수 있어 원하는 스타일을 표현하기에 좋습니다.

매끄럽게 도구(Smooth Tool,)

도형의 모서리나 곡선을 부드럽게 조정하여 패스를 부드럽게 만듭니다.

패스 지우개 도구(Path Eraser Tool,)

도형의 선을 지울 수 있습니다.

연결 도구(Join Tool,)

떨어져 있는 두 개의 선을 선택해 하나의 연속된 선으로 만들 수 있습니다.

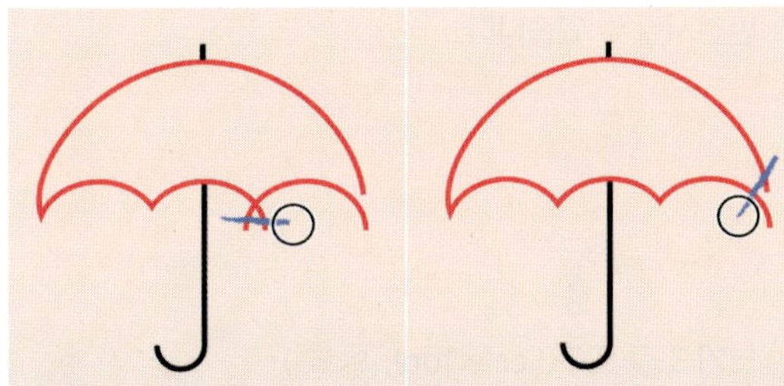

⑫ 지우개 도구(Eraser Tool, E,)

브러시 모양으로 드래그하면 오브젝트의 일부분과 선택한 부분을 쉽게 지웁니다. 지울 때 압력과 각도에 따라 선의 굵기가 자연스럽게 변경되어 더욱 정교한 작업을 할 수 있습니다.

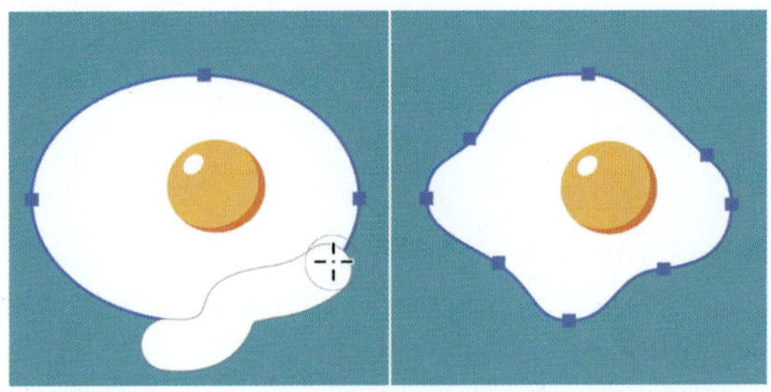

가위 도구(Scissors Tool,)

오브젝트를 클릭하여 원하는 위치에서 자를 수 있으며 자른 부분은 별도의 오브젝트로 분리됩니다.

칼 도구(Knife Tool,)

선택한 오브젝트를 드래그하는 대로 자르고 분리하며, 자른 부분은 개별 오브젝트로 분리되어 편집할 수 있습니다.

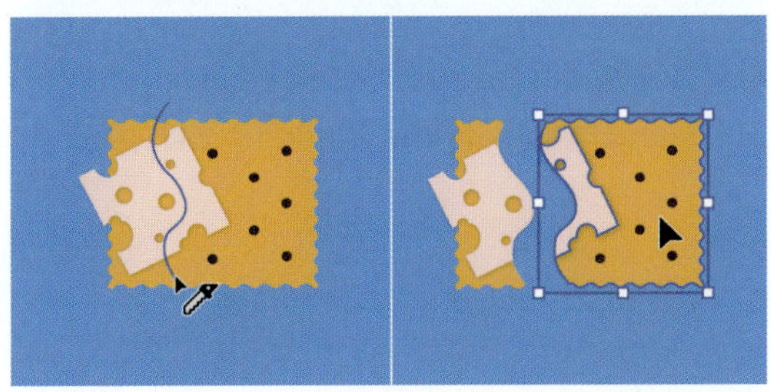

⑬ 회전 도구(Rotate Tool, R)

선택한 오브젝트의 중심을 기준으로 자유롭게 회전할 수 있습니다.

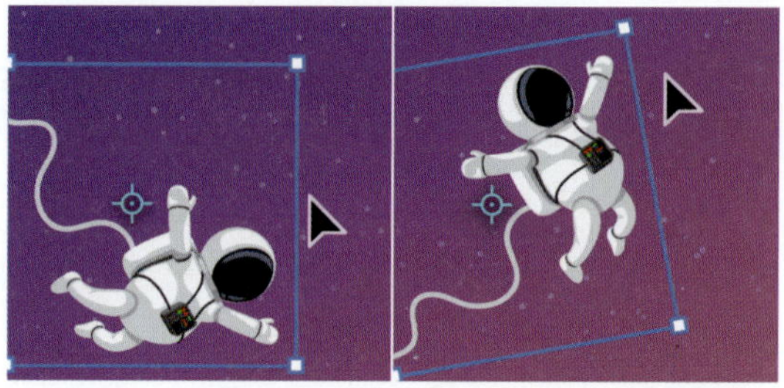

반사 도구(Reflect Tool)

수평 또는 수직 축을 기준으로 선택한 오브젝트를 대칭 반전시킬 수 있습니다.

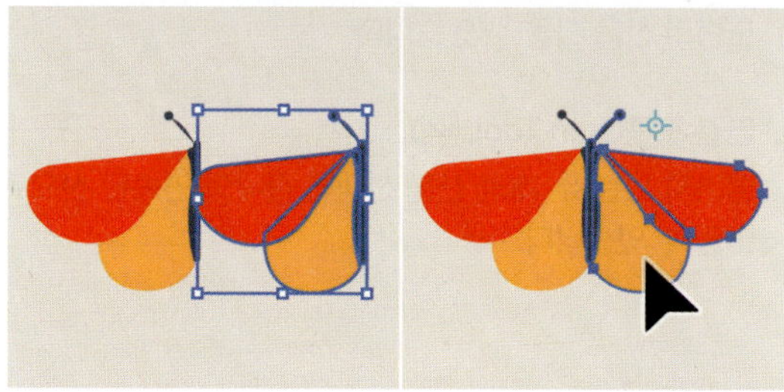

⑭ 크기 조절 도구(Scale Tool, S)

오브젝트의 크기를 균일하게 조절할 수 있습니다.

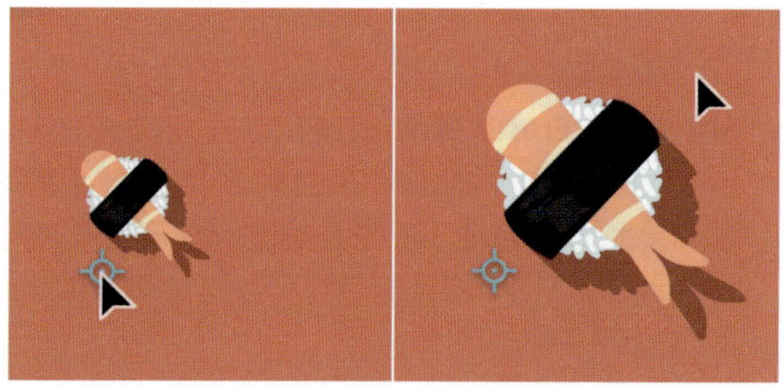

기울이기 도구(Shear Tool)

오브젝트를 수평 또는 수직으로 기울일 수 있습니다.

모양 변경 도구(Reshape Tool)

오브젝트의 원근감을 조정하여 3D 효과를 줄 수 있습니다.

⑮ 폭 도구(Width Tool, Shift+W)

선택한 오브젝트의 선 폭을 균일하게 조절합니다.

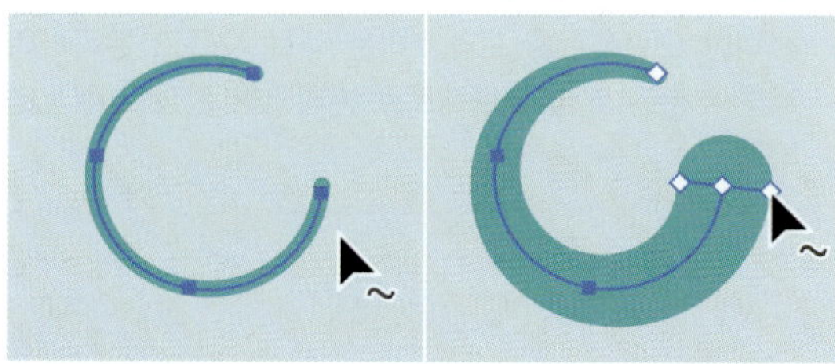

변형 도구(Warp Tool, Shift+R,)

오브젝트의 모양을 자유롭게 변형시킬 수 있으며, 드래그하여 오브젝트의 일부분을 늘리거나 휘어지게 할 수 있습니다.

돌리기 도구(Twirl Tool,)

오브젝트를 중심으로 회전시켜 나선형 효과를 줄 수 있으며, 드래그하면 오브젝트가 회전하면서 특이한 모양을 만들어냅니다.

볼록 도구(Bloat Tool,)

오브젝트의 중심 부분을 볼록하게 만들 수 있으며, 드래그하면 오브젝트의 중앙이 바깥쪽으로 부풀려집니다.

조개 도구(Scallop Tool,)

오브젝트의 가장자리를 물결 모양으로 만들 수 있으며, 드래그해 오브젝트의 외곽선에 물결 효과를 줄 수 있습니다.

오목 도구(Pucker Tool,)

선택한 오브젝트의 중심을 기준으로 자유롭게 회전할 수 있습니다. 오브젝트의 중심 부분을 오목하게 만들 수 있으며, 드래그해 오브젝트의 가운데 영역을 안쪽으로 들어가게 만들 수 있습니다.

수정화 도구(Crystallize Tool,)

오브젝트의 표면을 결정체 모양으로 변형할 수 있으며, 드래그하면 오브젝트 표면이 다각형으로 변화합니다.

주름 도구(Wrinkle Tool,)

오브젝트 표면에 주름 효과를 줄 수 있으며, 드래그하여 오브젝트 위에 주름 패턴을 만들 수 있습니다.

⑯ 자유 변형 도구(Free Transform Tool, E,)

선택한 오브젝트를 자유롭게 변형할 수 있습니다.

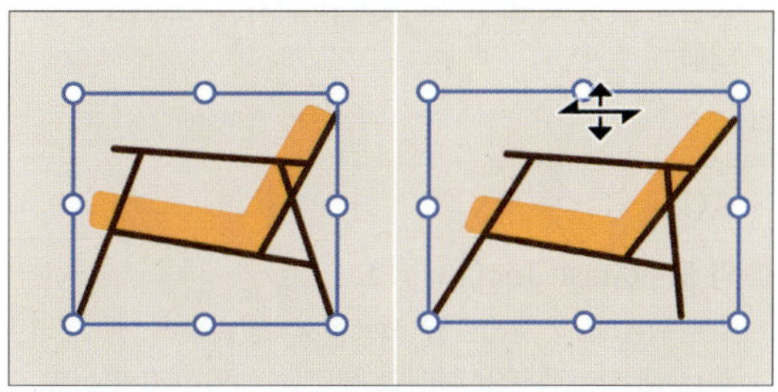

퍼펫 뒤틀기 도구(Puppet Warp Tool,)

오브젝트의 특정 영역을 마치 관절처럼 움직여 변형할 수 있습니다.

⑰ 도형 구성 도구(Shape Builder Tool, Shift + M,)

선택한 오브젝트들을 병합하거나 분리해 새로운 도형을 만들 수 있습니다.

라이브 페인트 통 도구(Live Paint Bucket Tool, K,)

오브젝트 내부를 채우거나 색상을 변경할 수 있습니다.

라이브 페인트 선택 도구(Live Paint Selection Tool, Shift + L,)

오브젝트의 색상 영역을 선택할 수 있습니다.

⑱ 원근감 격자 도구(Perspective Grid Tool, Shift + P,)

오브젝트에 원근감을 부여하는 격자 화면을 생성할 수 있습니다.

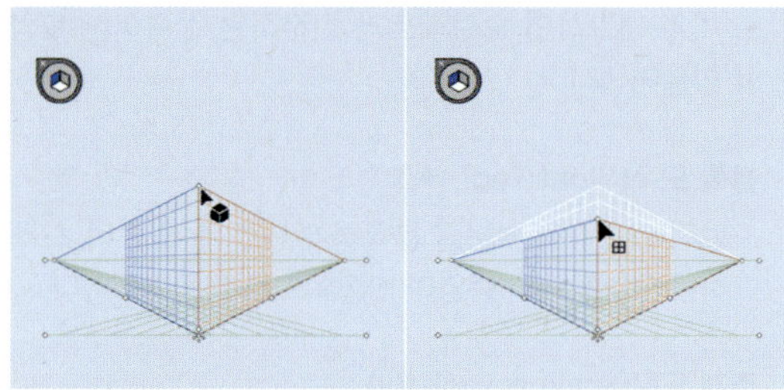

원근감 선택 도구(Perspective Selection Tool, Shift + V,)

원근감이 적용된 오브젝트를 선택하고 편집합니다. 격자 화면에 맞춰 오브젝트의 크기와 위치를 조정할 수 있습니다.

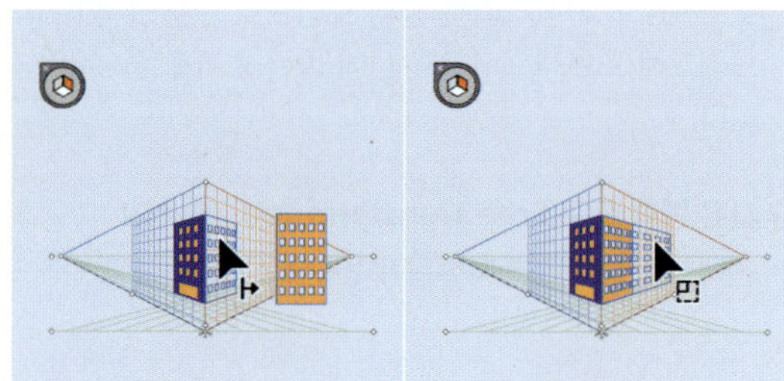

⑲ 망 도구(Mesh Tool, U,)

오브젝트에 망 그리드를 적용할 수 있습니다. 망 그리드를 통해 오브젝트의 형태와 질감을 세밀하게 편집할 수 있습니다. 망 기준점을 조절하여 오브젝트의 3D 효과를 구현하거나 복잡한 모양을 만들 수 있습니다.

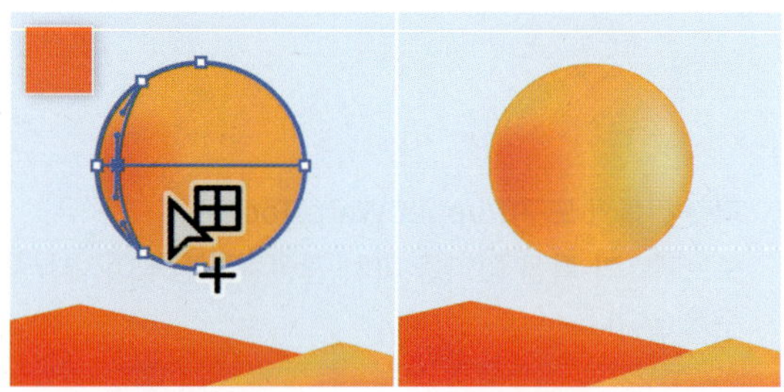

⑳ 그레이디언트 도구(Gradient Tool, G,)

오브젝트에 그레이디언트 효과를 적용할 수 있습니다. 그레이디언트의 시작점과 끝점, 색상 등을 조절해 오브젝트의 색상과 질감을 다양하게 표현할 수 있습니다.

㉑ 치수 도구(Dimension Tool, Shift+I,)

도면에 치수를 추가하여 정확한 크기와 비율을 표시할 수 있습니다.

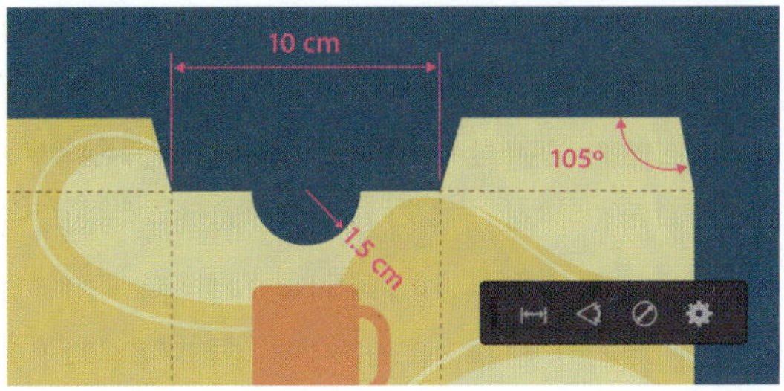

선형 치수(Linear Dimension,)

오브젝트 간의 거리나 길이를 정확하게 측정할 수 있습니다. 두 지점을 클릭하여 선형 치수를 표시할 수 있습니다.

반경 치수(Radial Dimension,)

원형 오브젝트의 반경을 측정할 수 있습니다. 원의 중심과 가장자리를 클릭하여 반경 치수를 표시할 수 있습니다.

각도 치수(Angular Dimension,)

오브젝트 간의 각도를 측정할 수 있습니다. 두 선분 사이의 각도를 표시하여 디자인의 균형과 비례를 확인할 수 있습니다.

도구 옵션(Tool Options,)

치수 도구의 옵션에서는 치수 스타일, 단위, 정밀도 등을 설정할 수 있습니다. 디자인 의도에 맞는 치수 표현을 위해 다양한 설정을 할 수 있습니다.

㉒ 스포이트 도구(Eyedropper Tool, I,)

특정 색상을 선택할 수 있습니다. 정확한 색상이 필요한 디자인 작업에 유용하게 사용할 수 있습니다.

측정 도구(Measure Tool,)

드래그한 부분의 좌표와 길이 등을 측정할 수 있습니다.

㉓ 블렌드 도구(Blend Tool, W,)

두 개 이상의 오브젝트를 블렌드해 부드러운 전환 효과를 만들 수 있습니다. 블렌드의 단계, 방향, 패스 등을 조정하여 원하는 효과를 연출할 수 있습니다.

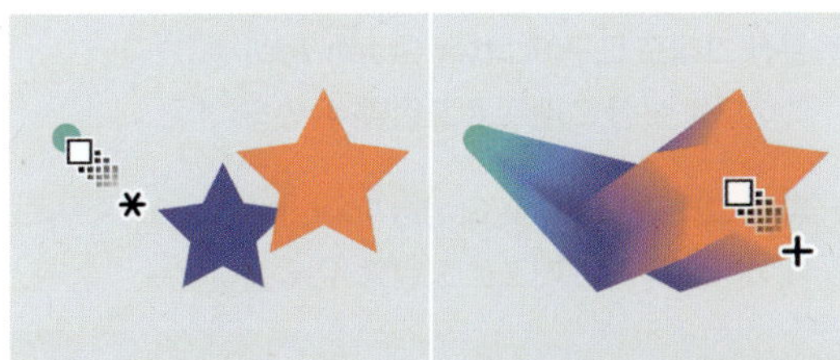

㉔ 심벌 분무기 도구(Symbol Sprayer Tool, Shift+S,)

심벌을 스프레이 뿌리듯 분사합니다.

심벌 이동 도구(Symbol Shifter Tool,)
심벌들의 위치를 자유롭게 이동할 수 있습니다.

심벌 모으기 도구(Symbol Scruncher Tool,)
심벌들을 서로 모아 밀집된 형태로 만들 수 있습니다.

심벌 크기 조절 도구(Symbol Sizer Tool,)
심벌들의 크기를 일괄적으로 조절할 수 있습니다.

심벌 회전 도구(Symbol Spiner Tool,)
심벌들을 선택하여 회전할 수 있습니다.

심벌 채색 도구(Symbol Stainer Tool,)
심벌들의 색상을 변경할 수 있습니다.

㉕ 막대그래프 도구(Column Graph Tool,)
데이터를 세로 막대그래프로 표현할 수 있습니다.

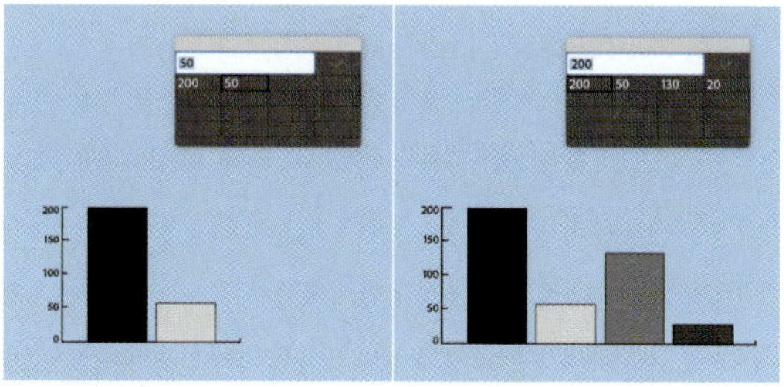

누적 막대그래프 도구(Stacked Column Graph Tool,)
데이터를 누적 세로 막대그래프로 표현할 수 있습니다.

누적 가로 막대그래프 도구(Stacked Bar Graph Tool,)
데이터를 누적 가로 막대그래프로 표현할 수 있습니다.

가로 막대그래프 도구(Bar Graph Tool,)
데이터를 가로 막대그래프로 표현할 수 있습니다.

선 그래프 도구(Line Graph Tool,)
데이터를 선 그래프로 표현할 수 있습니다.

영역 그래프 도구(Area Graph Tool,)
데이터를 영역 그래프로 표현할 수 있습니다.

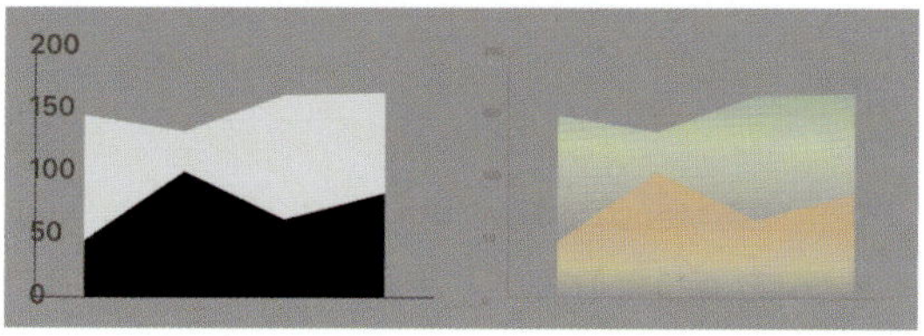

분산 그래프 도구(Scatter Graph Tool,)
데이터를 분산 그래프로 표현할 수 있습니다.

파이 그래프 도구(Pie Graph Tool,)
데이터를 파이 그래프로 표현할 수 있습니다.

레이더 그래프 도구(Radar Graph Tool,)
데이터를 레이더 그래프로 표현할 수 있습니다.

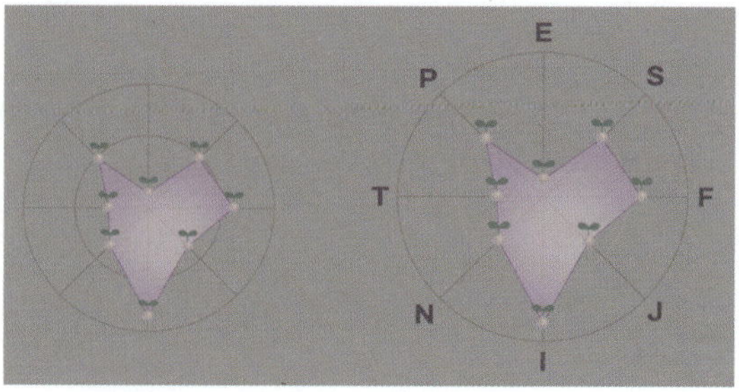

㉖ 아트보드 도구(Artboard Tool, Shift+O,)

새로운 아트보드를 만들고 편집할 수 있습니다.

㉗ 분할 도구(Slice Tool, Shift+K,)

이미지를 여러 개의 작은 조각으로 분할할 수 있습니다.

분할 선택 도구(Slice Select Tool,)

분할된 이미지 조각을 선택하고 편집할 수 있습니다.

㉘ 손 도구(Hand Tool, H,)

아트보드를 클릭하고 드래그해 작업 영역을 이동하거나 스크롤할 수 있습니다.

회전 보기 도구(Rotate View Tool,)

아트보드를 회전시켜 다양한 각도에서 작업 내용을 확인할 수 있습니다. 복잡한 그래픽 작업을 할 때 유용하게 사용합니다.

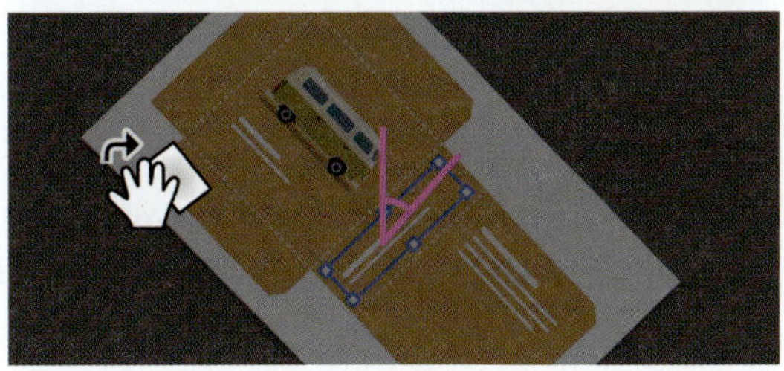

타일링 영역 도구(Print Tiling Tool,)

작업 영역을 타일 형식으로 분할하여 전체 레이아웃을 한눈에 파악하고 세부적인 작업을 진행할 수 있습니다.

㉙ **돋보기 도구(Zoom Tool, Z,)**

작업 영역을 확대하거나 축소하여 세부 사항과 전체 레이아웃을 확인할 수 있습니다.

㉚ **기본 칠과 획(Default Fill and Stroke Tool, D,)**

선택한 오브젝트의 기본 칠과 획으로 설정할 수 있습니다. 칠은 '흰색', 획은 '검은색', 굵기는 '1px'로 초기화됩니다.

㉛ **칠과 획 교체(Swap Fill and Stroke Tool, X,)**

선택된 오브젝트의 면과 선을 서로 바꿉니다.

㉜ **칠과 획(Fill and Stroke Tool, Shift+X)**

칠(Fill,): 선택된 오브젝트의 내부를 칠하는 데 사용합니다.

획(Stroke,): 선택된 오브젝트의 외곽선을 설정하는 데 사용합니다.

㉝ **색, 그레이디언트, 색상 없음(Color/Gradient/None,)**

오브젝트의 칠 및 획에 적용할 '색상', '그레이디언트', 또는 '색상 없음(None)'을 선택할 수 있습니다.

㉞ **그리기 모드(Draw Mode, Shift+D)**

표준 그리기(Draw Normal,)

오브젝트를 그릴 때 일반적인 방식으로 그리는 모드입니다. 새로운 오브젝트가 기존 오브젝트 위에 그려집니다.

뒤에 그리기(Draw Behind,)

선택한 오브젝트 뒤에 새로운 오브젝트를 그리는 모드입니다. 새로운 오브젝트가 기존 오브젝트의 배경으로 그려집니다.

안에 그리기(Draw Inside,)

선택한 오브젝트 내부에 새로운 오브젝트를 그리는 모드입니다. 새로운 오브젝트가 기존 오브젝트 내부에 그려집니다.

㉟ **화면 모드(Change Screen Mode, F,)**

화면 구성을 변경합니다.

일반 화면 모드(Normal Screen Mode)

기본 작업 화면 모드입니다.

전체 화면과 메뉴 모드(Full Screen Mode with Menu Bar)

작업 화면을 전체 화면으로 확장하되, 메뉴가 표시되는 모드입니다.

전체 화면 모드(Full Screen Mode)

작업 화면을 전체 화면으로 확장하는 모드입니다.

프레젠테이션 모드(Presentation Mode)

작업물을 전체 화면으로 보여주는 모드입니다. 프레젠테이션에서 유용하게 사용할 수 있습니다.

1.5 파일 열고, 닫고, 저장하기

파일을 열고 저장하는 기본적인 방법부터 자동 저장 설정, 클라우드 문서 관리 등 고급 기능을 알아 보겠습니다. 저장을 적절히 활용하면 작업 중 파일 손실을 방지하고, 작업 효율성을 크게 향상할 수 있습니다.

파일 열기

파일을 여는 방법에는 프로그램을 실행한 후 열기, 파일 메뉴를 실행해 열기, 단축키를 눌러 열기, 그리고 파일을 드래그하여 열기 등 여러 가지가 있습니다.

일러스트레이터를 실행한 상태에서 파일 열기

일러스트레이터를 실행하고 시작 화면에서 <Open> 버튼을 클릭해 작업할 파일의 경로를 찾아 선택한 다음 작업을 시작할 수 있습니다.

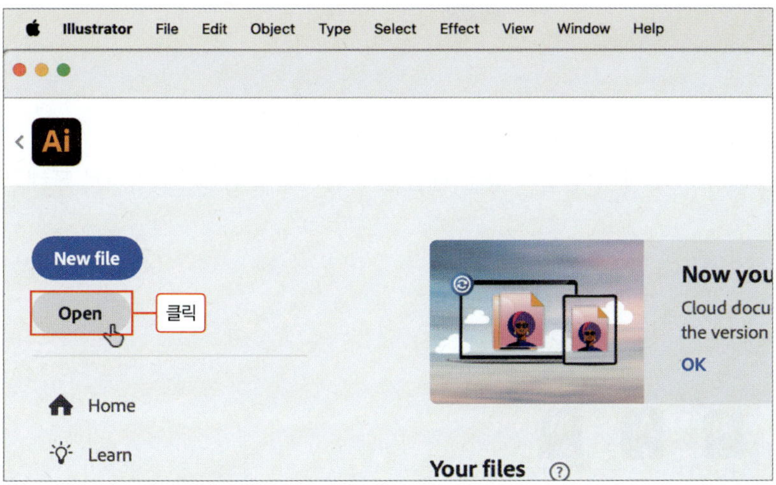

파일 메뉴를 실행해 열기

일러스트레이터의 메뉴에서 〔File〕을 선택한 다음 하위 메뉴에서 Open을 실행합니다. Open 대화상자가 표시되면 열고자 하는 저장 위치에서 원하는 파일을 선택하고 <Open(열기)> 버튼을 클릭합니다.

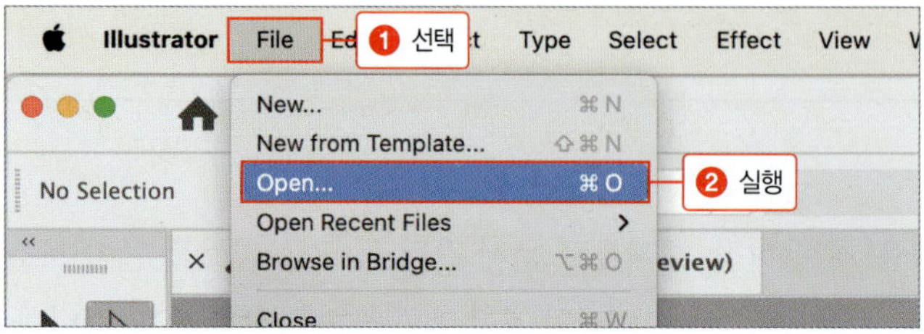

단축키를 눌러 열기

Ctrl+O (Windows) 또는 Cmd+O (Mac)를 눌러 Open 대화상자가 표시되면 열고자 하는 파일을 선택한 다음 <Open(열기)> 버튼을 클릭합니다.

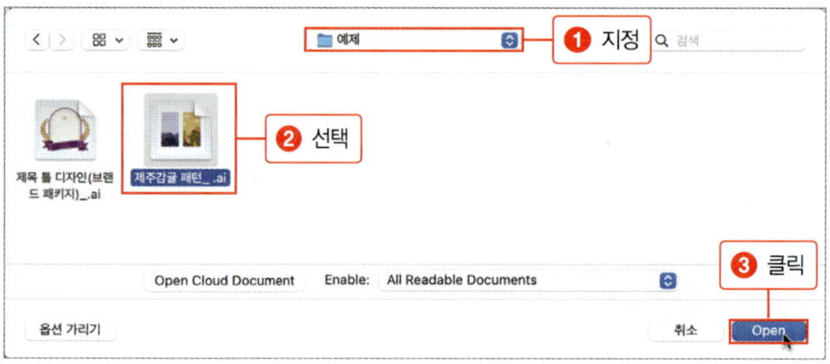

파일을 드래그해서 열기

파일 탐색기(Windows) 또는 Finder(Mac)에서 열고자 하는 파일을 선택하고 일러스트레이터로 드래그하면 파일이 자동으로 열립니다.

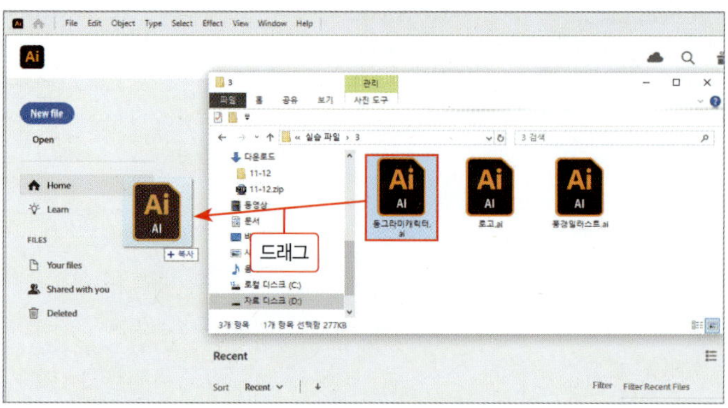

파일 저장하기

파일 메뉴를 실행해 저장하기

01 메뉴에서 〔File〕 → Save 또는 Save As를 실행합니다.

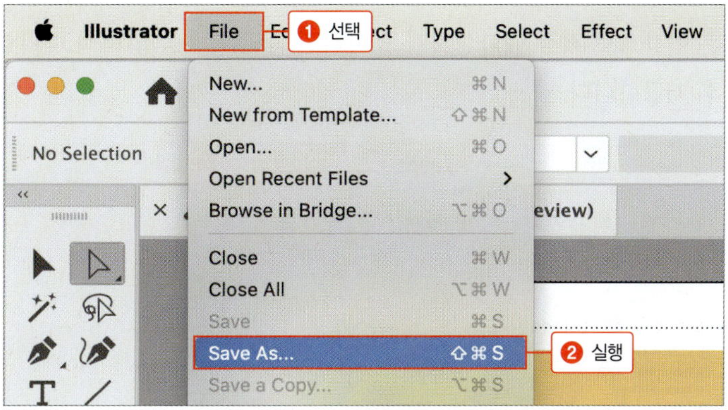

> **TIP**
> Save는 기존 파일에 저장하고, Save As는 새로운 파일 이름 또는 새로운 위치에 저장합니다.

02 Save As 또는 Save to Creative Cloud 대화상자가 표시되면 왼쪽 아래의 <On your computer> 버튼을 클릭합니다. 파일 형식에서 원하는 형식을 선택하고 <Save> 버튼을 클릭합니다.

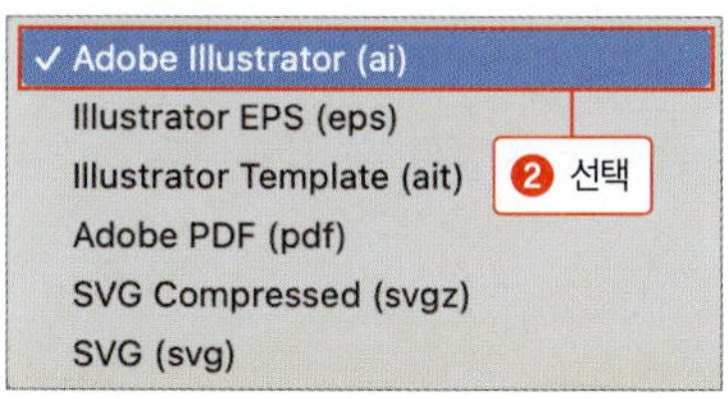

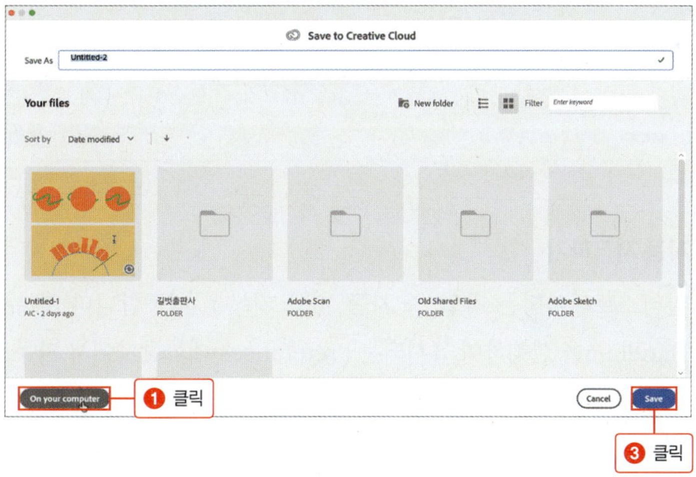

> **TIP**
> 파일을 저장할 때 다양한 파일 형식을 선택할 수 있습니다. 기본 형식은 'Adobe Illustrator (ai)'이지만, 필요에 따라 'pdf', 'eps' 'svg' 등 다른 형식으로 저장할 수 있습니다.

단축키를 눌러 저장하기

Ctrl+S (Window) 또는 Cmd+S (Mac)를 눌러 파일을 같은 이름으로 저장합니다.

다른 이름으로 저장(Save As)하려면 Shift+Ctrl+S (Window) 또는 Shift+Cmd+S (Mac)를 누릅니다. 다른 이름으로 저장 대화상자가 표시되면 파일 이름을 입력하고 확장자를 선택한 다음 저장 위치를 지정한 후 저장합니다.

자동 저장하기

일러스트레이터는 작업 중 자동 저장 기능을 제공합니다. 메뉴에서 〔Edit〕 → Preferences → File Handling을 실행하여 표시되는 Preferences 대화상자에서 자동 저장 간격을 설정할 수 있습니다.

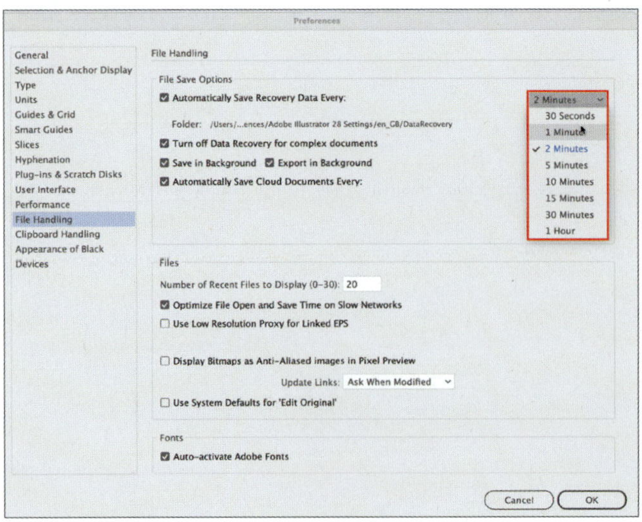

Creative Cloud에 문서 저장하기

어도비 크리에이티브 클라우드(Adobe Creative Cloud)를 사용하려면 계정에 로그인되어 있어야 하며 파일을 클라우드에 저장하여 언제 어디서나 접근할 수 있습니다.

01 메뉴에서 [File] → Save를 실행하고 <Save> 버튼을 클릭하여 크리에이티브 클라우드에 파일을 저장할 수 있습니다.

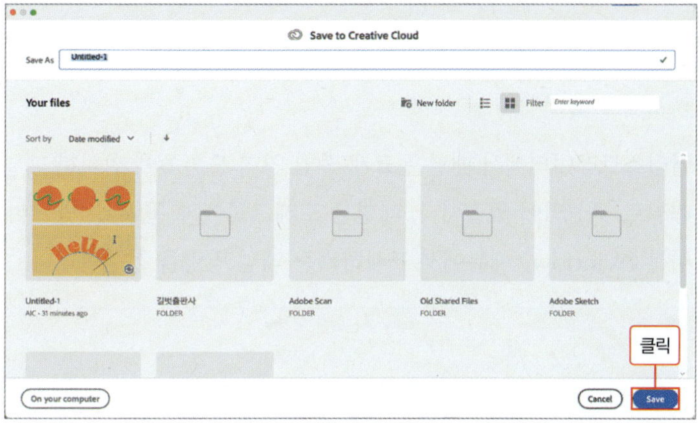

02 크리에이티브 클라우드에 저장하면 파일 이름에 '' 표시가 나타나며 확장자는 'aic'로 저장된 것을 확인할 수 있습니다.

크리에이티브 클라우드에 저장된 파일을 확인하기 위해 'Home' 아이콘()을 클릭합니다.

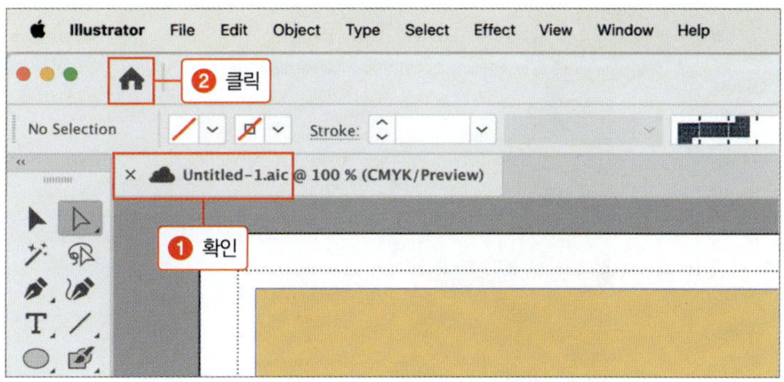

03 '' 아이콘을 클릭한 다음 Rename을 실행해 이름을 바꾸거나 Delete를 실행하여 삭제할 수 있습니다.

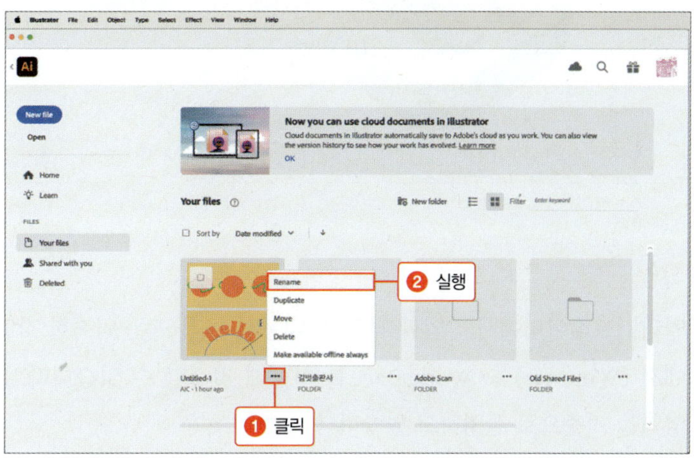

1.6 주요 패널과 작업 환경 설정하기

일러스트레이터에서 패널은 크게 작업 영역 오른쪽에 위치한 패널과 그 옆에 세로로 길게 위치한 사이드 패널로 구성되어 있습니다. 패널은 드래그하여 이동할 수 있으며, 화면에 추가로 패널을 표시하기 위해서는 [Window] 메뉴에서 표시하려는 패널 명령을 실행합니다.

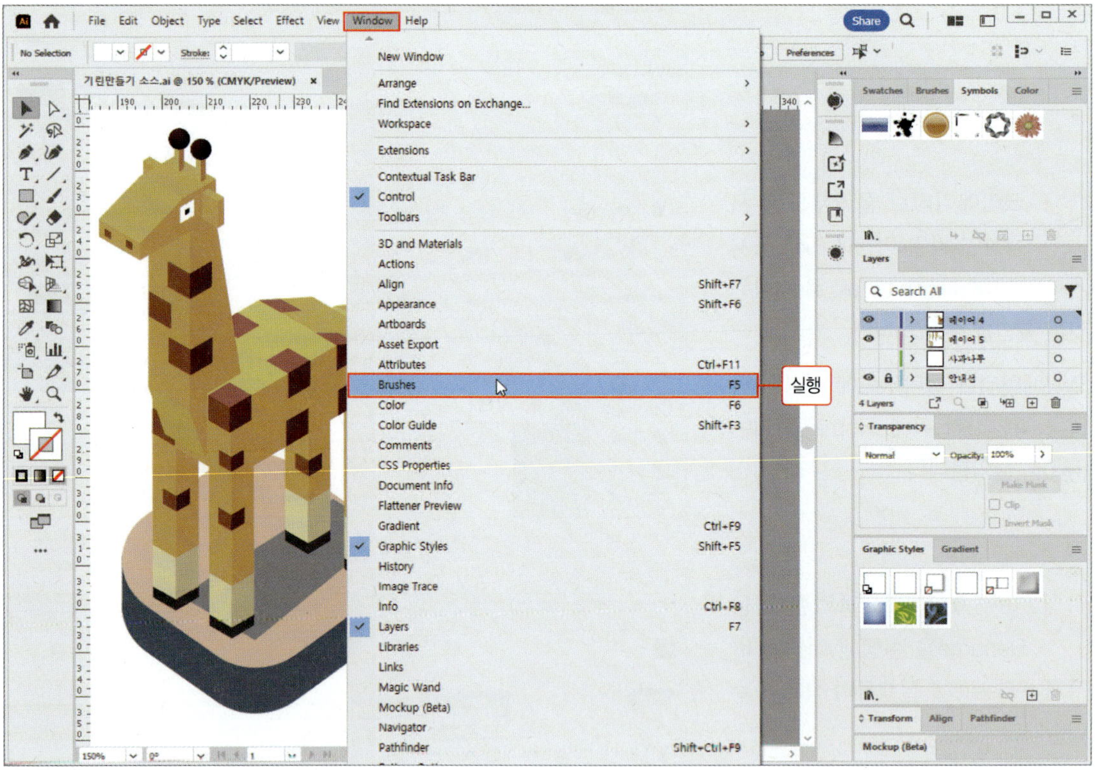

작업 환경 지정하기

일러스트레이터에서 작업할 때 작업 내용과 목적 또는 익숙한 작업 방식에 따라 패널의 레이아웃은 메뉴에서 [Window] → Workspace를 실행해 지정할 수 있습니다. 본 교재에서는 Essentials Classic 작업 영역을 기준으로 설명하고 있습니다.

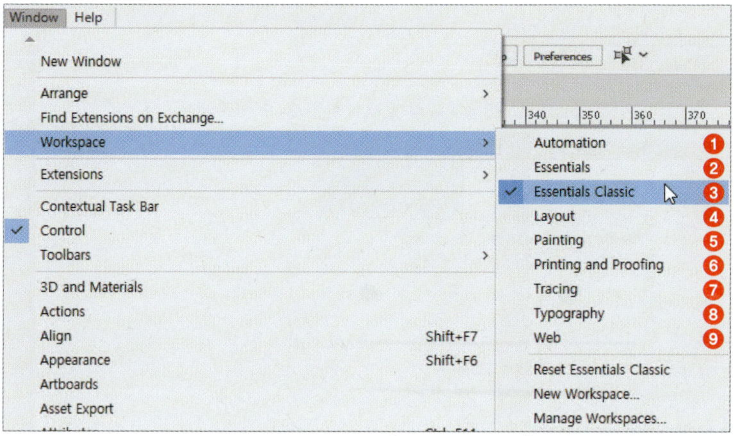

❶ **Automation(오토메이션):** 반복 작업을 자동화하기 위한 도구와 패널을 제공합니다. 스크립트, 액션, 데이터 병합 등의 기능을 활용하여 작업 효율성을 극대화할 수 있습니다.

❷ **Essentials(에센셜):** 가장 기본적이고 자주 사용하는 도구와 패널이 포함된 작업 공간입니다. 초보자나 일반 작업에 적합하며, 사용 빈도가 높은 패널들이 포함되어 있습니다.

❸ **Essentials Classic(에센셜 클래식):** 이전 버전의 일러스트레이터 인터페이스에 익숙한 사용자를 위한 클래식 작업 공간입니다. 기본 도구와 패널이 포함되어 있으며, 전통적인 UI 레이아웃을 제공합니다.

❹ **Layout(레이아웃):** 페이지 레이아웃 작업에 최적화된 도구와 패널을 포함합니다. 아트보드, 그리드, 안내선, 정렬 및 배치 도구 등을 빠르게 접근할 수 있어 출판물 디자인이나 다중 페이지 프로젝트에 유용합니다.

❺ **Painting(페인팅):** 브러시, 색상 등 페인팅과 관련된 도구와 패널을 제공합니다. 디지털 페인팅과 일러스트레이션 작업에 적합하며, 쉽게 다양한 브러시 설정과 색상을 조합할 수 있습니다.

❻ **Printing and Proofing(프린팅 앤드 프루핑):** 인쇄 작업에 필요한 도구와 패널을 포함합니다. 색상 관리, 정렬, 패스파인더 등을 활용하여 인쇄물의 품질을 높이고 오류를 최소화할 수 있습니다.

❼ **Tracing(트레이싱):** 이미지를 벡터로 변환하기 위한 도구와 패널을 제공합니다. 이미지 트레이스와 라이브 트레이스 기능을 통해 픽셀 이미지를 벡터 이미지로 쉽게 변환할 수 있습니다.

❽ **Typography(타이포그래피):** 문자 작업에 최적화된 도구와 패널이 포함된 작업 공간입니다. 문자, 단락, 글꼴, 오픈타입 기능 등을 빠르게 접근하여 문자 디자인 작업을 효율적으로 수행할 수 있습니다.

❾ **Web(웹):** 웹 디자인에 필요한 도구와 패널을 포함합니다. 아트보드, 슬라이스, CSS 속성, 웹 색상 팔레트 등을 활용해 웹 그래픽 작업을 손쉽게 할 수 있습니다.

패널 열기

메뉴에서 〔Window〕를 실행하면, 사용할 수 있는 모든 패널 목록이 나타납니다. 원하는 패널을 선택해 표시할 수 있습니다. 예를 들어, 메뉴에서 〔Window〕 → Brushes를 실행하면 Brushes(브러시) 패널이 표시됩니다.

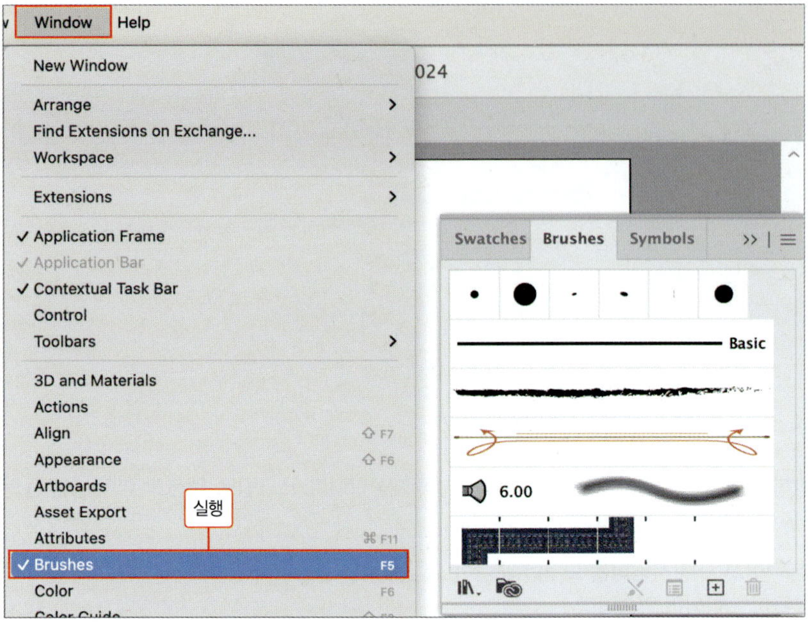

패널 확장 또는 축소하기

패널 확장하기

패널 오른쪽 위에 있는 화살표 모양의 패널 확장 아이콘(«)을 클릭하면 패널이 확장됩니다. 패널 아이콘을 클릭해도 확장할 수 있습니다.

패널 축소하기

패널 오른쪽 위에 있는 화살표 모양의 패널 축소 아이콘(»)을 클릭하면 패널이 축소됩니다. 패널 아이콘을 클릭해도 축소할 수 있습니다.

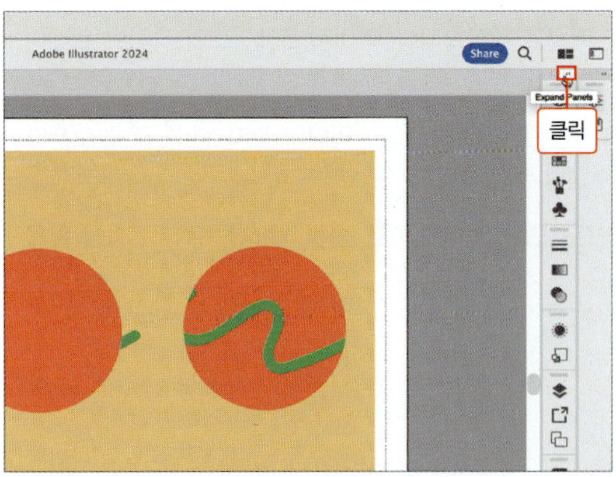

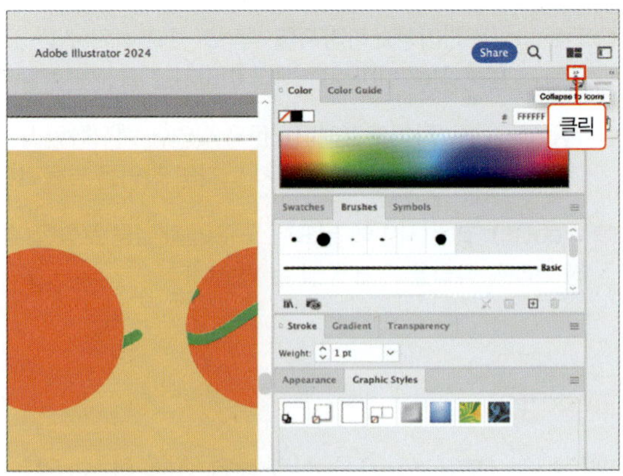

패널 분리 또는 합치기

패널 분리하기

패널 이름을 클릭한 상태에서 드래그하면 원하는 위치로 이동할 수 있으며, 이에 따라 패널이 독립된 창으로 분리됩니다. 이렇게 분리된 패널은 독립적으로 사용할 수 있습니다.

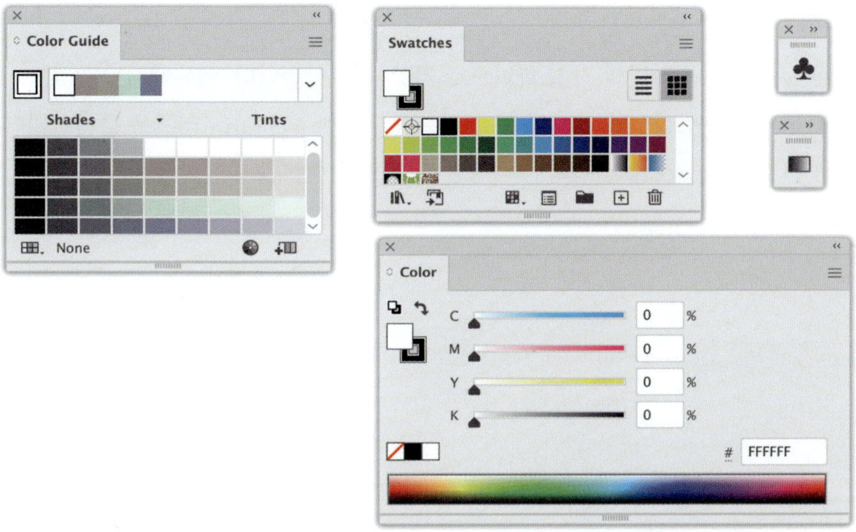

패널 합치기

하나의 패널을 다른 패널의 이름 위로 드래그하면, 두 패널이 그룹으로 합쳐집니다. 합쳐진 패널들은 탭 형식으로 전환하여 사용할 수 있습니다.

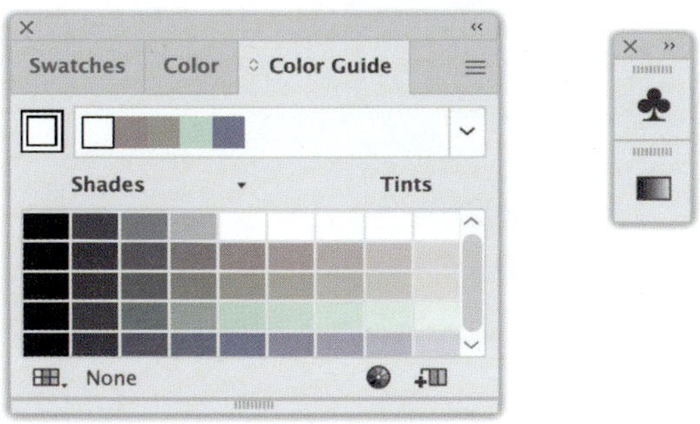

나만의 작업 화면 저장하기

작업 환경 설정하기

원하는 패널을 열고, 위치와 크기를 조정하여 자신에게 맞는 작업 환경을 만듭니다.

작업 공간 저장하기

작업 스타일에 맞는 패널을 구성했다면 나만의 작업 화면으로 저장할 수 있습니다. 메뉴에서 〔Window〕 → Workspace → New Workspace를 실행하고 작업 공간 이름을 입력한 후 <OK> 버튼을 클릭합니다. 다시 메뉴에서 〔Window〕 → Workspace를 실행하면 저장한 작업 화면 이름을 확인할 수 있습니다.

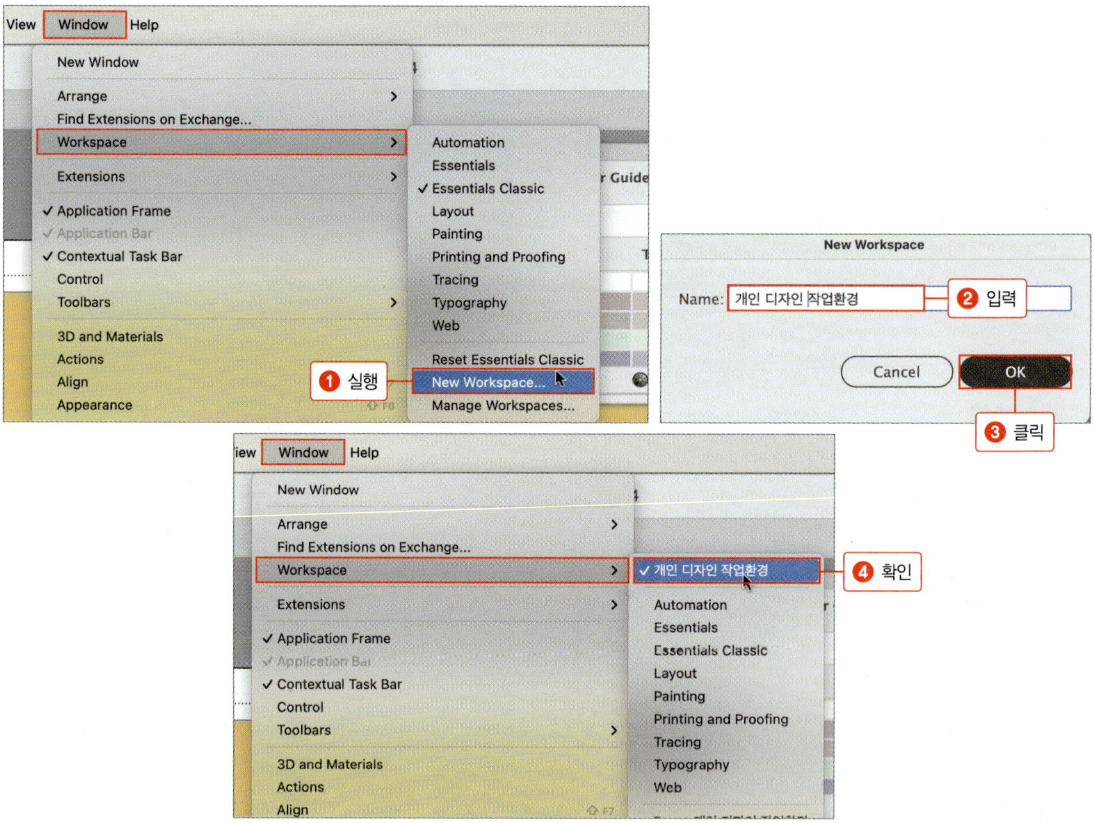

각 패널의 기능 살펴보기

각 패널은 특정 작업을 쉽게 수행할 수 있도록 도와주며, 디자인 과정에서 효율성을 높입니다. 이번에는 일러스트레이터의 주요 패널 기능을 자세히 살펴보겠습니다. 각 패널의 역할을 이해하고 이를 활용하면 더 나은 디자인을 만들 수 있으며, 작업 흐름을 더욱 최적화할 수 있습니다.

3D and Materials()

3D 모델링 및 재질 적용을 위한 패널입니다. 오브젝트에 3D 효과를 추가하고, 다양한 재질을 적용하여 사실적인 텍스처를 구현할 수 있습니다.

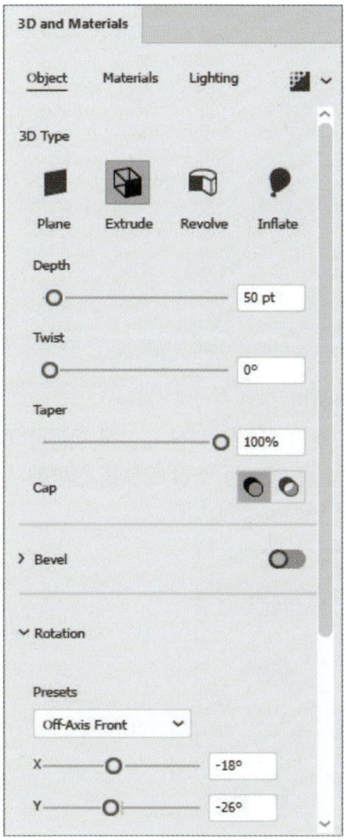

Transparency(불투명도,)

오브젝트의 불투명도와 블렌드 모드를 설정합니다. 불투명도 값을 조절하고, 다양한 블렌딩 모드를 통해 오브젝트 간의 색상 혼합을 정밀하게 제어할 수 있습니다.

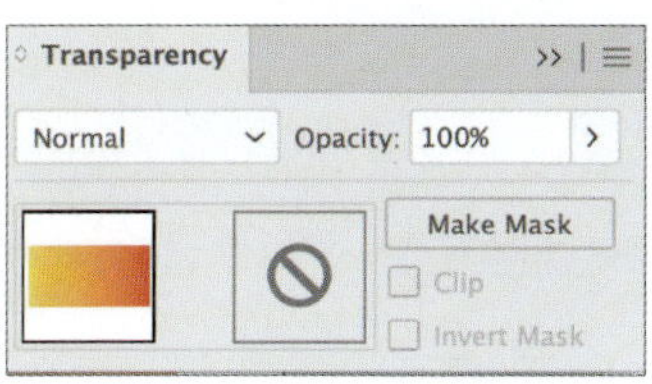

Actions(액션,)

반복적인 작업을 자동화하기 위해 액션을 기록하고 실행합니다. 이를 통해 복잡한 작업을 간단하게 반복할 수 있으며, 작업 시간을 크게 절약할 수 있습니다.

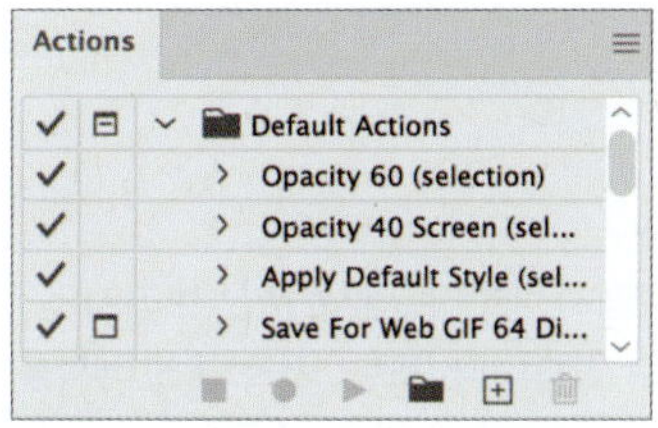

Align(정렬,)

오브젝트를 정렬하고 분배하는 도구로, 선택한 오브젝트를 기준으로 좌우 및 상하 정렬을 하거나 간격을 균등하게 분배할 수 있습니다.

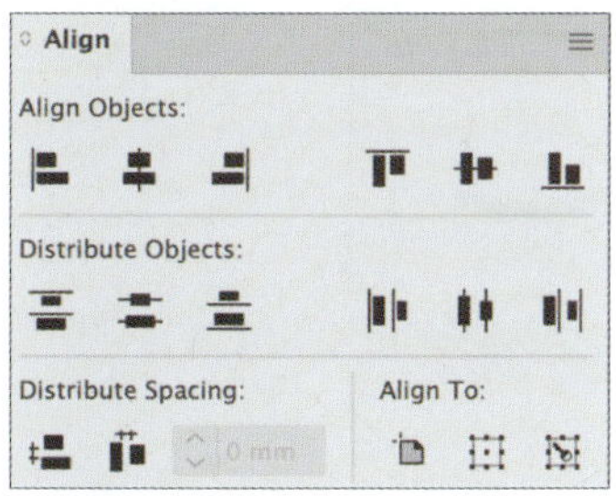

Appearance()

오브젝트에 적용된 모든 효과와 속성을 한눈에 확인할 수 있으며, 각 속성을 개별적으로 수정하거나 추가할 수 있어 복잡한 스타일을 관리하는 데 유용합니다.

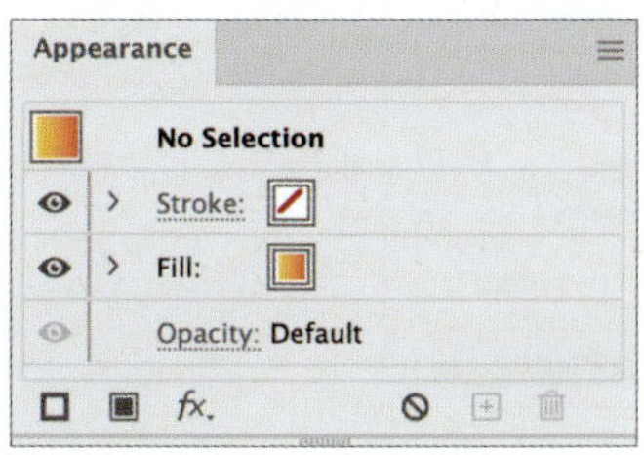

Artboards(아트보드,)

아트보드를 관리하고 정렬할 수 있습니다. 새로운 아트보드를 추가하거나 기존 아트보드를 재정렬해 작업 공간을 효율적으로 관리할 수 있습니다.

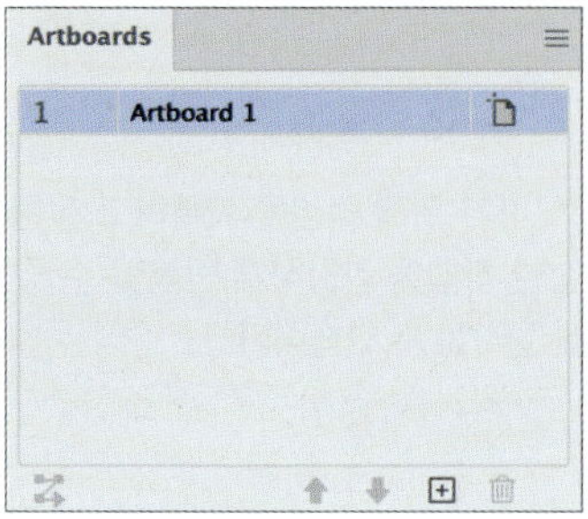

Brushes(브러시,)

다양한 브러시(아트 브러시, 패턴 브러시, 분산 브러시 등)를 관리하고 적용할 수 있습니다. 또한, 커스텀 브러시를 생성하여 독특한 효과를 연출할 수 있습니다.

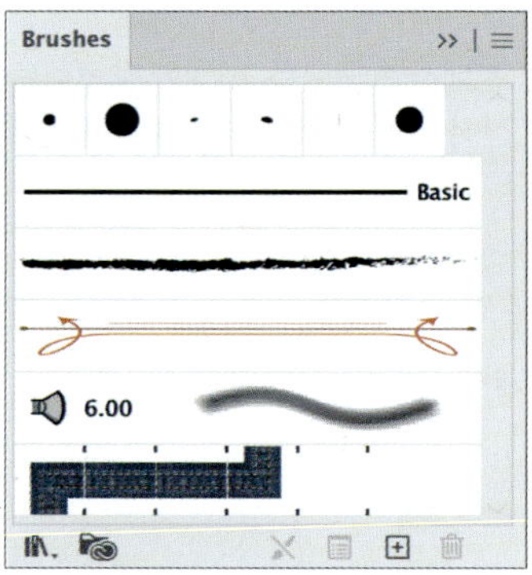

Color(색상,)

색상을 선택하고 조정할 수 있는 기본 패널입니다. RGB, CMYK, HSB 등 다양한 색상 모드를 지원하며, 슬라이더를 이용해 세부 색상을 조정할 수 있습니다.

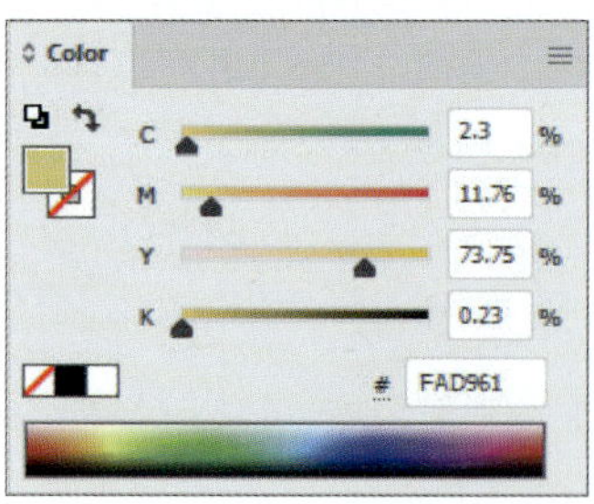

Asset Export(에셋 내보내기,)

개별 오브젝트나 아트보드를 손쉽게 내보낼 수 있습니다. 다양한 형식과 해상도로 내보내기를 설정할 수 있어 웹 및 모바일 프로젝트에 유용합니다.

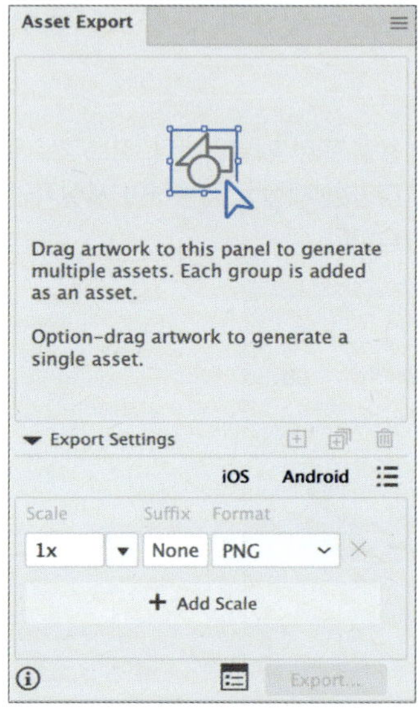

Color Guide(색상 가이드,)

선택한 색상을 바탕으로 조화로운 색상 조합을 제안합니다. 단색, 보색, 삼각형 등 다양한 조합 모드를 선택해서 다양한 색상 팔레트를 만들 수 있습니다.

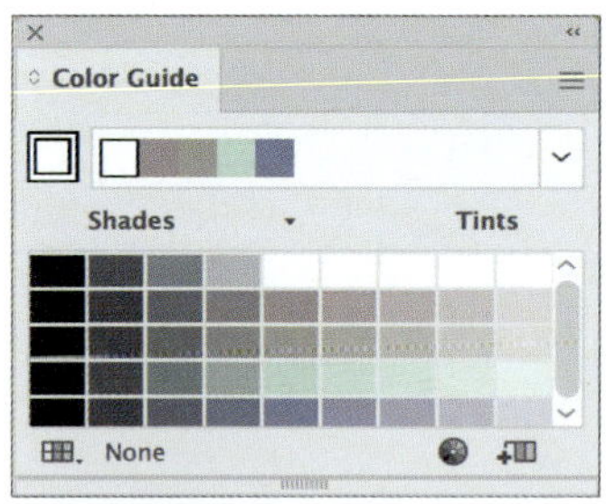

History(히스토리,)

작업 내역을 기록하고 이전 상태로 되돌릴 수 있습니다. 실수나 변경 사항을 쉽게 수정할 수 있어 작업 효율을 높이는 데 도움이 됩니다.

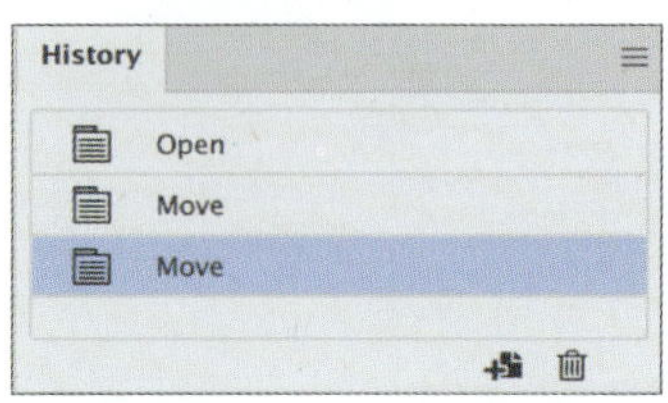

Flattener Preview(평판 미리 보기,)

불투명도 효과가 포함된 오브젝트들이 평판 처리 시 어떻게 보일지 미리 확인할 수 있습니다. 이를 통해 인쇄물에서 불투명도 문제를 사전에 파악하고 수정할 수 있습니다.

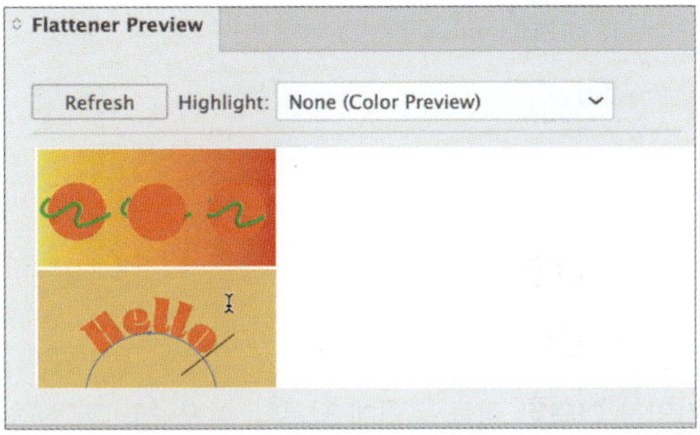

Graphic Styles(그래픽 스타일,)

오브젝트에 적용할 수 있는 스타일(효과, 속성의 조합)을 저장하고 관리합니다. 클릭 한 번으로 스타일을 쉽게 적용하거나 수정할 수 있습니다.

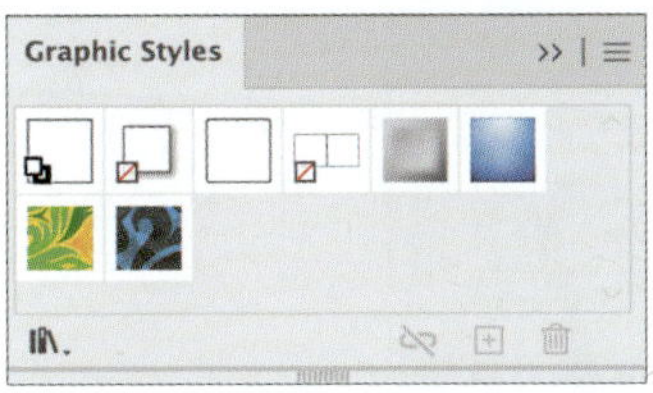

Image Trace(이미지 추적,)

픽셀 이미지를 벡터 이미지로 변환할 수 있습니다. 이미지 세부 사항을 유지하면서 벡터화할 수 있으며, 다양한 추적 옵션을 제공하여 원하는 결과를 얻을 수 있습니다.

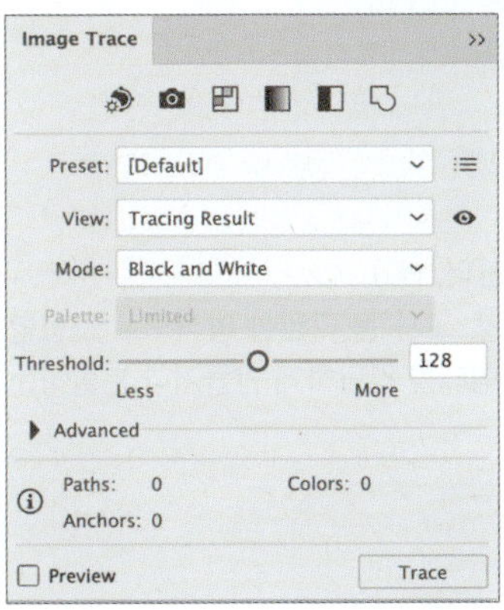

Gradient(그레이디언트,)

그레이디언트를 생성하고 편집할 수 있습니다. 선형과 방사형 그레이디언트를 지원하며, 각 색상의 위치와 불투명도를 세밀하게 조정할 수 있습니다.

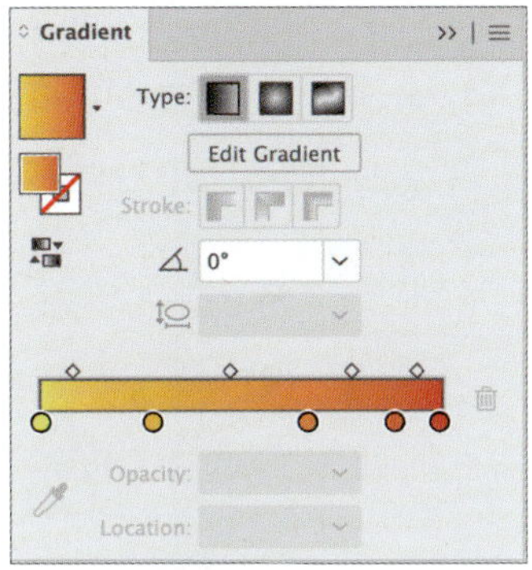

Layers(레이어,)

작업 중인 모든 오브젝트를 계층 구조로 관리합니다. 오브젝트를 그룹화하고, 잠금, 숨기기, 이름 변경 등을 통해 작업을 체계적으로 정리할 수 있습니다.

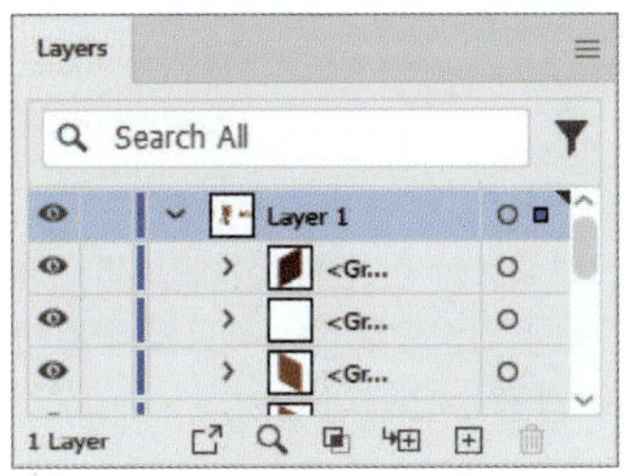

Document Info(문서 정보,)

현재 문서에 대한 세부 정보를 제공합니다. 아트보드 크기, 색상 모드, 파일 크기 등을 확인할 수 있어 문서의 전반적인 속성을 쉽게 파악할 수 있습니다.

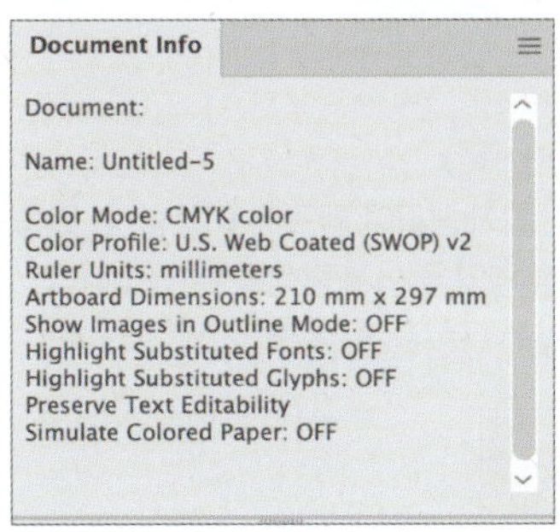

Libraries(라이브러리,)

자주 사용하는 그래픽, 문자 스타일, 색상 등을 클라우드 라이브러리에 저장하고 공유할 수 있습니다. 이를 통해 팀 간 원활하게 협업할 수 있습니다.

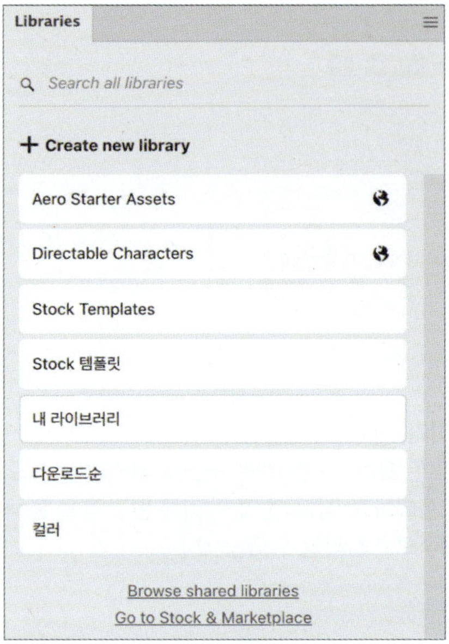

Magic Wand(마술봉,)

비슷한 속성을 가진 오브젝트를 한 번에 선택합니다. 색상, 불투명도, 선 두께 등을 기준으로 오브젝트를 빠르게 선택하여 효율적으로 작업할 수 있습니다.

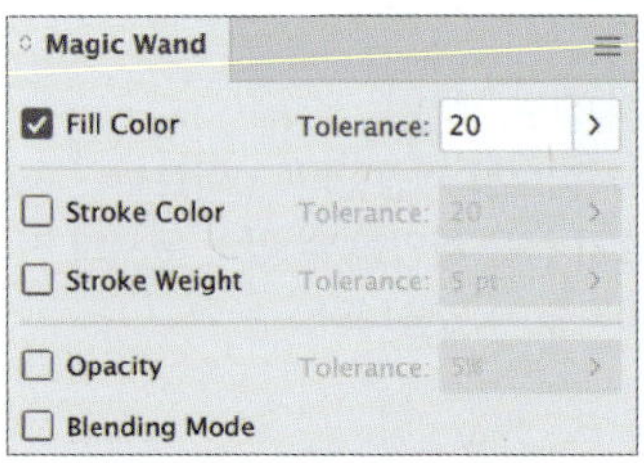

Navigator(내비게이터,)

작업 영역의 미리 보기를 제공하여 빠르게 이동할 수 있습니다. 확대/축소 및 특정 영역을 쉽게 탐색할 수 있습니다.

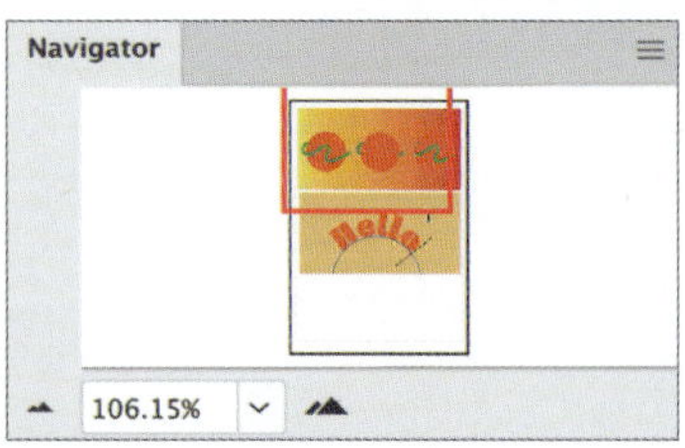

Links(링크,)

문서에 포함된 외부 파일(이미지, 그래픽 등) 상태를 관리합니다. 링크된 파일의 경로를 수정하거나 업데이트할 수 있습니다.

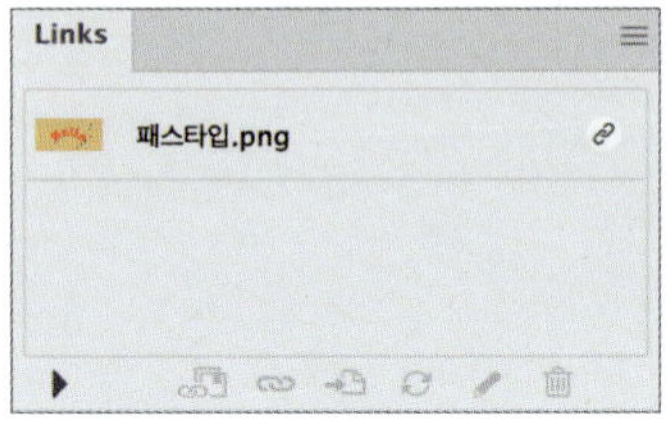

Mockup(목업,)

디자인을 다양한 실물 목업에 적용할 수 있습니다. 실물 목업에 디자인을 시각화하면 프레젠테이션이나 검토에 유용합니다.

Pathfinder(패스파인더,)

오브젝트를 병합, 분할, 교차 등 다양한 방식으로 조합할 수 있습니다. 복잡한 형태를 간단하게 만들거나 분할하는 데 유용합니다.

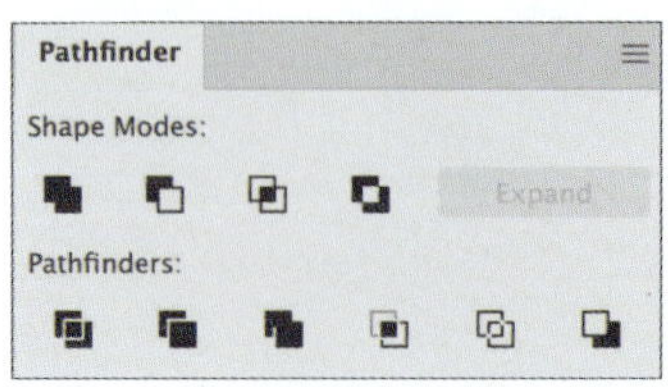

Pattern Options(패턴 옵션,)

패턴을 만들고 편집할 수 있습니다. 반복 패턴의 간격, 크기, 방향 등을 조정하여 다양한 패턴을 생성합니다.

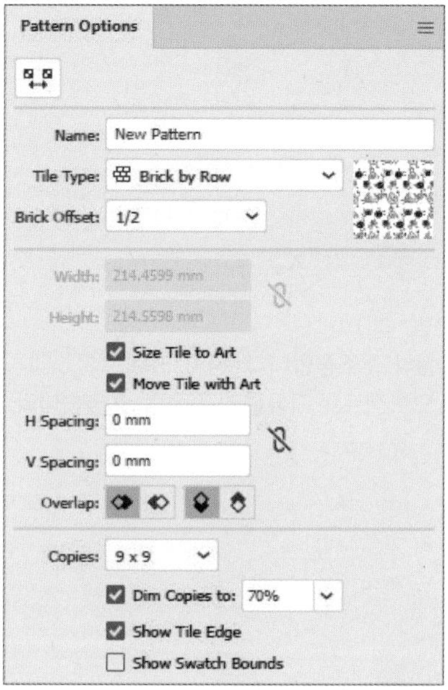

Retype(리타입,)

이미지로부터 문자를 추출하여 편집할 수 있습니다. OCR(광학 문자 인식) 기능을 통해 이미지에서 문자를 인식하고 이를 벡터 문자로 변환합니다.

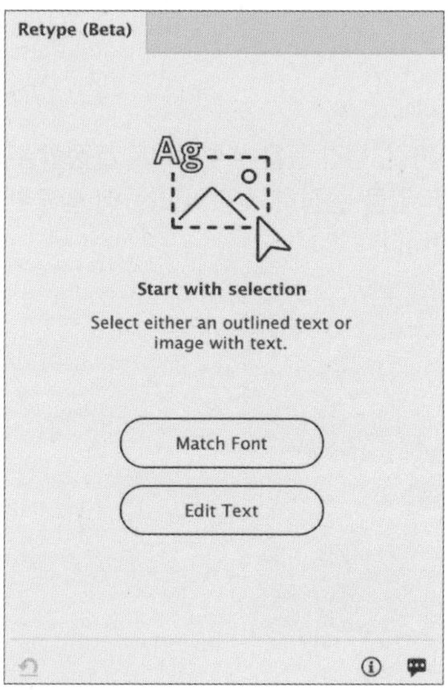

Properties(속성,)

선택한 오브젝트의 주요 속성을 빠르게 수정할 수 있는 패널입니다. 위치, 크기, 색상, 선 등의 속성을 간편하게 조정할 수 있습니다.

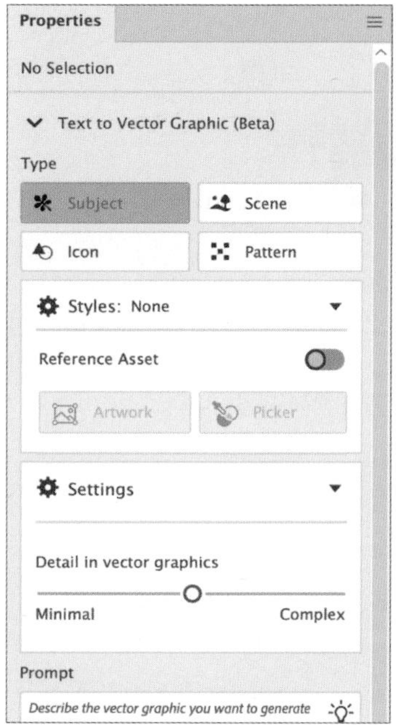

Stroke(선,)

선의 굵기, 끝/모서리 모양, 점선 형태 등을 조정합니다. 다양한 선 스타일을 적용하여 선을 더 다양하게 표현할 수 있습니다.

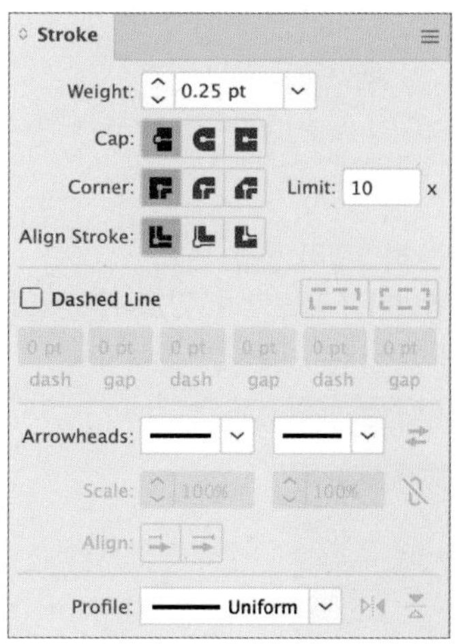

Swatches(색상 견본,)

자주 사용하는 색상, 그레이디언트, 패턴 등을 저장하고 관리할 수 있습니다. 프로젝트 간 일관된 색상 관리에 효과적입니다.

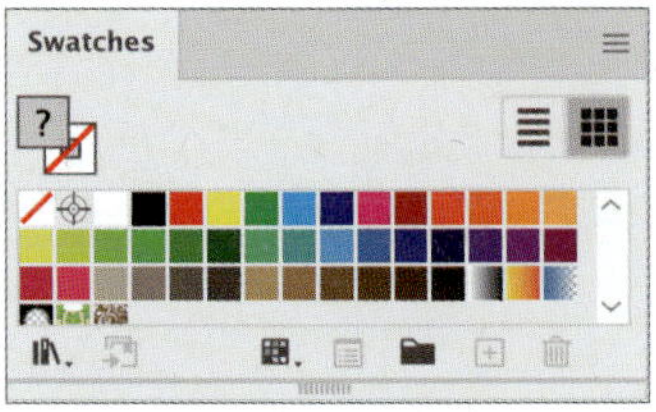

Symbols(심벌,)

반복 사용할 그래픽 요소를 심벌로 저장하여 재사용할 수 있습니다. 심벌 인스턴스를 활용하면 작업 효율성을 높일 수 있습니다.

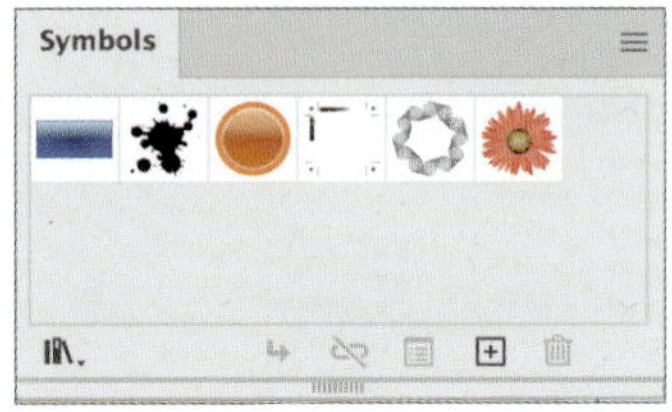

Text to Vector Graphic

문자를 벡터 이미지로 변환할 수 있습니다. 문자를 곡선으로 변환하여 디자인 요소로 활용할 수 있습니다. 이 기능은 인공지능 생성 툴과 함께 제공됩니다.

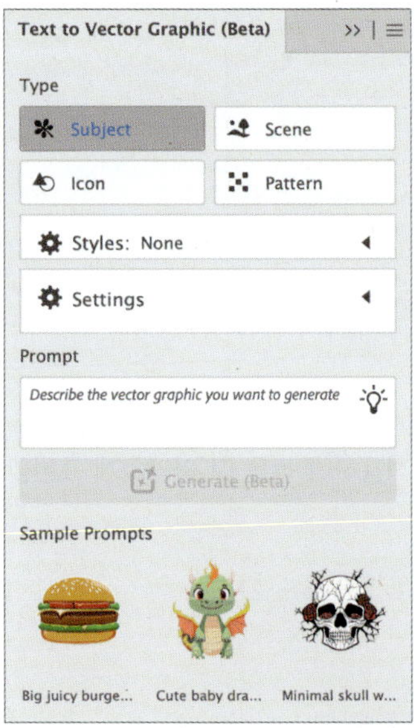

Transform(변형,)

오브젝트를 변형하고 조정합니다. 위치, 크기, 회전, 왜곡 등을 설정하여 오브젝트를 자유롭게 조절할 수 있습니다.

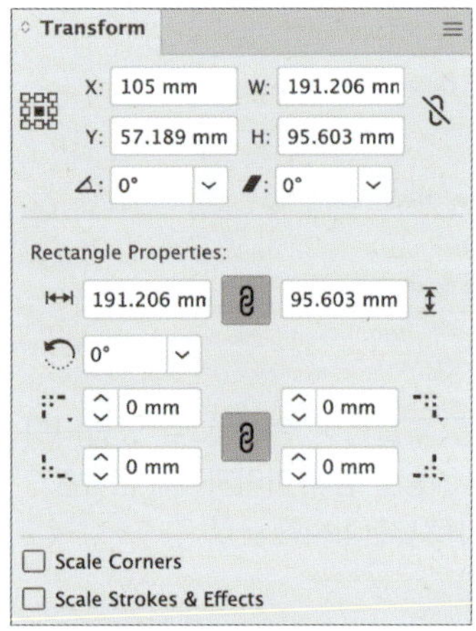

Version History(버전 히스토리,)

문서의 이전 버전을 확인하고 복원할 수 있습니다. 작업의 변화를 추적하고 이전 상태로 되돌릴 수 있습니다.

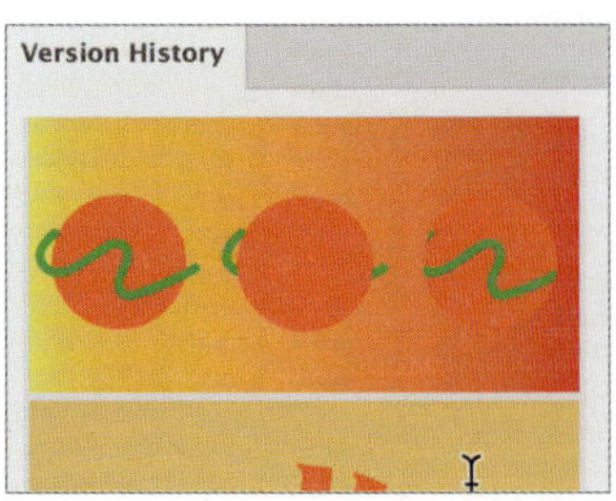

Character(문자,)

문자의 글꼴, 크기, 자간, 행간 등을 세부적으로 조정할 수 있습니다. 문자 스타일을 설정하고 관리하는 데 필요한 기본 도구를 제공합니다.

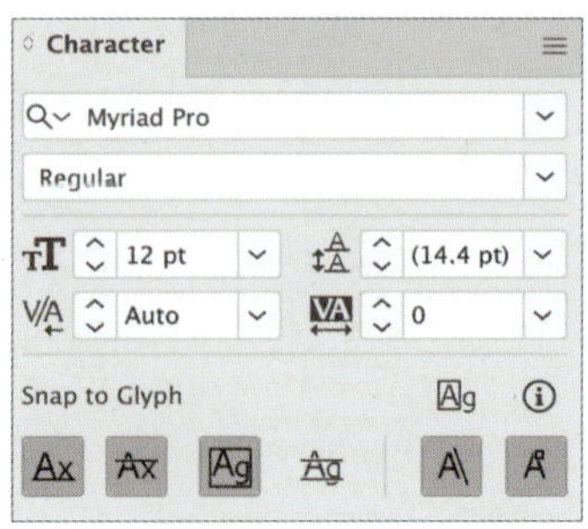

WEEK 02

기본 도형을 활용한 일러스트레이션 스킬업

학 습 목 표

사각형, 원형, 다각형과 같은 기본 도형을 그리는 방법부터, 선택 및 펜 도구와 같은 핵심 도구들을 사용하는 방법을 단계별로 설명합니다. 또한, 도형에 색상과 스타일을 적용하여 디자인을 더 풍부하게 만드는 방법도 다룹니다.

2.1 도형 도구를 이용하여 기본 도형 그리기

사각형 그리기

- **도구 선택:** Tools 패널에서 사각형 도구(Rectangle Tool, M)를 선택합니다.
- **도형 그리기:** 아트보드 위에 드래그하여 사각형을 그립니다.
- **정확한 크기 설정:** 아트보드를 클릭한 다음 Rectangle 대화상자가 표시되면 수치를 입력하고 <OK> 버튼을 클릭하여 정확한 크기를 지정할 수 있습니다.
- **크기 조절:** Shift를 누른 상태에서 드래그하면 정사각형을 그릴 수 있습니다. 도형을 선택한 후, 모서리 조절점을 드래그하면 크기를 조절할 수 있습니다.

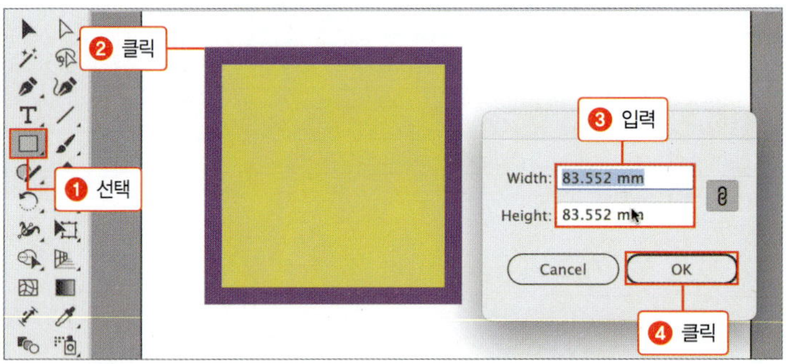

둥근 사각형 그리기

- **도구 선택:** Tools 패널에서 사각형 도구(Rectangle Tool, M)를 잠시 눌러 나타나는 메뉴에서 둥근 사각형 도구(Rounded Rectangle Tool)를 선택합니다.
- **도형 그리기:** 아트보드에 드래그하여 둥근 사각형을 그립니다. 이때 Shift를 누르면 정비례한 둥근 사각형을 만들 수 있습니다.
- **정확한 크기 설정:** 드래그하면서 위/아래 화살표 키(↑, ↓)를 누르면 모퉁이 곡률을 조절할 수 있습니다. 또한, 아트보드를 클릭해 표시되는 Rounded Rectangle 대화상자에서 원하는 너비, 높이, 반경 값을 입력하여 정확한 크기의 둥근 사각형을 만들 수 있습니다.

- **크기 조절:** 도형을 선택하고 Properties(속성) 패널에서 모퉁이 곡률을 조절할 수 있습니다. Properties 패널에서 '[•••]' 아이콘을 클릭한 다음 Corner Type에 원하는 값을 입력하면 모퉁이 곡률을 정밀하게 조정할 수 있습니다.

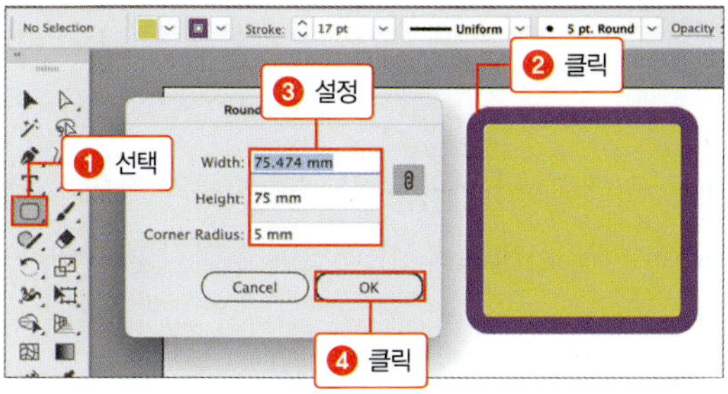

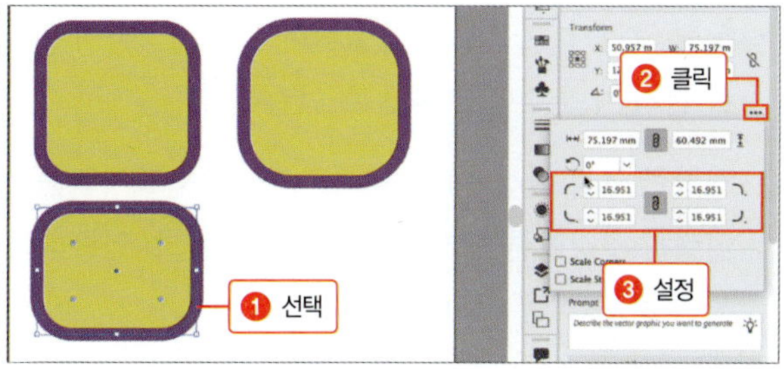

원형 그리기

- **도구 선택:** Tools 패널에서 사각형 도구(Rectangle Tool, M)를 잠시 눌러 나타나는 메뉴에서 원형 도구(Ellipse Tool, L)를 선택합니다.
- **도형 그리기:** 아트보드에 드래그하여 원 또는 타원을 그립니다. 이때 Shift를 누르면 정원(정비례한 원)을 그릴 수 있습니다.
- **정확한 크기 설정:** 아트보드를 클릭하여 표시되는 Ellipse 대화상자에 원하는 너비와 높이 값을 입력하여 정확한 크기의 원을 그릴 수 있습니다.
- **크기 조절:** 도형을 선택한 상태에서, 도형의 모서리 조절점을 드래그해 크기를 조절합니다. Shift를 누른 채 드래그하면 비율을 유지한 상태에서 크기를 조절할 수 있습니다.

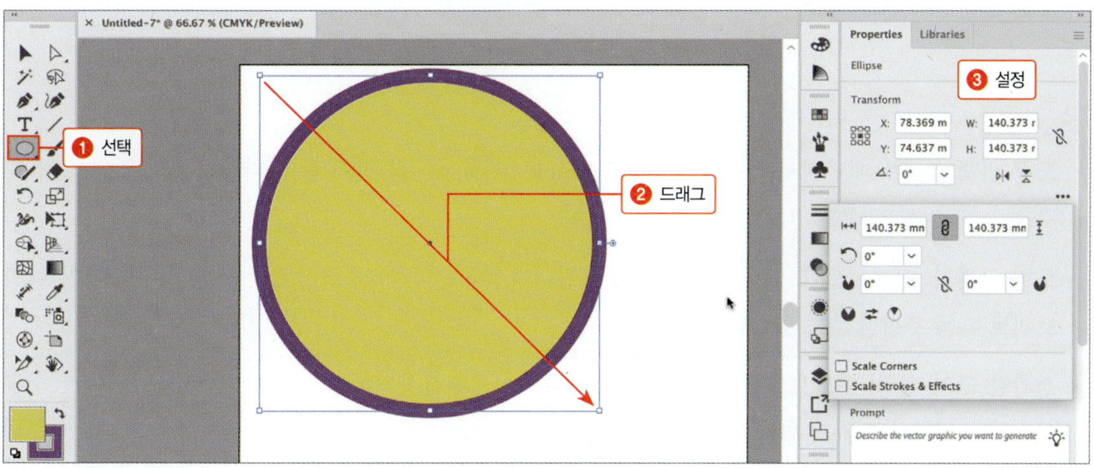

다각형 그리기

- **도구 선택:** Tools 패널에서 사각형 도구(Rectangle Tool, M)를 잠시 눌러 나타나는 메뉴에서 다각형 도구(Polygon Tool)를 선택합니다.
- **도형 그리기:** 아트보드에 클릭하고 드래그하여 다각형을 그립니다. 이때 위/아래 화살표 키(↑, ↓)를 눌러 각의 수를 조절할 수 있습니다.
- **정확한 크기 설정:** 아트보드를 클릭하여 표시되는 Polygon 대화상자에서 원하는 반지름과 각의 수를 입력하여 정확한 크기의 다각형을 그릴 수 있습니다. 또한, Properties(속성) 패널에서 다각형 각의 수를 조절할 수 있습니다.
- **크기 조절:** 도형을 선택한 상태에서, 모서리 조절점을 드래그하여 크기를 조절합니다. Shift를 누른 상태에서 드래그하면 비율을 유지한 채 크기를 조절할 수 있습니다.

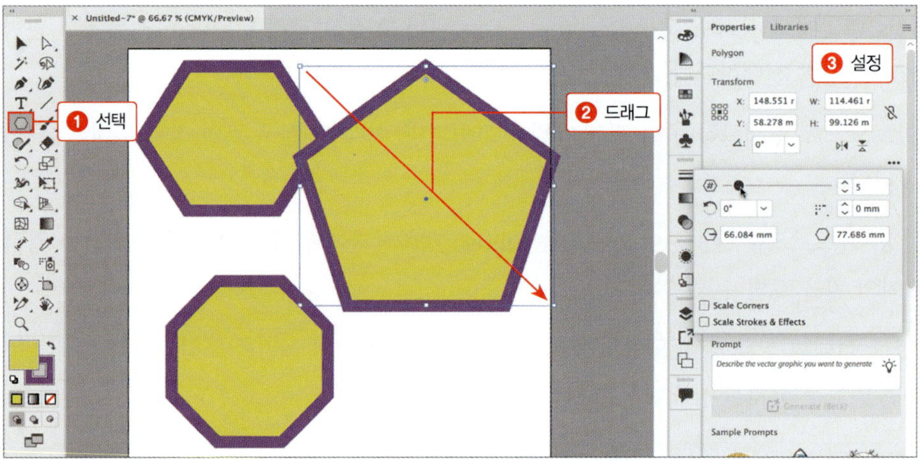

별 그리기

- **도구 선택:** Tools 패널에서 사각형 도구(Rectangle Tool, M)를 잠시 눌러 나타나는 메뉴에서 별 도구(Star Tool)를 선택합니다.
- **도형 그리기:** 아트보드에 드래그하여 별을 그립니다. 이때 위/아래 화살표 키(↑, ↓)를 눌러 별의 포인트 수를 조절할 수도 있습니다.
- **정확한 크기 설정:** 아트보드를 클릭하여 표시되는 Star 대화상자에서 원하는 반지름과 포인트 수를 입력하여 정확한 크기의 별을 그릴 수 있습니다.
- **크기 조절:** 도형을 선택한 상태에서 모서리 조절점을 드래그하여 크기를 조절합니다. Shift를 누른 상태에서 드래그하면 비율을 유지한 채 크기를 조절할 수 있습니다.

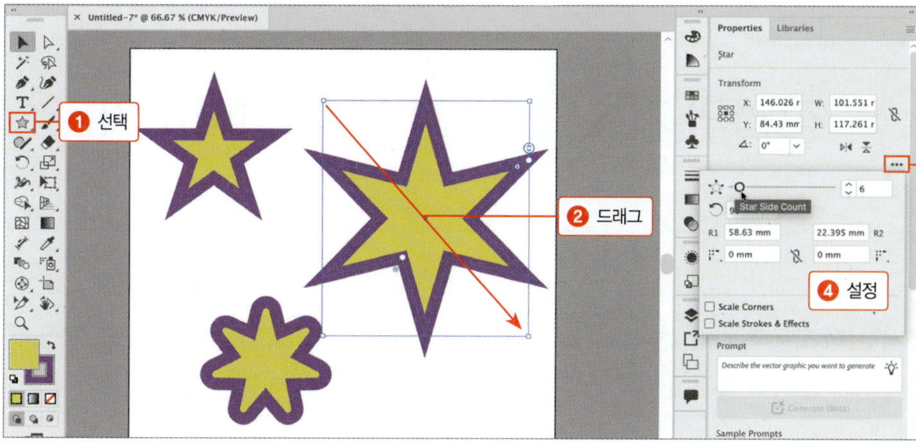

플레어 그리기

플레어 도구는 빛 번짐 효과를 시뮬레이션하여 중심점에서부터 방사형으로 퍼지는 빛을 만듭니다.

- **도구 선택:** Tools 패널에서 사각형 도구(Rectangle Tool, M)를 잠시 눌러 나타나는 메뉴에서 플레어 도구(Flare Tool)를 선택합니다.
- **도형 그리기:** 아트보드에 클릭하고 드래그하여 플레어를 그립니다.
- **정확한 설정:** 아트보드를 클릭하여 표시되는 Flare Tool Options 대화상자에 원하는 값을 입력하여 플레어의 크기, 광선 길이, 반지름 등을 조절하고 <OK> 버튼을 클릭합니다.
- **크기 및 위치 조절:** 플레어를 선택한 상태에서 모서리 조절점을 드래그해 크기를 조절하거나, 전체 플레어를 드래그하여 위치를 이동합니다.

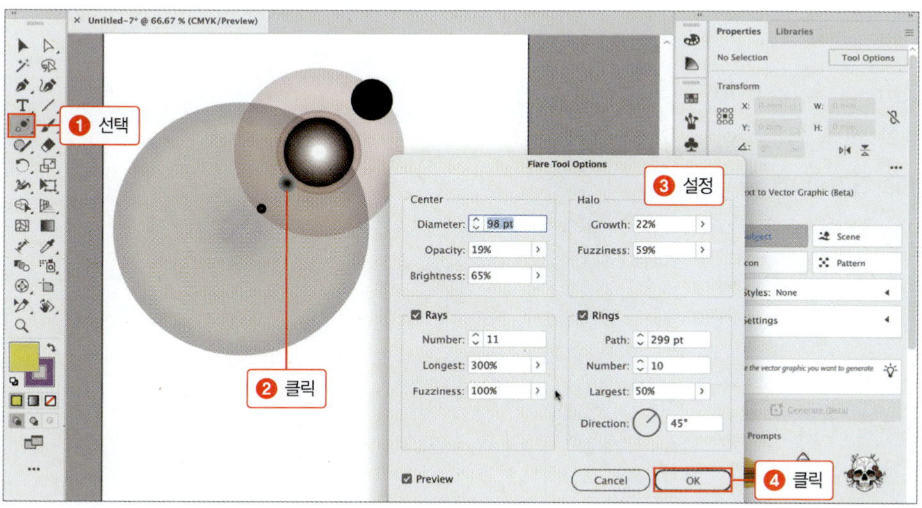

2.2 작업의 기본! 선택, 이동 및 변형하기

일러스트레이터에서 선택 도구와 직접 선택 도구는 디자인 작업의 핵심 도구로, 각각의 기능과 사용 목적이 다릅니다. 이 두 도구는 사용 목적에 따라 적절히 선택해 오브젝트 선택, 이동, 변형에 활용합니다.

선택 도구

선택 도구(Selection Tool)는 오브젝트 전체를 선택하거나 이동할 때 사용하며, 이때 커서는 검은색 화살표 모양으로 표시됩니다. 이 도구를 사용하면 오브젝트를 이동하고, 크기를 조절하며, 회전하거나 그룹화 및 그룹 해제, 복제, 삭제할 수 있습니다.

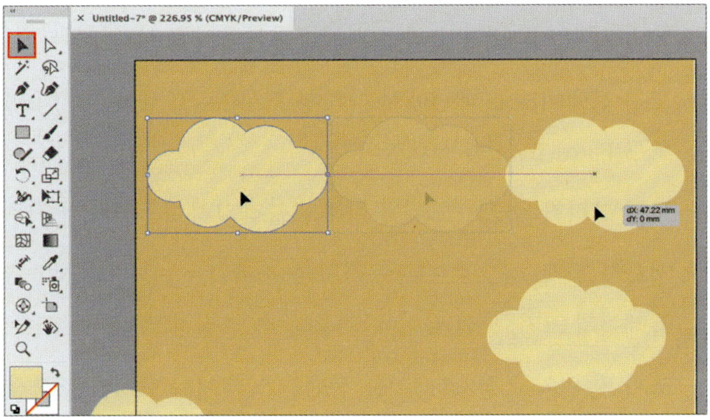

직접 선택 도구

직접 선택 도구(Direct Selection Tool)는 오브젝트의 개별 기준점이나 패스를 선택하고 편집할 때 사용합니다. 이때 커서는 흰색 화살표 모양으로 표시되며, 이 도구를 사용하면 기준점을 선택하고 이동하거나 패스를 조정할 수 있습니다. 또한, 오브젝트의 세부 요소를 편집하고 특정 부분 곡률도 조정할 수 있습니다.

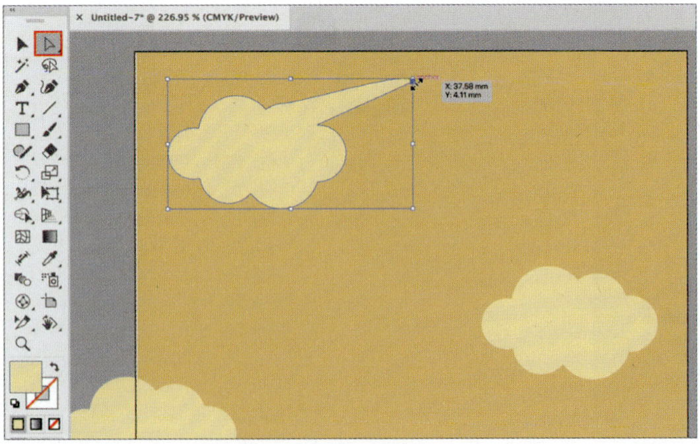

선택 도구와 직접 선택 도구의 기능 비교

선택 도구와 직접 선택 도구는 각각의 특성과 기능을 가지고 있으며, 이를 적절히 활용하면 디자인 작업에서 더 정밀하고 효율적인 결과를 얻을 수 있습니다. 선택 도구와 직접 선택 도구는 기본적으로 다른 기능을 가지고 있지만, 특정 상황에서는 서로를 보완할 수 있습니다. 예를 들어, 직접 선택 도구로 오브젝트를 드래그해 전체 선택할 수 있고, 선택 도구로 오브젝트를 더블클릭하면 편집 모드에서 개별 요소를 선택할 수 있습니다. 이렇게 두 도구는 각자의 특성을 가지면서도 유연하게 활용할 수 있습니다.

기능	선택 도구	직접 선택 도구
오브젝트 전체 선택	가능	전체 드래그 시 선택 가능
개별 요소 선택	더블클릭 시 개별 요소 선택 가능	가능
오브젝트 이동	가능	제한적
기준점 편집	불가능	가능
패스 조정	불가능	가능

하나의 오브젝트 선택하기

- **선택 도구 선택:** Tools 패널에서 선택 도구(Selection Tool, V)를 선택합니다.
- **오브젝트 선택:** 아트보드에서 원하는 오브젝트를 클릭하여 선택합니다. 선택된 오브젝트는 바운딩 박스(모서리 조절점)과 기준점이 표시됩니다.
- **선택 해제:** 아트보드의 공간을 클릭하면 선택이 해제됩니다.

여러 오브젝트 선택하기

- **선택 도구 사용:** 선택 도구(Selection Tool)를 선택합니다.
- **여러 오브젝트 선택:** 아트보드에서 드래그해 선택 영역을 만들면 그 안에 포함된 모든 오브젝트가 선택됩니다.
- **추가 선택:** Shift를 누른 채 추가로 선택하려는 오브젝트를 클릭해 여러 오브젝트를 동시에 선택할 수 있습니다.

TIP

예제 파일: 02\제주감귤 패턴.ai

오브젝트 이동하기

- **오브젝트 선택:** 선택 도구로 이동하고자 하는 오브젝트를 선택합니다.
- **드래그하여 이동:** 선택한 오브젝트를 클릭한 상태에서 드래그하여 원하는 위치로 이동합니다.

수직/수평으로 이동하기

- **오브젝트 선택:** 선택 도구로 이동하고자 하는 오브젝트를 선택합니다.
- Shift **사용:** 이동 중에 Shift를 누르면 오브젝트가 수직 또는 수평으로만 이동합니다.

오브젝트 회전하기

- 오브젝트 선택: 선택 도구로 회전하려는 오브젝트를 선택합니다.
- **회전 도구 선택:** Tools 패널에서 회전 도구(Rotate Tool, R)를 선택합니다.
- **회전축 지정:** 오브젝트를 선택한 후, 회전축을 클릭하여 지정합니다.
- **회전:** 오브젝트를 드래그하여 원하는 각도로 회전합니다. Shift를 누른 상태에서 드래그하면 45° 단위로 회전할 수 있습니다.

오브젝트 복제하기

- **오브젝트 선택:** 선택 도구로 복제하려는 오브젝트를 선택합니다.
- Alt **사용:** Alt를 누른 채 오브젝트를 드래그하면 복제할 수 있습니다.

오브젝트 다단 복제하기

- **오브젝트 선택:** 선택 도구로 복제하고자 하는 오브젝트를 선택합니다.
- Alt **사용 및 드래그:** Alt를 누른 채 오브젝트를 드래그해 복제할 수 있습니다.
- **단계 반복:** Ctrl+D (Windows) 또는 Command+D (Mac)를 눌러 복제 작업을 반복합니다.

오브젝트 크기 조절하기

- **오브젝트 선택:** 선택 도구로 크기를 조절하고자 하는 오브젝트를 선택합니다.
- **바운딩 박스 사용:** 오브젝트 바운딩 박스의 모서리 또는 조절점을 드래그하여 크기를 조절할 수 있습니다.
- **비율 유지:** Shift를 누른 상태에서 드래그하면 원래 비율을 유지하면서 크기를 조절할 수 있습니다.

오브젝트 삭제하기

- **오브젝트 선택:** 선택 도구로 삭제하려는 오브젝트를 선택합니다.
- **삭제:** Delete를 눌러 선택한 오브젝트를 삭제합니다.

2 기본 도형을 활용한 일러스트레이션 스킬업

칠과 획 색 교체하기

- **오브젝트 선택:** 선택 도구로 칠과 획의 색을 반전하고자 하는 오브젝트를 선택합니다.
- **색상 교체:** Tools 패널에서 '칠과 획 교체' 아이콘(Swap Fill and Stroke, Shift+X)을 클릭해 칠과 획 색상을 교체할 수 있습니다.

2.3 펜 도구로 직선, 곡선 그리고 선 스타일 설정하기

일러스트레이터에서 선을 활용하여 그림을 그리는 것은 매우 기본적이면서도 중요한 기술입니다. 선을 그릴 때 가장 많이 사용하는 도구는 펜 도구와 연필 도구입니다. 특히, 펜 도구는 직선과 곡선을 자유롭게 그릴 수 있는 강력한 도구로, 베지어 곡선을 이해하고 활용하는 것이 중요합니다.

> **TIP 베지어 곡선**
>
> 베지어 곡선은 두 점을 연결하는 곡선으로, 각 점은 기준점(Anchor Point)이라고 합니다. 이 곡선은 두 기준점 사이의 패스를 조정하여 다양한 형태의 곡선을 만들 수 있습니다. 베지어 곡선은 직선과 곡선을 모두 포함하며, 그래픽 디자인에서 매우 중요한 요소입니다.

직선 그리기

Tools 패널에서 펜 도구(Pen Tool, P)를 선택한 후, 작업 영역에서 직선을 시작할 위치를 클릭하여 첫 번째 기준점을 지정합니다. 그다음, 직선을 끝낼 위치를 클릭하여 두 번째 기준점을 만들면 두 점이 연결되어 직선이 그려집니다.

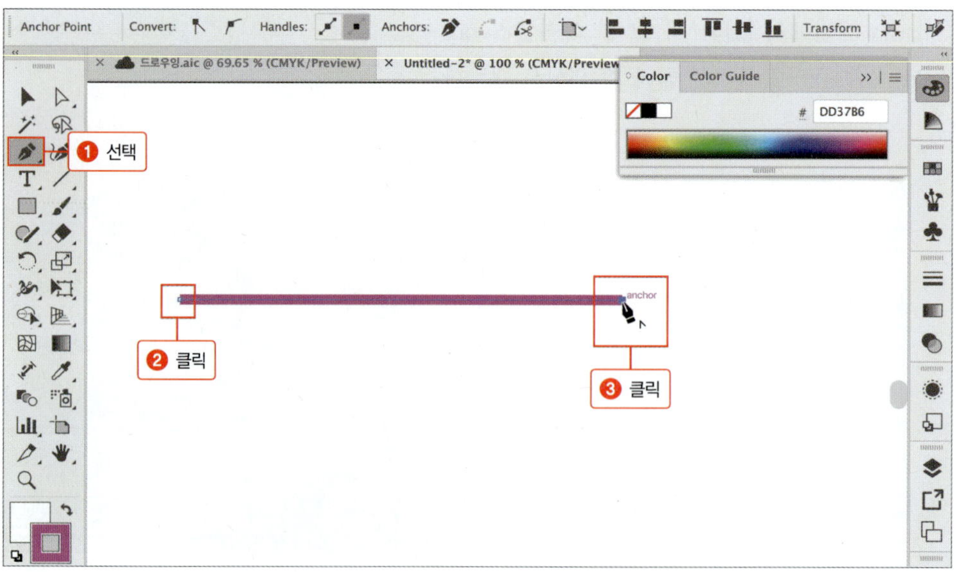

연속적인 직선 그리기

직선이 만들어진 상태에서 계속 클릭하여 추가 기준점을 만들면 연속적인 직선이 그려집니다. Shift를 누른 채 기준점을 이동하면 수직, 수평, 또는 45° 간격으로 정밀하게 이동할 수 있습니다.

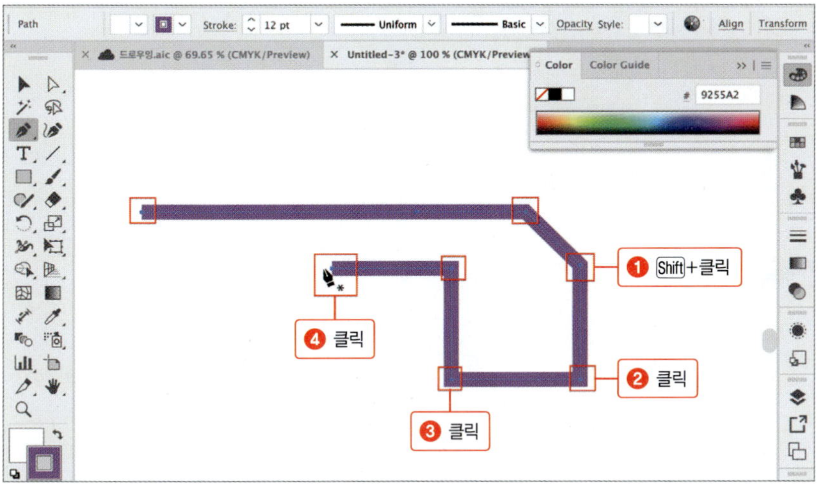

곡선 그리기

펜 도구로 작업 영역에서 곡선의 시작 위치를 클릭하고 드래그하여 방향선(Direction Handle)을 만듭니다. 방향선은 곡선의 방향과 길이를 결정합니다. 곡선을 끝낼 위치를 클릭하고 드래그하여 두 번째 방향선을 만들면, 두 점 사이에 곡선이 생성됩니다. 방향선을 통해 곡선의 모양을 조정할 수 있습니다.

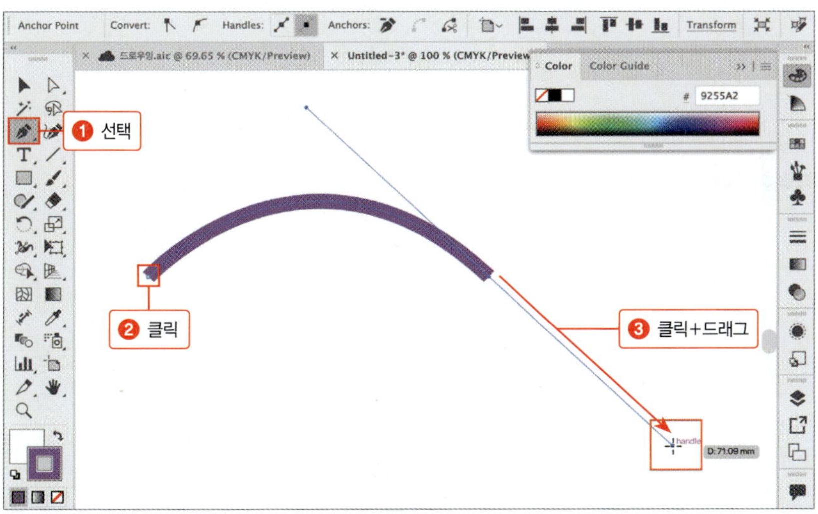

연속적인 곡선 그리기

곡선이 만들어진 상태에서 계속 클릭하고 드래그해 추가 기준점을 만들면 연속적인 곡선이 그려집니다. 작업 중에 Alt를 눌러 방향선을 끊으면 더 자연스러운 곡선을 그릴 수 있습니다.

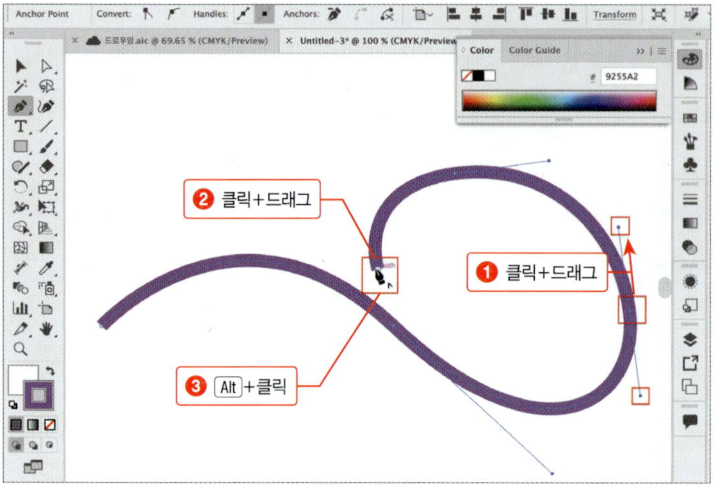

TIP

기준점을 클릭한 후 드래그하여 곡선의 각도를 조정할 수 있습니다. 또한, 기준점을 선택한 상태에서 키보드의 화살표 키를 누르면 미세하게 위치를 조정할 수 있습니다.

직선과 곡선을 결합하여 그리기

펜 도구로 직선을 그린 후, 곡선을 그리려는 지점에서 클릭하고 드래그하여 방향선을 만듭니다. 이렇게 하면 직선과 곡선이 자연스럽게 연결됩니다.

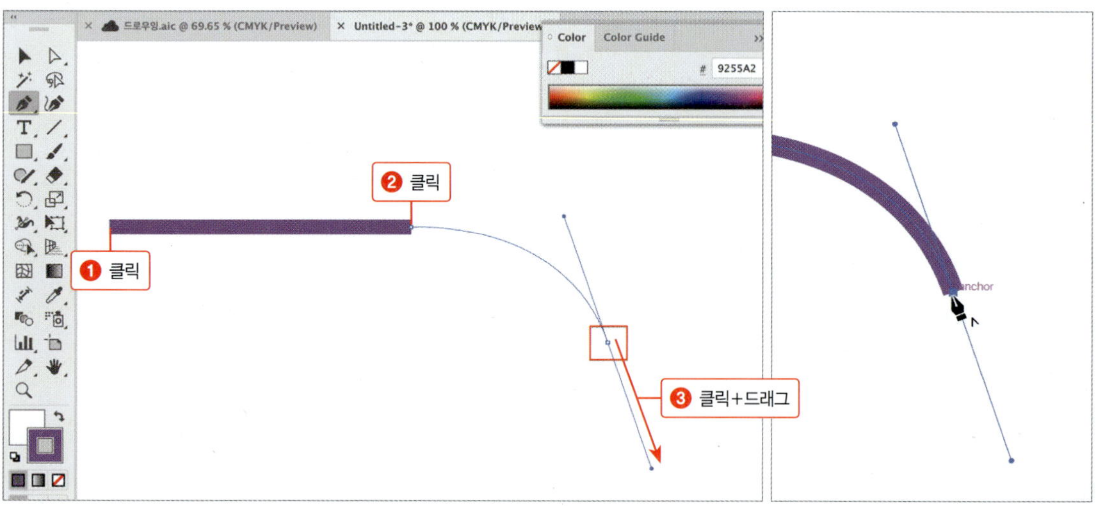

기준점 수정하기

직접 선택 도구(Direct Selection Tool, A)를 사용하여 기준점을 선택하고 이동하거나 방향선을 조정함으로써 곡선의 형태를 수정할 수 있습니다.

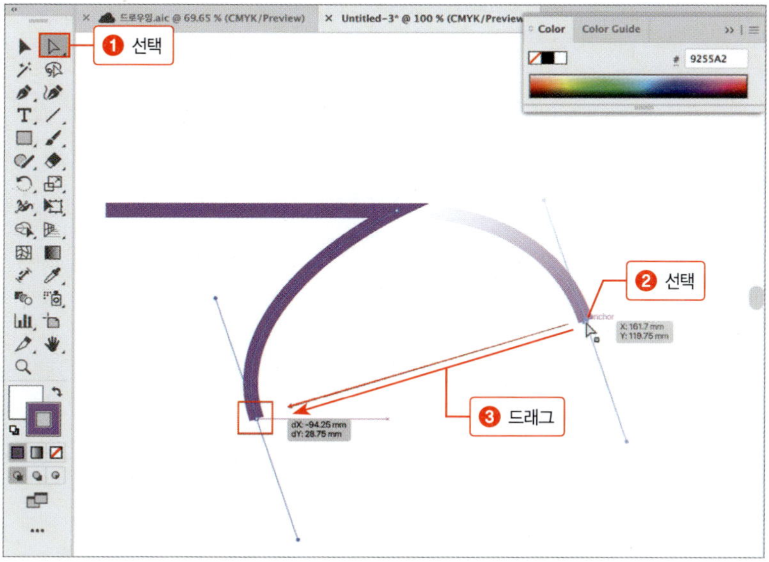

선 스타일 기본 설정하기

선을 선택한 후, Tools 패널의 '획(Stroke)'을 선택하고 색상을 변경합니다. 또한, Control 패널에서 Stroke(선 두께)를 조절하면 선 두께도 함께 변경할 수 있습니다.

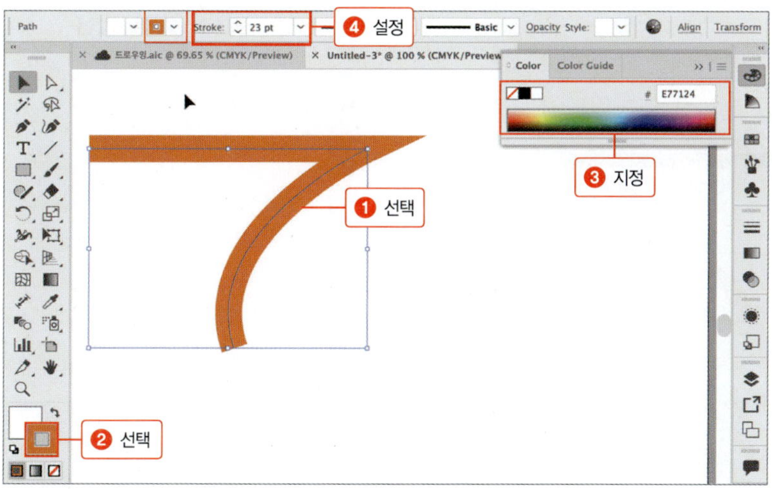

선 스타일(대시, 점선 등) 설정하기

선을 선택한 후, 메뉴에서 〔Window〕 → Stroke를 실행합니다. Stroke 패널이 표시되면 'Dashed Line'을 체크 표시하고, dash(대시)와 gap(간격) 값을 입력하여 점선 스타일을 설정할 수 있습니다.

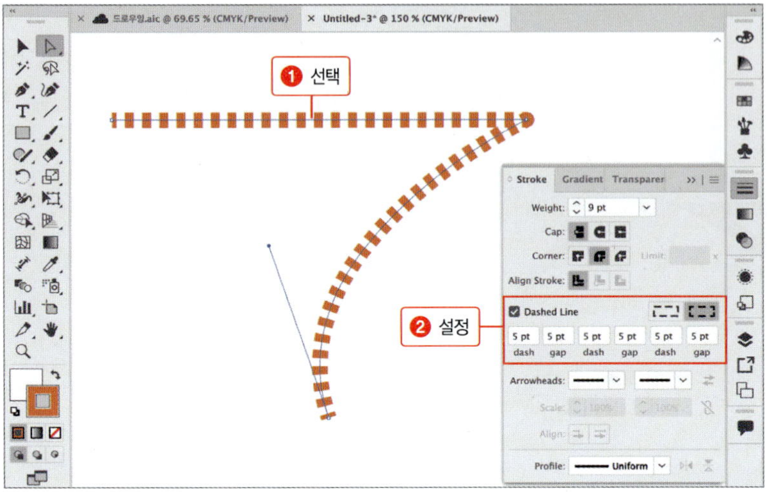

선 끝 모양 및 연결 부분 지정하기

- 선 끝 모양(Cap): Stroke 패널에서 Cap의 'Butt Cap', 'Round Cap', 'Projecting Cap' 중에 선택해 선의 끝 모양을 지정합니다.
- 선 연결 부분(Join): Stroke 패널에서 Corner의 'Miter Join', 'Round Join', 'Bevel Join' 중에 선택해 선의 연결 부분 모양을 지정합니다.

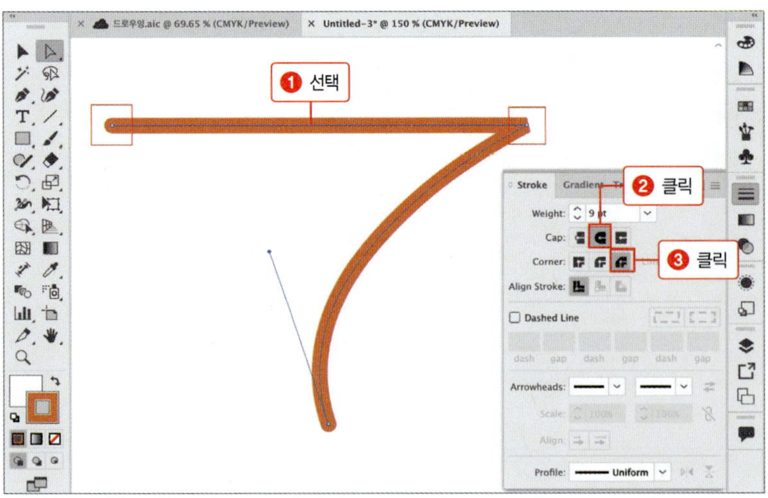

브러시 적용하기

- **Brushes 패널 표시:** 메뉴에서 〔Window〕 → **Brushes**를 실행하여 Brushes 패널을 표시합니다.
- **브러시 선택:** Control 패널 또는 Brushes 패널에서 원하는 브러시를 선택한 후, 선에 적용합니다.
- **브러시 편집:** 브러시 옵션을 더블클릭하여 브러시의 세부 설정을 변경할 수 있습니다.

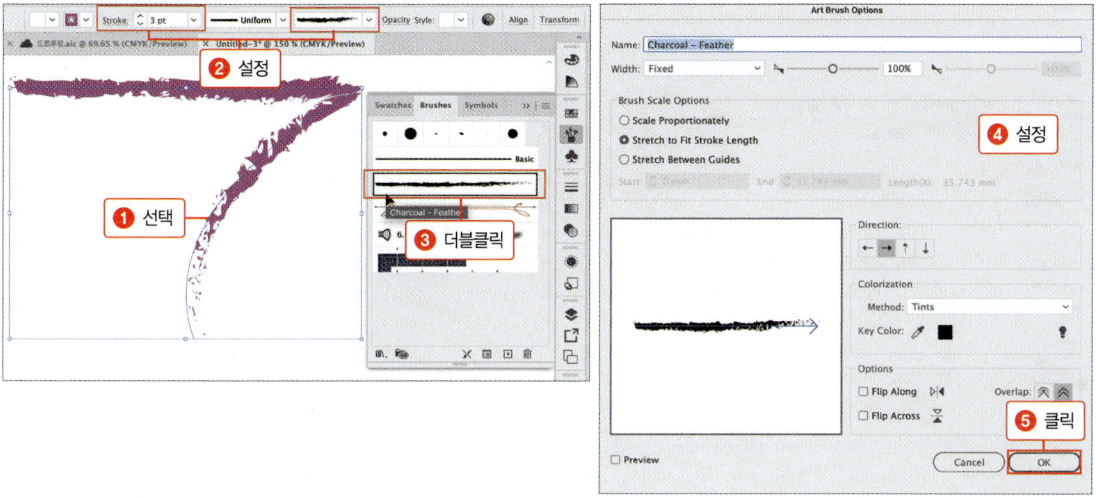

선에 그레이디언트 적용하기

- **그레이디언트 도구 선택:** Tools 패널에서 그레이디언트 도구(Gradient Tool, G)를 선택합니다.
- **그레이디언트 패널 표시:** 메뉴에서 〔Window〕 → **Gradient**를 실행해 Gradient 패널을 표시합니다.
- **그레이디언트 적용:** 선을 선택한 후, Gradient 패널에서 원하는 그레이디언트를 선택하여 적용합니다.
- **그레이디언트 조절:** 그레이디언트 조절점을 사용하여 각도, 위치, 색상 등을 조절합니다.

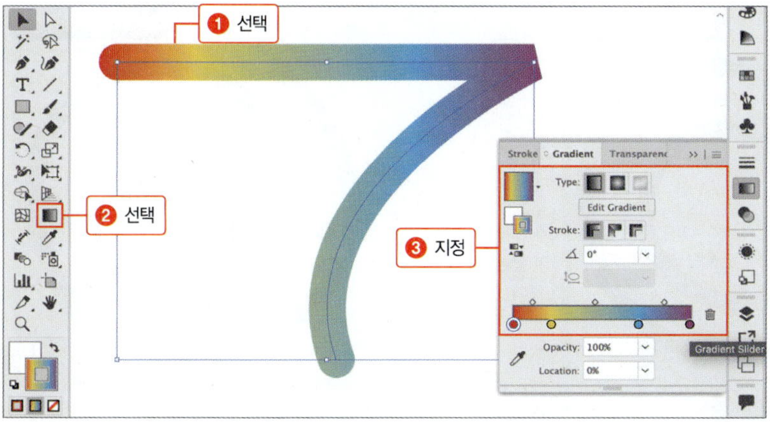

선에 패턴 적용하기

- **패턴 선택:** Swatches 패널에서 원하는 패턴을 불러옵니다.
- **패턴 적용:** 선을 선택한 후, 패턴을 클릭하여 적용합니다.
- **패턴 편집:** 필요에 따라 패턴을 더블클릭하여 패턴의 세부 설정을 변경할 수 있습니다.

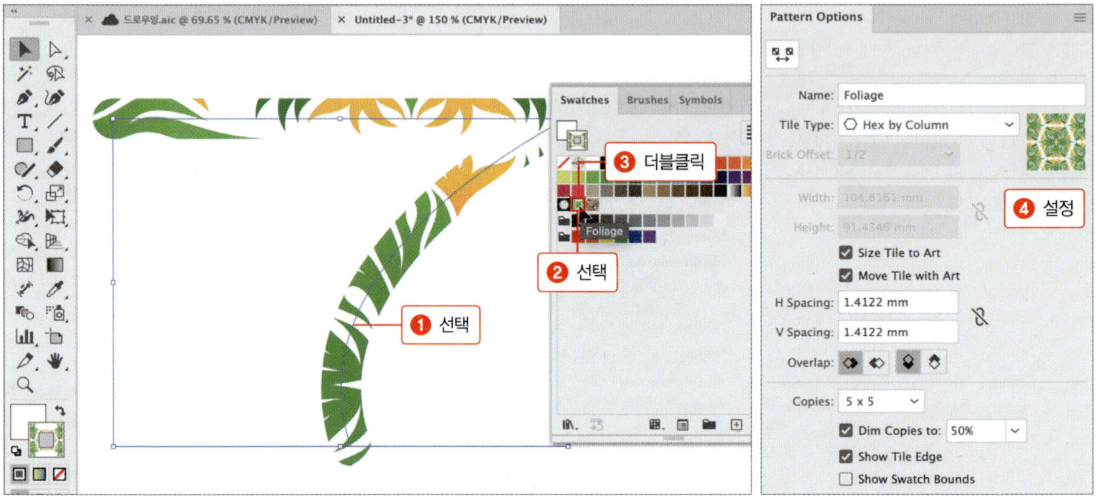

곡률 도구로 곡선 그리기

Tools 패널에서 곡률 도구(Curvature Tool, Shift+')를 선택합니다. 작업 영역에서 곡선을 시작할 위치를 클릭하여 첫 번째 기준점을 만들고, 곡선을 끝낼 위치를 클릭해 두 번째 기준점을 만들면 두 점이 연결되어 자동으로 곡선이 그려집니다. 곡선을 계속 그릴 때 작업 영역의 다른 위치를 클릭하면 추가로 기준점이 생성되며, 클릭한 위치에 따라 곡선의 형태가 자동으로 조정됩니다.

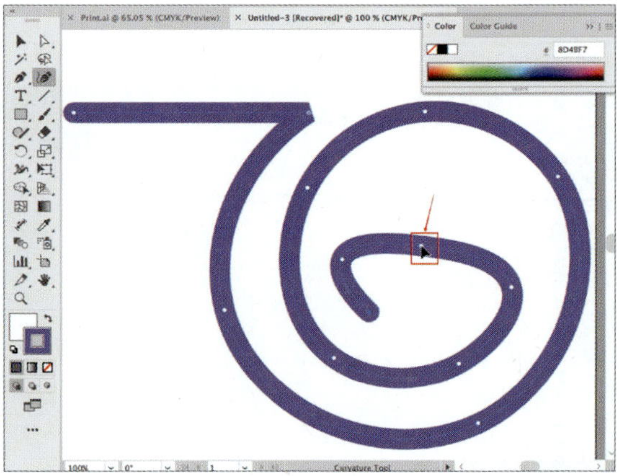

연필 도구로 곡선 그리기

Tools 패널에서 연필 도구(N)를 선택한 후, 드래그해 자유 곡선을 그릴 수 있습니다. 연필 도구를 더블 클릭하면 Pencil Tool Options 대화상자가 표시되어 곡선을 다양하게 설정할 수 있습니다. 또한, 연필 도구를 잠시 눌러 나타나는 매끄럽게 도구를 사용하면 곡선을 더욱 자연스럽게 다듬을 수 있습니다.

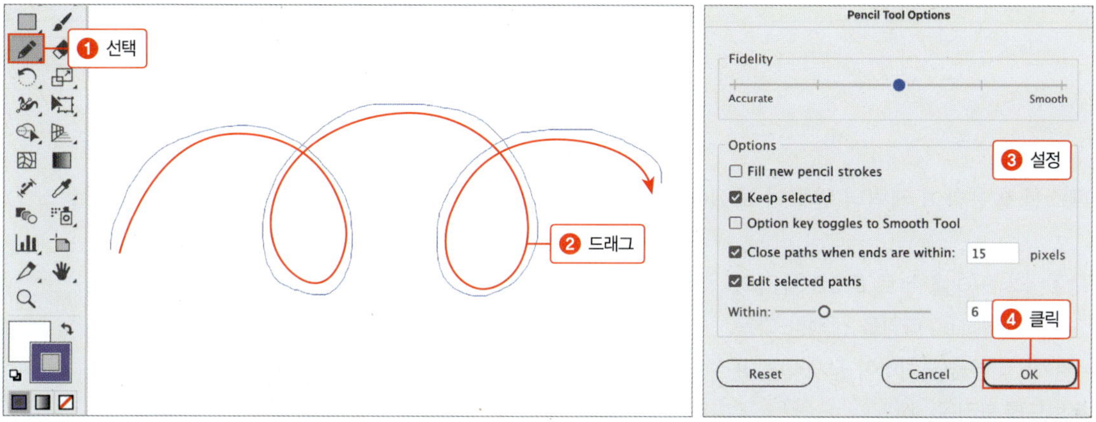

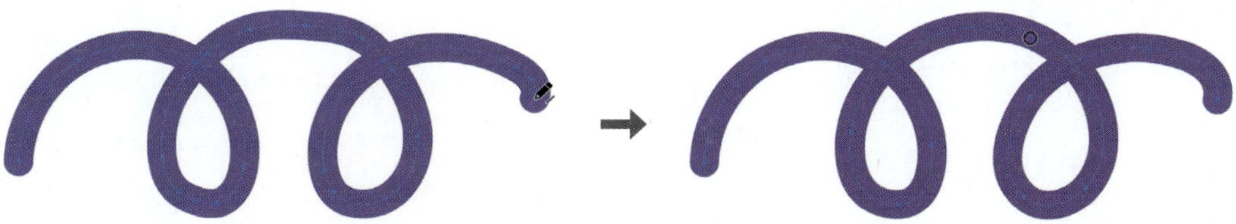

TIP Pencil Tool Options 대화상자의 옵션

Fidelity(정확도)의 슬라이더를 조정하면 곡선의 부드러움과 정확도를 원하는 대로 설정할 수 있습니다. Fidelity가 클수록 그려진 선이 더 정확하게 반영됩니다.

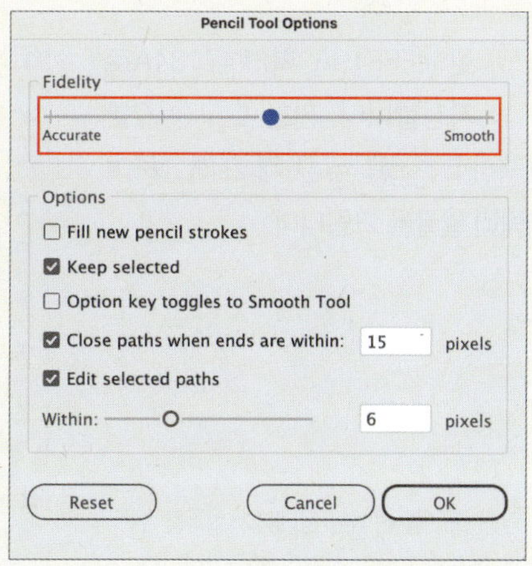

2.4 실습 예제 01 펜 도구로 간단한 캐릭터 그리기

• **예제 파일** : 02\캐릭터.ai   • **완성 파일** : 02\캐릭터 그리기.ai

패스를 활용하여 캐릭터 만들어 보겠습니다.

01 Ctrl+O를 누르고 02 폴더의 '캐릭터.ai' 파일을 선택한 다음 <열기> 버튼을 클릭하여 정사각형 아트보드를 불러옵니다.
Tools 패널에서 칠과 획을 '#F9A654'로 지정한 다음 사각형 도구(▭)를 선택하고 아트보드 크기만큼 드래그하여 사각형을 만들어 아트보드를 채웁니다. 메뉴에서 [Object] → Lock → Selection(Ctrl+2)을 실행해 사각형 배경이 움직이지 않도록 잠급니다.

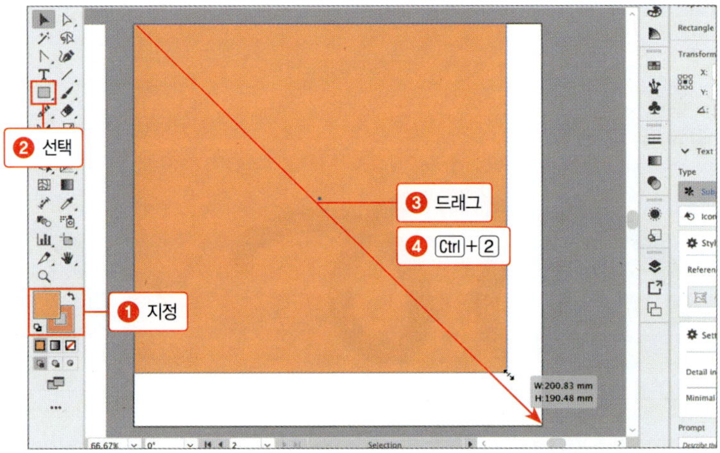

02 칠: #FFF19A, 획: #47134A로 지정합니다. 원형 도구(◯)를 선택하고 Shift를 누른 채 드래그하여 캐릭터 얼굴을 그립니다.

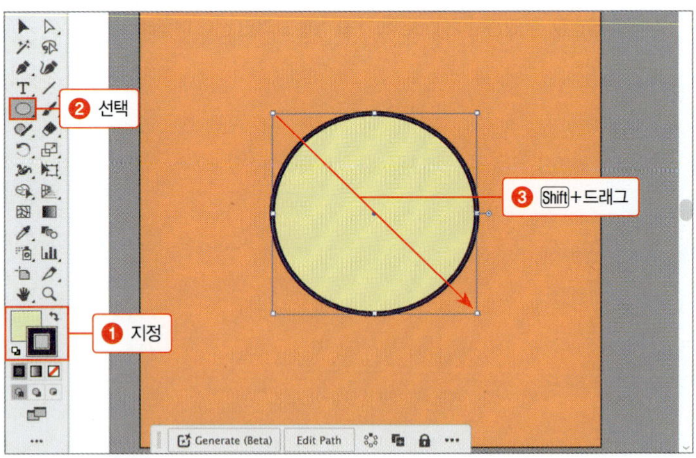

> **TIP**
> 원형 도구를 선택한 상태에서 Shift를 누른 채 드래그하면 정원이 만들어집니다.

03 원형 도구()를 이용해 정원과 타원을 만들어 그림과 같이 캐릭터의 표정을 만듭니다.

04 원형 캐릭터 얼굴을 물방울 모양으로 변형하기 위해 기준점 도구()를 선택한 다음 그림과 같이 캐릭터의 위쪽 기준점을 클릭합니다.

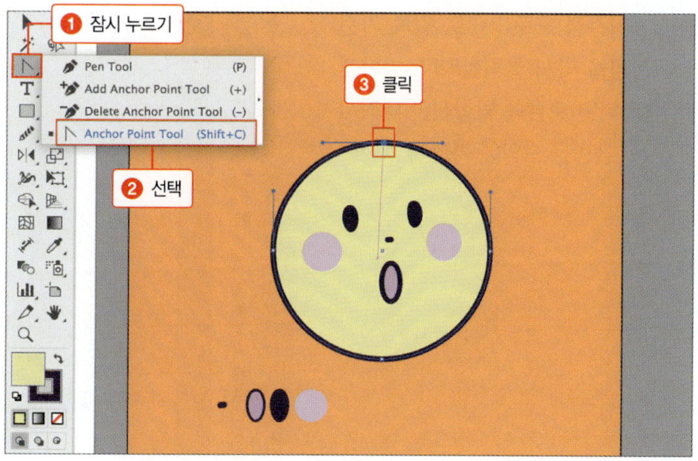

05 선택한 기준점을 기준으로 모서리 만들어져 뾰족해집니다.

06 직접 선택 도구()로 기준점을 선택하고 위쪽으로 드래그하면 물방울 모양처럼 변형됩니다.

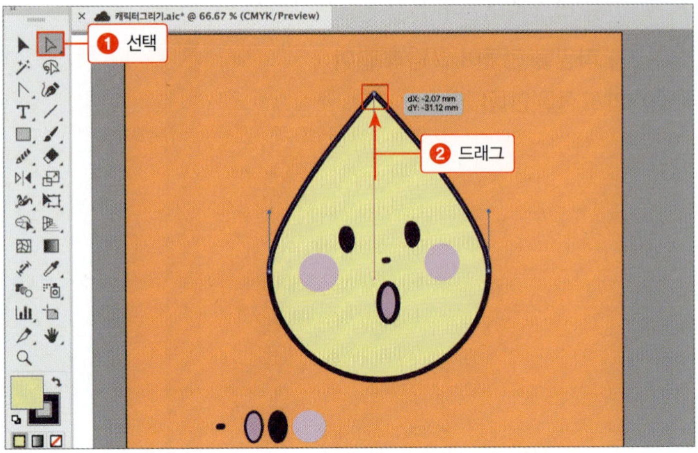

07 기준점 도구()로 위쪽 기준점을 다시 클릭합니다. 방향선이 나타나면 오른쪽 방향선만 내려서 조금 더 물방울 모양에 가깝게 수정합니다.

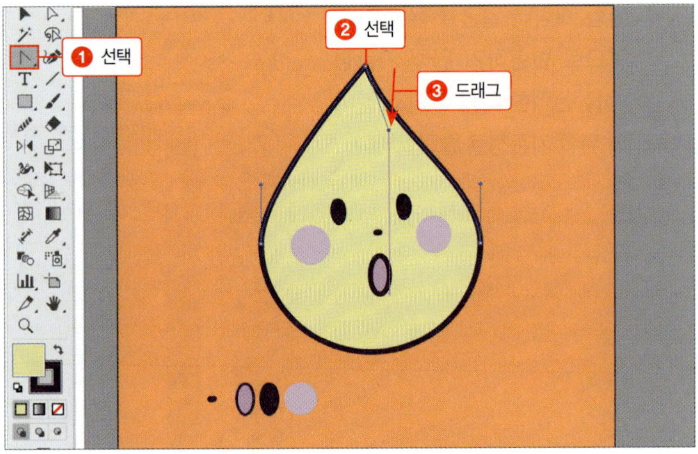

08 칠 또는 획을 '#47134A'로 지정하고 곡률 도구()를 활용해 캐릭터의 손과 발을 선으로 그립니다. 원형 도구()로 정원과 타원을 만들어 그림과 같이 캐릭터의 손과 발을 만듭니다.

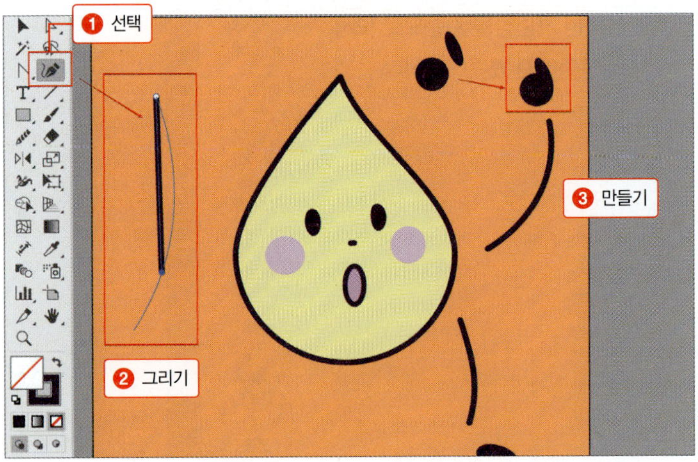

09 조합하여 만든 손과 발을 그룹(Group)으로 만들어 같이 움직이겠습니다. 캐릭터에서 한쪽 손과 발의 선, 원 오브젝트를 선택하고 마우스 오른쪽 버튼을 클릭한 다음 Group(Ctrl+G)을 실행해 그룹으로 만듭니다.

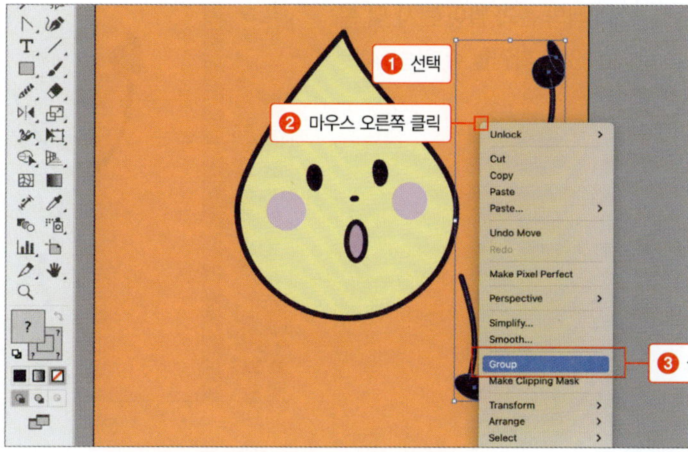

10 그룹 설정한 한쪽 손과 발을 반사시키겠습니다. 먼저 Tools 패널에서 회전 도구(⟲)를 잠시 눌러 나타나는 메뉴에서 반사 도구(▷◁)를 선택합니다.

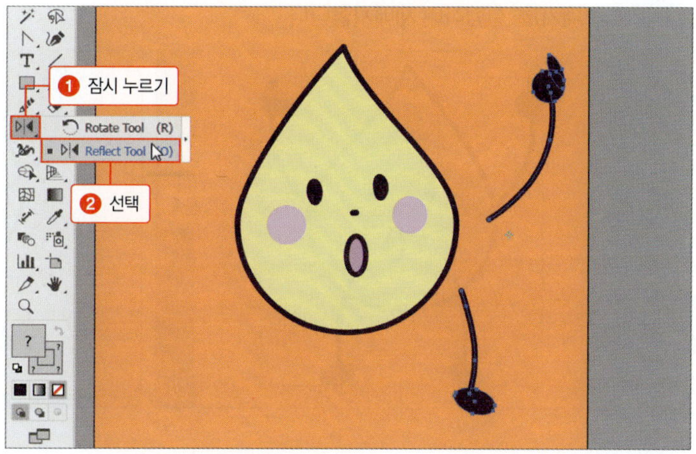

11 캐릭터의 중앙을 클릭하여 기준 축을 지정합니다. Reflect 대화상자가 표시되면 Axis 항목에서 'Vertical(수평)'을 선택하고 <Copy> 버튼을 클릭하여 복제합니다.

TIP

이때 <Copy>가 아닌 <OK> 버튼을 클릭하면 오브젝트가 단순히 이동만 하고 복제되지 않습니다. 여기서 'Preview'를 체크 표시하여 복제되는 형태를 미리 확인할 수 있습니다.

12 캐릭터의 손과 발이 반사 및 복제된 것을 확인할 수 있습니다.

13 캐릭터의 손과 발 위치를 알맞게 조정하고 마우스 오른쪽 버튼을 클릭한 후 Arrange → Send to Back(맨 뒤로 보내기)을 실행하여 재배치합니다.

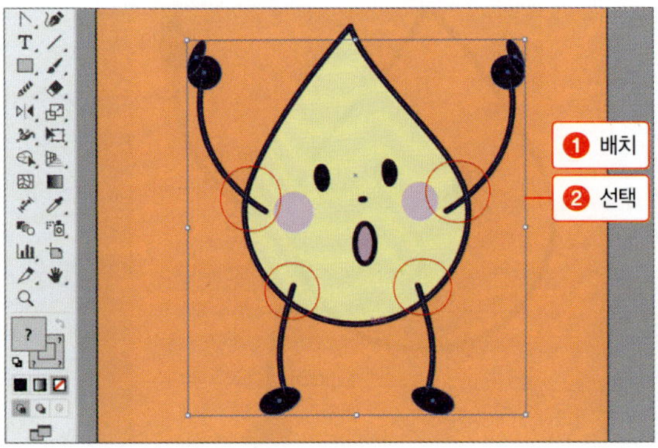

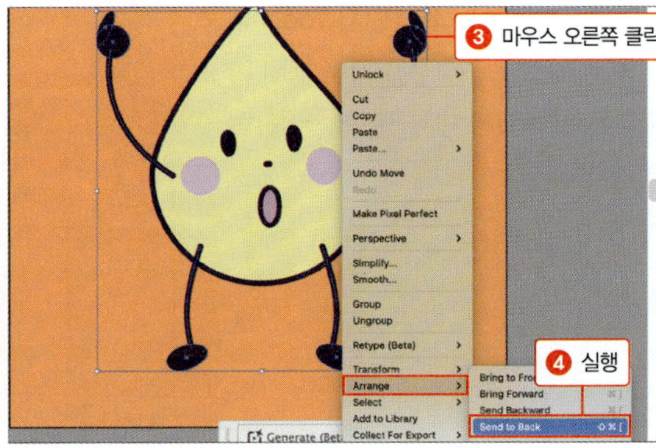

TIP

일러스트레이터에서 만드는 오브젝트들의 순서에 의해 앞뒤 배열 관계가 생성됩니다. 예를 들어, 첫 번째로 그린 오브젝트는 두 번째로 그린 오브젝트의 뒤에 있습니다. 이때 Arrange 기능을 통해 앞뒤 관계를 재배열할 수 있습니다.

14 캐릭터의 손과 발이 보이지 않고 패스 형태만 나타납니다. 그 이유는 그룹화된 오브젝트와 문서 사이에 주황색 사각형 배경이 있기 때문입니다.

15 앞서 주황색 사각형 배경을 잠금 설정해서 선택되지 않으므로 마우스 오른쪽 버튼을 클릭하고 Unlock(잠금 해제)을 실행해 잠겨있는 오브젝트들을 해제합니다.

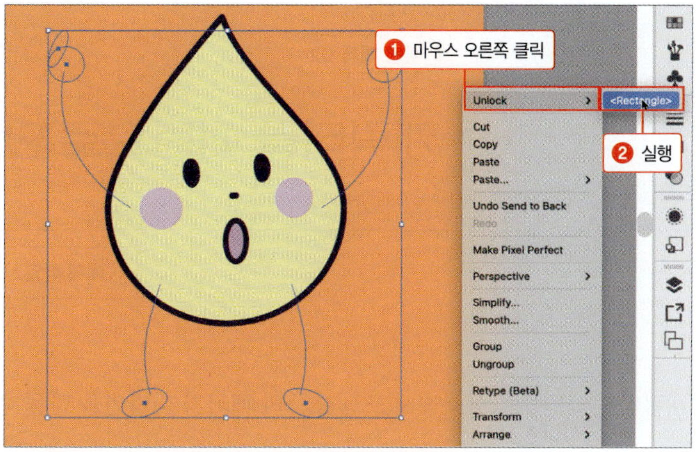

16 그룹화된 캐릭터의 손과 발을 맨 뒤에 배치(Send to Back)했던 것과 같은 방법으로 주황색 사각형을 선택하고 마우스 오른쪽 버튼을 클릭한 다음 Arrange → Send to Back을 실행해 맨 뒤에 배치합니다.

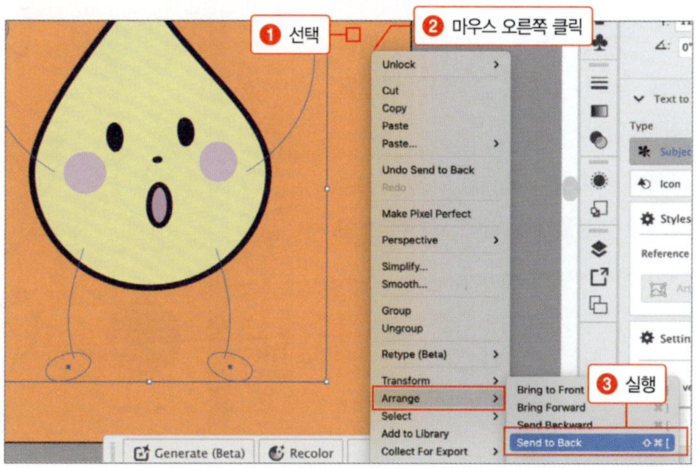

17 물방울 캐릭터가 완성되었습니다.

실습 예제 02

2.5 캐릭터를 패턴으로 만들기

• **예제 파일 :** 02\캐릭터 등록.ai • **완성 파일** : 02\패턴.ai

캐릭터를 패턴으로 등록해서 포장지 등의 패키지 디자인을 만들 수 있습니다.

01 Ctrl+O를 누르고 02 폴더에서 '캐릭터 등록.ai' 파일을 선택한 다음 <열기> 버튼을 클릭하여 파일을 불러옵니다.

완성된 캐릭터는 복제한 다음 다양한 포즈와 색상을 적용하여 크기를 조절해서 새롭게 구성합니다.

02 캐릭터들을 패턴화하기 위해 다양한 각도로 회전하겠습니다. 캐릭터의 바운딩 박스를 회전해 자유롭게 회전합니다.

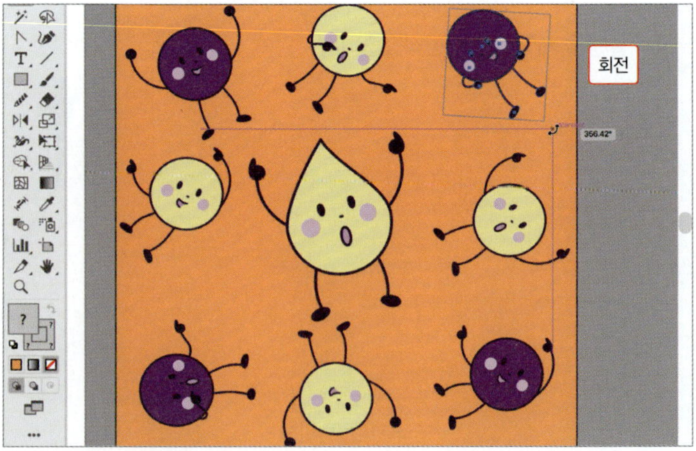

TIP

패턴을 만들 때 단순 반복 패턴도 있지만, 예제에서는 자연스럽게 패턴으로 구성하기 위해 다양한 각도로 회전합니다.

03 패턴으로 등록하기 위해 캐릭터를 전체 선택한 다음 메뉴에서 〔Object〕 → Pattern → Make를 실행합니다.

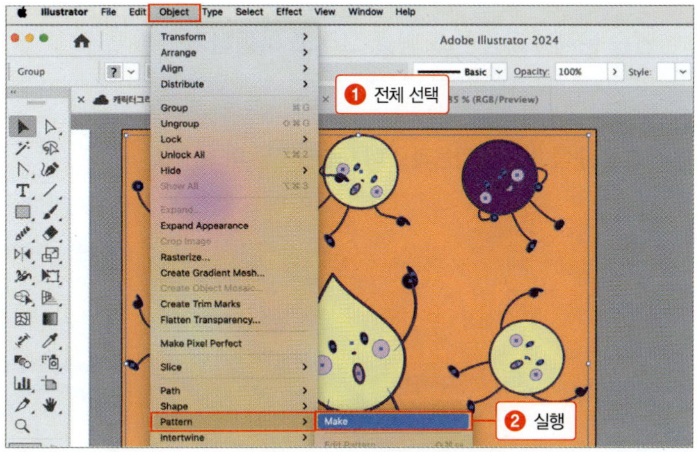

04 Pattern Options 패널이 표시되면 다양한 패턴 옵션 중에서 Tile Type을 'Brick by Row'로 선택합니다.

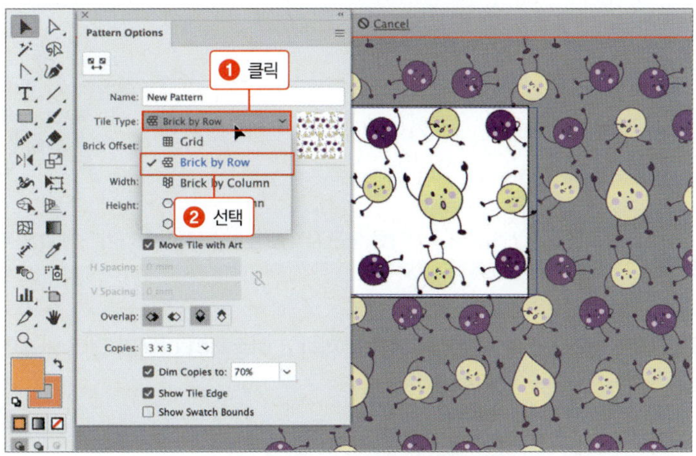

TIP

'Brick by Row'를 지정하면 격자 패턴보다 더욱 자연스러운 패턴으로 조합됩니다.

05 Swatches 패널에 직접 만든 패턴이 등록되었습니다. 직접 만든 패턴을 선택한 다음 사각형 도구(▭)를 선택하고 왼쪽 아트보드에 드래그해 사각형을 만들면 색상이 아닌 패턴으로 채워집니다.

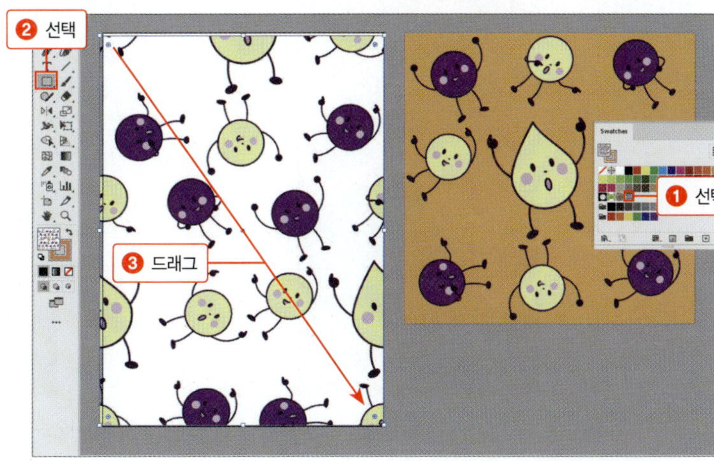

연습 문제 | 다양한 도형을 그리고 이동하기

01 도형 도구를 이용해 다음과 같이 도형을 만들어 보세요.

• **완성 파일** : 02\연습문제1-완성.ai

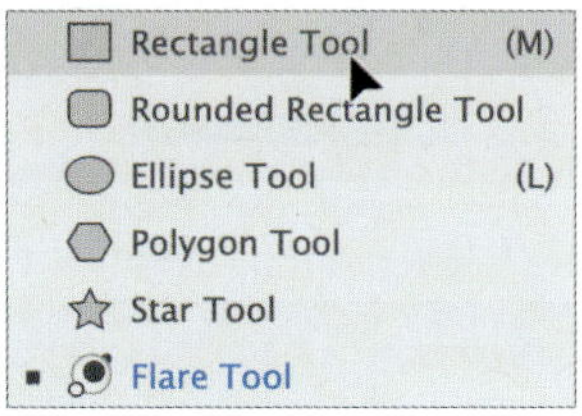

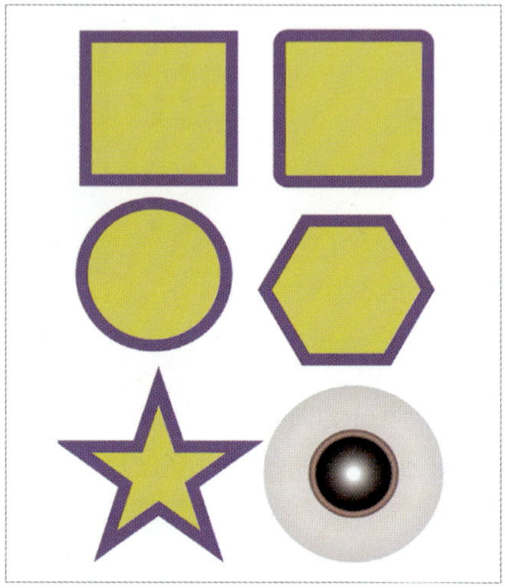

HINT 도형 도구 선택하기 → 사각형/둥근 사각형/원/별/플레어 그리기 → 배열 및 배치하기

02 배경 일러스트에 오브젝트들을 복제하고 이동하여 다음과 같이 만들어 보세요.

• **예제 파일** : 02\연습문제2.ai
• **완성 파일** : 02\연습문제2-완성.ai

HINT Alt를 누른 채 드래그하여 복제하기 → Shift를 누른 채 드래그하여 수직/수평 이동하기 → Alt+Shift를 누른 채 드래그하여 수직/수평 복제 및 이동하기

WEEK 03

창의적인 오브젝트를 구성하는 패스파인더

학 습 목 표

패스파인더는 일러스트레이터에서 복잡한 벡터 이미지를 쉽게 만들 수 있도록 도와주는 강력한 도구입니다. 이번 장에서는 패스파인더의 기본 개념과 각 기능에 대한 상세한 설명, 그리고 이를 효과적으로 활용하는 방법에 대해 자세히 살펴보겠습니다.

3.1 패스파인더의 개념 및 기능 알아보기

패스파인더는 여러 개의 벡터 이미지를 결합하거나 나누고, 교차시키는 등 다양한 방식으로 조작해 새로운 형태를 만들어내는 도구입니다. 이 기능을 활용하면 복잡한 디자인을 더 쉽게 완성할 수 있으며, 벡터 이미지의 유연성과 정밀성을 최대한 활용할 수 있습니다.

Pathfinder 패널

메뉴에서 〔Window〕 → **Pathfinder**를 실행하여 Pathfinder 패널을 표시합니다. Pathfinder 패널은 Shape Modes(모양 모드)와 Pathfinders(패스파인더)의 두 가지 주요 그룹으로 나뉩니다. 각 그룹에는 여러 개의 아이콘이 있어, 이를 클릭하여 오브젝트 형태를 특정 방식으로 변형할 수 있습니다. Shape Modes(모양 모드)는 선택한 도형들을 결합하거나 빼는 등의 방식으로 변형하는 데 사용합니다. Pathfinders(패스파인더)는 선택한 도형을 나누거나 특정 방식으로 병합하는 데 사용합니다.

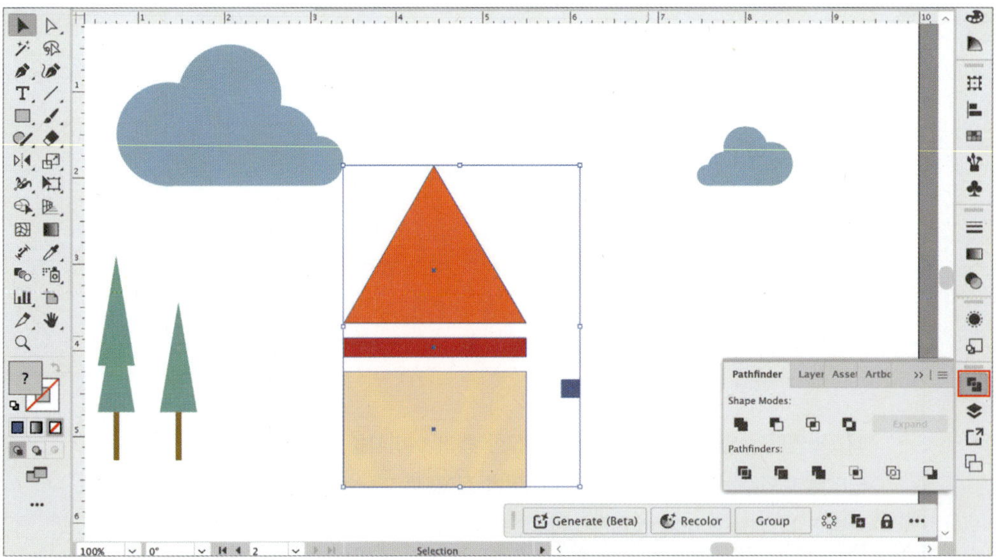

Shape Modes(모양 모드)

❶ **Unite(합치기, ■)**: 선택한 모든 오브젝트를 하나의 오브젝트로 합치는 과정에서 겹치는 부분은 하나의 색상으로 병합됩니다. 이는 여러 개의 도형을 하나의 통합된 형태로 만들 때 유용합니다. 예를 들어, 두 개의 원을 합쳐서 눈사람의 머리와 몸통을 하나의 오브젝트로 만들 수 있습니다.

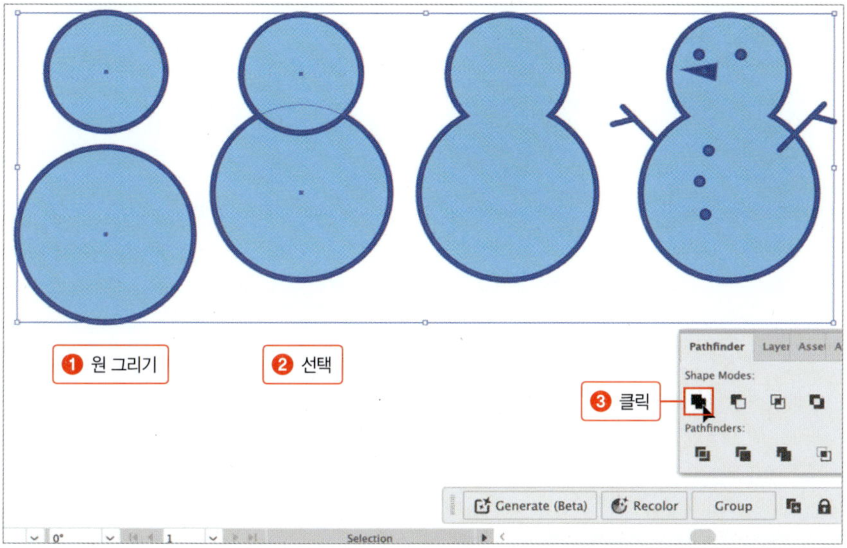

❷ **Minus Front(앞쪽 오브젝트 제외, ■)**: 앞에 있는 오브젝트에서 뒤 오브젝트를 빼고 남기는 기능입니다. 예를 들어, 원 안에 있는 작은 원을 빼면 도넛 모양을 만들 수 있습니다.

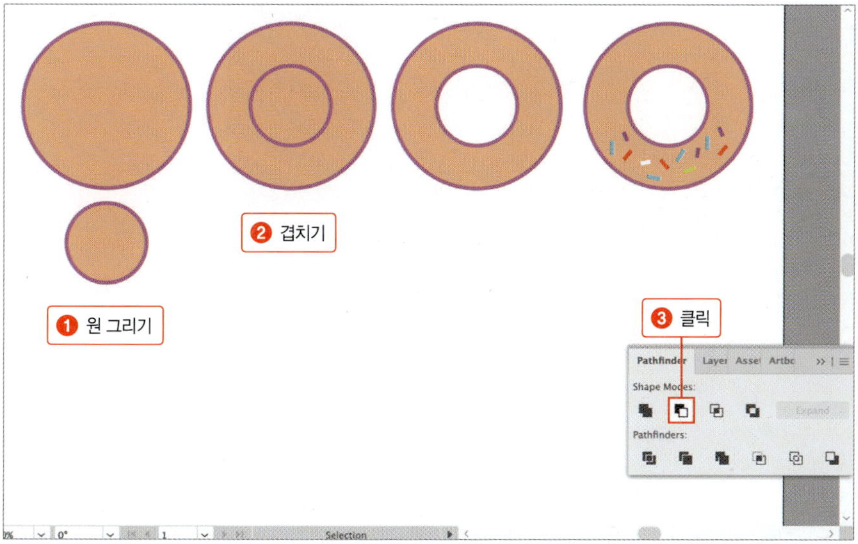

3 창의적인 오브젝트를 구성하는 패스파인더

③ Intersect(**교차 영역,** ▣): 선택한 오브젝트 중 겹치는 부분만 남기고 나머지는 제거합니다. 여러 도형이 겹치는 부분만을 남길 때 유용합니다. 예를 들어, 두 개의 겹친 도형에서 겹치는 부분만 남기고 나머지 부분을 제거할 수 있습니다.

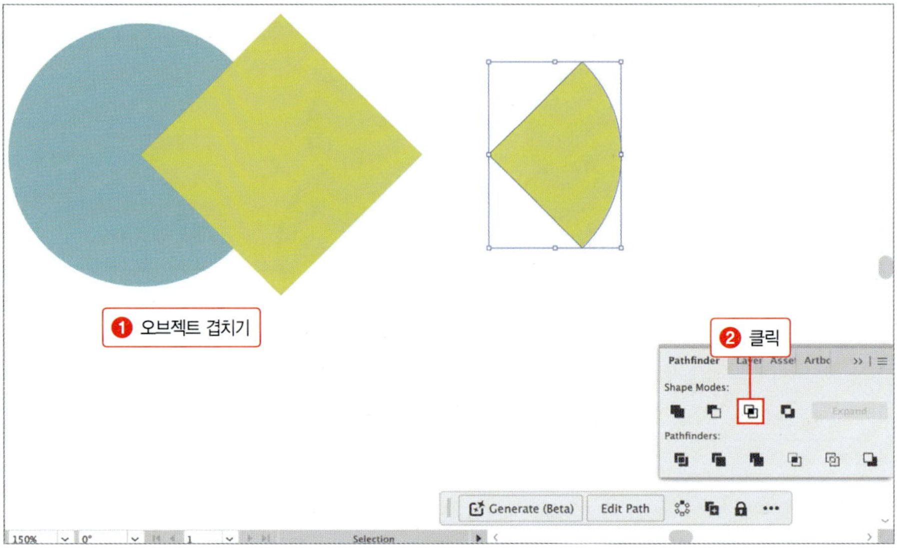

④ Exclude(**교차 영역 제외,** ▣): 선택한 오브젝트 중 겹치는 부분을 제거하고 나머지 부분만 남깁니다. 주로 겹치는 부분을 제외하고 싶을 때 사용합니다. 예를 들어, 두 개의 겹친 사각형에서 겹치는 부분을 제거하여 새로운 형태를 만들 수 있습니다.

Pathfinders(패스파인더)

❶ Divide(나누기,): 선택한 오브젝트들을 나눠 각각 독립된 오브젝트로 분리합니다. 이 기능을 사용하면 겹친 도형의 각 부분을 독립된 오브젝트로 만들 수 있습니다. 여러 도형이 겹치는 부분을 분리해 개별적인 오브젝트로 만들고 싶을 때 유용합니다.

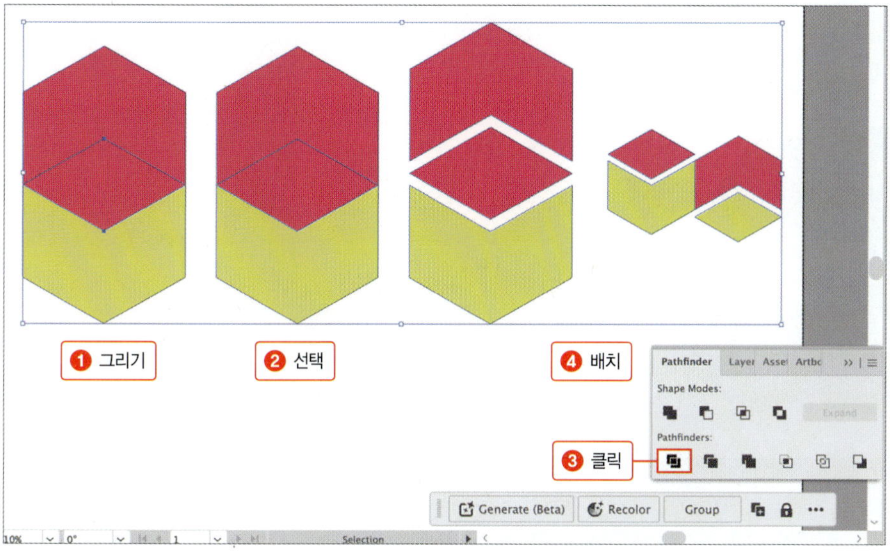

❷ Trim(동색 오브젝트 분리,): 선택한 오브젝트들을 잘라내어 독립된 부분으로 만듭니다. 잘라낸 부분은 원래 오브젝트의 색상을 유지합니다. 이 기능은 겹치는 부분을 잘라내어 개별적인 오브젝트로 만들고 싶을 때 유용합니다.

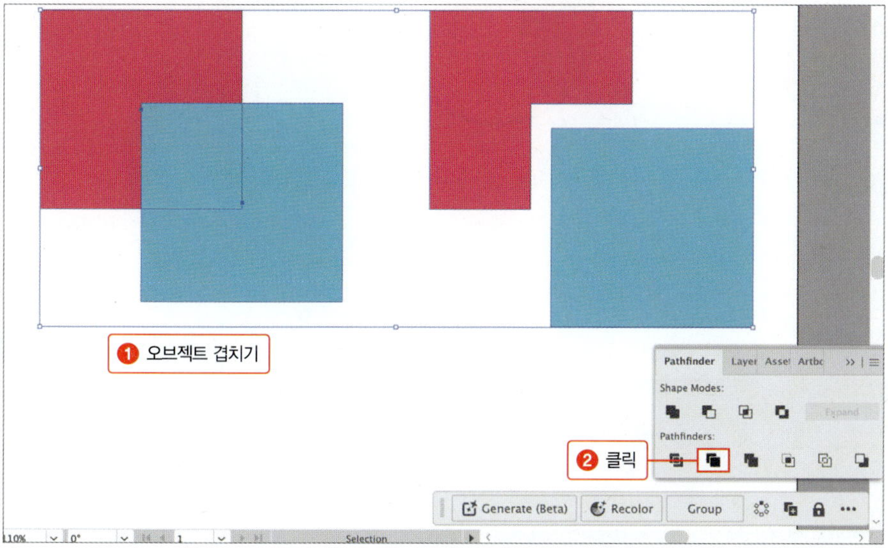

③ Merge(병합, ■): 선택한 오브젝트들을 결합하여 하나의 오브젝트로 만듭니다. 동일한 색상의 오브젝트들은 병합되어 하나의 통합된 형태가 됩니다. 여러 개의 도형을 결합하여 단순화된 하나의 오브젝트로 만들고 싶을 때 유용합니다.

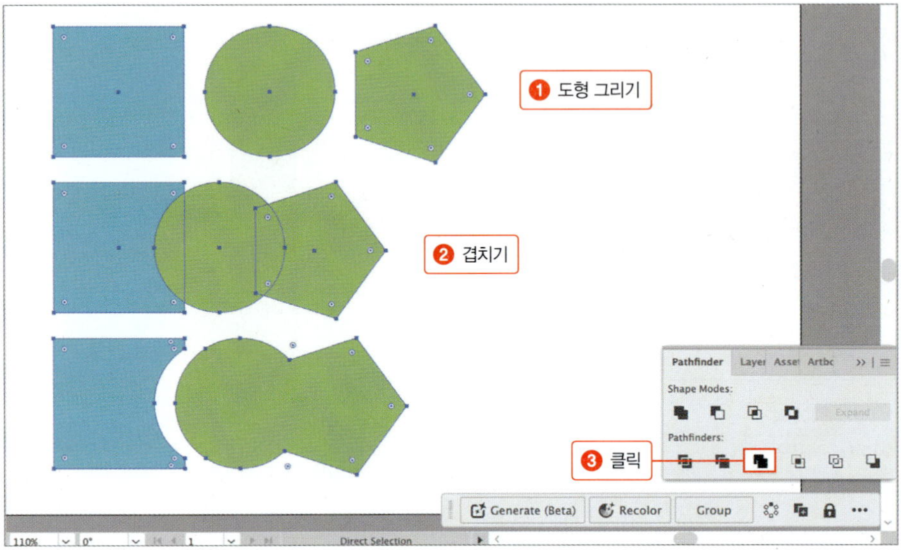

④ Crop(자르기, ▣): 선택한 오브젝트들의 교차 영역만 남기고 나머지 부분을 잘라냅니다. 특정 영역만 남기고 나머지 부분을 제거하고 싶을 때 유용합니다.

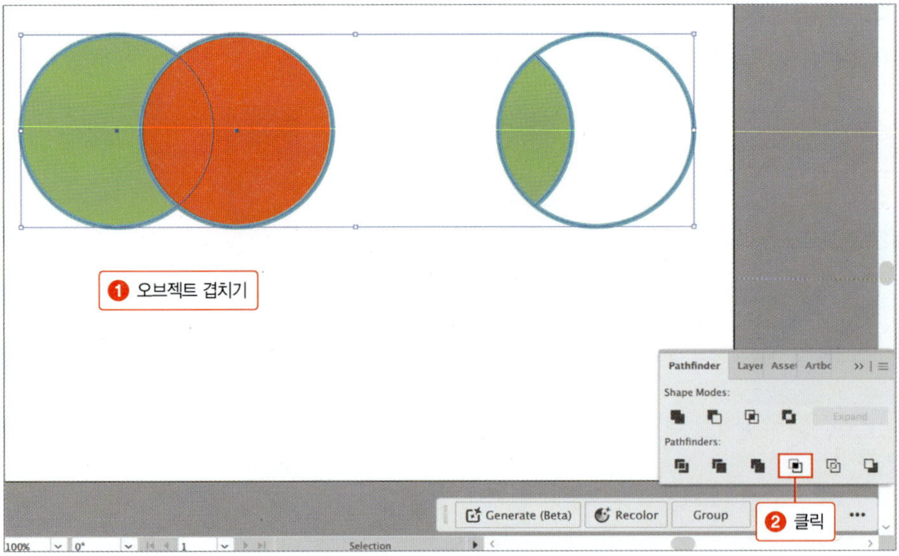

⑤ Outline(**외곽선**,): 선택한 오브젝트들의 외곽선을 따라 분리해 외곽선으로 변환합니다. 이 기능은 도형의 외곽선만 남기고 내부를 제거하고 싶을 때 유용합니다.

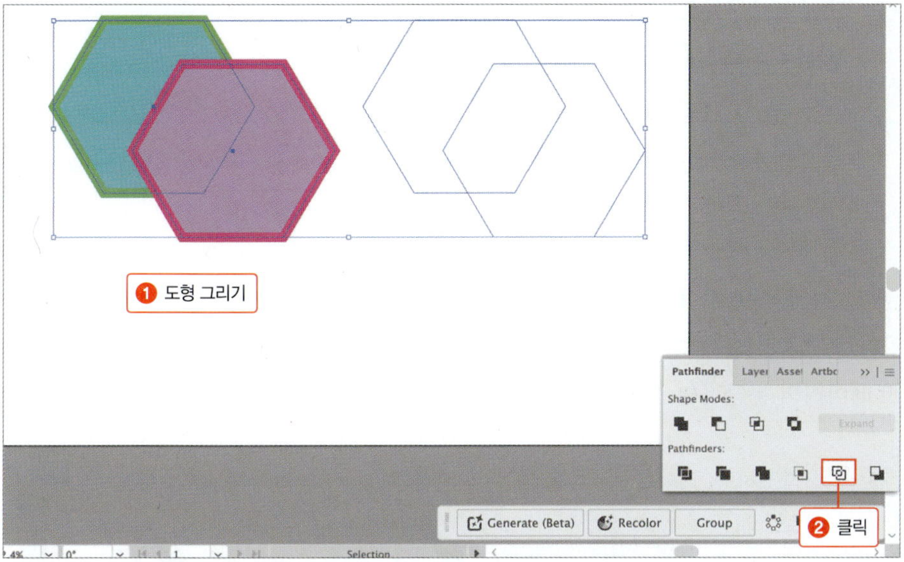

⑥ Minus Back(**뒤쪽 오브젝트 제외**,): 뒤에 있는 오브젝트에서 앞 오브젝트를 빼고 남은 부분으로 모양을 만듭니다. 이 기능은 겹치는 부분을 제거해 오브젝트의 형태를 새롭게 다듬을 때 유용합니다.

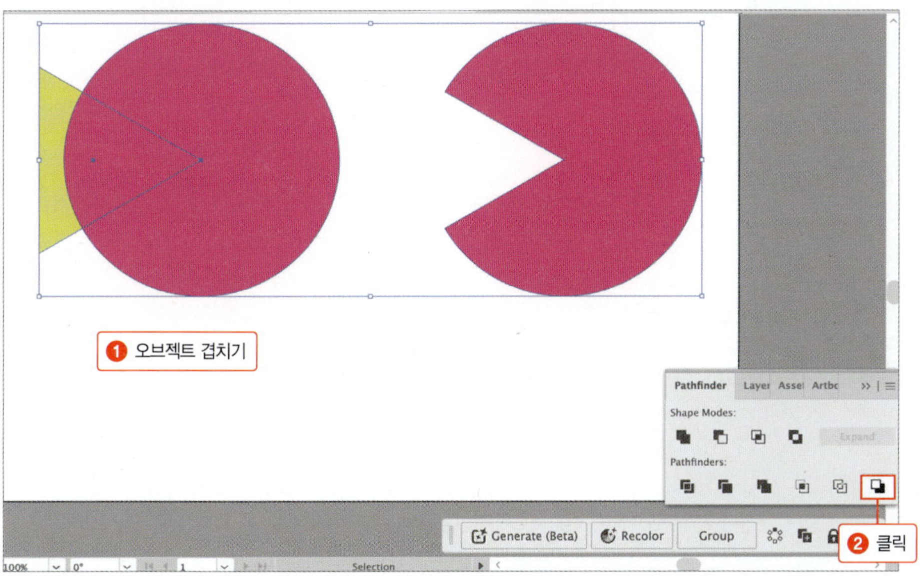

실습 예제 01

3.2 오브젝트를 재구성해 레트로 애플 로고 만들기

• **예제 파일** : 03\레트로 애플.ai • **완성 파일** : 03\로고.ai

아이폰으로 유명한 애플 사의 레트로 애플 로고는 1976년부터 1998년까지 약 20년 동안 사용된 컬러풀한 로고로, 패스파인더로 만들기 좋은 예입니다. 이번에는 레트로 애플 로고를 만들어 보겠습니다. 로고 제작에서는 일러스트레이터의 눈금자(Ruler)와 안내선(Guides)이 큰 도움이 될 것입니다.

01 애플의 레트로 로고를 참조하기 위해 03 폴더에서 '레트로 애플.ai' 파일을 불러옵니다.

이미지는 잠금 설정되었습니다. 사방의 안내선(Guides)을 바탕으로 로고를 디자인하겠습니다.

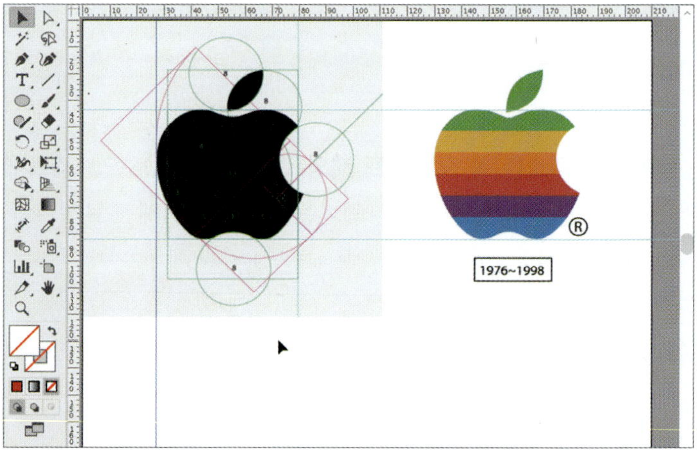

* 해당 예제는 교육 목적으로 사용되며, Apple 로고는 Apple Inc.의 상표이므로 상업적 용도로 사용해서는 안 됩니다.

TIP 눈금자

눈금자(Ruler)는 오브젝트의 크기와 위치를 정확하게 측정할 때 필요합니다. 메뉴에서 [View] → Rulers → Show Rulers(Ctrl+R)를 실행하면 화면 위쪽과 왼쪽에 눈금자가 표시됩니다. 눈금자 단위는 인치, 센티미터, 픽셀 등으로 변경할 수 있습니다.

TIP 안내선

안내선(Guides)은 메뉴에서 [View] → Guides → Show Guide를 실행해 표시합니다. 화면 위쪽과 왼쪽의 눈금자를 클릭하고 드래그하여 수직/수평 안내선을 추가할 수 있습니다. 안내선은 잠그거나 잠금 설정을 해제할 수도 있습니다.

02 원형 도구()를 선택하고 칠을 '빨간색(#DC2627)', 획을 '색상 없음'으로 지정한 다음 안내선에 맞춰 드래그하여 타원을 그립니다. 이때 애플 로고 모양과 조금 다른 것을 확인할 수 있습니다.

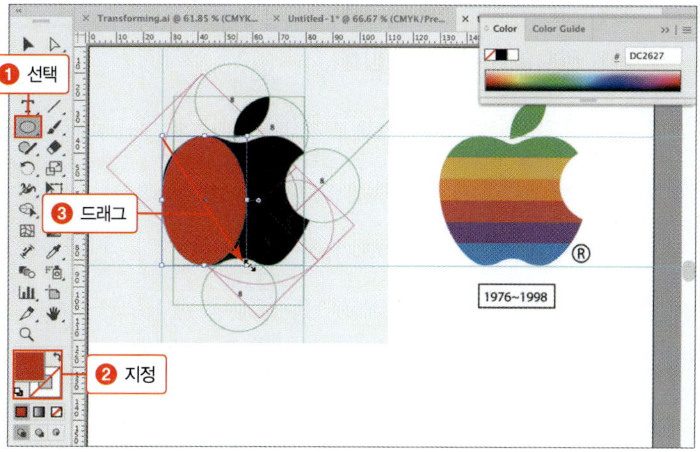

03 직접 선택 도구()를 선택하고 그려진 타원의 중간 부분만 선택합니다. 위아래 방향키를 누르며 곡률에 맞춰 기준점을 이동합니다. 여기서 아래쪽 곡률도 다른데, 이때는 직접 선택 도구로 가장 아래쪽 기준점을 선택해 양쪽 방향키를 누르면서 곡률을 맞춥니다.

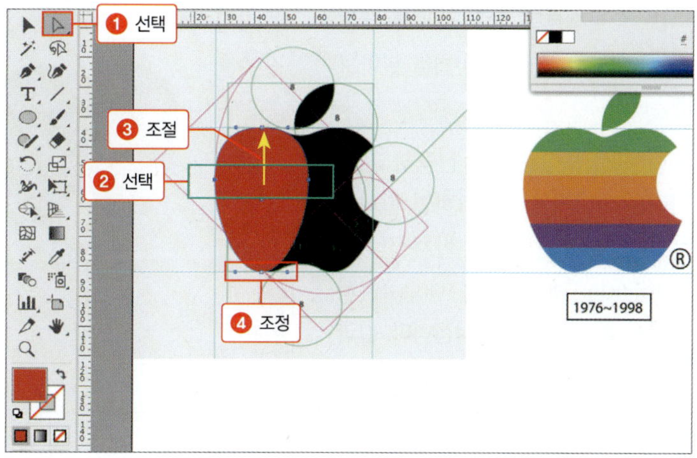

04 이제 타원을 반사 및 복제하기 위해 반사 도구()를 선택합니다. Alt를 누른 채 아트보드를 클릭합니다. Reflect 대화상자가 표시되면 'Vertical'을 선택한 다음 <Copy> 버튼을 클릭합니다.

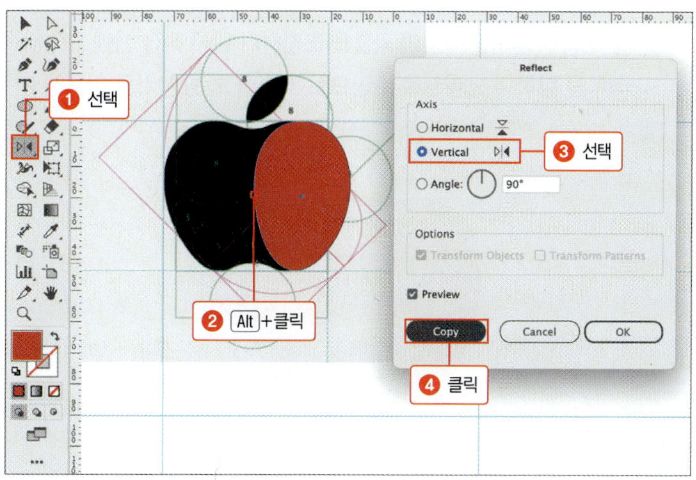

TIP

이때 <Copy>가 아닌 <OK> 버튼을 클릭하면 오브젝트가 단순히 반사됩니다.

05 직접 선택 도구(▷)로 반사된 타원 위치를 조정하며 모양을 잡아줍니다.

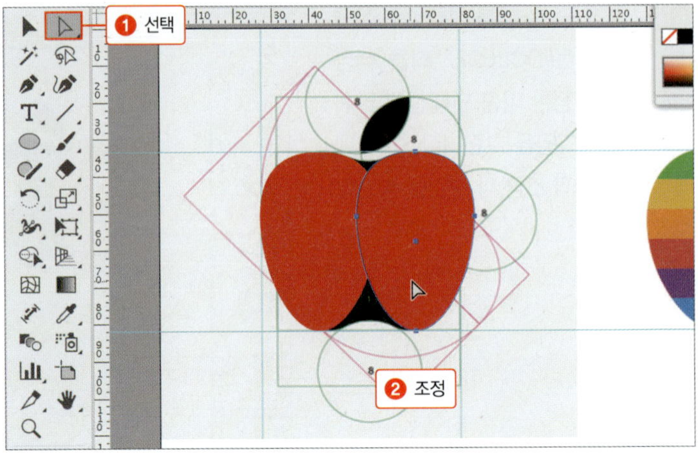

06 오브젝트를 합쳐 사과 형태를 만드는 두 가지 방법을 알아보겠습니다.

도형 구성 도구(◎)를 선택하고 합치려는 이미지를 드래그하면 합쳐지는 부분이 표시되면서 합쳐집니다. Pathfinder 패널에서는 'Unite(합치기, ■)'를 클릭하면 합쳐집니다. 결과는 같지만 패스파인더는 복잡한 편집에서 한 번에 합칠 수 있는 장점이 있습니다.

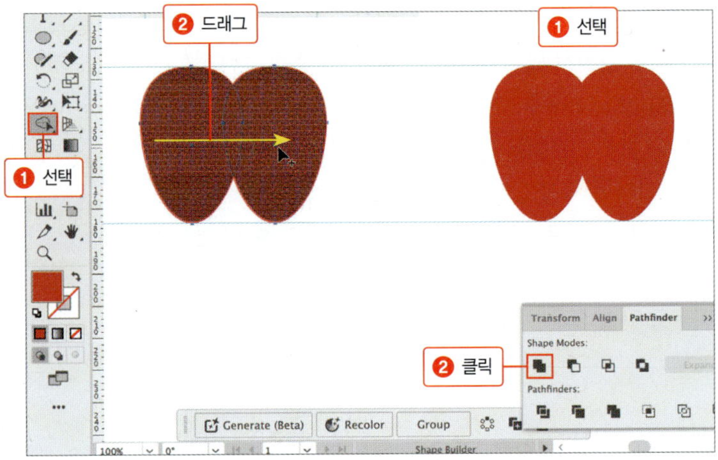

07 두 도형이 합쳐진 부분의 곡률을 조정하기 위해 직접 선택 도구(▷)로 아래쪽 가운데 기준점을 선택합니다. 아래쪽을 향하던 방향선을 수평으로 조정하고, 방향키를 이용해 기준점을 움직이며 곡률을 조정합니다.

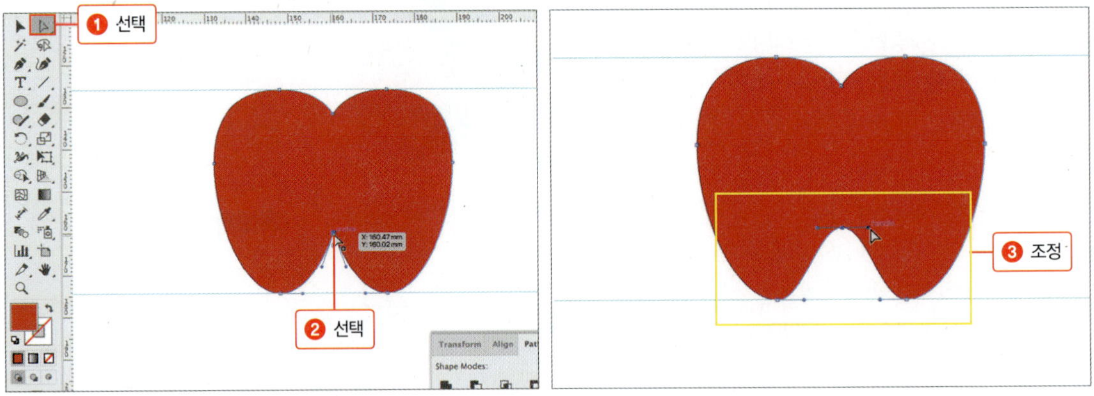

08 이번에는 위쪽 가운데 기준점을 클릭하고 위와 같은 방법으로 위쪽을 향하던 방향선을 방향키를 눌러가며 수평으로 곡률을 조정합니다.

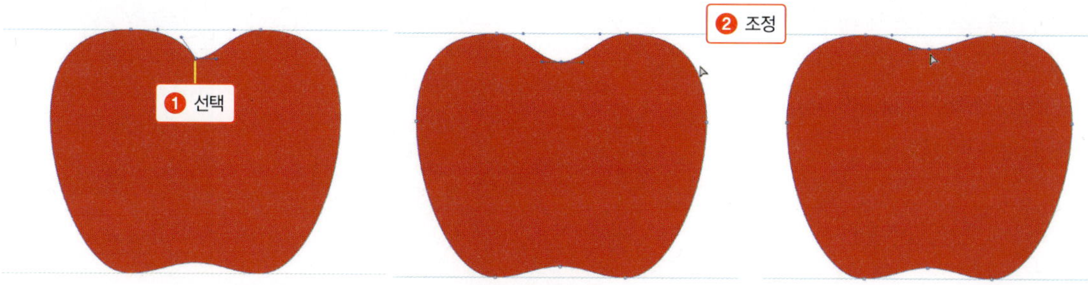

09 이번에는 로고 크기에 맞게 잎 모양을 만들어 봅니다. 칠을 '노란색(#ECB526)'으로 지정한 다음 원형 도구(◯)로 그림과 같이 교차된 정원 두 개를 겹쳐 만듭니다. Pathfinder 패널의 'Intersect(교차 영역, ◫)'를 클릭하여 잎을 만듭니다.

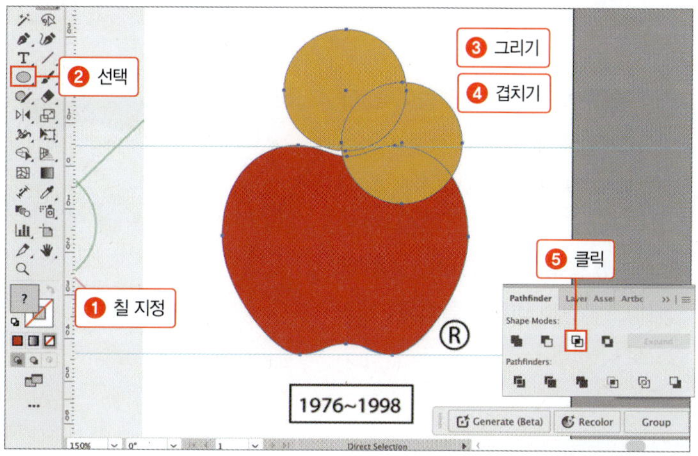

10 한 입 베어 먹은 사과 모양을 만들기 위해 원형 도구(◯)로 Shift를 누른 채 사과 옆에 드래그해 정원을 만듭니다.

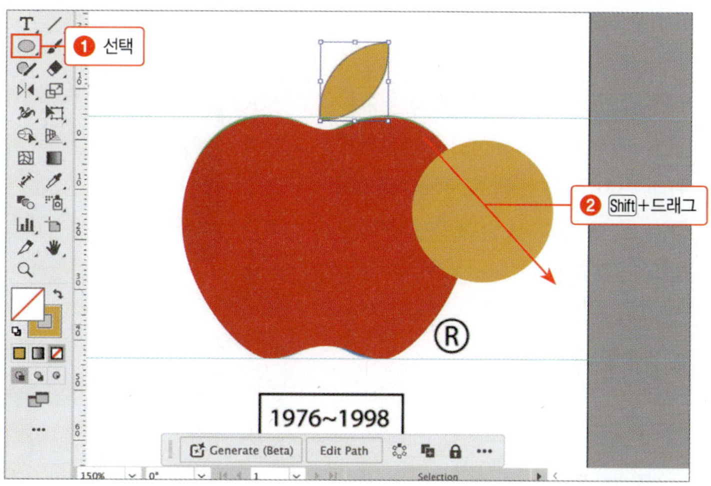

11 정원과 빨간 사과를 선택한 다음 Pathfinder 패널의 'Minus Front(앞쪽 오브젝트 제외,)'를 클릭해 로고 모양을 완성합니다. 지금까지 만든 오브젝트는 나중에 다시 사용하기 위해서 복제합니다.

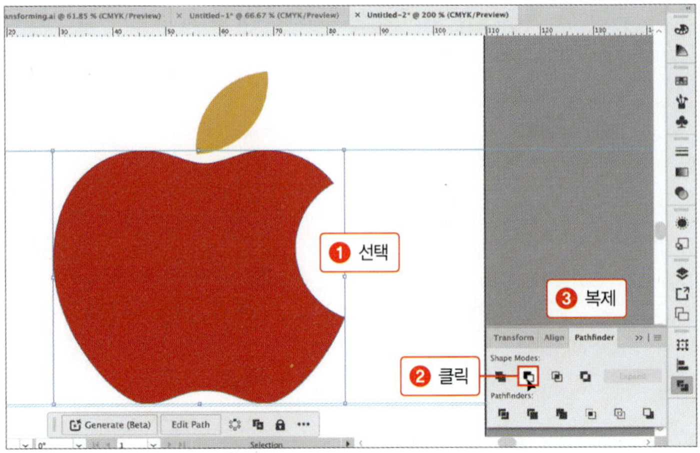

12 빨간 사과를 나누겠습니다. 메뉴에서 〔Object〕 → Path → Split Into Grid를 실행합니다. Split Into Grid 대화상자가 표시되면 Raws(행) 항목에서 Number에 '6'을 입력하고 <OK> 버튼을 클릭해 6개의 층으로 나눕니다.

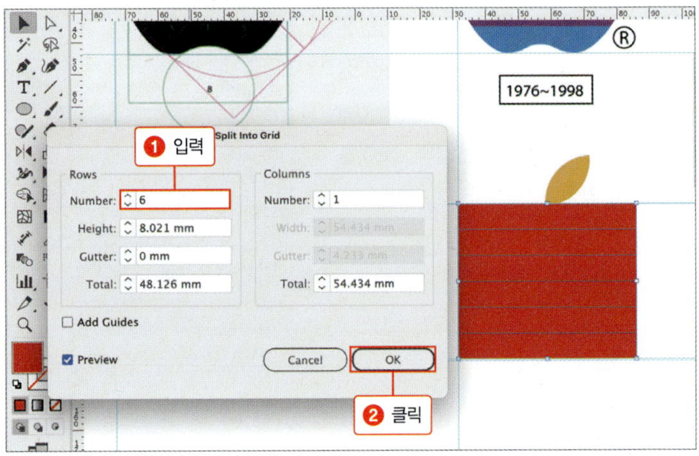

13 6개로 나뉜 오브젝트의 색상을 레트로 로고 색상으로 지정하기 위해 먼저 직접 선택 도구()로 Shift를 누른 채 잎과 첫 번째 층을 선택합니다. 스포이트 도구(, I)로 그림과 같이 로고의 초록색을 클릭해 색상을 추출합니다.

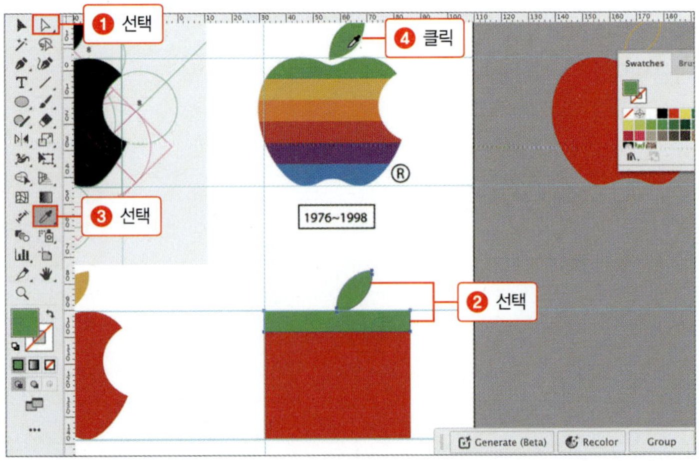

TIP

스포이트 도구(Eyedropper Tool)는 색상을 바꾸려는 대상의 색상을 추출해서 변경합니다.

14 층층이 만들어진 각각의 오브젝트는 레트로 애플 로고의 층마다 다른 색상을 선택하여 지정합니다.

15 층층이 만든 무지개색 사각형을 사과 모양으로 변형하겠습니다. 다채로운 색상의 사각형 오브젝트 위에 따로 복제해 둔 사과 모양의 오브젝트를 배치합니다. 메뉴에서 〔Object〕→ Clipping Mask → Make(Ctrl+7)를 실행하여 클리핑 마스크를 적용합니다.

16 레트로 애플 로고가 완성되었습니다.

TIP

클리핑 마스크를 해제하기 위해서는 메뉴에서 〔Object〕→ Clipping Mask → Release를 실행합니다.

3.3

실습 예제 02

Pathfinder 패널을 이용해 풍경 일러스트 만들기

• **예제 파일** : 03\풍경.ai • **완성 파일** : 03\풍경일러스트.ai

아트보드 전체를 채운 일러스트를 만들어 봅니다. 기본 도형과 패스파인더 기능만을 이용해서 풍경 일러스트를 만들어 보겠습니다.

다양한 도형 활용하기

01 03 폴더에서 가로형 A4 크기의 '풍경.ai' 파일을 불러옵니다.

칠을 '하늘색(#A3BED4)'으로 지정하고, 원형 도구(◯)로 크기가 다른 4개의 원을 그립니다. 사각형 도구(□)로 아래쪽에 사각형을 만듭니다. 도형들을 모두 선택한 다음 Pathfinder 패널의 'Unite(합치기, ■)'를 클릭해 하나의 오브젝트로 만듭니다.

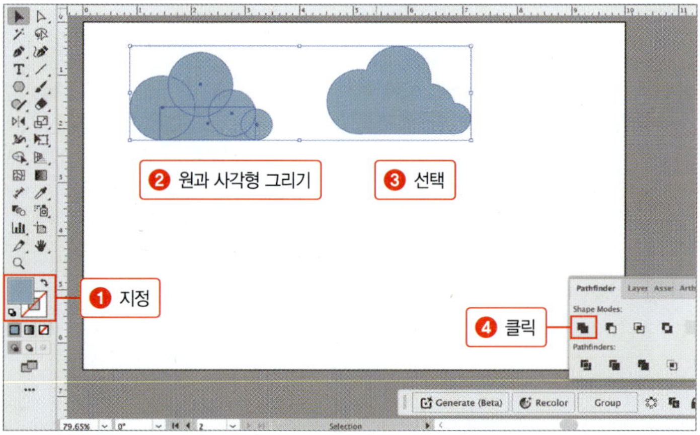

02 작은 구름을 추가하기 위해 반사 및 복제하겠습니다. 반사 도구(▷◁)를 선택한 다음 Alt를 누른 채 아트보드를 클릭합니다. Reflect 대화상자가 표시되면 'Vertical'을 선택한 후 <Copy> 버튼을 클릭해서 반사된 오브젝트를 복제합니다.

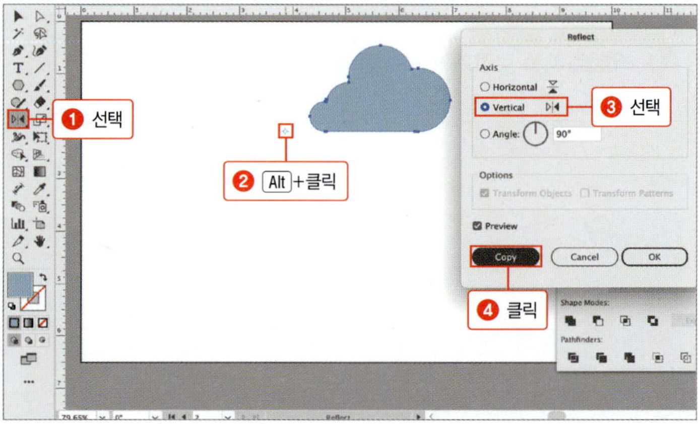

03 복제된 구름은 크기를 조정한 다음 오른쪽에 배치합니다.

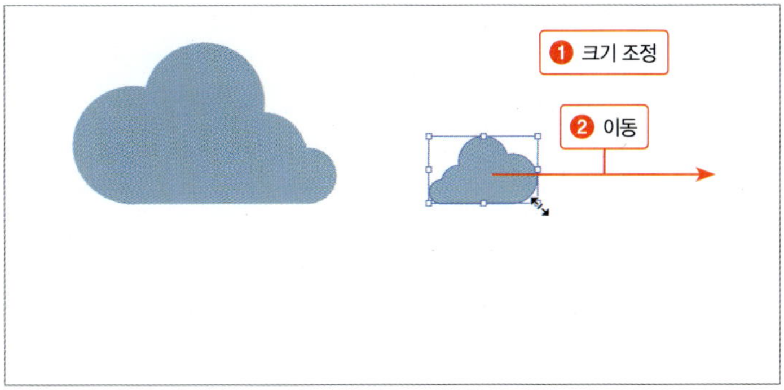

04 이번에는 나무를 만들기 위해 칠을 '초록색(#76BFA3)'으로 지정한 다음 다각형 도구(⬡)를 선택하고 아트보드를 클릭합니다. Polygon 대화상자가 표시되면 Sides를 '3'으로 입력하고 <OK> 버튼을 클릭해 삼각형을 만듭니다.

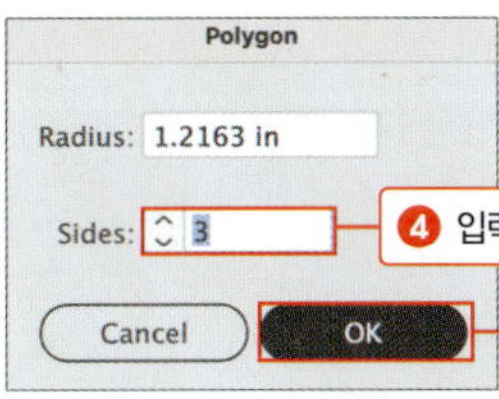

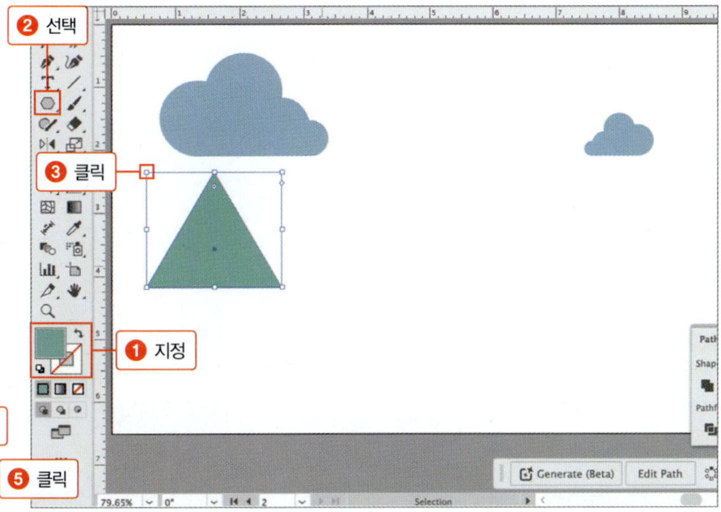

05 선택 도구(▶)를 이용해 정삼각형의 바운딩 박스 오른쪽 가운데 조절점을 왼쪽으로 드래그하여 그림과 같이 변형합니다. 뾰족해진 삼각형을 Alt를 누른 채 아래쪽으로 드래그하여 복제한 다음 겹쳐서 나무의 모양을 만듭니다.

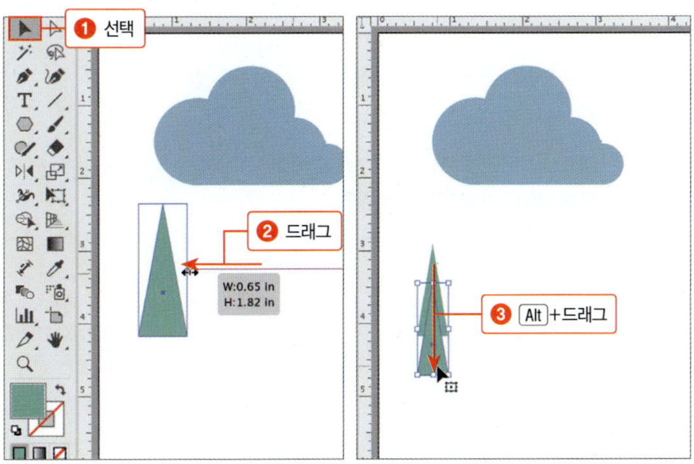

06 칠을 '갈색(#A8842E)'으로 지정하고 사각형 도구(□)로 아트보드에 길게 드래그하여 나무 모양을 다듬어 줍니다. 초록색/갈색 나무 오브젝트들을 선택하고 Align 패널에서 'Horizontal Align Center(가로 가운데 정렬)' 아이콘(▣)을 클릭하여 가운데 정렬합니다. 오른쪽에도 나무를 만듭니다.

07 초록색 나뭇잎 오브젝트들을 선택한 다음 마우스 오른쪽 버튼을 클릭하고 Arrange → Bring to Front를 실행해 맨 앞에 배열합니다.

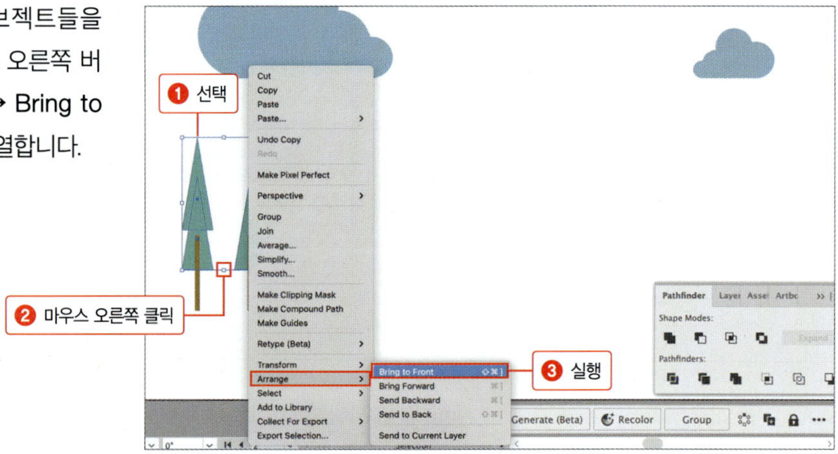

08 이번에는 건물을 만들기 위해서 다각형 도구(⬡)로 지붕을 나타낼 삼각형을 만듭니다. 사각형 도구(□)로 그림과 같이 건물의 두 부분을 만듭니다. 오른쪽에 그림과 같이 정사각형의 작은 창문도 그립니다.

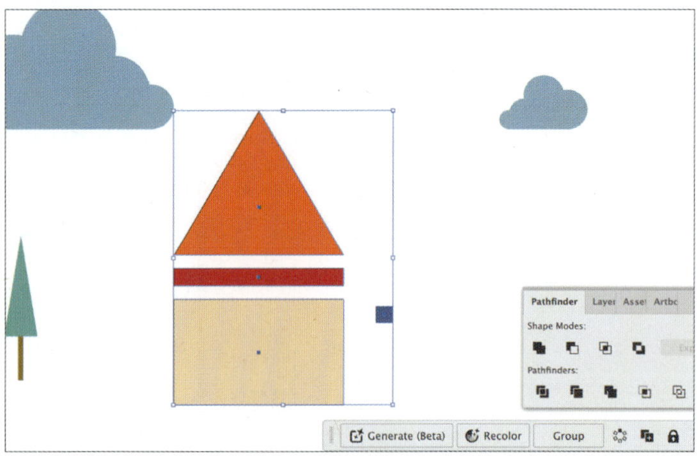

> **TIP**
>
> 위에서부터 색은 #F26528, #DB263D, #FCDFB0, #5772A7입니다.

09 선택 도구(▶)로 삼각형과 사각형을 조합해 집을 만듭니다. 집을 선택하고 Alt를 누른 채 드래그하여 복제합니다. 복제된 집의 크기를 축소해서 그림과 같이 작은 집을 하나 더 만듭니다.

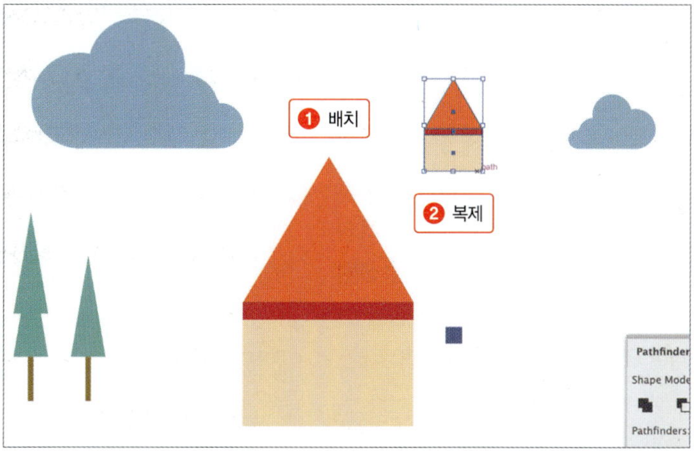

10 큰 집의 지붕 모양을 수정하기 위해 사각형 도구(□)로 삼각형 위에 사각형을 그림과 같이 겹쳐 그립니다. 삼각형과 사각형을 선택한 다음 Pathfinder 패널에서 'Minus Front(앞쪽 오브젝트 제외, ◧)'를 클릭해 사다리꼴로 변형합니다.

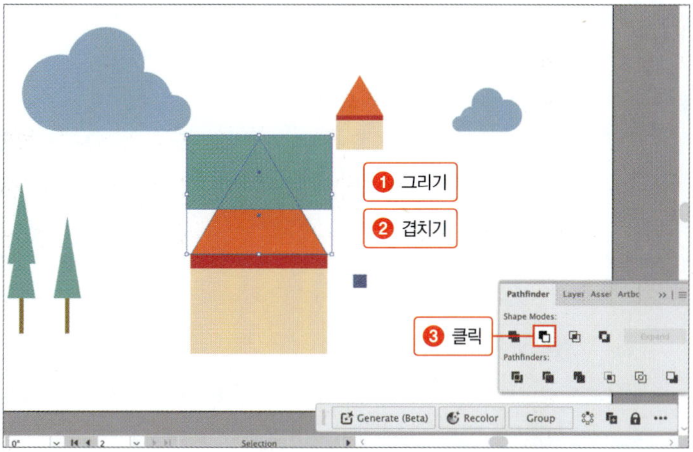

11 사다리꼴 지붕 위로 작은 집을 올려서 2층집 형태로 배치합니다. 집 오브젝트를 전체 선택한 다음 Align 패널에서 'Horizontal Align Center(가로 가운데 정렬)' 아이콘(⊞)을 클릭해 가운데 정렬합니다.

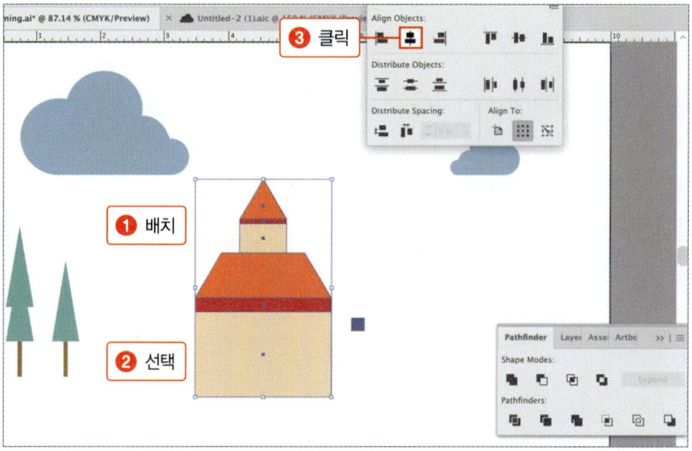

3 창의적인 오브젝트를 구성하는 패스파인더

12 작은 사각형을 복제해 그림과 같이 네 개의 창문 형태로 배치하고, 작은 집을 한 번 더 복제합니다. 지붕 모양을 바꾸기 위해 칠을 '노란색(#F1C436)'으로 지정한 다음 원형 도구(◯)로 집의 폭과 같은 정원을 그립니다. 반원을 만들기 위해 직접 선택 도구(▷)로 원의 아래쪽 기준점을 선택한 다음 Delete를 눌러 삭제합니다.

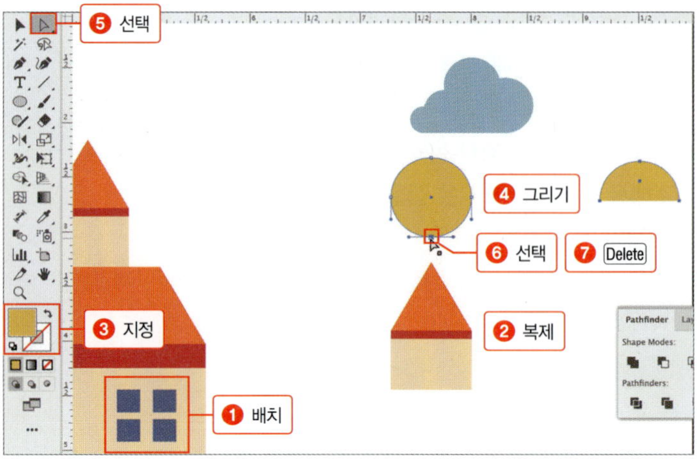

13 삭제된 기준점을 확인하기 위해 메뉴에서 [View] → Outline(Ctrl+Y)를 실행하여 외곽선 형태로 보면 닫힌 패스와 열린 패스를 확인할 수 있습니다.

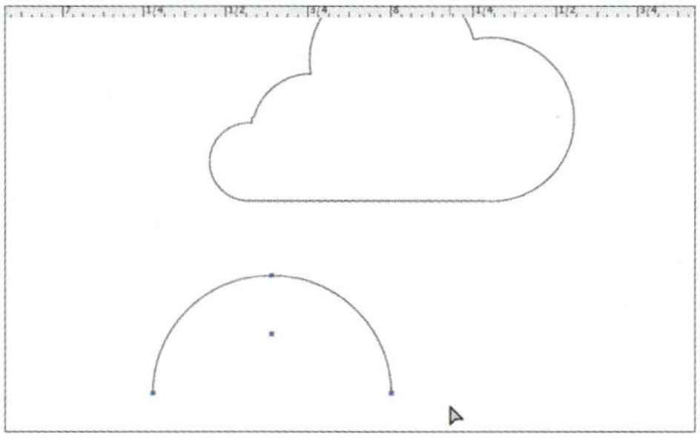

TIP **열린 패스와 닫힌 패스**

❶ **열린 패스**: 양 끝이 연결되지 않은 선을 말합니다. 시작점과 끝점이 연결되지 않아 선형 요소를 만들 때 주로 사용합니다(예: 직선, 곡선, 자유형 선). 칠 색상을 적용할 수 없고, 획 색상만 적용할 수 있습니다.

❷ **닫힌 패스**: 시작점과 끝점이 연결되어 하나의 연속된 도형을 이루는 패스입니다. 시작점과 끝점이 동일하게 연결되어 있어 칠과 획 색상을 모두 적용할 수 있고, 주로 도형을 만들 때 사용합니다.

14 직접 선택 도구(▷)로 아래쪽 열린 패스의 양쪽 기준점을 드래그하여 선택하고 마우스 오른쪽 버튼을 클릭한 다음 Join(Ctrl+J)을 실행해서 닫힌 패스를 만듭니다.

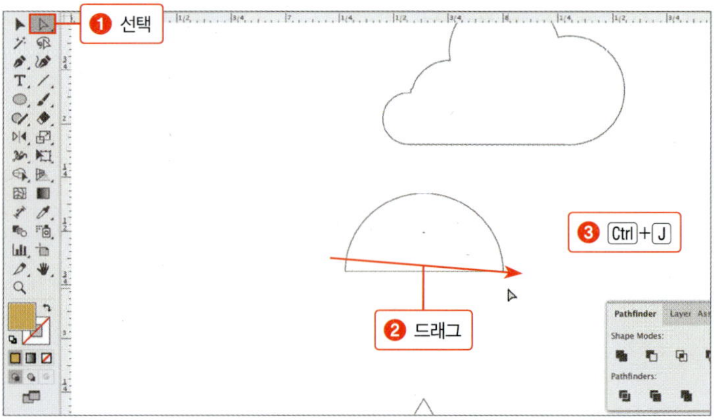

15 다시 Ctrl+Y를 눌러 미리 보기로 전환합니다. 선택 도구(▶)로 삼각형 지붕을 복제한 후 바운딩 박스를 이용하여 축소하고 모퉁이 곡률을 조정합니다. 둥근 삼각형을 반원 지붕 위에 그림과 같이 배치합니다.

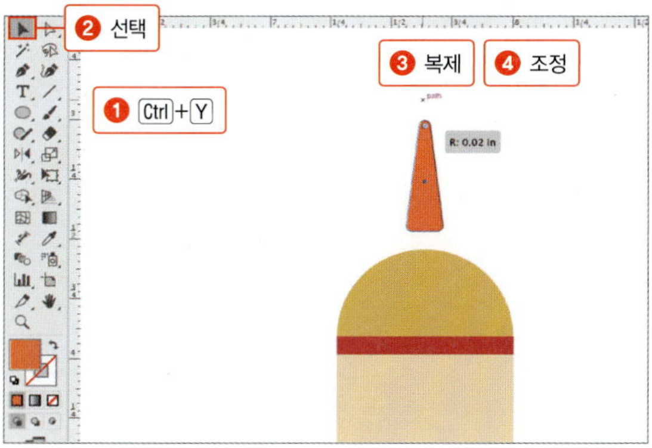

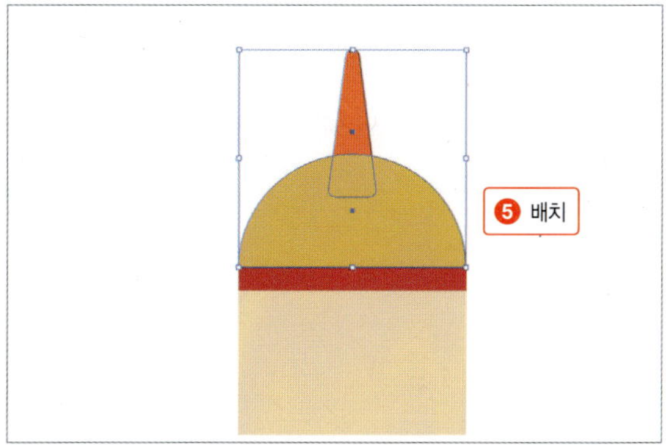

16 건물 부분을 그림과 같이 복제하고 축소하여 문 형태로 만든 다음 선택합니다. Pathfinder 패널의 'Unite(합치기, ◼)'를 클릭해 하나로 만듭니다.

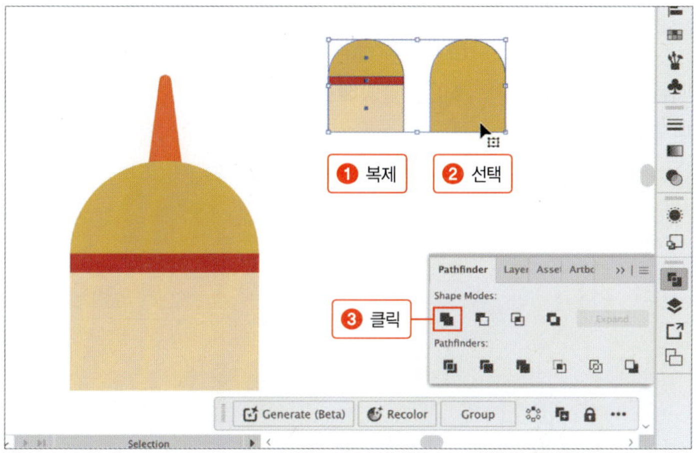

17 합쳐진 도형을 그림과 같이 아래쪽에 배치하고 선택합니다. Pathfinder 패널의 'Minus Front(앞쪽 오브젝트 제외, ◻)'를 클릭하여 아치 모양의 문으로 만듭니다.

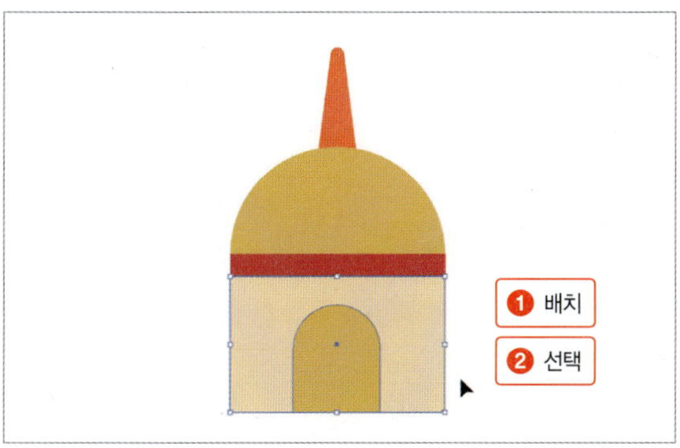

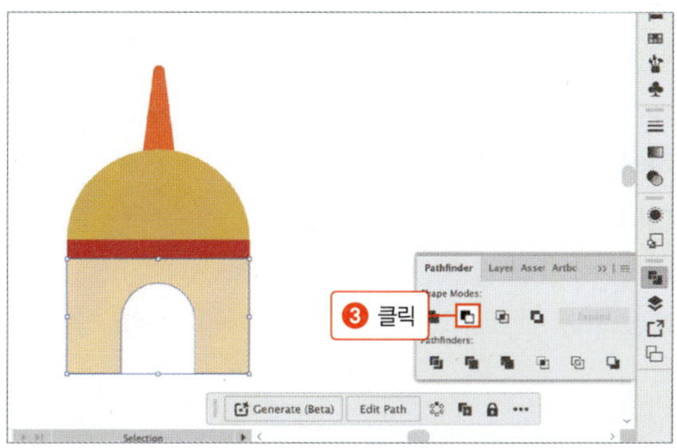

18 구름, 나무, 집, 언덕을 알맞게 배치합니다. 이번에는 언덕 배경을 만들기 위해 칠을 '연두색(#DCE11F)'으로 지정한 다음 원형 도구(⬭)로 그림과 같이 여러 개의 큰 타원들을 그립니다.

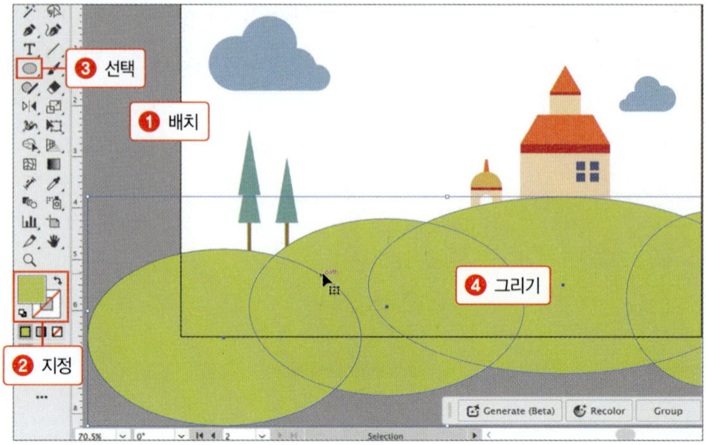

19 선택 도구(▶)로 언덕 배경의 타원들을 선택한 다음 Pathfinder 패널의 'Unite(합치기, ◼)'를 클릭해 모두 합칩니다.

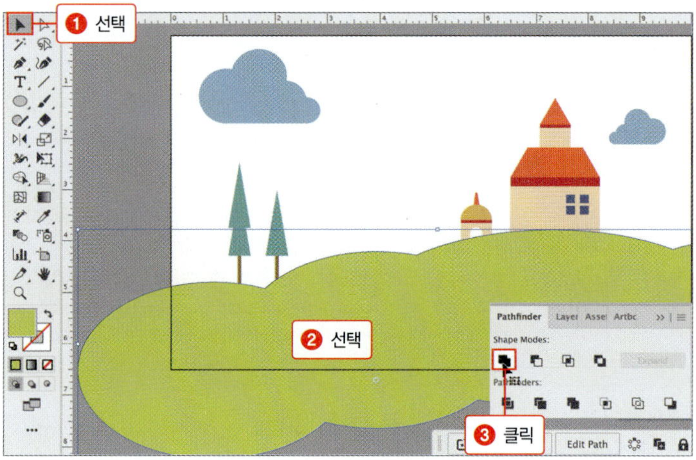

20 칠을 '황토색(#D49729)'으로 지정한 다음 사각형 도구(▭)로 울타리 형태의 긴 사각형을 그립니다. 선택 도구(▶)를 선택하고 Alt+Shift를 누른 채 사각형을 오른쪽으로 드래그하여 복제한 후 적당한 간격으로 배치합니다. 이어서 Ctrl+D를 여러 번 눌러 오브젝트를 같은 간격으로 다단 복제합니다.

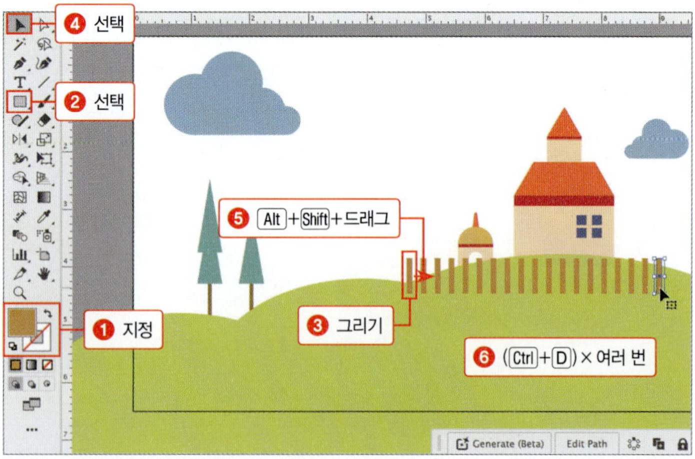

21 원형 도구( )를 이용하여 두 개의 정원을 그리고 교차해 배치합니다. 교차된 영역만 남기고 나머지 부분을 지우기 위해 Pathfinder 패널의 'Intersect(교차 영역,)'를 클릭해서 꽃잎 한 장을 만듭니다.

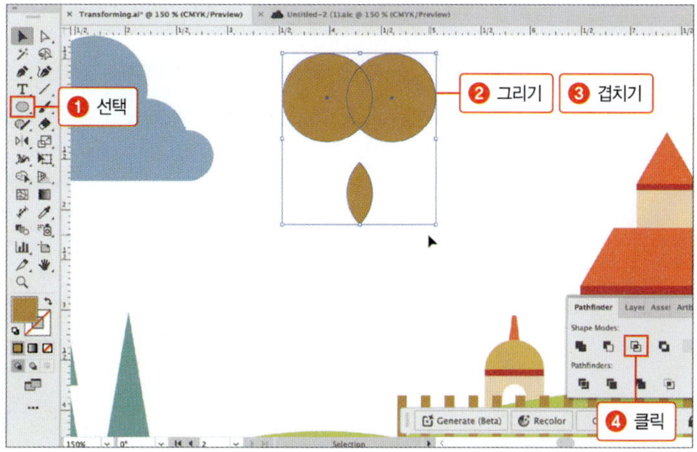

22 선택 도구( )로 꽃잎 오브젝트를 선택한 다음 Alt+Shift를 누른 채 아래쪽으로 드래그하여 수직으로 복제합니다. 만들어진 위아래 도형을 선택하고 Ctrl+G를 눌러 그룹화합니다. 회전 도구( )를 선택하고 오브젝트 가운데를 클릭하여 중심축을 지정합니다. Rotate 대화상자가 표시되면 Angle을 '90'으로 설정한 다음 <Copy> 버튼을 클릭해 복제합니다.

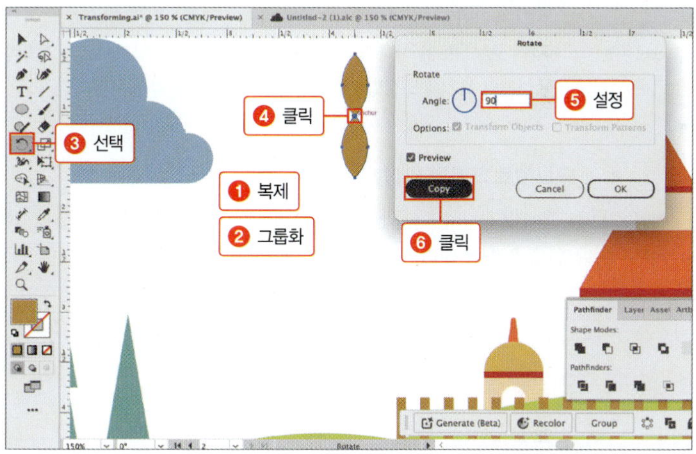

23 4개의 오브젝트를 꽃잎 모양으로 배치합니다. 칠을 '#FCDFB0'으로 지정한 다음 원형 도구( )를 이용해 꽃 모양을 만든 후 색상(빨간색: #DB263D, 주황색: #F26528)을 조정해 꽃을 완성합니다. 선택 도구( )로 꽃을 전체 선택하고 Ctrl+G를 눌러 그룹화합니다.

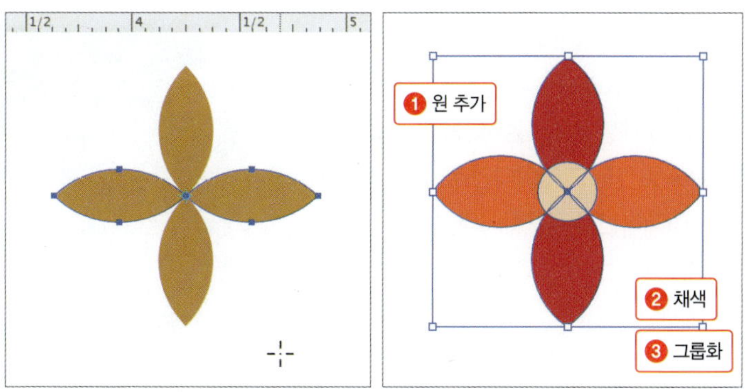

24 꽃들의 크기를 조절하고 다단 복제하여 자유롭게 배치합니다.

> **TIP 그룹화의 개념**
>
> 그룹화는 여러 개의 오브젝트를 하나의 오브젝트처럼 취급하는 기능입니다. 그룹화된 오브젝트들은 개별적으로 편집할 수 있지만, 그룹 전체를 이동하거나 크기를 조정할 때는 하나의 오브젝트처럼 동작합니다.

> **TIP 오브젝트 그룹화 방법**
>
> 여러 오브젝트를 그룹화하려면 먼저 Shift를 누른 상태에서 각각의 오브젝트를 클릭하거나 드래그하여 여러 오브젝트를 선택합니다. 이후 메뉴에서 [Object]→Group(Ctrl+G)를 실행하면 그룹으로 만들어집니다.

배경 디자인하기

01 사각형 도구(□)를 선택한 후 언덕 위에 드래그하여 배경을 그립니다. 그레이디언트 도구(■)를 선택하고 Gradient 패널에서 그레이디언트 섬네일을 클릭한 다음 'Linear Gradient(선형 그레이디언트)'를 클릭해 그러데이션을 적용합니다.

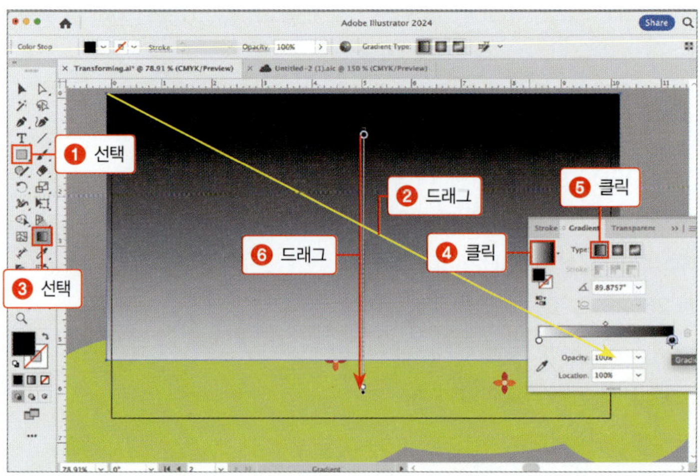

> **TIP**
>
> 그레이디언트 유형에는 선형, 방사형, 자유형이 있습니다.

02 그러데이션 색상을 변경하기 위해 Gradient 패널의 그레이디언트 슬라이더에서 오른쪽 조절점을 더블클릭하고 '하늘색(#B0DFDB)'으로 지정하여 파란 하늘을 만듭니다.

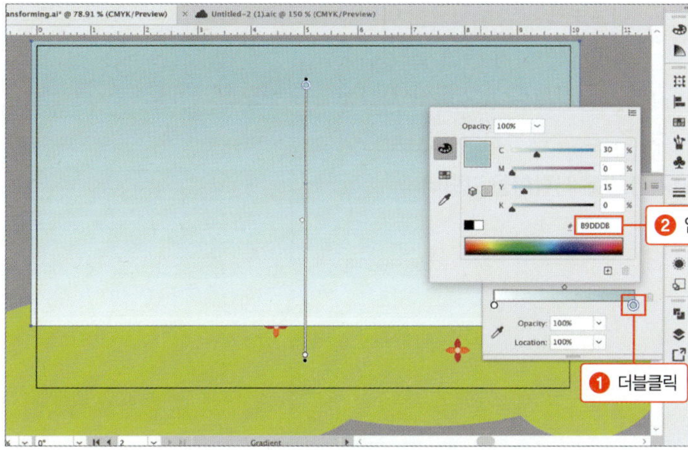

03 만들어진 배경에서 마우스 오른쪽 버튼을 클릭하고 Arrange → Send to Back을 실행해 맨 뒤로 보냅니다.

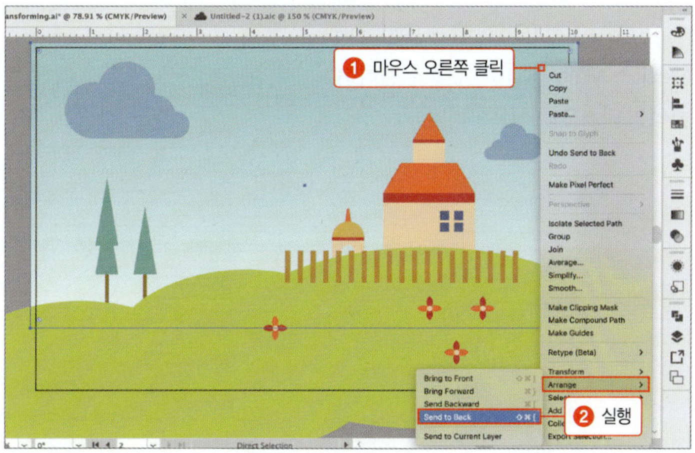

04 전체 색상을 세밀하게 조절합니다. 예제에서는 구름의 색(왼쪽: #F4F4F5, 오른쪽: #00BFF3)을 변경했습니다.

05 아트보드 밖의 불필요한 이미지들을 정리하기 위해 클리핑 마스크를 적용하겠습니다. 먼저 사각형 도구(▢)로 드래그하여 아트보드와 크기가 같은 사각형을 그립니다.

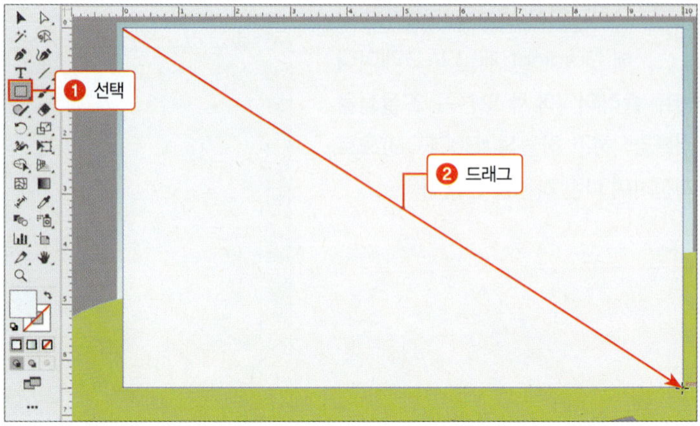

06 모든 오브젝트를 선택한 다음 메뉴에서 [Object] → Clipping Mask → Make(Ctrl+7)를 실행하여 클리핑 마스크를 적용합니다.

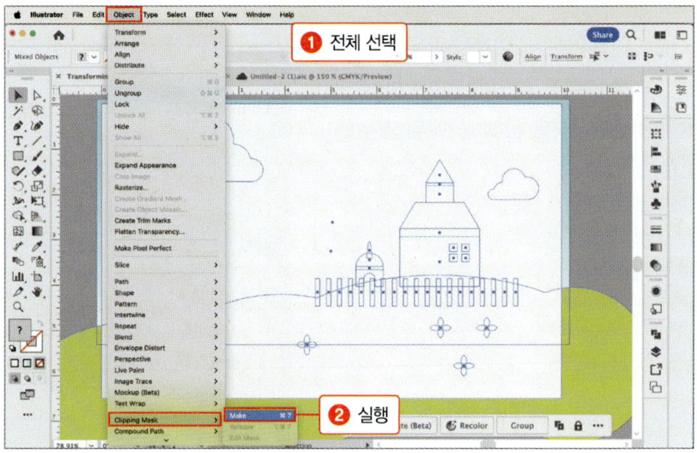

07 아트보드에서 불필요한 이미지가 보이지 않아 풍경 일러스트가 완성됩니다.

TIP

메뉴에서 [View] → Outline(Ctrl+Y)를 실행하여 숨겨진 외곽선을 확인할 수 있습니다.

연습 문제 | 패스파인더로 일러스트 재구성하기

01 Pathfinder 패널과 도형 도구로 다음과 같이 오브젝트를 추가하고 합쳐 보세요.

• **예제 및 완성 파일** : 03\연습문제1.ai

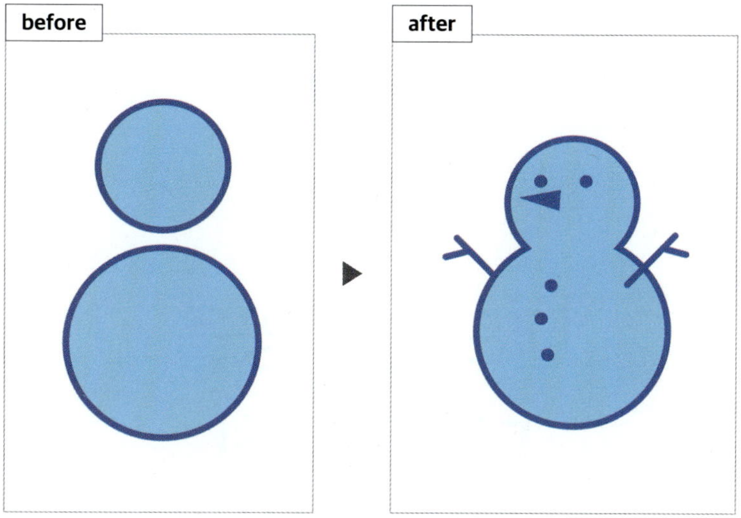

HINT 선 도구로 선 그리기 → Pathfinder 패널 표시하기 → 'Unite'를 클릭하여 합치기

02 기본 도형과 패스파인더를 활용해서 다음과 같은 일러스트를 구성해 보세요.

• **예제 및 완성 파일** : 03\연습문제2.ai

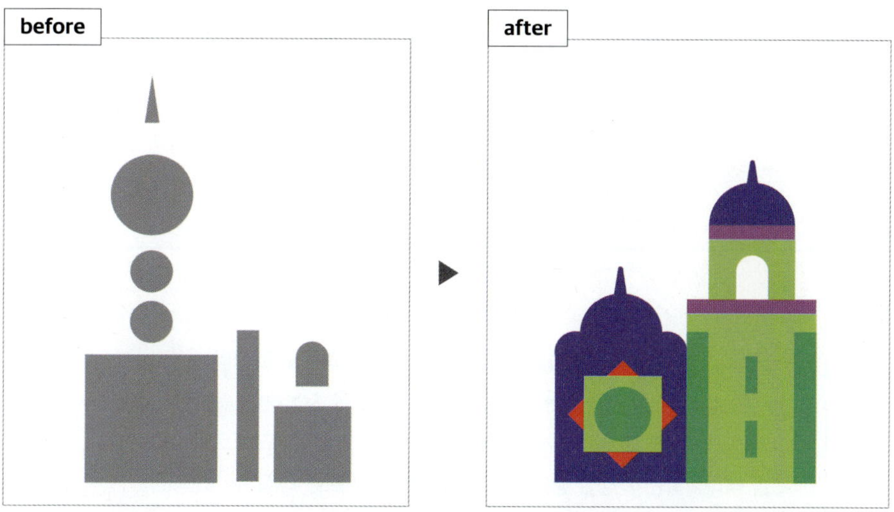

HINT 칠과 획 색상 지정하기 → Pathfinder 패널 활용하기 → 도형의 기준점을 선택하여 모퉁이 곡률 조정하기

WEEK 04

핸드 드로잉을 디지털화한 캐릭터 디자인

학 습 목 표

도형과 핸드 드로잉 기법을 활용해 캐릭터를 효과적으로 그리는 방법을 배웁니다. 응용 예제를 통해 펜 도구와 선, 면을 사용하여 다양한 스타일의 캐릭터를 그리며 실습 능력을 키웁니다. 또한, 핸드 드로잉 이미지를 벡터화하는 과정을 통해 디지털 디자인의 기초를 다질 수 있습니다.

4.1

실습 예제 01

펜 도구를 이용해 스케치대로 캐릭터 그리기

• **예제 파일** : 04\토끼.ai • **완성 파일** : 04\토끼 캐릭터.ai

종이에 그린 스케치를 일러스트레이터로 디지털화하는 과정을 알아봅니다. 패스를 조정하고 색상을 적용하는 방법을 다루며, 이미지를 재배치하여 일러스트레이션의 완성도를 높이는 방법도 함께 설명하겠습니다.

01 04 폴더에서 '토끼.ai' 파일을 불러옵니다. 스캔한 스케치 이미지가 나타납니다.

02 스캔 이미지를 따라 캐릭터를 만들겠습니다. 이미지를 선택한 다음 Control 패널에서 Opacity를 클릭하여 Transparency 패널을 표시하고 Opacity를 '21%'로 설정해 불투명하게 만듭니다. 메뉴에서 〔Object〕 → Lock → Selection(Ctrl+2)을 실행하여 오브젝트를 움직이지 않게 잠급니다.

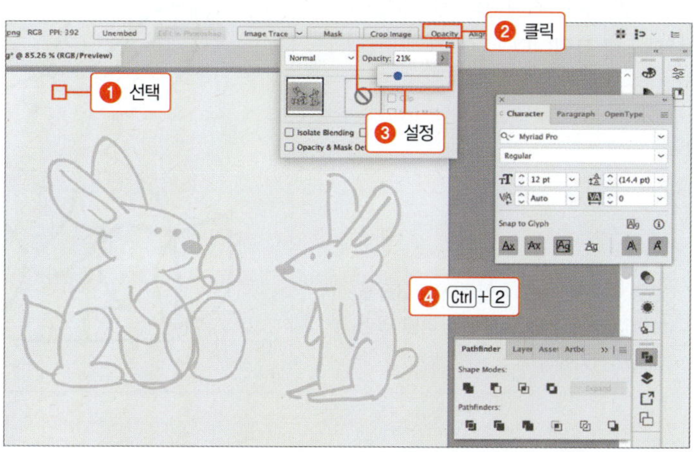

03 펜 도구( )를 선택하고 칠을 '색상 없음', 획을 검은색, Stroke(선 두께)를 '3pt'로 지정한 다음 캐릭터를 따라 그림과 같이 패스를 그립니다.

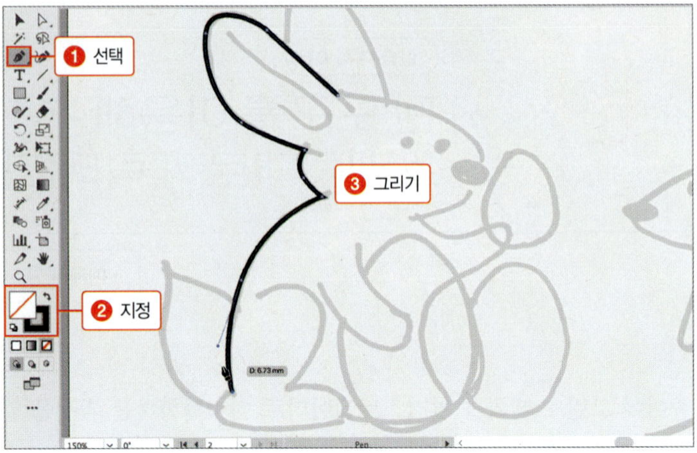

TIP

기준점을 클릭한 상태에서 잡아당기면 방향선이 생겨 패스의 곡률을 조정할 수 있습니다.

04 Alt를 누른 채 시작점을 다시 클릭하면 한쪽 끝에 방향선이 없는 패스를 만들 수 있습니다. 모서리가 뾰족한 부분에 사용하며 이어서 그림과 같이 토끼 캐릭터를 만듭니다.

05 오른쪽 토끼도 그립니다. 토끼 캐릭터 중 다리의 일부분은 열린 패스로 그립니다.

TIP

앞뒤 다리가 몸통과 연결되는 모습을 보여주기 위해 닫힌 패스가 아닌 열린 패스로 작업했습니다.

06 토끼의 눈과 코는 물방울 브러시 도구( )를 이용해 면으로 그립니다.

07 알은 원형 도구( )로 타원을 그린 후 직접 선택 도구( )로 가운데 기준점들을 선택하고 위아래 방향키를 눌러 조정합니다. Alt를 누른 채 드래그하여 알을 복제하고 크기를 조정한 다음 배치합니다. 알과 토끼 캐릭터 선도 같은 두께로 조정합니다.

08 Layers 패널에서 스케치 레이어가 보이지 않게 '눈' 아이콘( )을 클릭해 비활성화합니다.

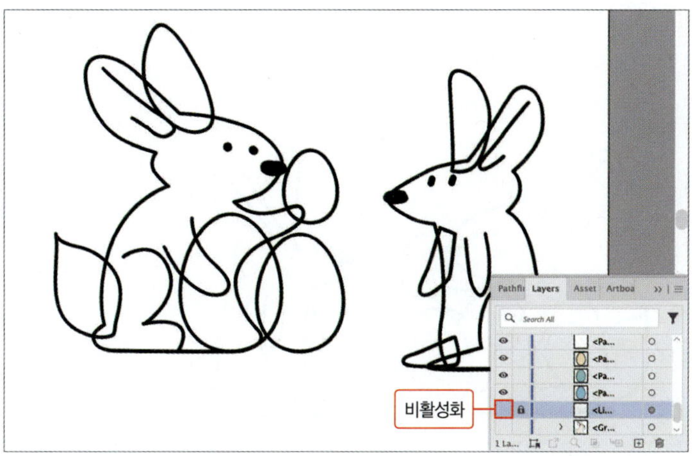

09 각각의 오브젝트를 선택한 다음 칠 색상을 지정합니다.

> **TIP**
>
> 예제에서 사용한 노란색은 '#F9F5E1', 보라색은 '#E8E2F7', 주황색은 '#FCE1DB', 연두색은 '#E2F7F4', 분홍색은 '#FEF0FF'입니다.

10 토끼 캐릭터의 꼬리, 귀, 앞다리와 뒷다리 오브젝트를 재배열하겠습니다. 선택 도구(▶)로 맨 뒤로 보낼 오브젝트들을 선택하고 마우스 오른쪽 버튼을 클릭한 후 Arrange → Send to Back을 실행합니다.

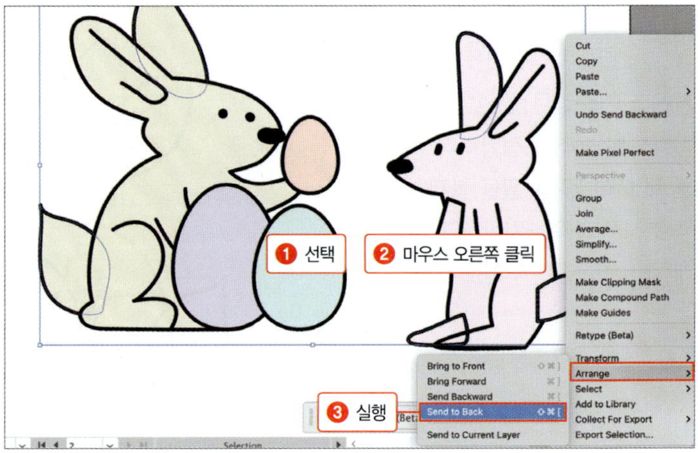

11 스캔 이미지를 바탕으로 만든 토끼 캐릭터가 완성되었습니다. Ctrl+Y를 눌러 일러스트의 외곽선을 확인하면 다음과 같습니다.

4.2 도형 구성과 라이브 페인트 적용하기

픽셀 이미지의 특징

픽셀 이미지는 픽셀 단위로 구성된 이미지입니다. 디지털 사진, 스캔 이미지, 대부분의 웹 이미지가 이에 해당합니다. 이미지가 작은 점들(픽셀)로 이루어져 있으며, 각 픽셀은 특정 색상을 가지고 있습니다. 이미지를 확대하면 픽셀이 더 크게 보이면서 품질이 떨어지고 모자이크처럼 보일 수 있습니다.

픽셀 이미지는 복잡한 색상과 세부 사항을 정밀하게 표현할 수 있어 사진과 같은 복잡한 이미지를 표현하는 데 탁월하지만, 해상도가 높아질수록 파일 크기도 커지는 단점이 있습니다.

일반적인 픽셀 이미지 포맷은 다음과 같습니다.

JPEG	손실 압축을 사용하여 파일 크기를 줄이지만, 일부 품질이 손실될 수 있습니다.
PNG	비손실 압축을 사용하여 이미지 품질을 유지하며, 불투명도도 지원합니다.
GIF	256색 제한이 있지만, 애니메이션을 지원하고 불투명도도 지원합니다.
BMP	압축되지 않은 파일 형식으로, 파일 크기가 매우 큽니다.

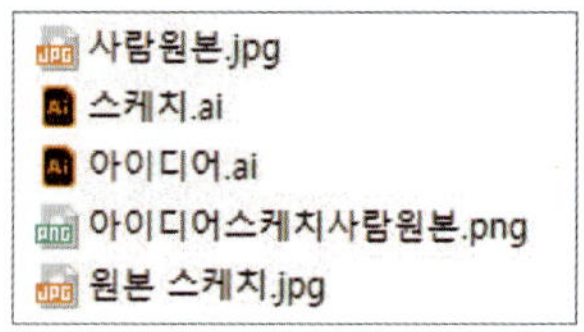

Image Trace 메뉴

❶ High Fidelity Photo: 고품질 사진을 벡터화해 매우 세밀하게 원본 이미지와 거의 같은 품질의 결과를 제공합니다.

❷ Low Fidelity Photo: 저품질 이미지를 벡터화해 디테일을 줄이고 더 단순화된 이미지로 변환합니다.

❸ 3 Colors: 3가지 색상만 사용하여 벡터화합니다. 단순한 색상 팔레트를 사용하여 포스터나 간단한 그래픽에 적합합니다.

❹ 6 Colors: 6가지 색상만 사용하여 벡터화합니다. 색상이 조금 더 다양하지만, 여전히 단순한 그래픽에 적합합니다.

5 16 Colors: 16가지 색상으로 벡터화하여 더 복잡한 색상 팔레트를 사용해 정교한 그래픽을 만듭니다.

6 Shades of Gray: 회색 음영으로 벡터화하여 흑백 사진이나 스케치 스타일의 그래픽에 적합합니다.

7 Black and White Logo: 흑백 로고를 벡터화하여 단색으로 명확하게 구분되는 이미지를 만듭니다.

8 Sketched Art: 스케치 아트를 벡터화하여 연필이나 펜으로 그린 듯한 느낌을 유지합니다.

9 Silhouettes: 실루엣 이미지를 벡터화하여 단색 실루엣으로 변환해서 단순하고 명확한 이미지를 만듭니다.

10 Line Art: 라인 아트 이미지를 벡터화해 선으로 이루어진 아트워크나 드로잉에 적합합니다.

11 Technical Drawing: 기술 도면을 벡터화하여 명확하고 정밀한 선과 도형으로 구성된 이미지를 만듭니다.

세밀한 기준점 조정

일러스트레이터에서 Simplify의 'More Option' 아이콘(…)을 클릭하면 기준점을 더 세밀하게 조정할 수 있습니다. 이 기능은 복잡한 패스를 단순화하여 더 적은 수의 기준점으로 구성된 패스를 생성합니다. 복잡한 벡터 이미지에서 많은 기준점을 줄여 작업을 간편하게 하고 파일 크기를 줄이는 데 유용합니다.

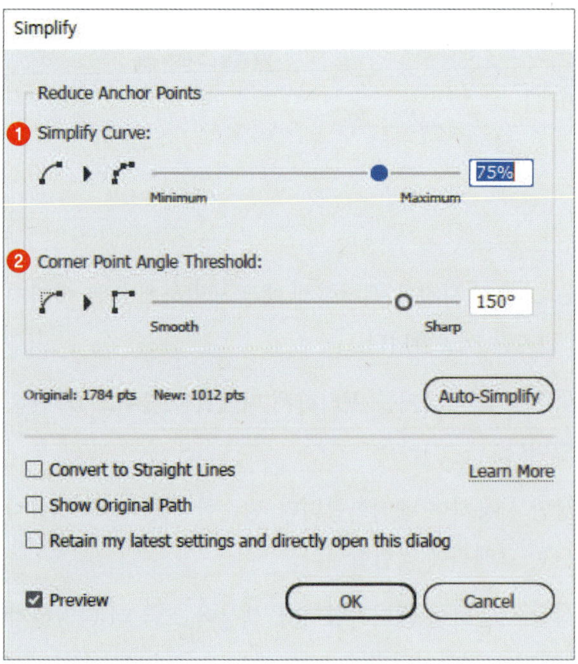

1 Simplify Curve: 일러스트레이터에서 복잡한 곡선을 단순화해 더 적은 수의 기준점으로 구성된 패스를 만드는 기능입니다. 이 기능을 사용하면 패스의 복잡성을 줄여 편집이 쉬워지고, 파일 크기를 줄일 수 있습니다.

2 Corner Point Angle Threshold: Simplify에서 각진 점(코너 포인트)을 유지할지 여부를 결정하는 임계값입니다. 이 값은 패스를 단순화할 때 각진 점이 유지되는 각도를 설정합니다.

도형 구성 도구

도형 구성 도구(Shape Builder Tool)는 다양한 형태의 도형을 결합하거나 분할하여 새로운 도형을 만들 수 있는 도구입니다. 이 도구를 사용하면 복잡한 모양을 쉽게 만들 수 있고, 색상 적용도 간편합니다.

먼저 색상을 적용할 패스를 선택한 후, Tools 패널에서 도형 구성 도구를 선택하거나 Shift+M을 눌러 선택합니다. 그다음, 연결된 오브젝트를 드래그하여 결합하거나, Alt(Option)를 누른 상태에서 분할할 영역을 클릭하여 도형을 분할합니다. 마지막으로, 결합되거나 분할된 도형에 색을 채워 원하는 형태를 만들 수 있습니다.

4

핸드 드로잉을 디지털화한 캐릭터 디자인

라이브 페인트 관련 도구들

❶ 라이브 페인트 통 도구(Live Paint Bucket Tool, K)

라이브 페인트 통 도구는 복잡한 패스에 색상을 쉽게 적용할 수 있습니다. 마치 실제 페인트 통처럼 작동하여, 경계가 있는 영역에 색을 채울 수 있습니다.

먼저 벡터화된 패스를 선택한 다음, Tools 패널에서 라이브 페인트 통 도구를 선택하거나 K를 눌러 선택합니다. 이후 선택한 오브젝트를 클릭하여 라이브 페인트 그룹(Live Paint Group)으로 변환한 다음, 라이브 페인트 통 도구를 사용해 채우고 싶은 영역을 클릭하여 색을 적용합니다.

❷ 라이브 페인트 선택 도구(Live Paint Selection Tool, Shift+L)

라이브 페인트 선택 도구는 라이브 페인트 그룹(Live Paint Group)의 개별 영역을 선택하고 편집할 수 있는 도구입니다. 이 도구를 사용하면 특정 색상을 변경하거나 선택된 영역에만 효과를 적용할 수 있습니다.

먼저 색상이 적용된 라이브 페인트 그룹을 선택한 후, Tools 패널에서 라이브 페인트 선택 도구를 선택하거나 Shift+L을 눌러 선택합니다. 그다음, 원하는 영역을 클릭하여 선택하고 색이나 선 등 다양한 속성을 변경할 수 있습니다. 이 도구를 활용하면 복잡한 패스에 색을 쉽게 적용하고 원하는 대로 편집할 수 있습니다.

실습 예제 02

4.3 연필 도구로 일러스트 스케치 따라 그리기

• **예제 파일** : 04\스케치.ai • **완성 파일** : 04\아이디어.ai

연필 도구를 사용해 기존 캐릭터 이미지를 따라 그리는 방법을 배웁니다. 자유롭게 선을 그리며 캐릭터의 디테일을 살리는 법과 색상을 적용하여 개성을 더하는 방법도 익힙니다. 이를 통해 디지털 드로잉의 기초를 다지고 창의적인 표현력을 키울 수 있습니다.

01 04 폴더에서 '스케치.ai' 파일을 불러옵니다.
스케치 이미지를 따라 그리기 위해 선택하고 Control 패널에서 Opacity를 클릭하여 Transparency 패널이 표시되면 Opacity를 '24%'로 설정해 불투명도를 조정합니다. Ctrl+2를 눌러 오브젝트를 잠급니다.

02 드로잉 전에 연필 도구( )를 설정하기 위해 도구를 더블클릭합니다. Pencil Tool Options 대화상자가 표시되면 Fidelity의 슬라이더를 오른쪽으로 드래그해 선의 매끄러운 정도를 설정하고 <OK> 버튼을 클릭합니다.

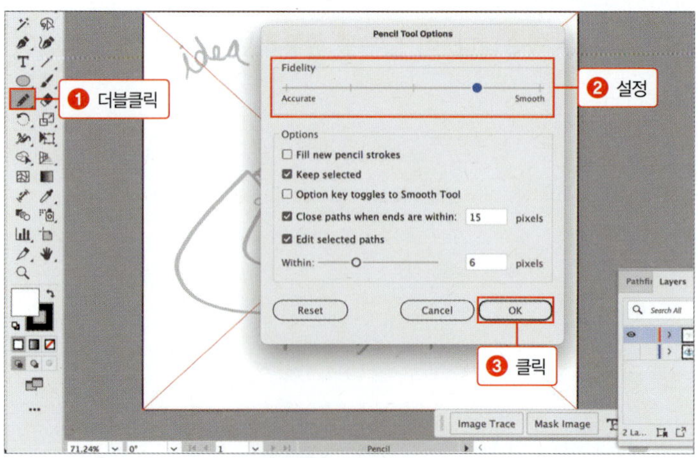

TIP Pencil Tool Options 대화상자

❶ **Accurate(정밀도)**: 슬라이더를 왼쪽으로 이동하면 더 정밀하게 설정됩니다.
❷ **Smooth(매끄러움)**: 슬라이더를 오른쪽으로 이동하면 더욱 매끄럽게 설정됩니다.
❸ **Fill new pencil strokes**: 체크 표시하면 새로운 연필 도구로 그린 선이 자동으로 채워집니다.
❹ **Keep selected**: 체크 표시하면 선을 그린 후에도 선택 상태로 유지됩니다.
❺ **Edit selected paths**: 체크 표시하면 선택된 패스를 수정할 수 있습니다.
❻ **Within**: 선택된 패스를 수정할 때 얼마나 가까이 있어야 하는지를 설정합니다.

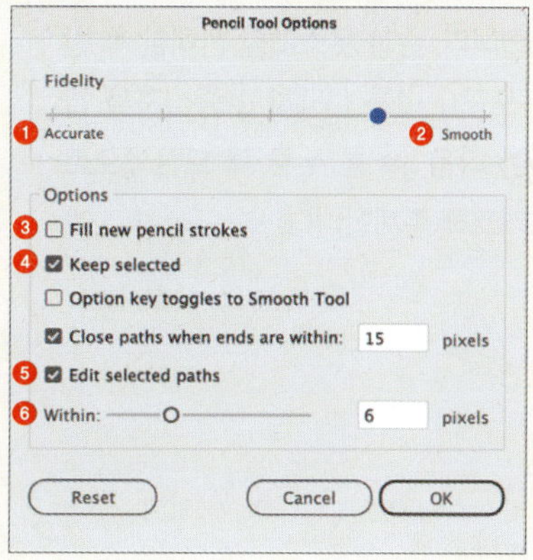

03 양쪽이 대칭되는 이미지이므로, 먼저 왼쪽 부분을 그린 다음 반사 및 복제하겠습니다. 칠을 '색상 없음'으로 지정한 다음 연필 도구(✎)를 이용해서 그림과 같이 옷소매를 그립니다.

04 몸통을 그리고 옷소매와 함께 선택합니다. Tools 패널의 '칠과 획' 교체 아이콘(⬚)을 클릭하여 색을 교체한 다음 칠을 '하늘색(#8AE4F9)'으로 지정합니다.

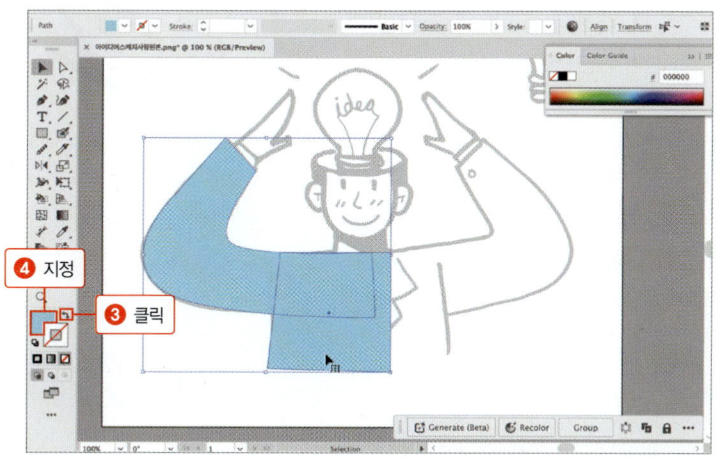

05 획을 '검은색'으로 지정하고 연필 도구( )로 손과 옷소매를 그립니다. 손과 옷소매를 선택한 후 반사 도구( )를 선택하고 중심축을 클릭한 다음 Alt 를 누른 채 오른쪽으로 드래그해 복제합니다.

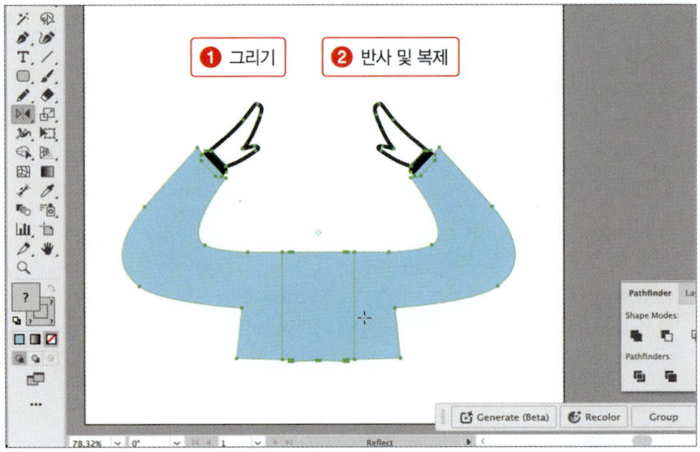

06 얼굴은 펜 도구( )를 이용하여 곡률을 조정하며 그립니다. 이후 앞뒤 오브젝트를 재배열하면 되므로 형태에 맞춰 그림과 같이 그립니다. 이때 머리와 귀는 왼쪽만 그리고 반사 및 복제합니다.

07 물방울 브러시 도구( )로 눈, 코, 입 등의 표정을 그리면 이미지가 선이 아닌 면으로 그려집니다.

08 머리 위 전구는 펜 도구( ), 원형 도구( )를 이용해 그림과 같이 형태를 만듭니다. 오브젝트를 선택한 다음 Pathfinder 패널에서 'Unite(합치기,)'를 클릭하여 합칩니다.

09 전구의 소켓 부분은 사각형 도구( )로 가로로 긴 사각형을 그린 다음 모퉁이 곡률을 조정합니다. 목 부분은 펜 도구( )로 형태를 만들고, 직접 선택 도구( )로 기준점을 조정하여 형태를 다듬습니다.

10 전구에서 소켓 부분의 맨 아래쪽은 머리의 곡률과 어울리도록 조정하겠습니다. 기준점 도구(Shift+C,)로 기준점을 선택한 후 방향선을 이용하여 곡률을 조정하거나 기준점을 추가하고 방향선을 조정합니다.

11 이번에는 옷의 디테일을 더하겠습니다. 먼저 다각형 도구( )를 이용하여 삼각형을 만듭니다. 목의 폭에 맞춰 기준점을 조정합니다. 펜 도구( )를 이용하여 옷깃을 표현합니다.

12 넥타이는 사각형 도구( )를 이용해 만든 사각형을 회전하여 마름모로 만듭니다. 사각형을 복제한 다음 위쪽 기준점을 위로 길게 드래그하여 완성합니다.

13 연필 도구( )로 머리 위 전구 속 필라멘트의 'IDEA' 글자는 필라멘트와 연결하여 그립니다. 펜 도구( )를 이용하여 목 아래에 그림자를 그립니다.

14 전구 위의 반작이는 선의 표현은 선 도구( )를 이용해서 왼쪽만 그립니다. 반사 도구( )를 이용하여 반사 및 복제합니다.

15 연필 도구( )로 얼굴과 귀의 디테일한 모양 등을 완성합니다. 옷소매의 단추 모양은 원형 도구( )를 이용해서 만듭니다.

16 아이디어 스케치를 표현하는 일러스트레이션이 완성됐습니다.

실습 예제 03

4.4 픽셀 이미지를 벡터 이미지로 만들어 이모티콘 디자인하기

• **예제 파일** : 04\핸드.ai • **완성 파일** : 04\핸드드로잉.ai, 완성.ai, 스티커.png

일러스트레이터에서 픽셀 이미지를 벡터화하는 방법의 하나는 Image Trace 기능을 사용하는 것입니다. Image Trace는 다양한 설정을 통해 원하는 스타일로 이미지를 벡터화할 수 있습니다. 이를 통해 디테일을 유지하면서도 선명한 벡터 이미지로 변환할 수 있습니다.

01 04 폴더에서 '핸드.ai' 파일을 불러옵니다.

종이에 그려 스캔한 이미지를 선택 도구(▶)로 선택합니다.

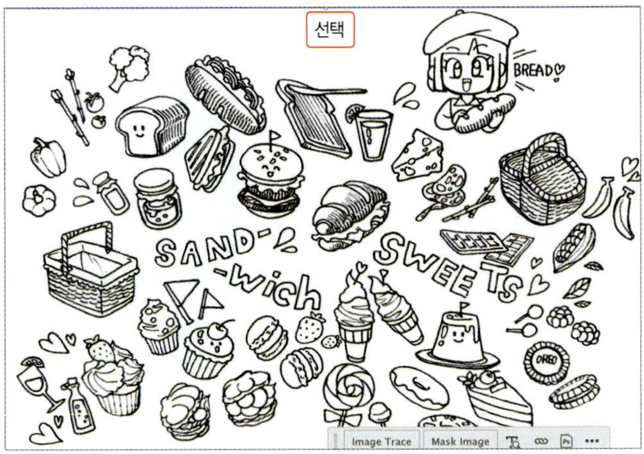

02 픽셀 형태인 스케치 이미지를 Image Trace 기능을 이용하여 벡터화하겠습니다. Control 패널에서 'Image Trace' 오른쪽 팝업 아이콘을 클릭한 다음 'Sketched Art'를 선택합니다.

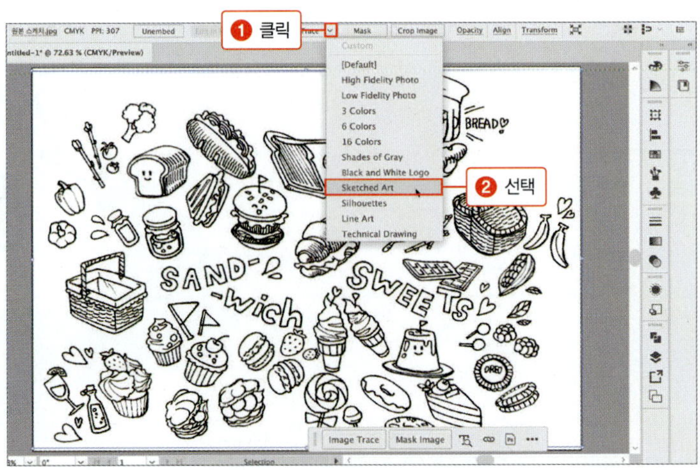

03 'Sketched Art'를 적용하면 벡터 이미지로 보이지만 아직 벡터화된 것은 아닙니다. Control 패널에서 'Image Trace' 옆 <Expand> 버튼을 클릭하면 기준점이 생성되고 벡터화됩니다.

04 Ctrl+Y를 눌러 외곽선을 보면 픽셀 이미지가 벡터화된 것을 확인할 수 있습니다. 이렇게 만들어진 벡터 이미지는 패스가 많아 기준점이 많고 복잡합니다. 이때 메뉴에서 [Object] → Path → Simplify를 실행하여 복잡한 기준점을 간략화할 수 있습니다.

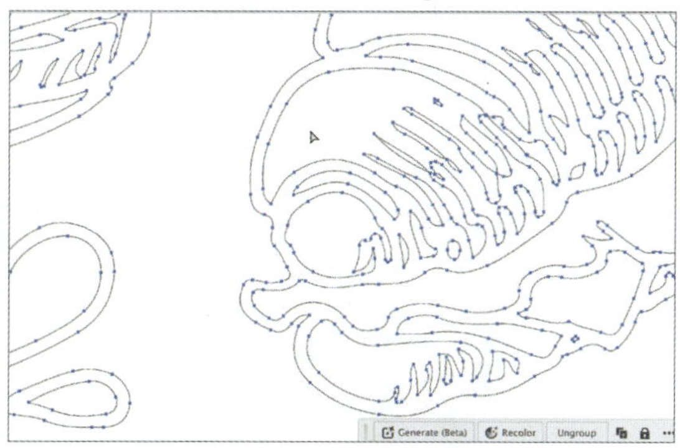

05 오브젝트를 채색하기 위해 도형 구성 도구(　)로 나누어진 오브젝트들을 결합합니다. 라이브 페인트 통 도구(　)와 Swatches 패널을 이용하여 자유롭게 채색합니다.

06 라이브 페인트 통 도구( )로 Swatches 패널에서 색상 견본을 선택한 다음 채색하려는 부분을 클릭합니다.

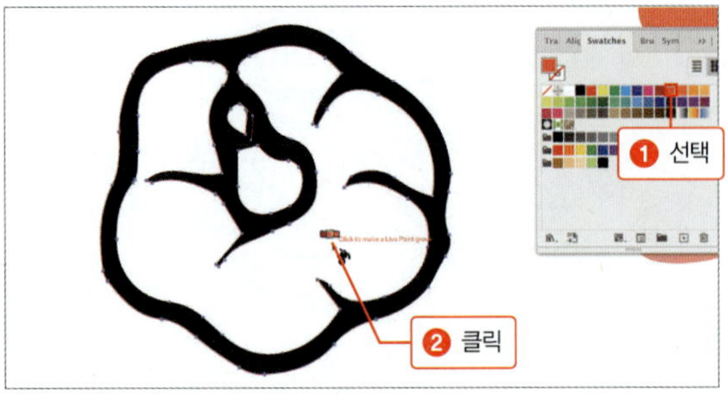

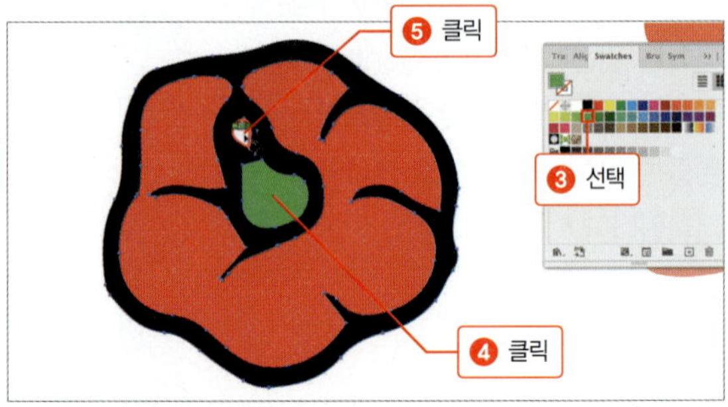

TIP

오브젝트가 회색으로 칠해진다면 색상 모드가 'Grayscale'로 되어있기 때문입니다. 이때 Color 패널의 메뉴에서 **CMYK**를 실행하여 CMYK 모드로 변경한 다음 채색합니다.

07 채색된 오브젝트를 선택 도구( )로 선택하면 바운딩 박스 모양이 다른 것을 확인할 수 있습니다. 채색된 오브젝트를 수정하거나 편집하기 위해서는 확장해야 하므로 메뉴에서 〔Object〕→ Expand를 실행합니다.

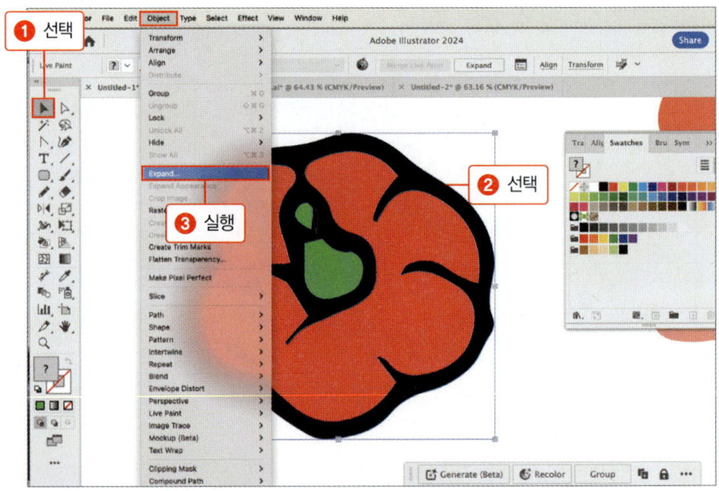

08 색들의 핀이 조금씩 어긋난 인쇄 느낌을 표현하기 위해 직접 선택 도구( )로 채색된 면들을 선택하고 방향키를 눌러 위치를 조정하여 테두리와 채색된 면 사이에 공간을 만듭니다.

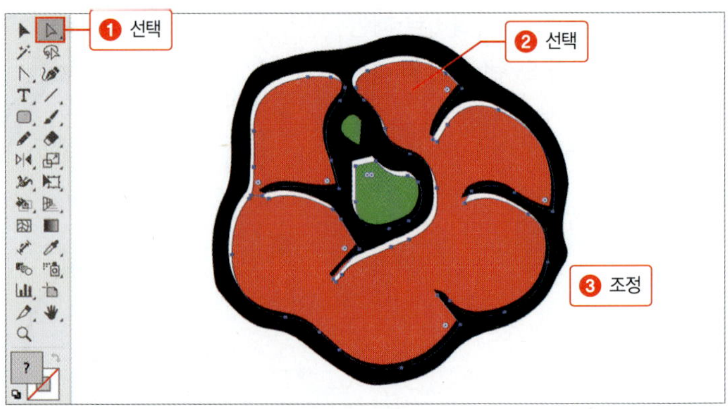

09 면을 다듬어 명암을 만듭니다. 선택 도구( )로 편집할 오브젝트를 선택하고, 칼 도구( )로 드래그하여 면을 나눕니다. 칠을 좀 더 어두운 색으로 지정하여 명암을 만듭니다.

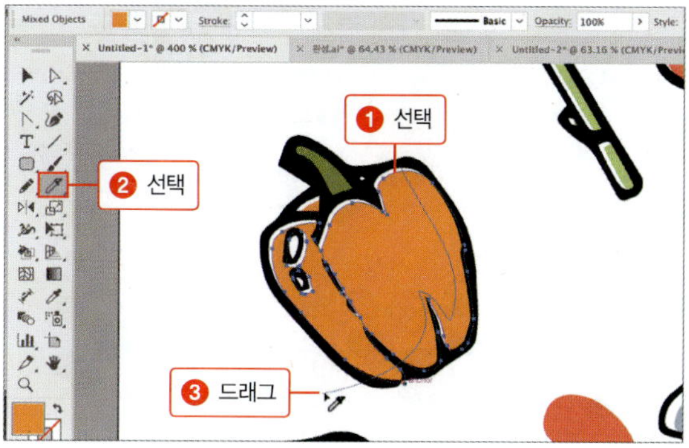

10 칠 색을 한번에 바꾸기 위하여 먼저 여러 면을 나누고 선택한 다음 메뉴에서 [Edit] → Edit Colors → Adjust Color Balance를 실행합니다.

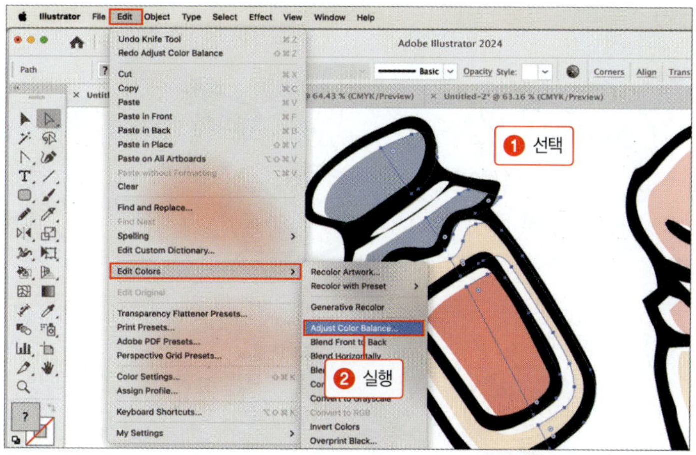

11 Adjust Colors 대화상자가 표시되면 Color Mode 항목을 각각 수정합니다. 예제에서는 Magenta를 '23%', Yellow를 '11%'로 설정하고 <OK> 버튼을 클릭했습니다.

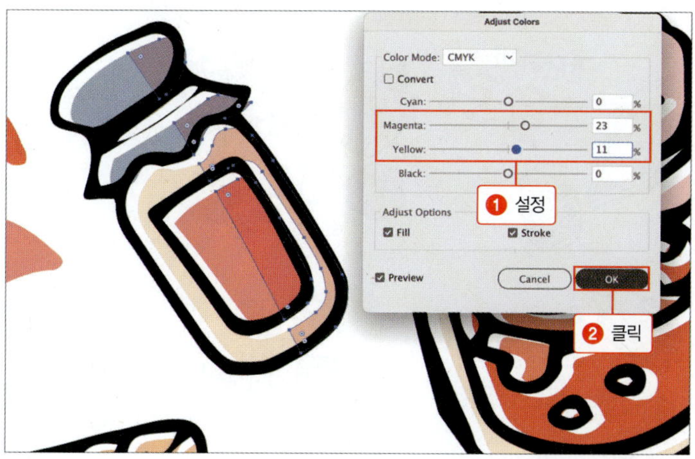

12 다른 오브젝트도 색상을 지정하여 채색합니다.

13 채색된 이미지를 재편집하여 그림과 같이 SNS에서 사용하는 이모티콘으로 제작할 수 있습니다.

연습 문제 | 스케치대로 캐릭터 만들기

01 스캔한 이미지를 따라 캐릭터를 디자인해 보세요.

• **예제 및 완성 파일** : 04\연습문제1.ai

before

after

HINT 스케치 불투명도 적용하기 → 펜 도구로 따라 그리기 → 채색 및 오브젝트 배열하기

02 스캔한 이미지를 벡터 그래픽으로 바꾸고 채색해 보세요.

• **예제 및 완성 파일** : 04\연습문제2.ai

before

after

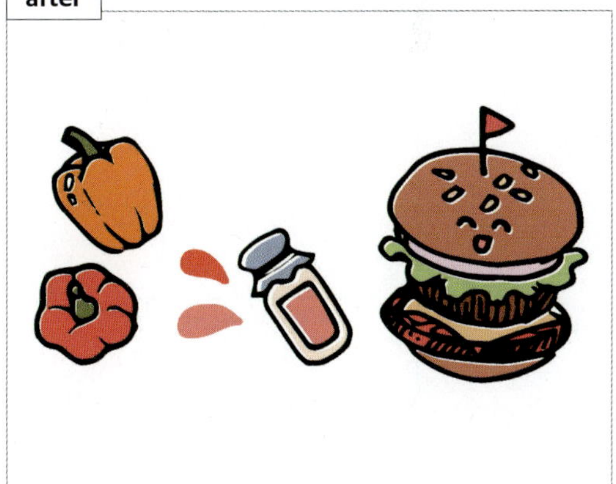

HINT 스케치 이미지에 Image Trace 적용하기 → 도형 구성 도구로 나뉘어진 오브젝트 결합하기 → 라이브 페인트통 도구를 사용하여 채색하기 → 오브젝트 배열하기

WEEK 05

생성형 AI로 완성도를 높이는 목업 디자인

학 습 목 표

일러스트레이터 CC 2024부터는 생성형 AI를 활용해 벡터 이미지를 쉽게 만들 수 있습니다. 특히 Text to Vector Graphic (Beta) 패널에서 문자 입력만으로 벡터 이미지를 자동으로 생성할 수 있어 복잡한 작업이 간편해졌습니다. 이 장에서는 AI 기능을 활용한 벡터 이미지 생성 방법을 자세히 알아봅니다.

5.1 Text to Vector Graphic 패널 살펴보기

메뉴에서 〔Window〕 → Text to Vector Graphic (Beta)을 실행합니다. Text to Vector Graphic (Beta) 패널에는 입력 창과 다양한 옵션이 있어 Subject(주제), Scene(장면), Icon(아이콘), Pattern(패턴) 등 여러 카테고리를 선택할 수 있습니다.

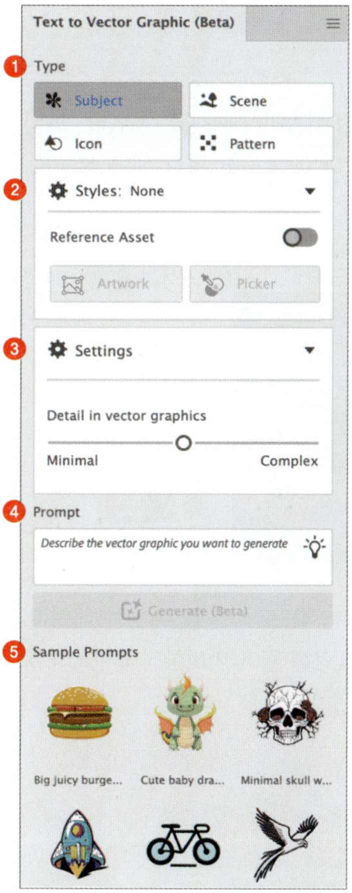

❶ **Type(유형)**: 생성할 벡터 이미지의 유형을 선택합니다. 사용 방법은 버튼에서 원하는 그래픽 유형을 선택하는 것으로, 예를 들어 주제, 장면, 아이콘, 패턴 등을 선택하여 일러스트레이션, 아이콘, 로고 등 다양한 그래픽 유형을 생성할 수 있습니다. 선택한 유형에 따라 AI가 생성하는 그래픽의 스타일과 구성 요소가 달라집니다.

❷ **Styles(스타일)**: Reference Asset에서 [Artwork]와 [Picker]를 이용해 생성할 벡터 이미지의 스타일을 지정할 수 있습니다. Artwork는 참조 이미지를 업로드해 스타일을 반영할 수 있으며, Picker는 색상과 스타일을 세밀하게 선택하여 적용하는 기능을 제공합니다.

❸ **Settings(설정)**: 생성되는 그래픽의 품질과 스타일은 슬라이더를 움직여 미니멀하게 또는 복잡하게 조정할 수 있습니다.

❹ **Prompt(프롬프트)**: 생성하고자 하는 그래픽에 대한 설명을 문자로 입력합니다. 입력 창에 구체적이고 명확한 설명을 입력하면, AI가 이를 바탕으로 그래픽을 생성합니다.

❺ **Sample Prompts(샘플 프롬프트)**: 사용자가 참고할 수 있는 예시 프롬프트를 제공합니다. 샘플 프롬프트 목록에서 원하는 예시를 클릭하면, 해당 예시가 프롬프트 입력 창에 자동으로 적용됩니다. 예를 들어, "A colorful butterfly on a flower" 또는 "A minimalist logo with geometric shapes" 등을 사용할 수 있습니다. 이러한 샘플 프롬프트를 참고하면 효과적인 프롬프트를 작성하는 데 도움이 됩니다.

5.2 생성형 AI 유형과 프롬프트 비교하기

생성형 AI 유형

Text to Vector Graphic (Beta) 패널에서 생성할 벡터 이미지의 유형을 선택합니다.

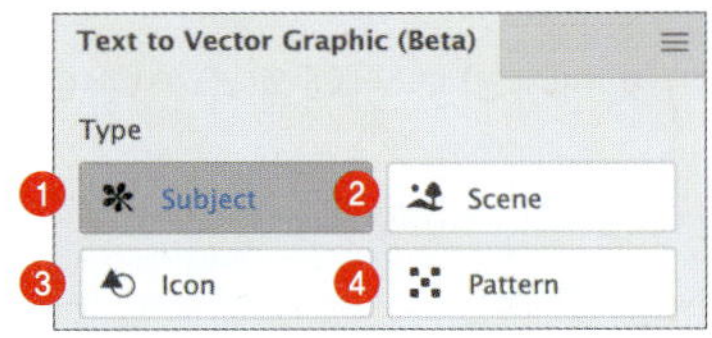

❶ **Subject(주제):** 특정 주제에 맞는 벡터 이미지를 생성할 수 있습니다. 예를 들어, 동물, 자연, 교통수단, 음식 등의 다양한 주제를 선택합니다.

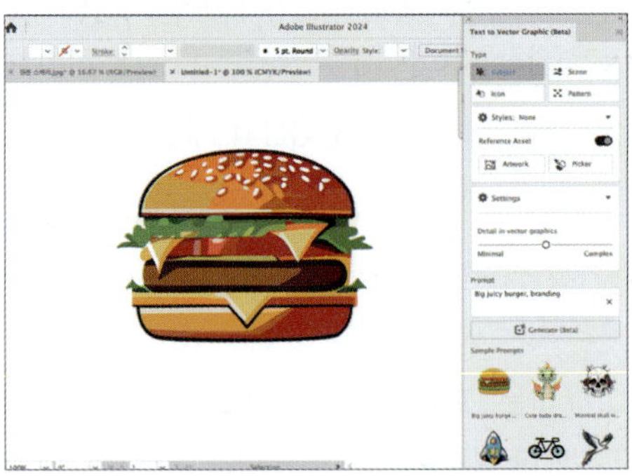

❷ **Scene(장면):** 특정 상황이나 배경을 나타내는 벡터 이미지가 생성됩니다. 예를 들어, 도시, 해변, 산, 하늘 등의 장면을 선택할 수 있습니다.

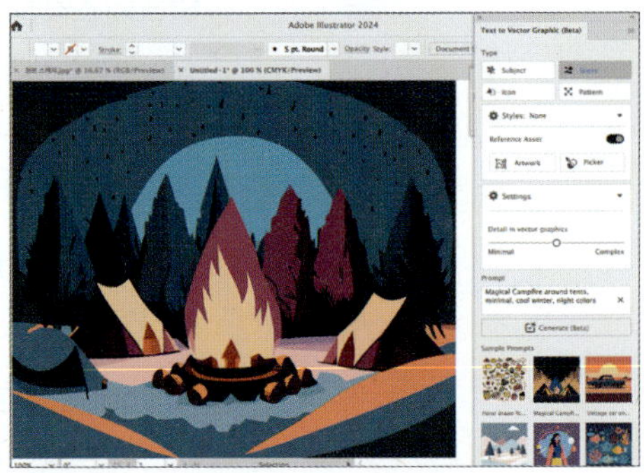

❸ **Icon(아이콘):** 단순하고 직관적인 벡터 아이콘이 생성됩니다. 예를 들어, 소셜 미디어 아이콘, 기본 도형 등 다양한 단순화된 아이콘을 선택할 수 있습니다.

❹ **Pattern(패턴):** 반복적으로 사용할 수 있는 패턴 이미지가 생성됩니다. 예를 들어, 기하학적 패턴이나 자연 패턴 등이 제공됩니다.

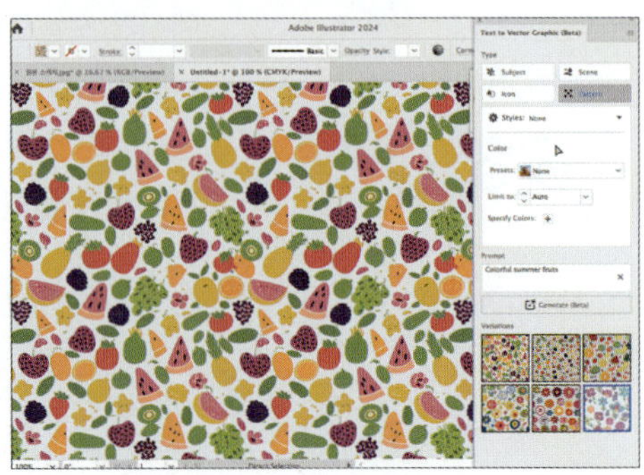

한글과 영문 프롬프트 비교

일러스트레이터에서 이미지 생성 시 한글과 영문 프롬프트의 결과에는 몇 가지 차이점이 있습니다. 이러한 차이점을 염두에 두고 프롬프트를 작성하면 더 원하는 결과를 얻을 수 있을 것입니다.

❶ **언어의 해석:** 한글과 영문은 언어 구조가 달라서 동일한 프롬프트라도 해석 방식에 차이가 있을 수 있습니다. 같은 문장을 한글과 영문으로 입력하면 미묘한 의미 차이에 따라 다른 결과물이 나올 수 있습니다.

❷ **데이터세트 차이:** AI 모델이 학습한 데이터세트 차이에 따라, 영문 프롬프트가 한글보다 더 다양한 예시와 연결될 가능성이 큽니다. 이는 영문 데이터세트가 더 방대하고 다양한 경우가 많기 때문입니다.

❸ **문화적 배경:** 이미지 생성 AI는 언어의 문화적 맥락을 반영할 수 있습니다. 영문 프롬프트는 서양적 요소를, 한글 프롬프트는 한국적 요소를 더 많이 반영할 수 있습니다.

❹ **정확성:** 영문은 AI 기술에서 더 오랜 기간 사용되어 왔기 때문에, 영문 프롬프트가 더 정확하고 일관된 결과를 제공할 가능성이 큽니다. 반면, 한글 프롬프트는 상대적으로 결과의 변동폭이 클 수 있습니다.

❺ **감정 표현의 차이:** 한글과 영문은 감정이나 뉘앙스를 전달하는 방식에서 차이가 있습니다. 한글은 특정 감정을 더 섬세하게 표현할 수 있는 표현이 많아, 감정적인 요소가 중요한 이미지 생성 시 한글 프롬프트가 더 적합할 수 있지만, 영문은 직관적이고 간결한 표현이 많아, 보다 명확한 이미지 결과를 얻을 수도 있습니다.

❻ **용어의 차별성:** 특정 전문 용어나 관용어의 사용에서 한글과 영문 간에 차이가 있습니다. 예를 들어, 특정 디자인 용어가 영문에서는 널리 사용되지만 한글에서는 생소할 수 있어, 이에 따라 생성되는 이미지의 질이나 스타일이 달라질 수 있습니다.

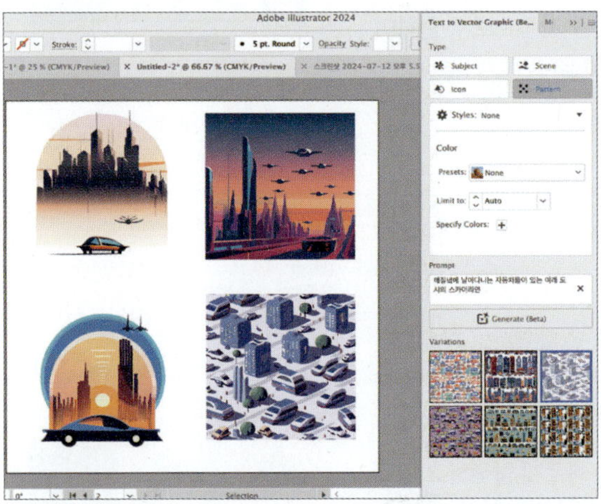

한글 프롬프트 예: 해질녘에 날아다니는 자동차들이 있는 미래 도시의 스카이라인

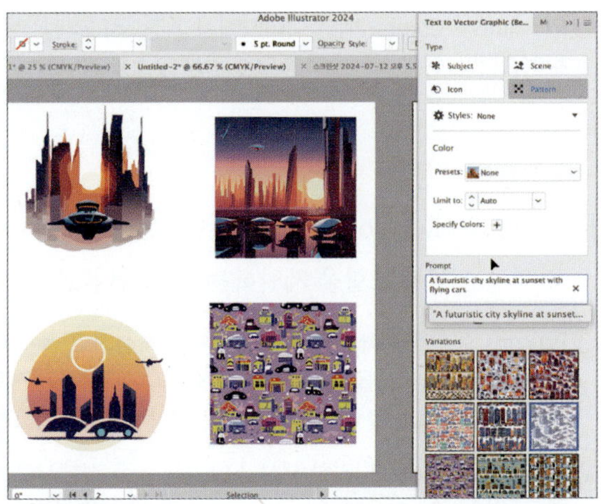

영문 프롬프트 예: A futuristic city skyline at sunset with flying cars

5.3 생성형 AI 색상 편집 기능 살펴보기

Recolor와 Generative Recolor를 활용하면 디자인 작업이 더 효율적이고 창의적입니다. 이 기능들은 문자 기반 벡터 이미지의 색상 처리를 효과적으로 도와줍니다.

Recolor

[Recolor]는 직접 색상을 편집하는 기능입니다.

❶ Color Library: 일러스트레이터의 다양한 색상 라이브러리에서 원하는 색상 팔레트를 선택할 수 있습니다. 이를 통해 색상 조합의 영감을 얻을 수 있습니다.

❷ Colors: 현재 벡터 이미지에 사용된 색상을 확인하고 편집할 수 있습니다. 개별 색상을 선택하여 색상, 채도, 명도 등을 조정할 수 있습니다.

❸ Color Theme Picker: 스포이트처럼 이미지에서 색상 테마를 추출하여 적용할 수 있습니다. 이를 통해 조화로운 색상 조합을 쉽게 적용할 수 있습니다.

❹ Change color order randomly(아이콘): 현재 색상 배열을 무작위로 변경해 새로운 색상 조합을 탐색할 수 있습니다.

❺ Change saturation and brightness randomly(아이콘): 현재 색상의 채도와 명도를 무작위로 변경할 수 있습니다. 이를 통해 다양한 색상 변경을 시도할 수 있습니다.

❻ Prominent Colors: 벡터 이미지에서 가장 두드러진 색상을 자동으로 추출하여 보여줍니다. 이를 활용하여 중요한 색상 요소를 파악할 수 있습니다.

Generative Recolor

[Generative Recolor]는 새롭게 추가된 기능으로, AI를 활용하여 자동으로 새로운 색상 조합을 제안하는 기능입니다.

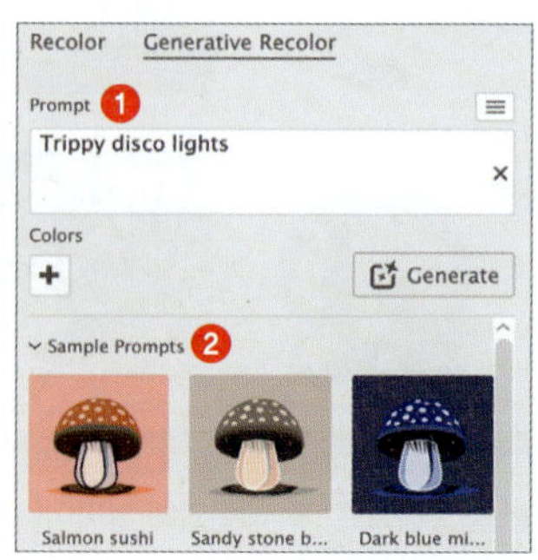

❶ Prompt: 문자로 구체적인 색상 이미지를 작성하고, AI 기술을 활용하여 자동으로 벡터 이미지의 색상을 생성하고 제안합니다. 사용자가 선택한 색상 테마, 색상 구조, 색상 팔레트 등을 바탕으로 새로운 색상 조합을 자동으로 생성합니다.

❷ Sample Prompts: 다양한 색상 스타일을 샘플로 제시하여 빠르게 탐색하고 시도할 수 있습니다. 마음에 드는 색상 조합을 선택하면 벡터 이미지의 색상이 업데이트됩니다. 이를 통해 창의적인 색상 아이디어를 쉽고 빠르게 얻을 수 있습니다.

5.4 실습 예제 01 프롬프트를 입력하여 생성형 AI 실행하기

• **예제 파일** : 05\생성.ai • **완성 파일** : 05\프롬프트.ai

Text to Vector Graphic (Beta) 패널의 프롬프트 창에 원하는 문구를 입력합니다. 예를 들어, "녹색 배경의 도시 풍경", "심플한 소셜 미디어 아이콘 세트" 등 구체적으로 입력합니다. 입력 후 <Generate> 버튼을 클릭하면 AI가 벡터 이미지를 생성합니다.

01 05 폴더에서 '생성.ai' 파일을 불러옵니다. AI로 벡터 이미지를 생성하기 위해 먼저 사각형 도구(□)를 선택하고 아트보드에 이미지를 생성할 크기만큼 드래그해서 사각형을 만듭니다.

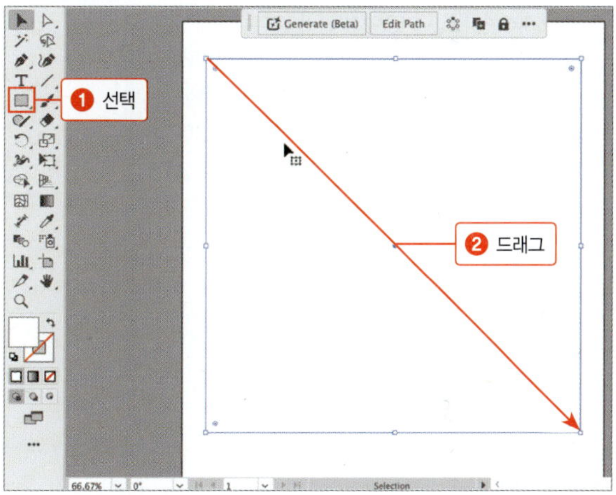

TIP

프롬프트 창에 문자를 입력하거나 스타일과 레이아웃을 선택해 벡터 이미지를 만들 수 있습니다. 구체적인 프롬프트일수록 AI가 더 정확한 그래픽을 생성합니다. Settings에서 슬라이더를 조정해 이미지의 디테일을 설정할 수 있는데, 'Minimal'은 간략한 이미지, 'Complex'는 더 디테일한 이미지를 생성합니다.

02 메뉴에서 [Window] → Text to Vector Graphic (Beta)를 실행합니다. Text to Vector Graphic (Beta) 패널의 Type에서 [Scene]을 선택합니다. 배경 또는 장면 이미지를 생성하기 위해 Settings에서 슬라이더를 'Complex'로 드래그하여 생성될 이미지의 디테일을 올립니다. Prompt에 "해질녘에 날아다니는 자동차들이 있는 미래 도시의 스카이라인"을 입력한 다음 <Generate> 버튼을 클릭합니다.

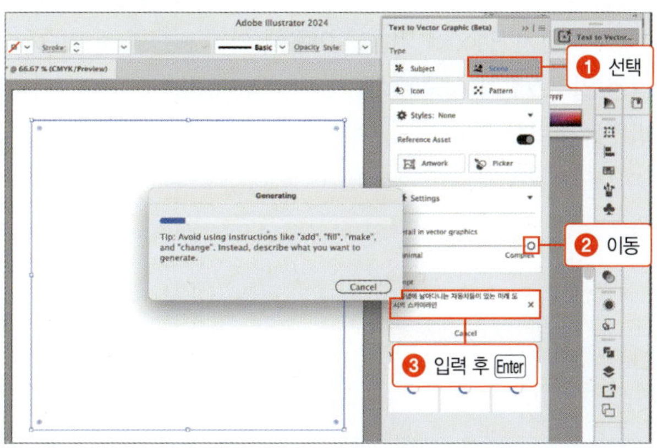

03 사각형 크기만큼 배경이 포함된 일러스트가 생성됩니다. Text to Vector Graphic (Beta) 패널의 Variations에는 3가지 일러스트레이션이 생성되었습니다. 원하는 이미지를 선택하면 아트보드에 적용됩니다.

TIP

Contextual Task Bar에서도 이미지를 생성할 수 있습니다. Contextual Task Bar에서 <Generate (Beta)> 버튼을 클릭합니다. 간략한 Text to Vector Graphic (Beta) 기능이 실행되고 프롬프트 입력 창과 스타일/레이아웃 옵션이 나타납니다. 이를 통해 빠르게 벡터 이미지를 생성할 수 있습니다.

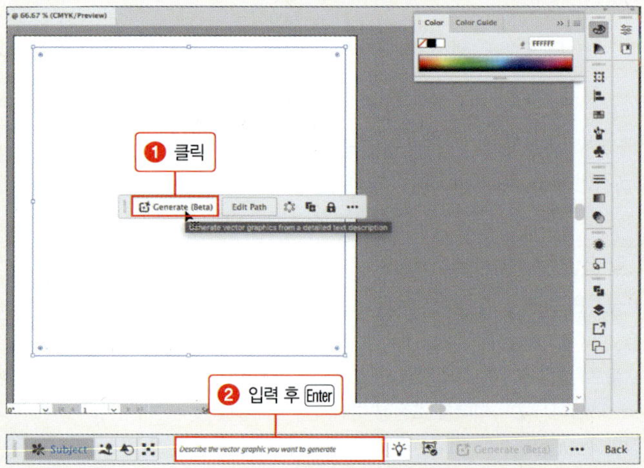

04 Text to Vector Graphic (Beta) 기능으로 생성된 벡터 이미지 색상은 Recolor 기능을 이용해 쉽게 편집할 수 있습니다. 생성된 일러스트가 선택된 채 Contextual Task Bar에서 <Recolor> 버튼을 클릭합니다.

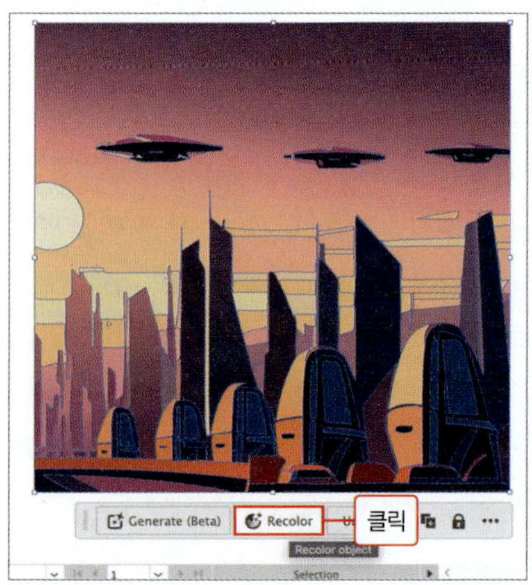

05 색상 편집 옵션이 나타나면 Color Library에서 원하는 스타일을 선택하여 더 쉽게 편집할 수 있습니다. 다양한 색상 팔레트와 편집 도구를 활용해 벡터 이미지의 전체적인 색상 스타일을 손쉽게 조정합니다.

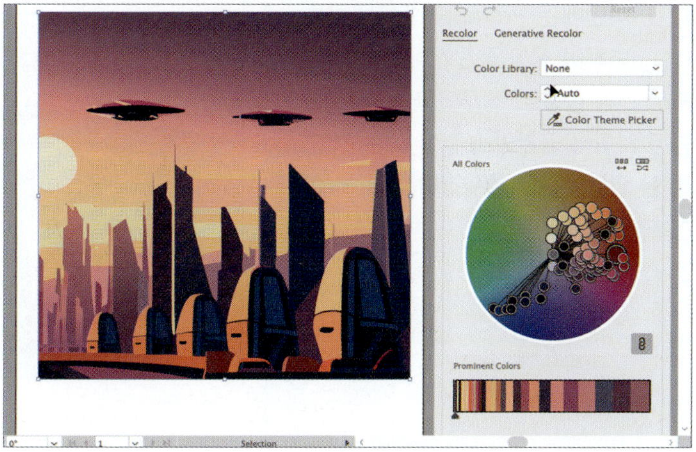

06 [Generative Recolor]를 선택하고 Sample Prompts의 'Trippy disco lights'를 선택합니다.

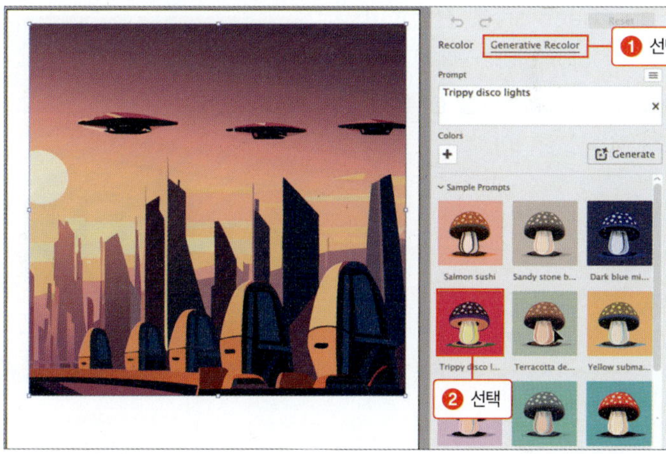

07 샘플 이미지와 비슷한 느낌으로 색상이 변경됩니다. 'Trippy disco lights' 뉘앙스를 적용해 기존 이미지보다 채도가 높고 감각적인 색상으로 Variations에 제안되었습니다.

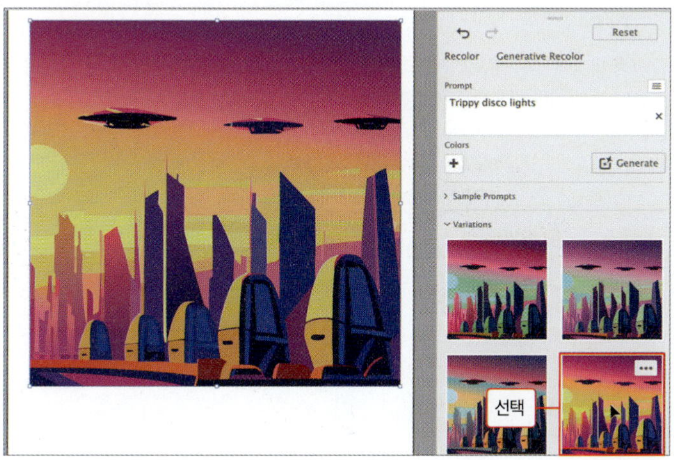

08 이번에는 Prompt에 문자를 입력하여 색상을 편집하겠습니다. Prompt에 한글로 "블루와 퍼플색이 포함된 사이버 공간의 느낌이 나는 컬러톤"을 입력합니다. 결괏값이 Variations에 제안되었습니다.

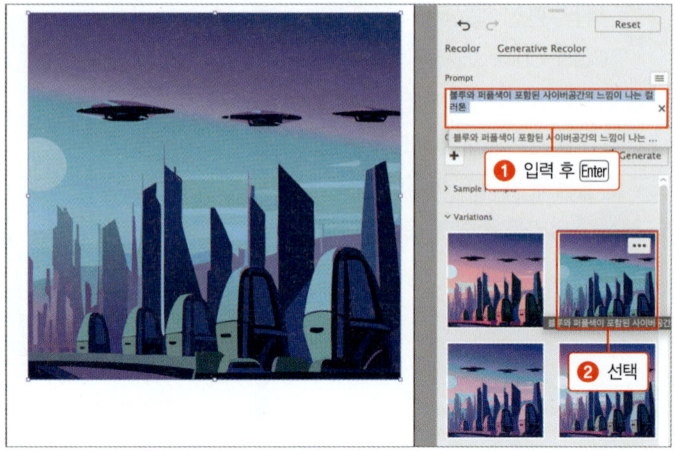

09 [Recolor]를 선택하고 Color Library에서 'Art History → Baroque'를 선택하여 색상을 편집합니다.

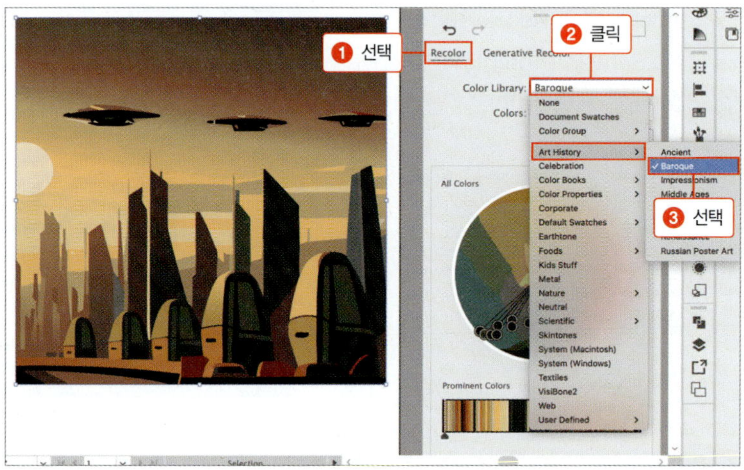

TIP

사용 목적에 맞는 색상 라이브러리를 선택하면 쉽게 색상을 편집할 수 있습니다. Color Theme Picker는 기존 이미지의 색감을 조정하고, 스포이트처럼 색상 샘플을 추출해 적용할 수 있습니다.

실습 예제 02

5.5 Mockup 패널과 파이어플라이로 패키지 목업 디자인하기

• **예제 파일** : 05\프롬프트.ai • **완성 파일** : 05\컵1~컵2.jpg, 목업1~목업2.png

목업(Mockup) 이미지는 디자인 결과물을 실제 제품이나 환경에 적용하여 미리 확인할 수 있는 시각화 이미지입니다. 일러스트레이터의 Mockup (Beta) 기능은 기존 방식보다 더욱 편리하고 효과적인 목업 제작을 지원합니다. 이 기능은 수정 및 변경이 쉬워 디자인 프로세스의 유연성을 높입니다.

Mockup 패널 살펴보기

목업(Mockup)은 메뉴에서 〔Window〕 → **Mockup (Beta)**를 실행하여 표시되는 Mockup (Beta) 패널에서 <Mockup> 버튼을 클릭해 만들 수 있습니다. Mockup 패널에서는 다양한 샘플 이미지를 제공하며, 적용할 수 있는 목업 샘플 카테고리는 Apparel, Branding Graphics, Packaging, Digital Devices가 있습니다.

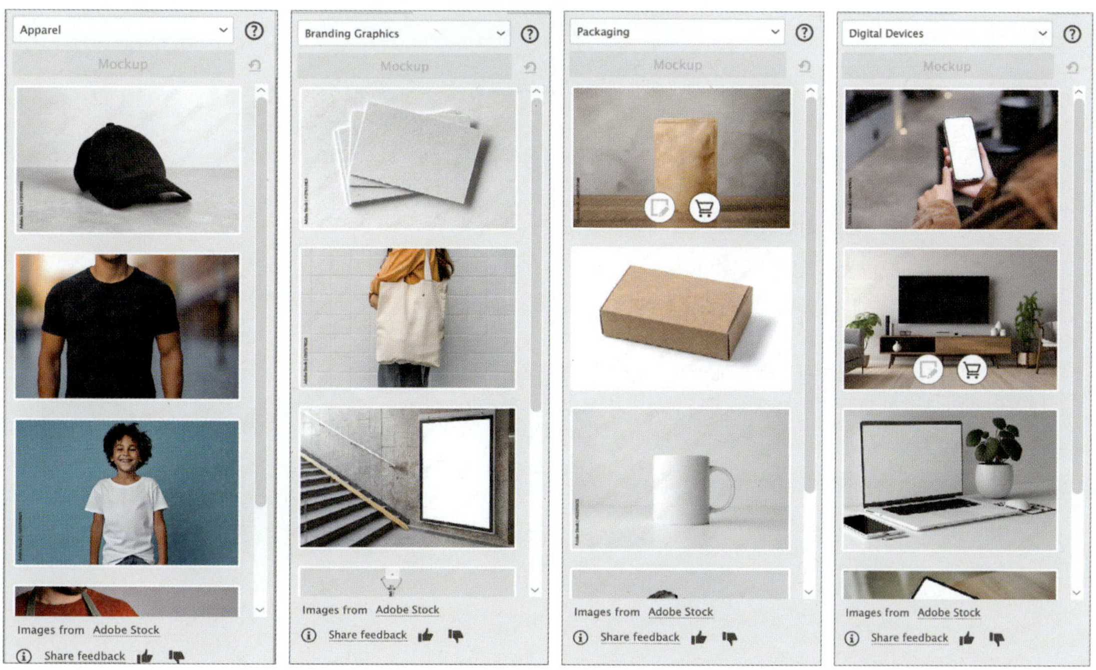

Mockup 패널에서 목업 생성하기

01 05 폴더에서 '프롬프트.ai' 파일을 불러옵니다.

선택 도구(▶)를 선택하고 Text to Vector Graphic (Beta) 기능으로 생성한 이미지를 선택합니다. Mockup (Beta) 패널에서 <Mockup> 버튼을 클릭하면 샘플에 적용된 이미지를 확인할 수 있습니다.

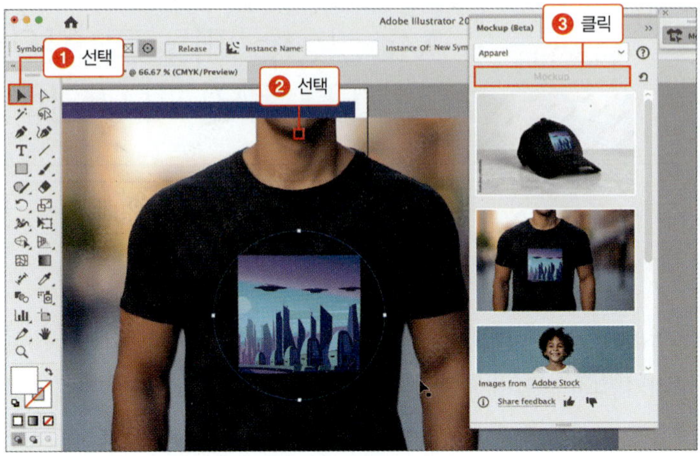

02 Mockup (Beta) 패널의 이미지를 선택하면 나타나는 'Edit On Canvas' 아이콘( )을 클릭하면 목업 이미지에 적용된 일러스트레이션을 편집할 수 있습니다.

TIP 직접 만든 목업을 템플릿으로 저장하기

❶ **목업 선택**: 저장하고자 하는 목업을 선택합니다.

❷ **목업 패널 열기**: 메뉴에서 〔Window(창)〕 → Mockup(목업)을 실행해 Mockup 패널을 표시합니다.

❸ **템플릿 저장**: Mockup 패널에서 템플릿 저장 아이콘을 클릭합니다.

❹ **내 목업 확인**: 저장한 템플릿은 Mockup 패널 메뉴의 내 목업에서 확인할 수 있습니다.

이 과정을 통해 자신만의 템플릿을 쉽게 저장하고 재사용할 수 있습니다.

어도비 파이어플라이 이해하기

Mockup (Beta) 패널의 샘플 이미지 외에도, 어도비 파이어플라이(Adobe Firefly)를 사용해 직접 목업을 만들어 적용할 수 있습니다.

01 어도비 ID로 로그인한 다음 Adobe Firefly(firefly.adobe.com)에 접속합니다.

TIP 어도비 파이어플라이

어도비 파이어플라이(Adobe Firefly)는 어도비에서 개발한 생성형 AI 도구로, 사용자가 문자 프롬프트를 입력하면 이미지, 벡터 아트, 브러시, 패턴, 3D 오브젝트, 문자 스타일 등을 자동으로 생성합니다. 이 도구는 디자인 작업의 효율성을 높이고 창의적인 아이디어를 시각적으로 구현하는 데 도움을 주며, 어도비의 다양한 크리에이티브 툴과 통합되어 익숙한 환경에서 AI의 강력한 기능을 쉽게 활용할 수 있습니다.

02 '일반 설정'에서는 이미지 생성 엔진 모델을 선택하고 생성될 이미지의 프로젝트의 크기와 종횡비를 설정합니다.

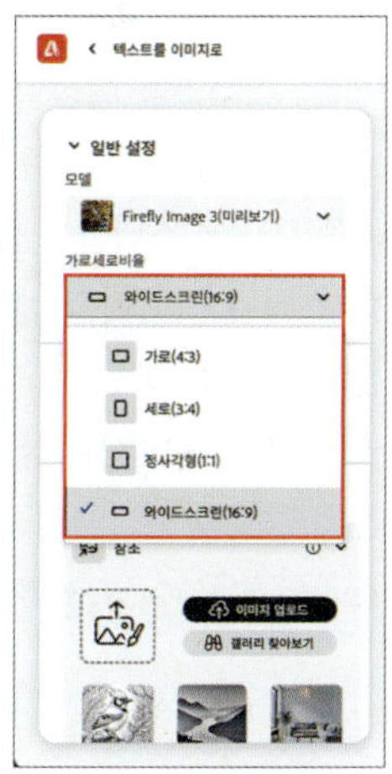

03 '콘텐츠 유형'에서 [아트] 또는 [사진] 유형을 선택합니다.

> **TIP**
> '아트'는 예술적 표현을 담으며, '사진'은 사실적인 이미지를 추구합니다.

04 '구성'을 사용하면 생성할 이미지 구조를 샘플로 선택하거나 이미지를 업로드해 참조할 수 있습니다. 참조 템플릿(Structural Reference Template)을 활용해 같은 레이아웃으로 여러 이미지를 생성할 수 있으며, 슬라이더를 드래그하여 참조 강도를 조절할 수 있습니다.

05 '스타일'에서는 생성할 이미지 스타일을 설정할 수 있습니다. <이미지 업로드> 버튼을 클릭하여 기존 이미지 스타일을 참조하거나, 샘플 스타일 이미지를 선택해 색상, 질감, 기하학적 패턴 등의 스타일 특성을 적용할 수 있습니다. 각 스타일 옵션의 강도와 설정을 조절하여 원하는 효과를 얻을 수 있습니다.

> **TIP**
> 프롬프트에 따라서 생성된 이미지가 달라집니다.

06 '효과'에는 만들어질 이미지에 다양한 효과를 적용하는 기능이 있습니다. 회화, 디지털 아트, 극사실주의, 기법, 재질, 콘셉트 등을 선택하여 이미지에 적용할 수 있습니다. 각 효과의 강도와 설정을 조정해 원하는 결과를 얻을 수 있습니다. 이외에도 색상 및 톤, 조명 효과, 카메라 각도 등을 선택하여 이미지를 생성할 수 있습니다.

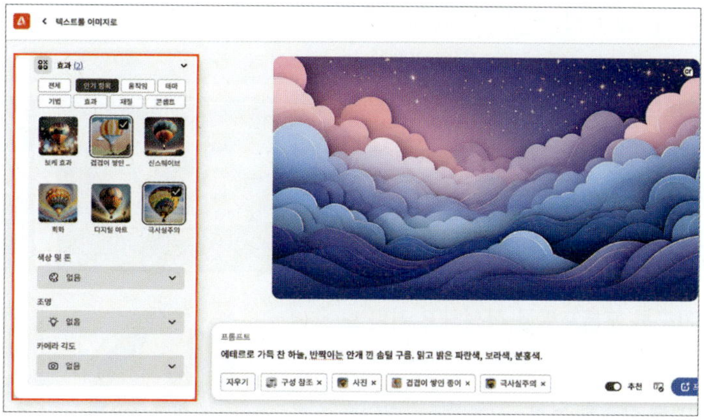

어도비 파이어플라이에서 목업 이미지 만들기

01 어도비 파이어플라이(Adobe Firefly)에서 이미지를 생성하겠습니다. '콘텐츠 유형'은 [사진], '구성'의 참조에서 심플한 이미지를 선택하고, '효과'에서 '극사실주의'를 선택합니다. 프롬프트에 "종이컵, 배경 없음, 목업 파일, 하얀색 배경"을 입력한 다음 <생성하기> 버튼을 클릭하여 목업 파일을 생성합니다.

02 생성된 이미지에 Text to Vector Graphic (Beta)에서 생성한 로고를 적용하겠습니다. Text to Vector Graphic (Beta) 패널에서 다음의 프롬프트를 작성하여 로고를 만듭니다. '생동감 있는 색상, 커피콩, 블루 마운틴'이라는 핵심 단어가 들어가도록 프롬프트를 작성하고 커피 브랜드 로고에 사용될 참고 이미지를 Type 항목을 각각 선택하며 이미지를 생성합니다.

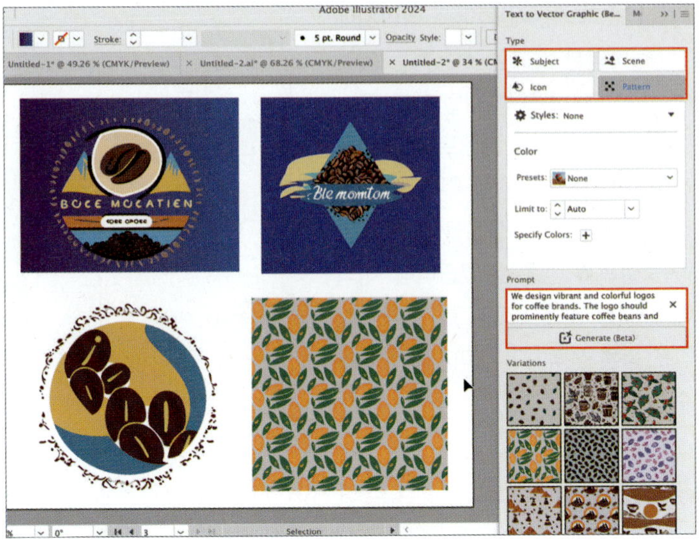

TIP **참고 프롬프트**

We design vibrant and colorful logos for coffee brands. The logo should prominently feature coffee beans and include elements inspired by the Blue Mountains. Mix bold, vibrant colors to create a vibrant and inviting look. The overall image maintains a rustic charm, reflecting the natural beauty and premium quality associated with Blue Mountain Coffee.

TIP

프롬프트를 더 자세하게 작성할수록 생성되는 이미지 품질이 향상될 수 있습니다. 필요에 따라 영문과 한글 두 언어를 모두 사용해 보세요.

03 마음에 드는 일러스트레이션을 선택한 후 목업 이미지보다 앞에 배치하기 위해 생성된 일러스트레이션을 선택하고 마우스 오른쪽 버튼을 클릭한 다음 Arrange → Bring to Front를 실행합니다. 메뉴의 [Object] → Mockup (Beta) → Make를 실행해 목업으로 적용합니다.

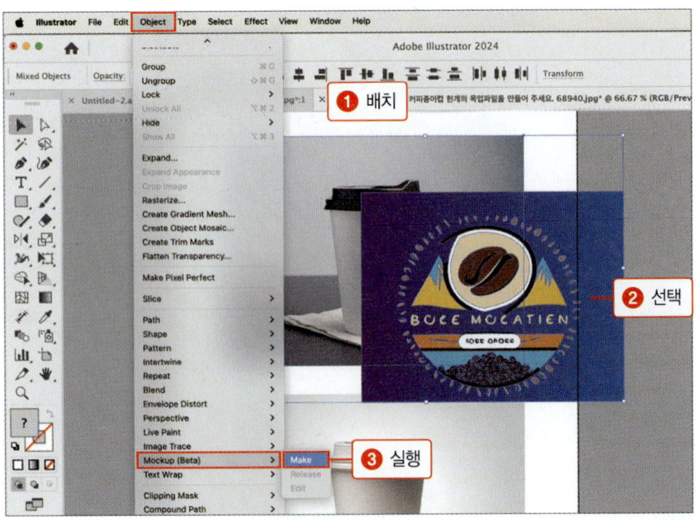

04 목업 샘플 이미지에 로고가 적용되며 Mockup (Beta) 패널의 다양한 샘플 이미지에도 적용된 것을 확인할 수 있습니다.

05 이렇게 만들어진 목업 이미지를 확인하면 디테일이 떨어지거나 문자 등에서 수정하고 싶은 부분들이 있습니다. 문자 등 문제 있거나 추가하고 싶은 부분이 있다면 생성된 벡터 이미지를 선택하여 삭제 또는 수정할 수 있습니다.

06 로고에서 영문 'Blue Moutain'이 이상한 것을 확인할 수 있습니다. 문자 도구(T)를 선택하고 Contextual Task Bar에서 글꼴을 'Brush Script MT Italic', 글자 크기를 '56pt'로 설정하고 "Blue Moutain"을 입력한 다음 배치합니다. Character 패널에서 글꼴을 'Noto Sans', 글자 크기를 '12pt'로 설정하고 아래쪽에 'COFFEE' 문자도 입력하여 로고를 정리합니다.

07 수정한 로고를 목업 샘플 이미지로 가져와 앞에 배치하겠습니다. 로고를 선택한 채 Ctrl + Shift +]를 누릅니다.

08 메뉴에서 [Object] → Mockup (Beta) → Make를 실행해 목업으로 적용합니다.

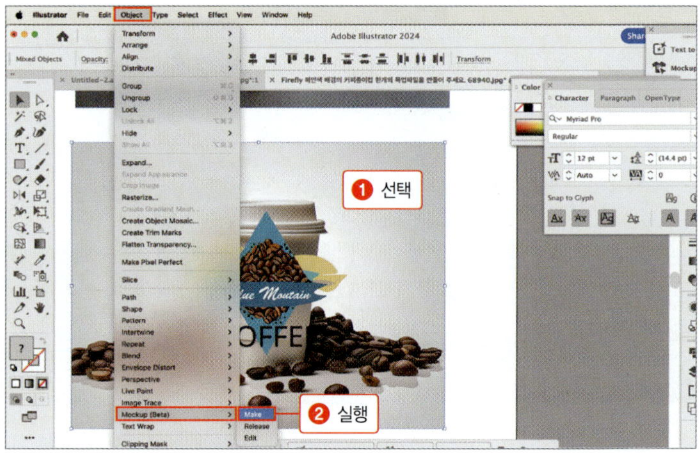

09 목업에 적용된 로고 위치를 적당하게 조절합니다.

> **TIP**
>
> 크기와 회전 방향 등을 조절할 수 있고 적용된 이미지는 목업 샘플의 곡률에 따라 자동으로 적용됩니다.

10 어도비 파이어플라이에서 생성한 두 가지 목업 이미지와 생성형 AI 기능인 Text to Vector Graphic (Beta)를 이용해서 손쉽게 목업에 적용된 이미지를 만들었습니다.

TIP **포토샵 생성형 AI 기능**

어도비 파이어플라이뿐만 아니라 포토샵에서도 생성형 이미지 기능을 사용하여 목업 파일을 만들 수 있습니다. 생성형 이미지는 목업(Mockup) 파일을 더 효과적으로 제작하는 데 도움을 줍니다. 다양한 프로그램을 활용해 만든 목업은 제품, 서비스, 디자인 등의 실제 모습을 시각적으로 표현하는 데 유용합니다. 예를 들어, 포토샵에서 '하얀 티셔츠에 청바지를 입고 있는 동양인 여성' 이미지를 생성했습니다.

연습 문제 | 생성형 AI로 일러스트 생성하기

01 프롬프트에 명령어를 입력해서 생성형 AI를 제작하고 색을 바꿔보세요.

• **완성 파일** : 05\연습문제1.ai

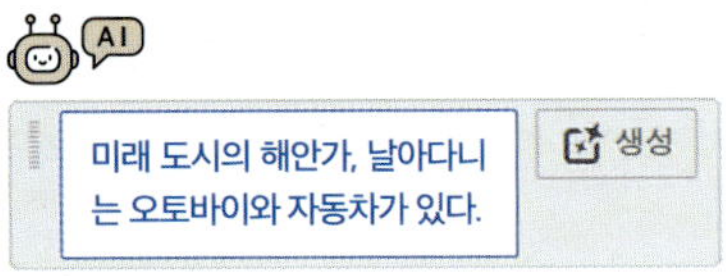

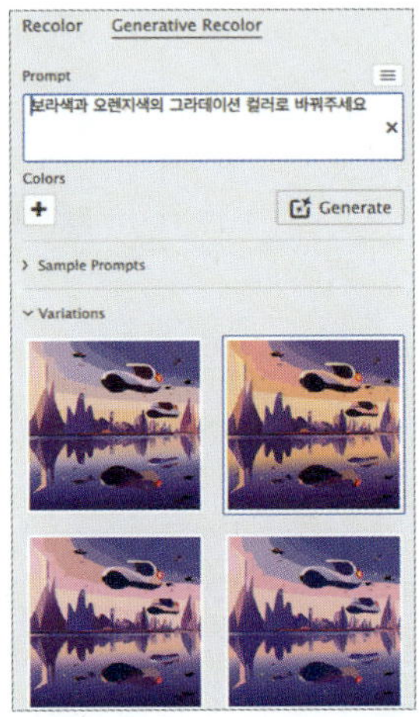

HINT 프롬프트에 명령어 입력하기 → [Generative Recolor]에서 원하는 색상 지정하기

02 펜 도구로 그린 스케치에 생성형 AI를 적용해 보세요.

• **예제 및 완성 파일** : 05\연습문제2.ai

HINT 라인 일러스트 그리기 → <Generate Vectors (Beta)> 버튼 클릭하기 → 프롬프트 입력하기

WEEK 06

다양한 효과를 더한 프로필 디자인

학 습 목 표

간단한 이미지에 다양한 효과를 적용하여 입체감 있고 완성도 높은 이미지로 변환하겠습니다.

실습 예제 01

6.1 인물 사진을 바탕으로 캐릭터 만들기

• **예제 파일** : 06\캐릭터.ai • **완성 파일** : 06\캐릭터 이미지.ai

그러데이션 효과를 활용하여 캐릭터 이미지를 제작해 보겠습니다. 어도비 파이어플라이를 통해 만든 가상의 인물 사진을 기초로 하여 제작합니다.

01 06 폴더에서 '캐릭터.ai' 파일을 불러옵니다.

인물의 얼굴을 간략화하여 캐릭터를 만들기 위해 가상의 인물 사진을 확인합니다. 오른쪽 아트보드에 펜 도구( )를 이용해서 인물 사진을 참고해 얼굴과 목 형태를 그립니다.

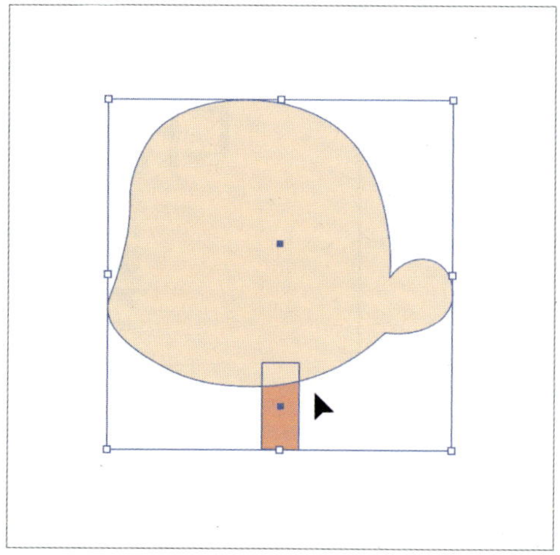

TIP

프롬프트 작성

20대 여성, 한국인, 프로필사진, 갈색 긴 머리, 눈이 크고 웃는 얼굴, 배경 없음

TIP

캐릭터는 완성 후 그러데이션 색상을 적용하기 위해 임의로 적용합니다.

02 이어서 몸통과 머리카락을 만듭니다. 스포이트 도구( )로 원본 이미지 색상을 선택하여 머리카락, 몸을 채색합니다.

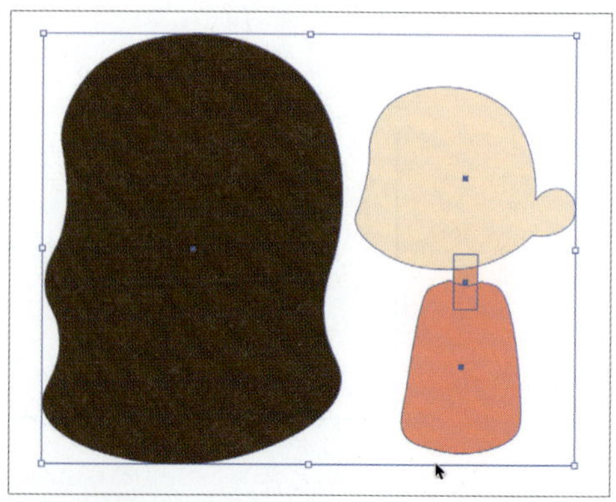

03 만들어진 오브젝트를 순서대로 배열하기 위해 Arrange 기능을 이용하여 머리카락, 얼굴, 목, 몸의 배열을 조정합니다. 전반적인 상반신 형태가 만들어졌습니다.

04 얼굴 앞부분에 그림과 같이 앞머리 형태를 만듭니다.

05 펜 도구( )를 이용해서 눈, 눈썹, 코, 입을 그립니다. 이때 눈썹은 아치 형태로 그리고, 눈과 눈썹은 반사 및 복제하기 위해 한쪽만 그립니다. 눈은 둥근 사각형처럼 모퉁이 곡률을 조정해 기다란 타원으로 만들었습니다.

06 표정을 만들기 위해 먼저 Ctrl+Y를 눌러 외곽선 보기로 변경하고 필요한 오브젝트 부분만 확인합니다. 올가미 도구(lasso)로 눈과 눈썹을 그림과 같이 드래그하여 선택합니다.

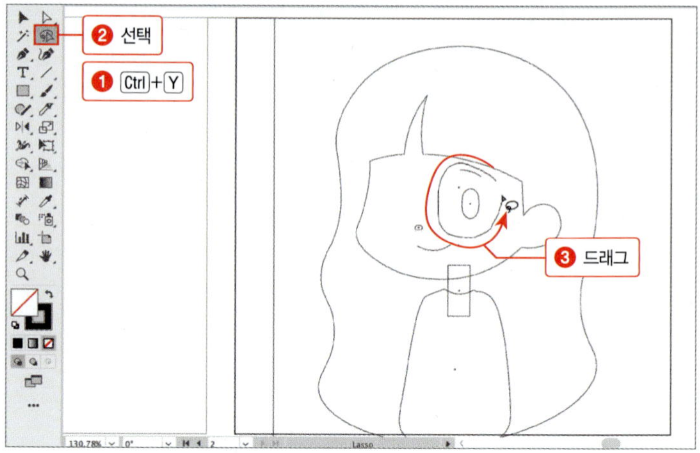

07 반사 도구(reflect)를 더블클릭해 Reflect 대화상자에서 Alt를 누른 채 중심축을 클릭하면 복제될 부분으로 미리 보기가 나타납니다. <Copy> 버튼을 클릭해 반사 및 복제합니다.

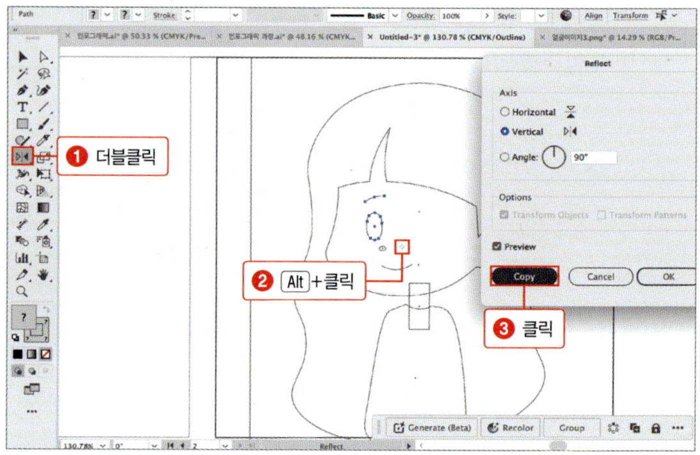

TIP

미리 보기가 안 나타나면 'Preview'를 체크 표시합니다.

08 눈썹과 입도 선이 아닌 면으로 만들기 위해 올가미 도구(lasso)로 눈썹과 입을 드래그해 선택합니다.

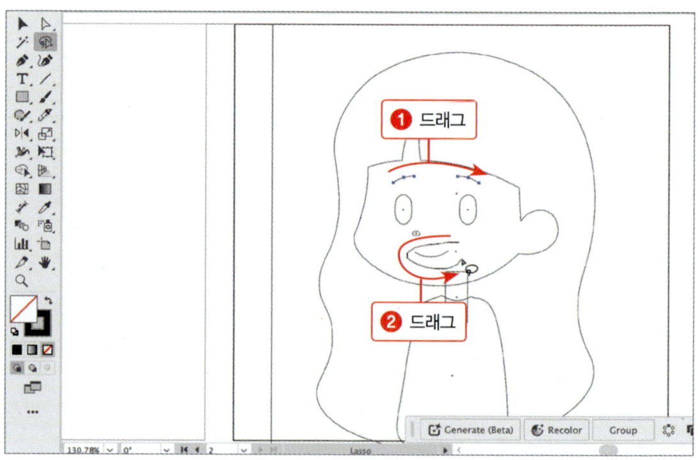

TIP

외곽선으로 확인하면서 선택하는 이유는 만들어진 오브젝트의 형태를 쉽게 확인할 수 있기 때문입니다. 또한 겹친 다른 오브젝트를 실수로 선택하지 않도록 하기 위해서입니다.

09 외곽선을 선으로 만들기 위해 모양을 확장하겠습니다. 메뉴에서 〔Object〕 → Expand를 실행하여 선을 면으로 확장합니다.

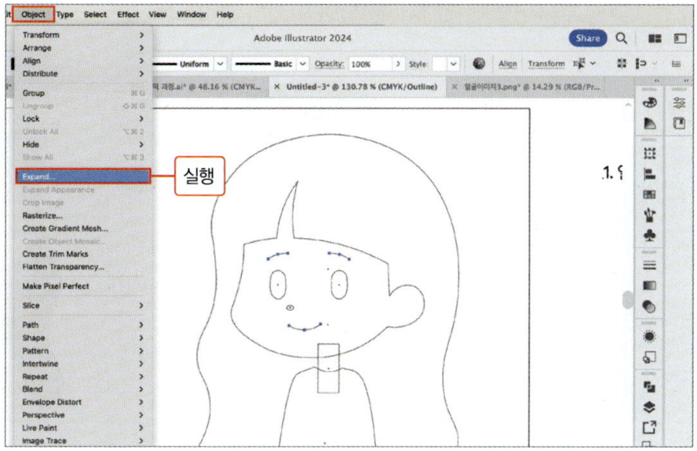

10 Expand 대화상자가 표시되면 확장하려는 옵션인 'Fill'을 체크 표시하고 <OK> 버튼을 클릭합니다.

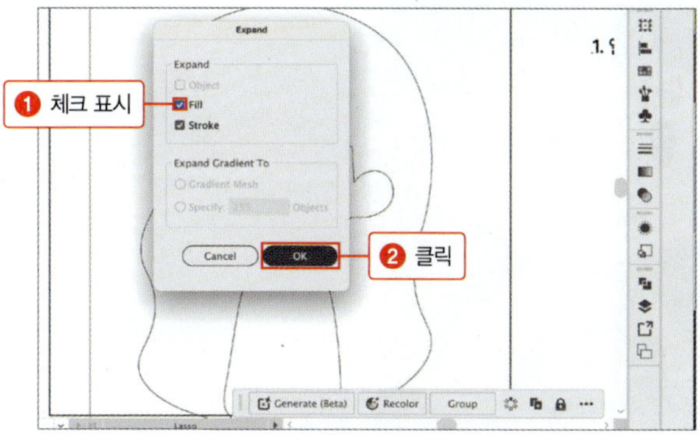

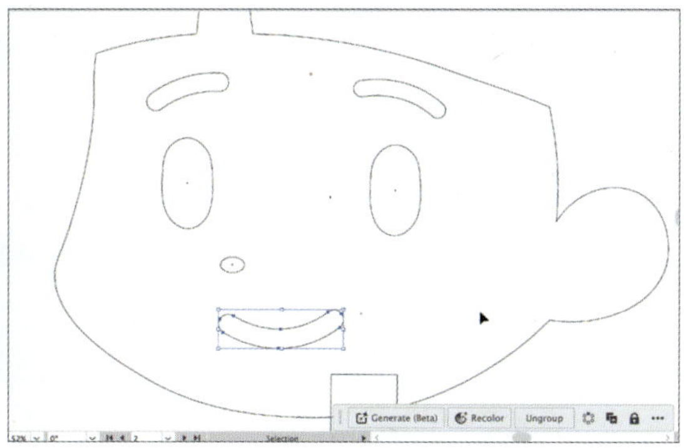

TIP Expand(확장) 대화상자

확장 기능은 불투명 효과, 3D 오브젝트, 패턴, 그레이디언트, 선, 블렌드, 플레어, 둘러싸기 또는 심벌을 인쇄하기 어려울 때 필요합니다.

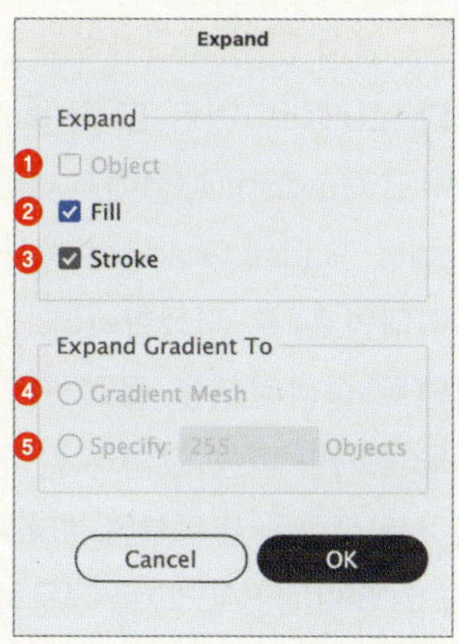

❶ **Object(오브젝트):** 라이브 블렌드, 둘러싸기, 심벌 세트 및 플레어를 포함한 복잡한 오브젝트를 확장합니다.

❷ **Fill(칠):** 면을 확장합니다.

❸ **Stroke(획):** 선을 확장합니다.

❹ **Gradient Mesh(그레이디언트 망):** 그레이디언트를 단일 망 오브젝트로 확장합니다.

❺ **Specify(지정):** 색상 포인트 사이의 색상 값에 대한 허용치를 설정합니다. 이 값을 높이면 색상 변환이 더 매끄럽게 유지되며, 값을 낮추면 색상 띠가 더 많이 생깁니다.

11 펜 도구()를 이용해서 몸, 팔과 앞치마, 주머니를 그립니다.

12 형태를 다듬기 위해 선택 도구()로 앞머리와 얼굴 오브젝트를 선택합니다. Pathfinder 패널에서 'Minus Front(앞쪽 오브젝트 제외,)'를 클릭해 얼굴 모양을 병합하고 수정합니다.

13 그러데이션 색상을 적용하기 위해 먼저 머리카락을 선택합니다. 그레이디언트 도구()를 선택하고 Gradient 패널에서 Gradient Type을 'Radial Gradient(방사형 그레이디언트)'로 지정합니다. 그레이디언트 슬라이더를 클릭하여 조절점을 추가한 다음 그림과 같이 그러데이션 색상을 왼쪽부터 '#5E462F', '#987058', '#F8A68D'로 적용하고 조정합니다.

TIP

Gradient 패널에서 그레이디언트 슬라이더의 색상 조절점을 더블클릭하면 Color 패널이 표시됩니다. Color 패널의 메뉴에서 색상 모드를 Grayscale, RGB, HSB, CMYK, Web Safe RGB 중에서 선택할 수 있습니다. 인쇄할 때는 'CMYK'로 선택해 색상을 지정합니다.

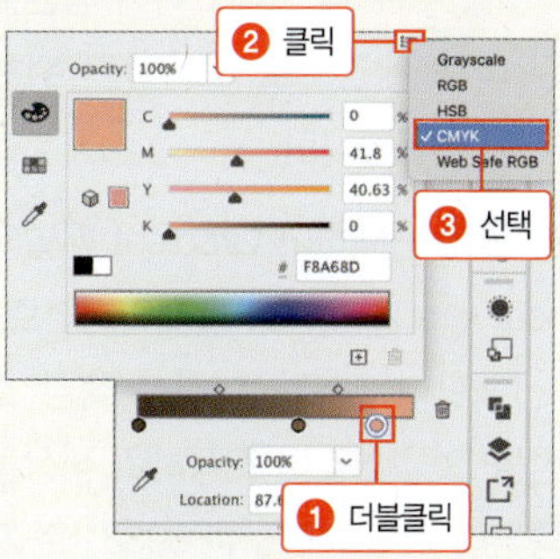

14 팔, 몸통을 선택하고 Gradient 패널에서 'Linear Gradient(선형 그레이디언트)'를 선택합니다. 그러데이션 색상 조절점을 그림과 같이 조정한 다음 색상을 왼쪽부터 '#FEC46E', '#F69381'로 지정하고 그러데이션을 조정합니다.

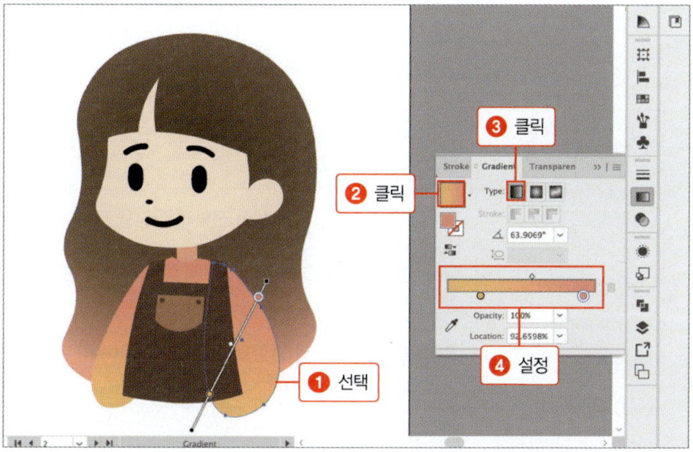

15 이번에는 얼굴을 선택한 다음 Gradient 패널에서 'Radial Gradient(방사형 그레이디언트)'를 선택합니다. 그러데이션 색상 조절점을 그림과 같이 조정하고 색상을 왼쪽은 '#FBC4A9', 오른쪽은 '#FCE7CF'로 지정한 다음 그러데이션을 조정합니다. 같은 방법으로 눈, 코, 입 등을 그러데이션 색상으로 부드럽게 채웁니다.

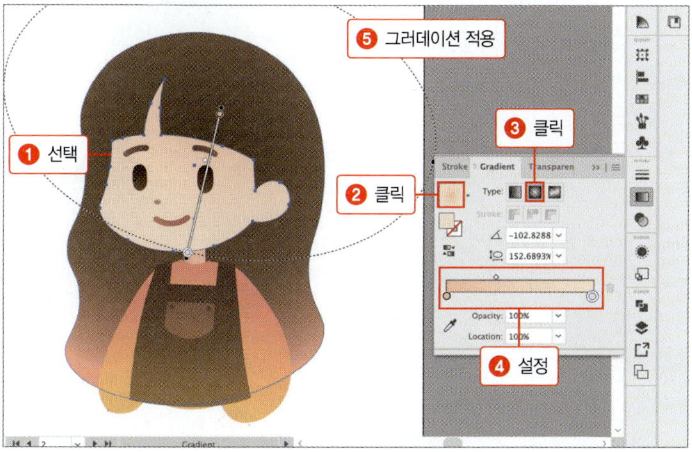

16 원형 도구( )를 선택하고 Shift 를 누른 채 드래그하여 정원을 그린 다음 배경으로 사용하기 위해 맨 뒤에 배열합니다.

배경 원을 선택하고 Gradient 패널의 'Linear Gradient(선형 그레이디언트)'를 선택합니다. 그러데이션 색상 조절점을 그림과 같이 조정하고 색상을 왼쪽부터 '#FEC46E', '#F69381'로 지정한 다음 그러데이션을 조정합니다.

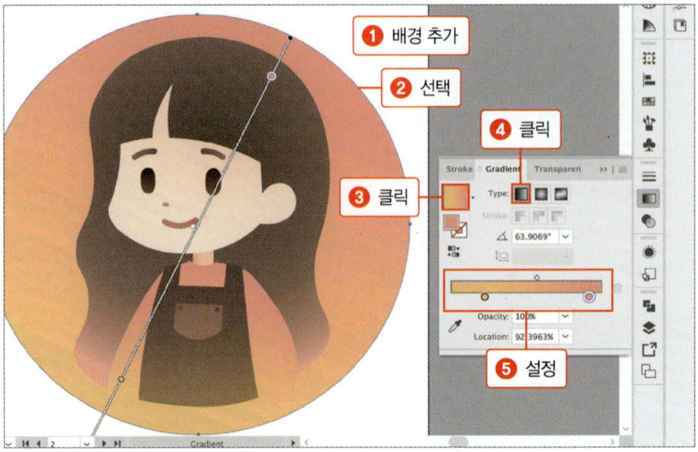

TIP **그레이디언트 표현의 장점**

입체감 표현	그러데이션은 색상이나 농도가 점진적으로 변하는 효과를 만듭니다. 이를 통해 2D 이미지에 입체감과 깊이감을 줄 수 있습니다.
시각적 효과 향상	그러데이션은 부드러운 색상 전환과 질감을 제공하여 이미지가 더 생동감 있게 보이도록 만듭니다.
강조 효과	특정 영역에 강한 그러데이션을 적용하면 그 부분에 시선을 집중시킬 수 있어 이미지의 주요 포인트를 잘 드러낼 수 있습니다.
분위기 연출	그러데이션의 색상과 방향을 조절하면 이미지의 분위기를 조절할 수 있습니다. 따뜻한 느낌이나 차가운 느낌 등 다양한 분위기를 연출할 수 있습니다.

17 가상의 인물 이미지와 그러데이션 색상을 적용한 완성된 캐릭터 이미지를 비교합니다.

실습 예제 02

6.2 마스크에 텍스처를 적용해 캐릭터 프로필 만들기

• **예제 파일** : 06\캐릭터 이미지.ai, 플로리스트.ai • **완성 파일** : 06\캐릭터 프로필.ai

일러스트레이터로 만든 벡터 이미지는 때로는 차가운 느낌을 줄 수 있습니다. 이번에는 캐릭터에 따뜻함과 깊이감을 더하기 위해, 카메라 필름의 작은 입자처럼 자연스러운 그레인 텍스처를 적용하겠습니다. 그리고 다양한 꽃 디자인을 추가해 프로필 이미지를 멋지게 꾸밉니다.

01 06 폴더에서 '캐릭터 이미지.ai' 파일을 불러옵니다.

인물에 마스크 효과를 적용하기 위해서 캐릭터 전체를 선택하고 마우스 오른쪽 버튼을 클릭한 다음 Group을 실행하여 그룹화합니다. 복제된 캐릭터에 텍스처를 적용하기 위해 Ctrl+C를 눌러 복사하고 Ctrl+F를 눌러 바로 앞에 붙여넣습니다.

02 Transparency 패널의 왼쪽에는 선택한 일러스트가 나타나며,

오른쪽에는 마스크가 적용되는 이미지가 나타납니다. 캐릭터가 선택된 상태에서 <Make Mask> 버튼을 클릭합니다.

03 Transparency 패널에서 'Clip'의 체크 표시를 해제하고 오른쪽 마스크를 선택합니다.

> **TIP**
> 오른쪽 마스크 이미지가 검은색에서 흰색으로 바뀝니다. 자세히 보면 클릭한 부분은 파란색 테두리로 선택되어 있습니다.

> **TIP**
> 마스크가 검은색으로 채워지면 선택된 이미지가 보이지 않고, 흰색이면 선택된 이미지가 보입니다. 일러스트레이터에서 마스크는 다양한 용도로 활용되며, 효율적이고 창의적인 작업을 도와줍니다. 마스크는 다음과 같은 장점이 있습니다.

선택적 편집	이미지의 특정 부분만 선택적으로 편집할 수 있습니다. 전체 이미지에 영향을 주지 않고도 특정 영역을 편집할 수 있습니다.
레이어 관리	복잡한 이미지에서도 레이어를 효과적으로 관리할 수 있습니다.
합성 및 겹침 효과	서로 다른 이미지나 요소를 합성하거나 겹칠 수 있습니다. 이를 통해 다양한 합성 효과를 만들 수 있습니다.
불투명도 제어	이미지의 불투명도를 제어할 수 있습니다. 배경과 전경 사이의 부드러운 전환을 만들 수 있습니다.
비파괴적 편집	이미지의 원래 상태를 유지하면서도 편집할 수 있습니다.

04 선택된 마스크에 사각형 도구(▢)로 드래그하여 직사각형 영역을 만듭니다. 그레이디언트 도구(▣)를 이용해 그림과 같이 흑백 선형 그레이디언트을 적용합니다.

05 좀 더 따듯한 느낌을 연출하기 위해 흑백 그러데이션 마스크에 그레인 효과를 적용하겠습니다. 메뉴에서 [Effect] → Texture → Grain을 실행합니다.

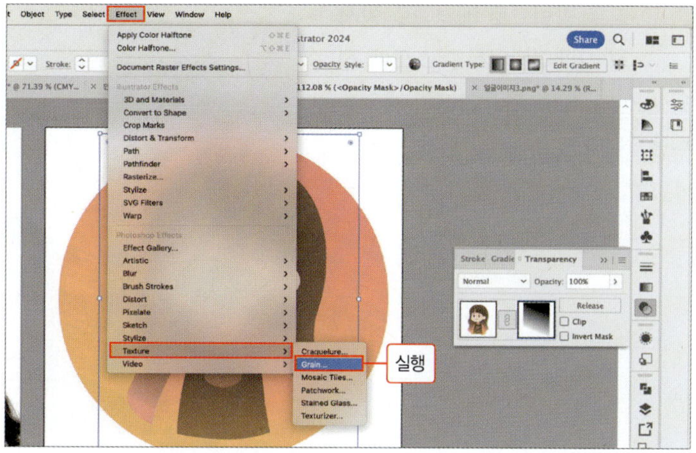

06 Grain 대화상자가 표시되면 Grain Type에서 점묘 느낌의 'Stippled'을 선택하고 슬라이더를 조정해 적당한 효과를 준 다음 <OK> 버튼을 클릭합니다.

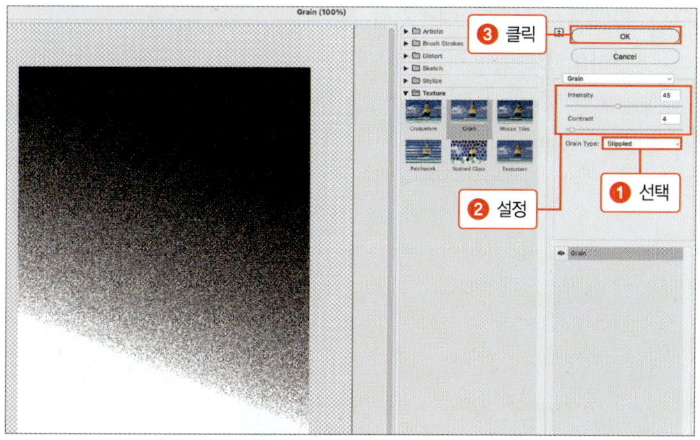

07 Transparency 패널에서 Grain 효과가 적용된 왼쪽 이미지를 선택하고 블렌딩 모드를 'Multiply(곱하기)'로 지정한 후 Opacity를 '41%'로 설정합니다.

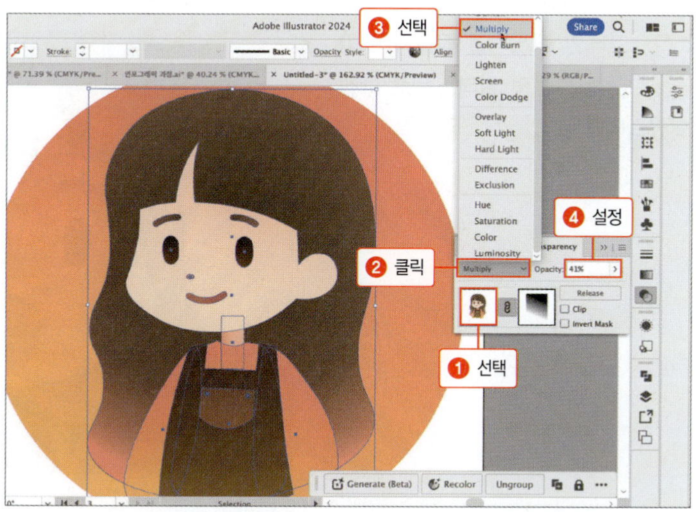

08 같은 방법으로 배경에도 방사형 그레이디언트 마스크에 점묘 느낌의 'Stippled' 그레인 효과를 적용합니다.

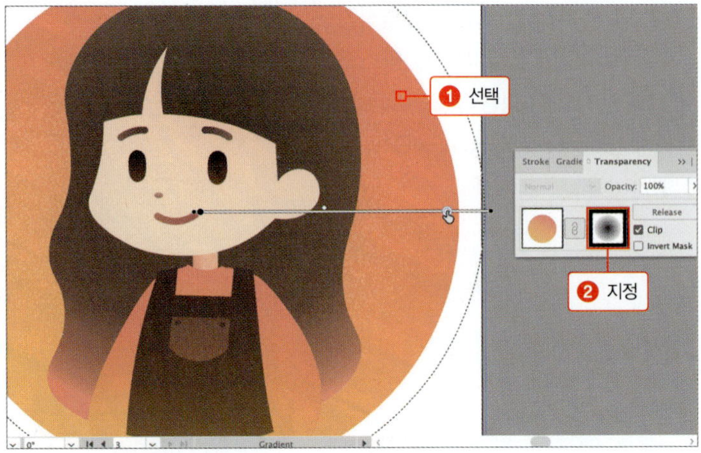

09 확대해서 적용된 텍스처를 확인하고 Transparency 패널에서 Opacity를 '47%'로 설정하여 텍스처 효과를 적용합니다.

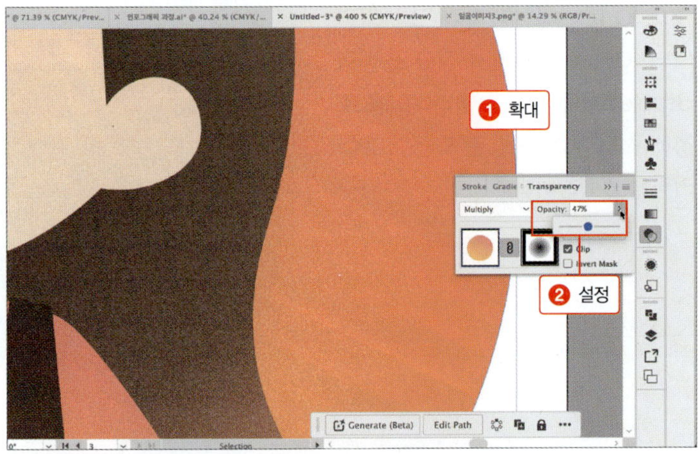

10 그레인 텍스처를 적용하여 따뜻한 느낌의 일러스트로 완성되었습니다.

11 이번에는 픽셀 효과로 컬러 하프톤 효과를 적용하겠습니다. 캐릭터를 선택한 다음 Transparency 패널에서 그레인이 적용된 오른쪽 마스크를 선택합니다. 메뉴에서 [Effect] → Pixelate → Color Halftone을 실행합니다.

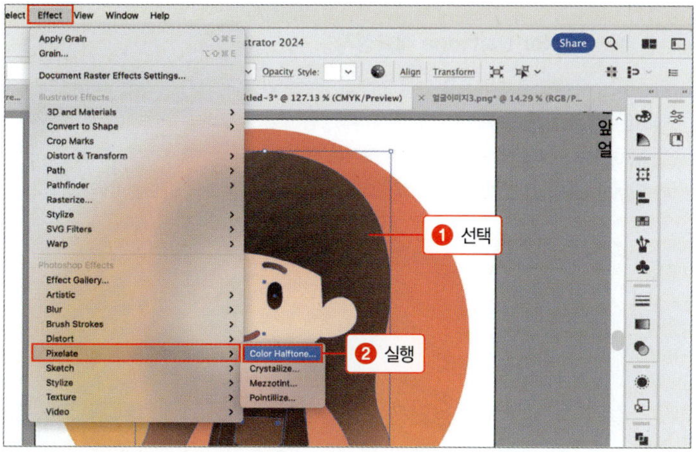

TIP **Color Halftone(컬러 하프톤)**

컬러 하프톤은 이미지의 해상도와 표현을 낮춰 레트로 또는 추상적인 스타일을 만드는 데 유용한 도구입니다. 픽셀화된 컬러 하프톤의 기능과 개념은 다음과 같습니다.

기능	이미지나 그래픽에 하프톤 패턴을 적용하면 점묘 효과를 만들 수 있습니다. 해상도를 낮춰 레트로 또는 복고풍 스타일을 연출하고, 톤 표현을 더 단순화하며 추상화할 수 있습니다.
개념	픽셀레이트 컬러 하프톤 효과는 이미지를 격자 모양의 점 패턴으로 변환하는 기능입니다. 각 점의 크기와 밀도를 조절해 명암, 색상, 질감 등을 표현할 수 있습니다. 이를 통해 이미지를 레트로 스타일로 변환하거나 추상적인 효과를 만들 수 있습니다. 이 효과는 주로 만화, 일러스트레이션, POP 아트 그래픽 디자인에서 활용됩니다.

12 Color Halftone 대화상자가 표시되면 Max. Radius(최대 반경)에 '8'을 입력하고 <OK> 버튼을 클릭합니다.

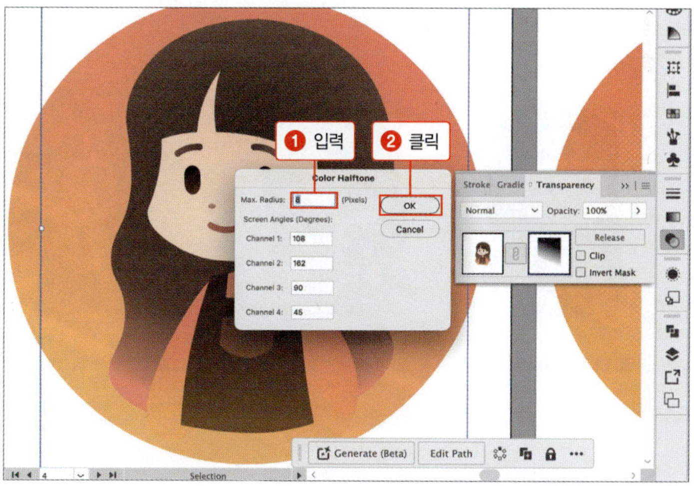

TIP Color Halftone 대화상자

마스크는 흑백으로 이루어져 있어 단색의 픽셀화가 적용되지만, 일반 이미지에 컬러 하프톤을 적용하면 각 채널이 병합되어 패턴 형태로 보입니다.

❶ **Max. Radius(최대 반경)**: 픽셀의 크기를 의미합니다.

❷ **Channel(채널) 옆의 숫자**: 각 채널에서 생성되는 픽셀화의 각도를 나타냅니다.

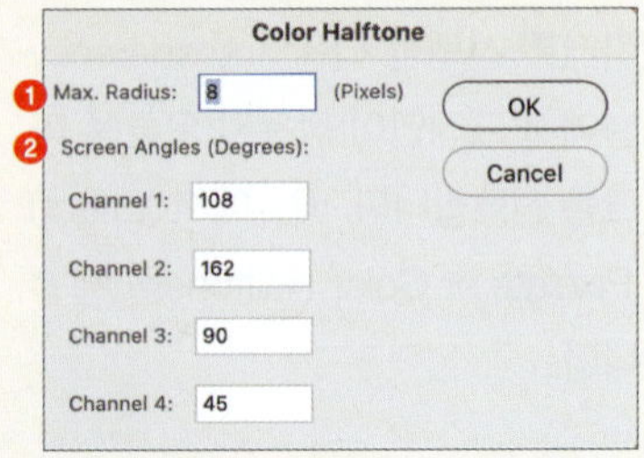

13 컬러 하프톤이 적용었습니다. Transparency 패널에서 블렌드 모드를 'Multiply(곱하기)'로 지정해 하프톤 이미지를 조정합니다.

TIP 벡터 이미지 비교

▲ 벡터 원본 이미지

▲ 그러데이션 효과 추가

▲ 그레인 텍스처 효과 추가

▲ 하프톤 스크린 텍스처 효과 추가

14 완성된 캐릭터를 꾸미기 위해 06 폴더에서 '플로리스트.ai' 파일을 불러옵니다.

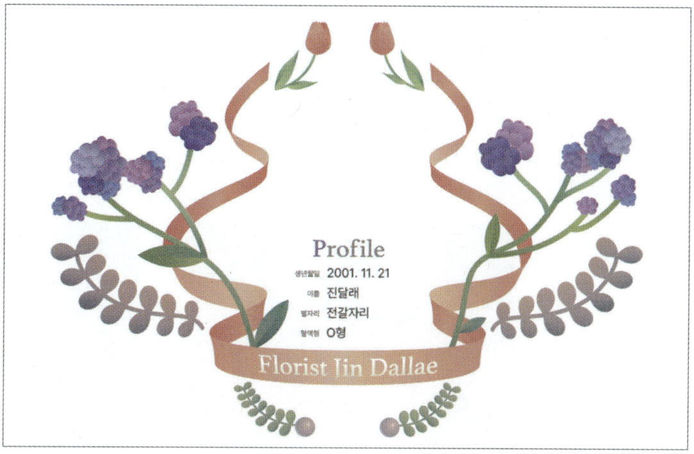

15 먼저 원형 도구(◯)로 큰 원과 작은 타원을 그립니다. Pathfinder 패널에서 'Exclude(교차 영역 제외, ◘)'를 클릭하여 그림과 같이 배경 오브젝트를 만들고 선형 그레이디언트(왼쪽부터 '#A2CBC6', '#ECCAB7', '#FFE9BF')를 적용합니다.

16 프로필 이미지를 그림과 같이 조합하여 완성합니다.

연습 문제 | 이미지에 효과 적용하기

01 프롬프트에 명령어를 입력해서 생성형 AI를 제작하고 그레인 효과를 적용해 보세요.

• **완성 파일** : 06\연습문제1.ai

HINT 생성형 AI 제작하기 → Transparency 패널에서 마스크 적용하기 → [Effect] → Grain → Sprinkles 실행하기

02 그러데이션 색상을 적용하고 다단 복제로 열매 다발을 만들어 보세요.

• **예제 및 완성 파일** : 06\연습문제2.ai

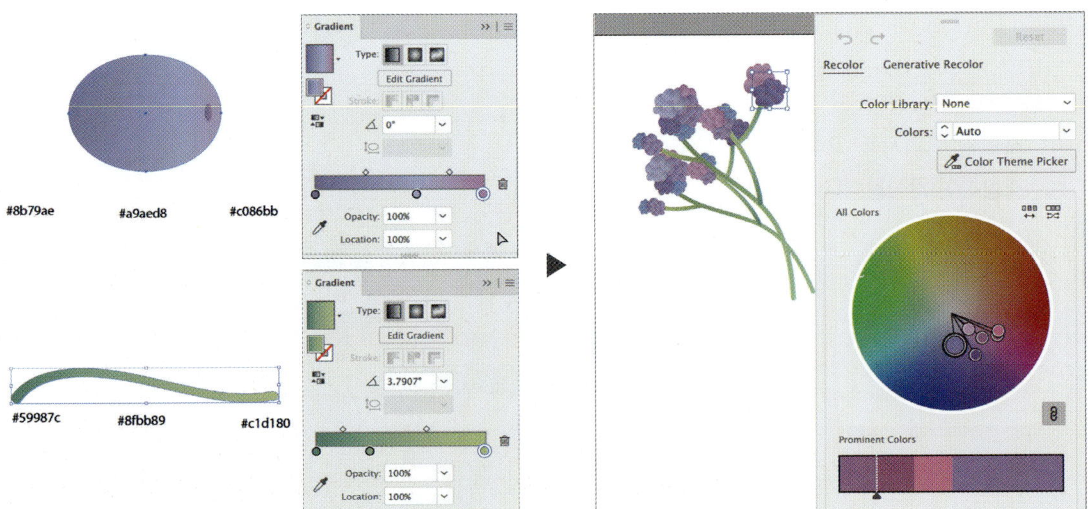

HINT Alt를 누른 채 드래그하여 복제하기 → 그러데이션 색상 적용하기 → [Recolor]로 색상 바꾸기

WEEK 07

비주얼 스토리텔링을 위한 인포그래픽 디자인

학 습 목 표

인포그래픽(Infographic)은 정보(Information)와 그래픽(Graphic)의 합성어로, 복잡한 데이터와 정보를 시각적으로 표현해 이해하기 쉽게 전달하는 방법입니다. 다양한 그래프를 활용하여 인포그래픽을 디자인하겠습니다.

7.1

실습 예제 01

파이 그래프와 분산 그래프 디자인하기

• **예제 파일** : 07\인포그래픽.ai • **완성 파일** : 07\인포그래픽1.ai

일러스트레이터를 활용해 파이 그래프와 분산 그래프를 디자인하며, 데이터를 효과적으로 시각화하는 방법을 배웁니다. 그래프의 색상과 스타일을 조정해 시각적 매력을 높이고, 실제 데이터를 사용하여 실습함으로써 정보 전달의 중요성을 이해합니다.

파이 그래프 만들기

01 07 폴더에서 '인포그래픽.ai' 파일을 불러옵니다.

막대그래프 도구( )를 잠시 눌러 나타나는 메뉴에서 파이 그래프 도구( )를 선택합니다. 첫 번째 아트보드를 클릭해 Graph 대화상자가 표시되면 Width/Height에 '15mm'를 입력한 다음 <OK> 버튼을 클릭합니다.

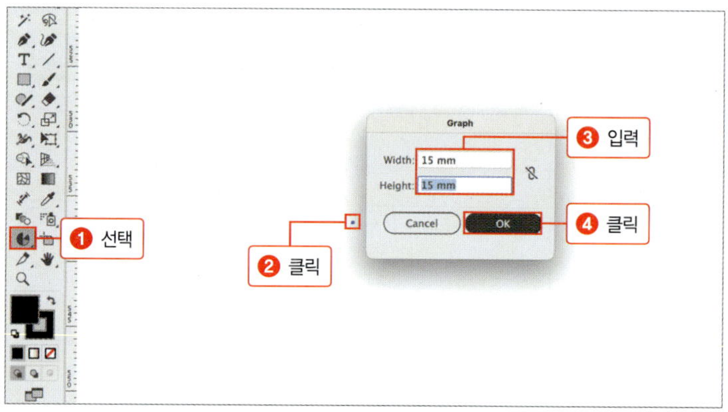

02 데이터 입력 창과 함께 원형 그래프가 만들어집니다. 세로로 '10, 30, 20 ,15, 25'를 입력하고 'Apply' 아이콘( )을 클릭합니다.

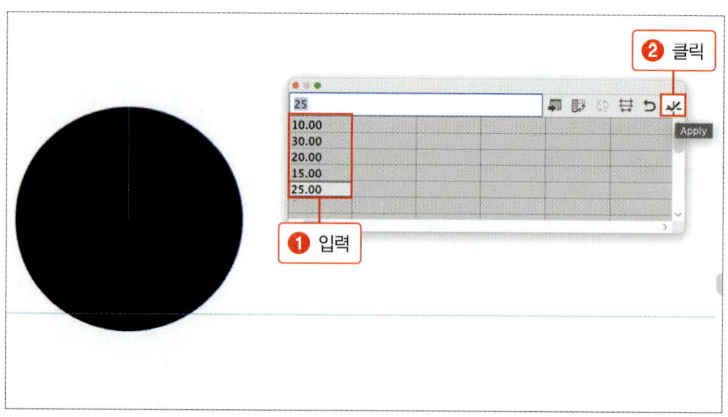

TIP

데이터 입력 창에 가로 또는 세로로 데이터를 입력합니다.

03 원의 크기별로 수치를 나타냅니다.

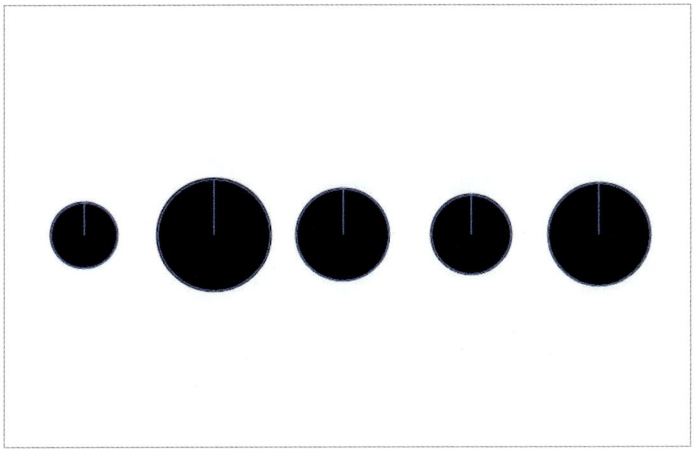

04 데이터 입력 창에 가로로 '45, 20, 35'를 입력한 다음 'Apply' 아이콘(☑)을 클릭하면 각 데이터를 하나의 파이 그래프로 나타냅니다.

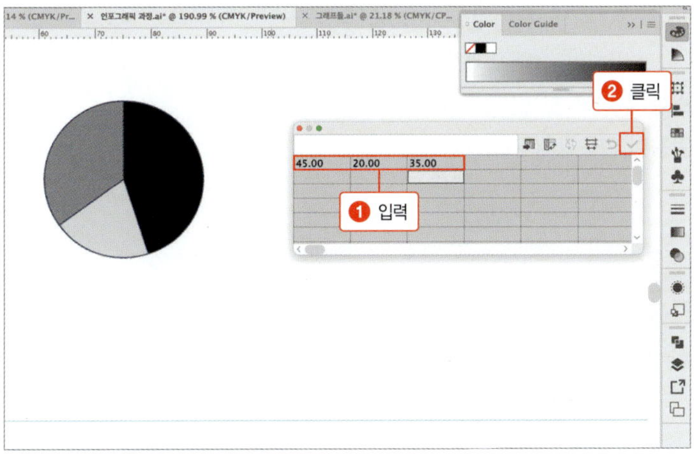

TIP

파이 그래프를 만들 때는 데이터값을 가로로 입력합니다.

05 생성된 그래프는 회전 도구(⟲)를 이용해 원하는 각도로 회전합니다. 파이 그래프의 색상, 테두리, 스타일 등을 설정합니다. 생성된 각각의 파이를 그레이디언트 도구(▣)를 이용해 그림과 같이 그러데이션 색상(왼쪽부터 #E97E7F, #B5CE5F, #80C7CF)을 적용합니다.

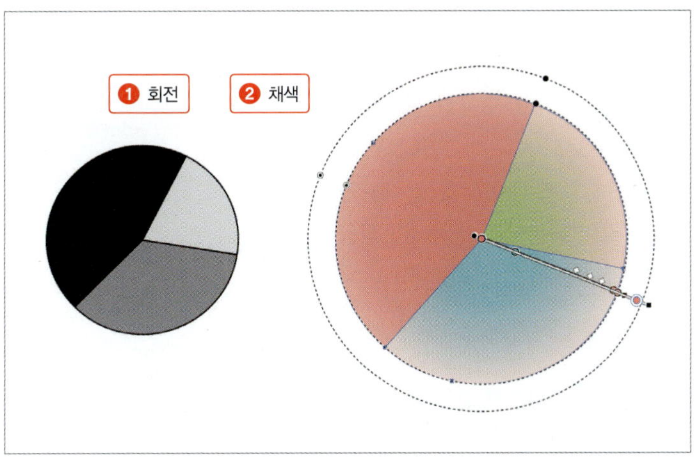

06 아트보드 여백에 있던 3개의 디자인 소스를 가져와 크기와 위치를 조절한 다음 그림과 같이 파이 그래프와 조합합니다. 문자 도구(T)로 <클래스>, <출장>, <꽃다발>과 그래프의 데이터값을 입력합니다.

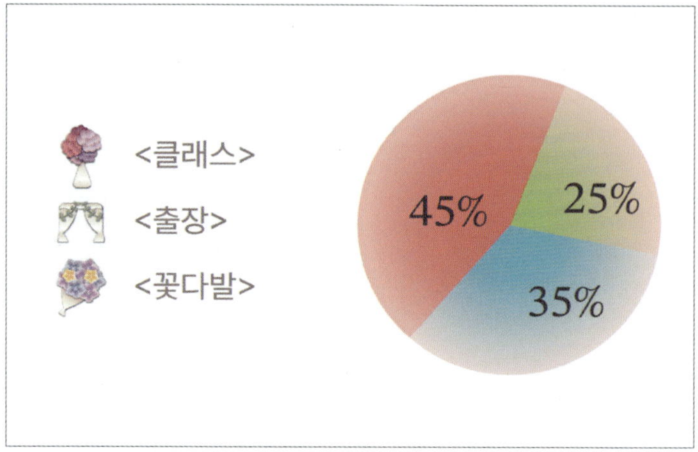

07 'Work'와 '작업 빈도' 문자를 추가하고 그래프에도 디자인 소스를 추가해 첫 번째 파이 그래프를 활용한 인포그래픽을 완성했습니다.

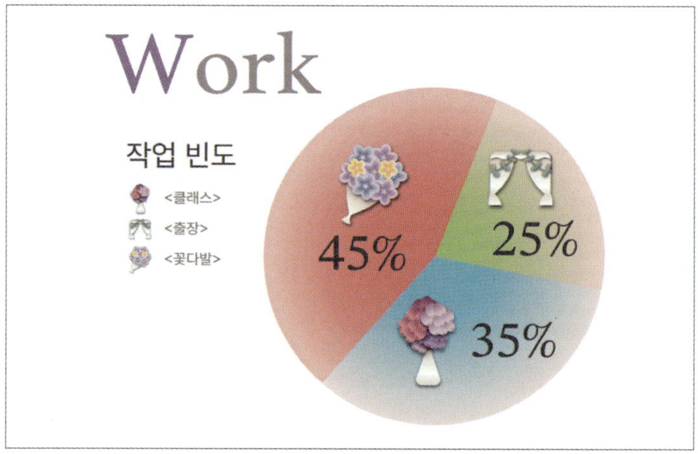

분산 그래프 만들기

01 분산 그래프 도구를 선택하고 아트보드에 드래그합니다. 데이터 입력 창에 데이터를 입력하면 그림과 같이 자동으로 데이터가 적용된 분산 그래프가 만들어집니다.

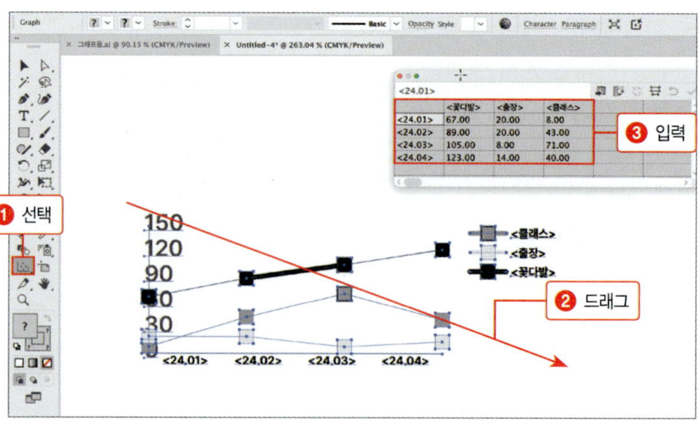

> **TIP**
>
> 데이터 입력 창 첫 번째 줄에는 각 데이터의 이름, 왼쪽에는 날짜, 데이터값은 가상의 매출액으로 작성합니다.

02 아트보드 여백의 꽃잎을 분산 그래프의 마커로 사용하기 위해 먼저 디자인으로 등록하겠습니다. 꽃잎을 선택하고 메뉴에서 [Object] → Graph → Design을 실행합니다.

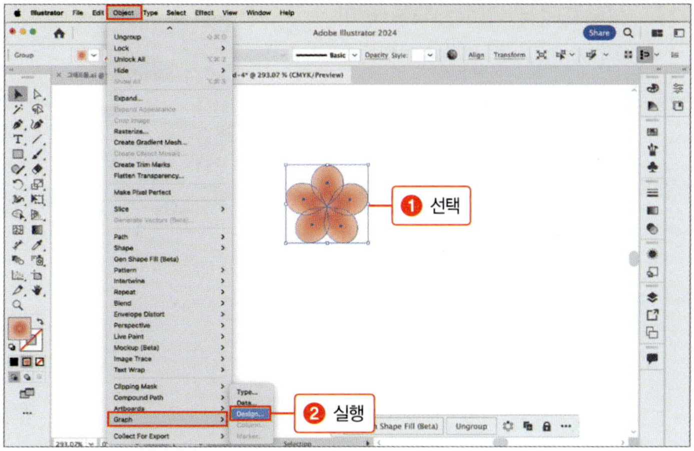

03 Graph Design 대화상자가 표시되면 <New Design> 버튼을 클릭합니다.

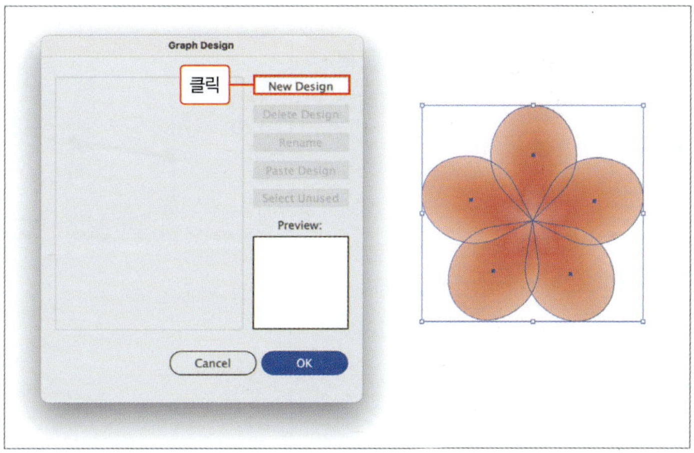

04 Preview에 꽃잎이 등록되고 목록에도 [New Design]으로 등록되면 <OK> 버튼을 클릭합니다.

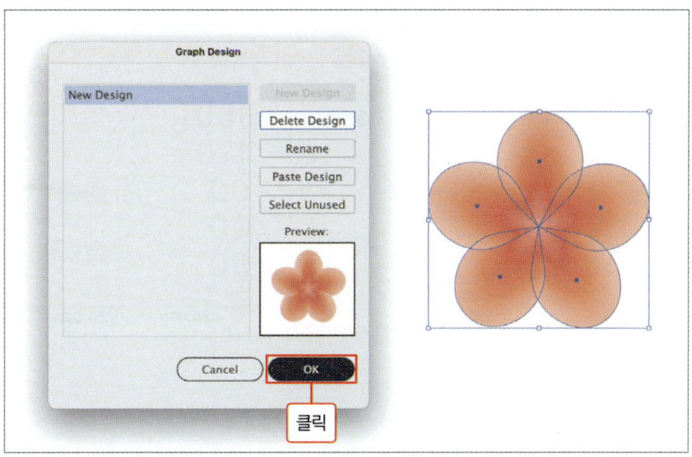

TIP

필요에 따라 <Rename> 버튼을 클릭하여 이름을 바꿀 수 있습니다.

05 그래프에서 꺾이는 부분에 마커(Marker)로 등록한 꽃잎을 적용하겠습니다. 그래프를 선택하고 마우스 오른쪽 버튼을 클릭한 다음 Marker를 실행합니다.

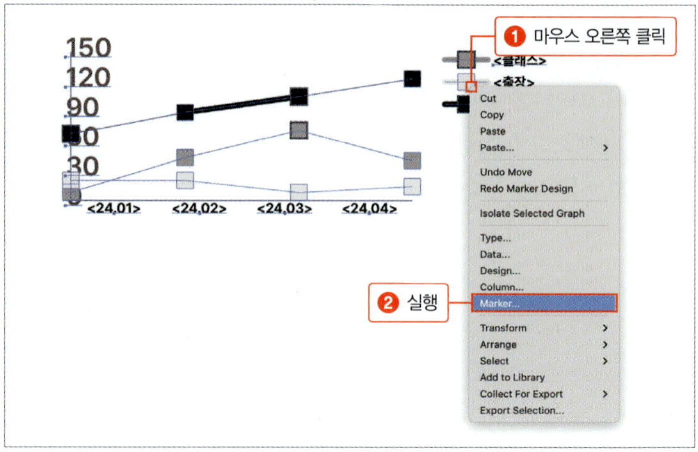

06 Graph Marker 대화상자의 Choose Marker Design 목록에서 등록한 [New Design]을 선택하고 <OK> 버튼을 클릭합니다.

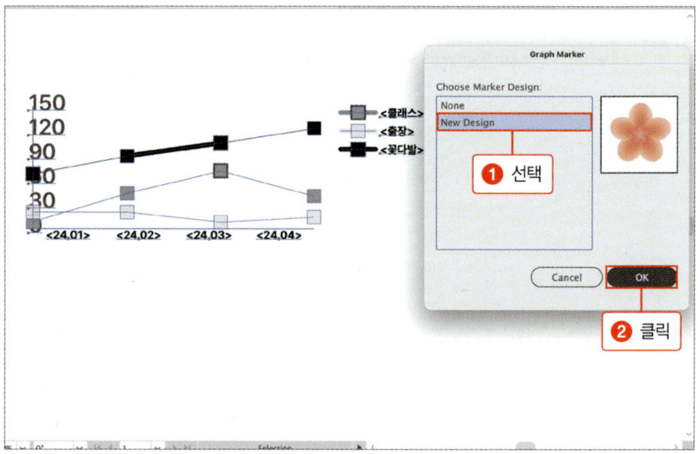

07 분산 그래프에서 각각의 마커(Marker)가 등록한 꽃잎으로 바뀌었습니다.

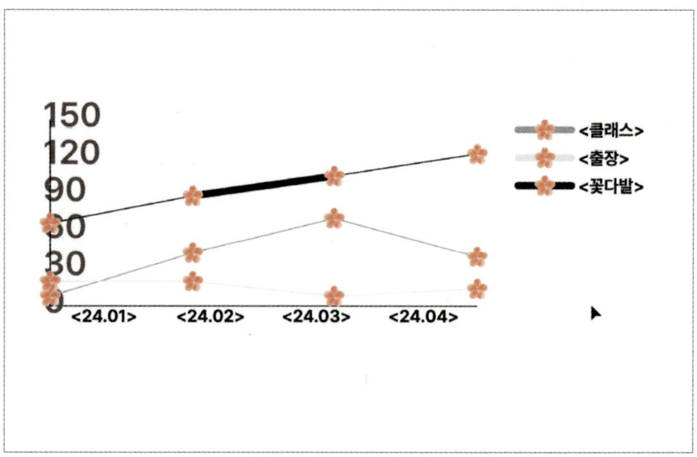

08 분산 그래프의 데이터 문자는 Character 패널에서 글꼴, 글자 크기 등을 설정합니다.

그래프의 선들을 선택하고 Swatches 패널에서 색상을 선택하거나 Color 패널에서 색상값을 지정하여 바꿀 수 있습니다.

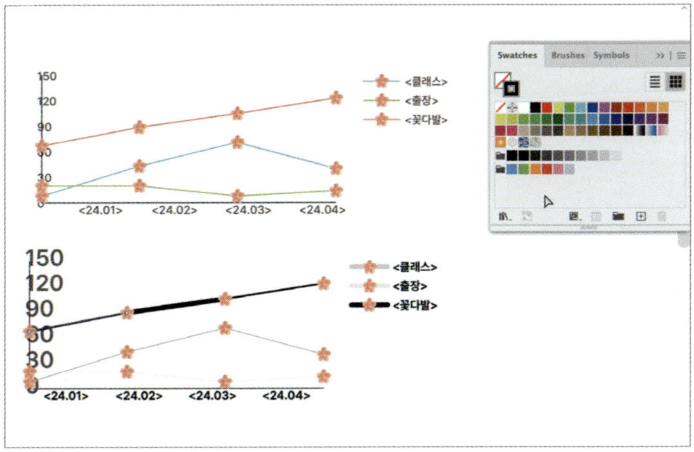

09 분산 그래프를 선택한 다음 메뉴에서 〔Object〕 → Flatten Transparency를 실행합니다.

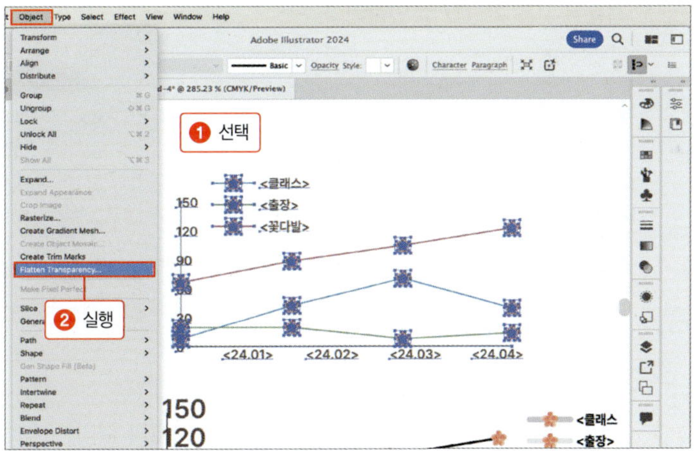

TIP Flatten Transparency

일러스트레이터에서 그래프를 Flatten Transparency로 변환하는 주요 이유는 다음과 같습니다.

❶ **출력 품질 향상**: 그래프에 불투명도, 그레이디언트, 블렌드 모드 등의 효과가 적용된 경우, 이러한 요소가 제대로 출력되지 않을 수 있습니다. Flatten Transparency를 사용하면 모든 요소를 평면화해 출력 품질을 향상하고 원하는 결과를 얻을 수 있습니다.

❷ **호환성 향상**: 그래프가 포함된 문서를 다른 프로그램으로 가져오거나 공유할 때 불투명도 관련 문제가 발생할 수 있습니다. Flatten Transparency를 적용하면 이러한 문제를 해결할 수 있어 다른 프로그램과의 호환성이 높아집니다.

❸ **파일 크기 감소**: 불투명도 효과가 적용된 그래프는 파일 크기가 커질 수 있습니다. Flatten Transparency를 사용하면 불투명도를 제거하여 파일 크기를 줄일 수 있습니다.

10 왼쪽 그래프에 Flatten Transparency 기능을 적용했습니다. 다음의 두 그래프를 비교하면 양쪽이 같아 보입니다.

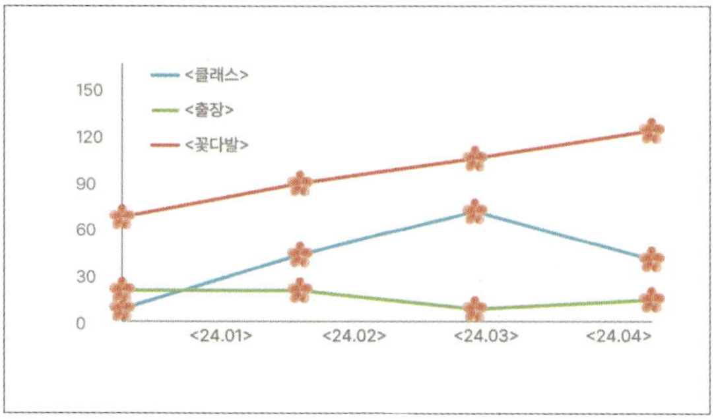

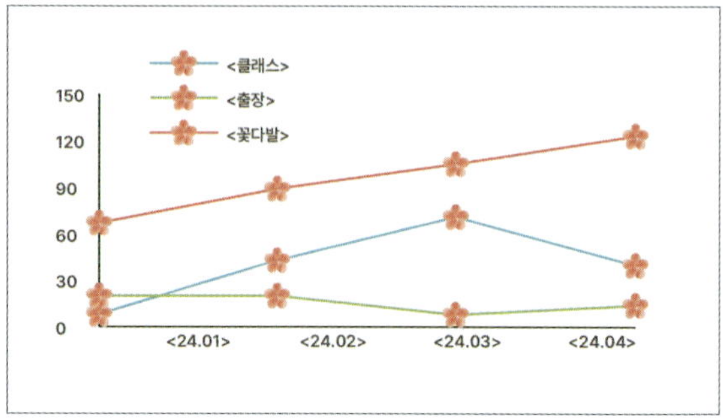

11 Ctrl + Y를 눌러 외곽선 보기를 통해 두 그래프를 보면 마커(Marker)의 꽃잎에 Flatten Transparency 기능이 적용된 것을 확인할 수 있습니다.

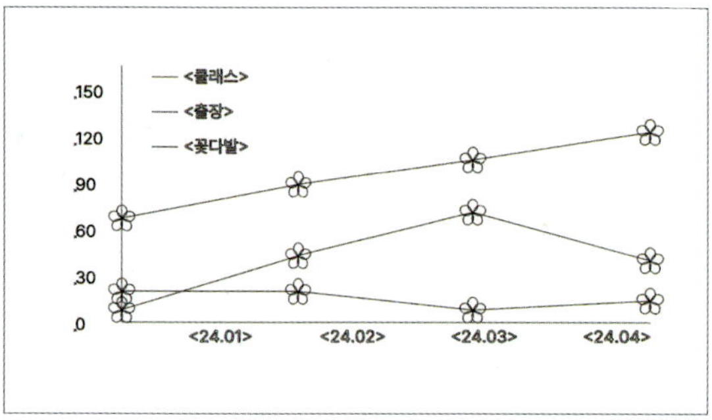

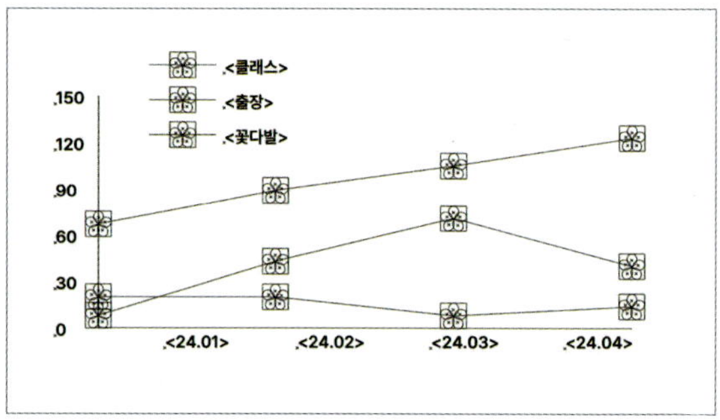

12 파이 그래프와 분산 그래프를 레이아웃해서 그림과 같이 완성합니다.

7.2

실습 예제 02

가로 막대그래프와 파이 그래프로 디자인하기

• **예제 파일** : 07\인포그래픽1.ai • **완성 파일** : 07\인포그래픽2.ai

가로 막대그래프와 파이 그래프를 디자인하며 데이터를 직관적으로 전달하는 방법을 배웁니다. 다양한 색상과 그래픽 요소로 시각적 효과를 극대화하고, 실제 사례를 통해 데이터의 의미와 가치를 이해합니다.

가로 막대그래프 디자인하기

01 07 폴더에서 '인포그래픽1.ai' 파일을 불러옵니다.

가로 막대그래프 도구(▤)를 선택하고 두 번째 아트보드에 드래그합니다. 데이터 입력 창에 데이터를 입력합니다.

TIP 데이터

꽃꽂이	7
음악 감상	5
고양이와 놀기	10

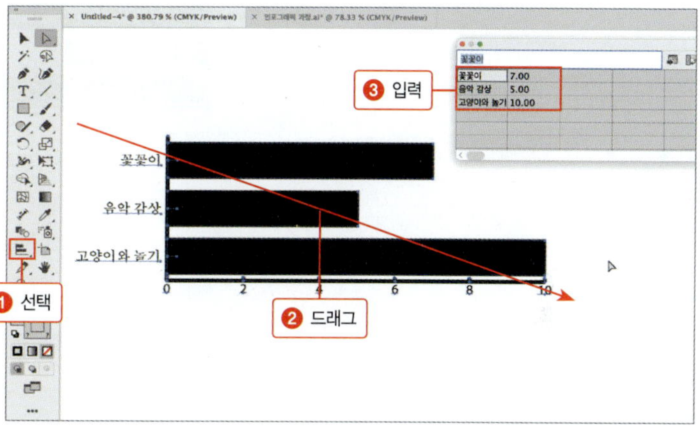

02 가로 막대그래프의 막대(Bar)에 새싹 일러스트를 등록하기 위해 선택한 후 메뉴에서 [Object] → Graph → Design을 실행합니다.

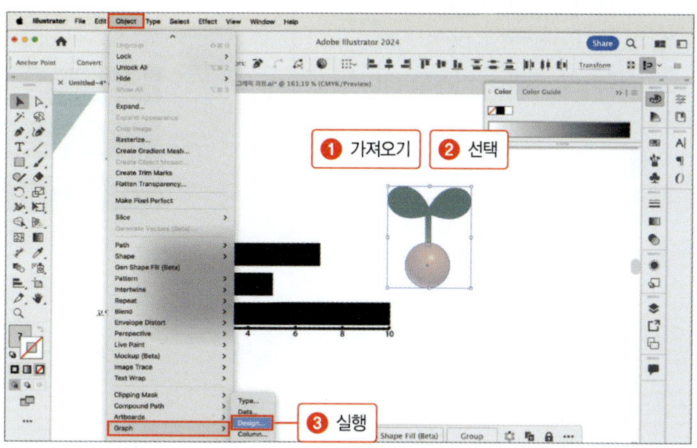

03 Graph Design 대화상자가 표시되면 <New Design> 버튼을 클릭해 새싹 이미지를 등록합니다. <Rename> 버튼을 클릭하고 이름을 '유칼립투스'로 지정한 다음 <OK> 버튼을 클릭합니다.

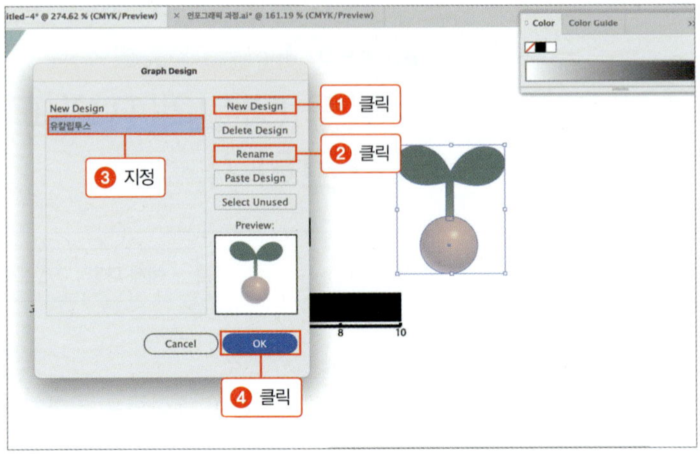

04 가로 막대그래프를 선택하고 마우스 오른쪽 버튼을 클릭한 다음 Column을 실행합니다.

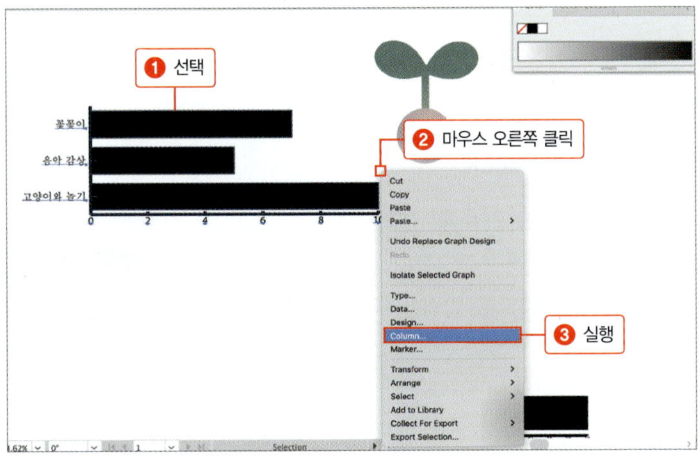

05 Graph Column 대화상자에서 Choose Column Design을 [유칼립투스], Column Type을 'Sliding'으로 선택하고 <OK> 버튼을 클릭합니다.

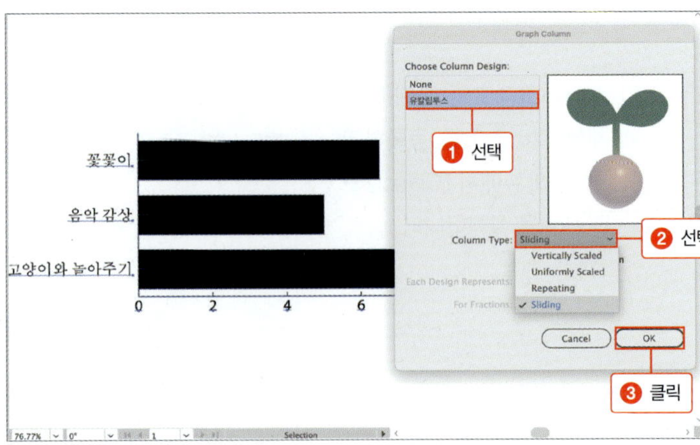

06 새싹 줄기가 바 모양으로 바뀐 것을 확인할 수 있습니다.

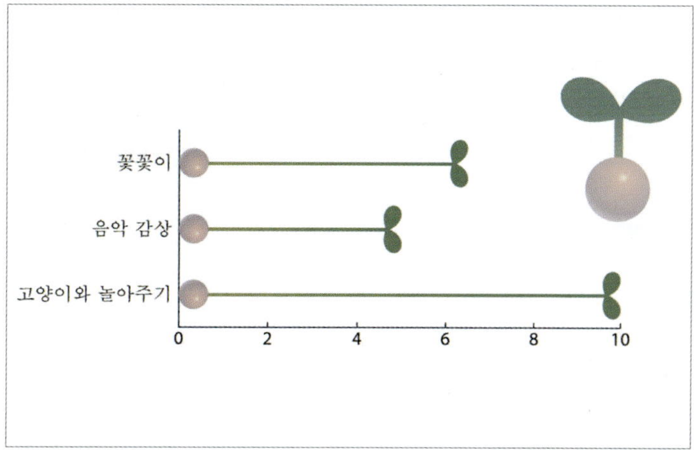

07 문자와 숫자를 선택한 다음 Character 패널에서 디자인에 어울리는 글꼴과 글자 크기, 색상으로 자유롭게 설정합니다. 완성된 그래프 전체를 선택하고 메뉴의 〔Object〕 → Flatten Transparency를 실행합니다.

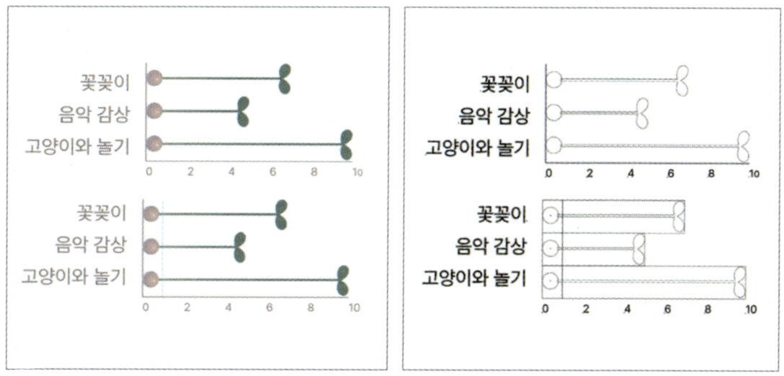

Flatten Transparency 기능을 적용한 상태의 외곽선 비교

파이 그래프 응용하기

01 파이 그래프 도구( )를 선택하고 아트보드에 드래그하여 파이 그래프 크기를 조정한 다음 데이터 입력 창에 그림과 같이 데이터를 입력합니다.

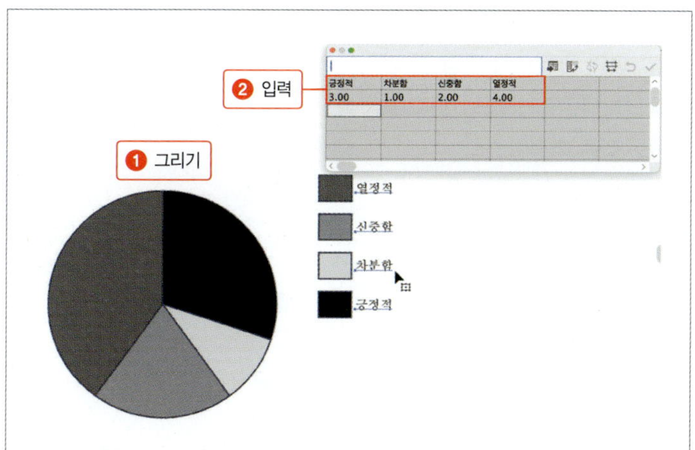

TIP 데이터

긍정적	차분함	신중함	열정적
3	1	2	4

02 파이 그래프는 그레이디언트 도구(■)를 이용해서 자유롭게 그러데이션 색상을 적용합니다. 예제에서는 보라색(#BE97C5) 계열 방사형 그레이디언트를 적용했습니다.

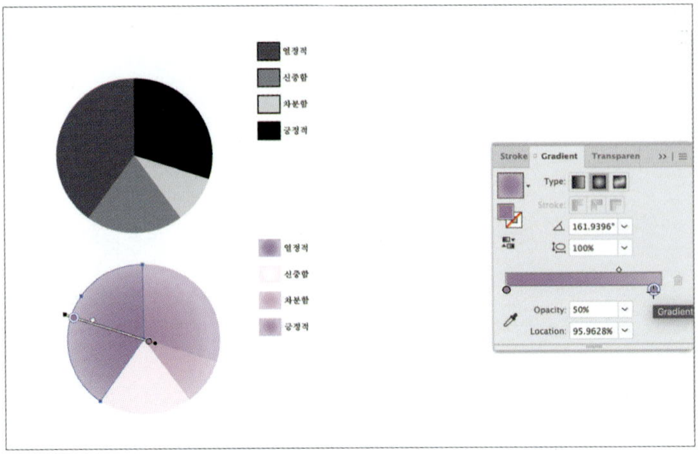

03 바운딩 박스를 드래그해 파이 그래프를 회전합니다.

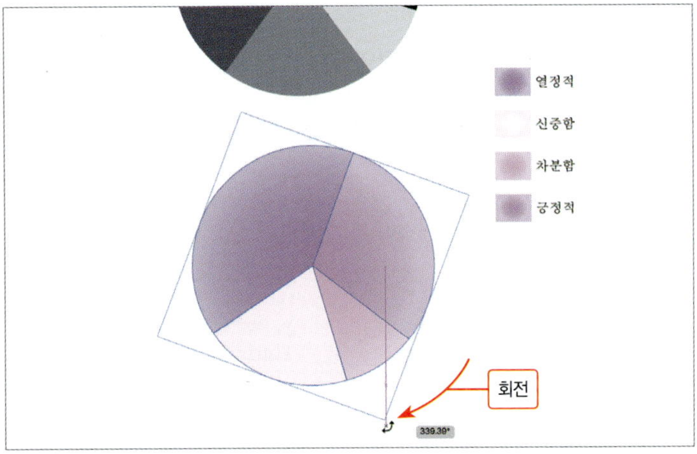

04 직접 선택 도구(▷)를 이용해 파이 그래프의 가장 큰 파이를 선택합니다. 크기 조절 도구(⧉)를 선택한 다음 더블클릭합니다.

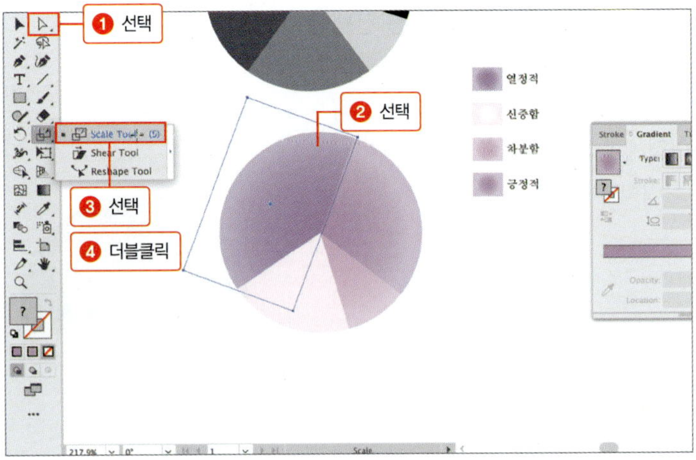

05 Scale 대화상자가 표시되면 각 파이 그래프의 Uniform에 크기를 입력하여 조정합니다. 가장 큰 파이에서는 Uniform을 '120%'로 설정하고 <OK> 버튼을 클릭합니다. 파이 그래프의 각 부분도 크기 값을 조절합니다.

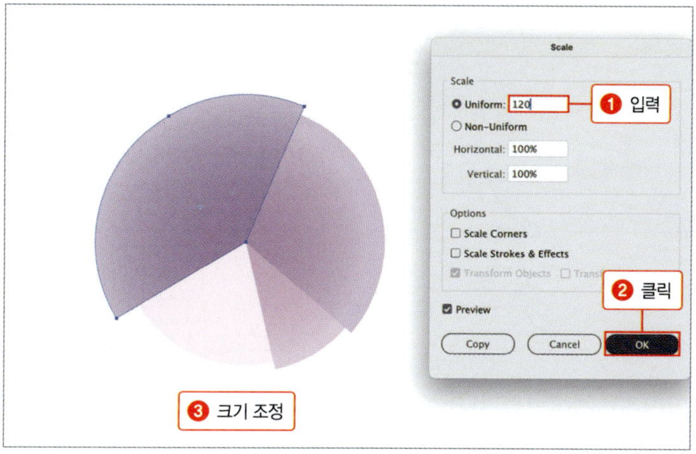

06 각각의 파이에 문자로 이름을 작성하고 화살표를 추가하여 구분합니다.

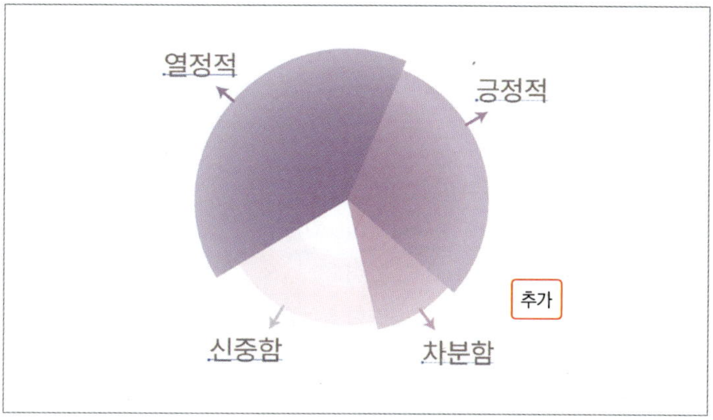

07 완성된 그래프를 선택한 다음 메뉴에서 〔Object〕 → Flatten Transparency를 실행합니다. 두 그래프와 제목을 조합하여 그림과 같이 레이아웃합니다.

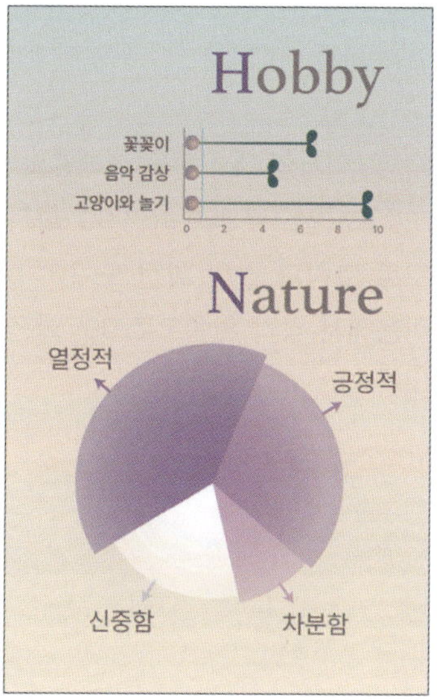

실습 예제 03

7.3 가로 막대그래프 응용하기

• **예제 파일** : 07\인포그래픽2.ai • **완성 파일** : 07\인포그래픽3.ai

일러스트레이터를 사용해 영역 그래프를 디자인하며 데이터 변화를 시각적으로 표현하는 방법을 배웁니다. 부드러운 그러데이션 색상을 적용하여 그래프에 깊이감을 주고, 정보를 효과적으로 전달하기 위해 다양한 요소를 추가하여 그래프를 풍부하게 꾸밉니다.

01 07 폴더에서 '인포그래픽2.ai' 파일을 불러옵니다.

가로 막대그래프 도구(Bar Graph Tool 아이콘)를 선택한 다음 세 번째 아트보드에 드래그하여 그래프 크기를 지정하고 데이터 입력 창에 데이터를 '3, 5, 4, 3, 4'로 입력합니다.

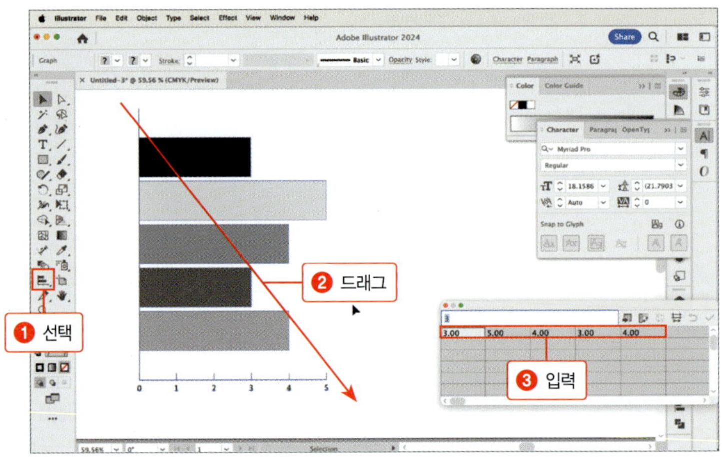

02 디자인 소스들을 그래프의 디자인으로 등록하면 90° 회전하므로 그림과 같이 회전 도구(Rotate Tool 아이콘)를 이용해서 각각 왼쪽으로 90° 회전합니다.

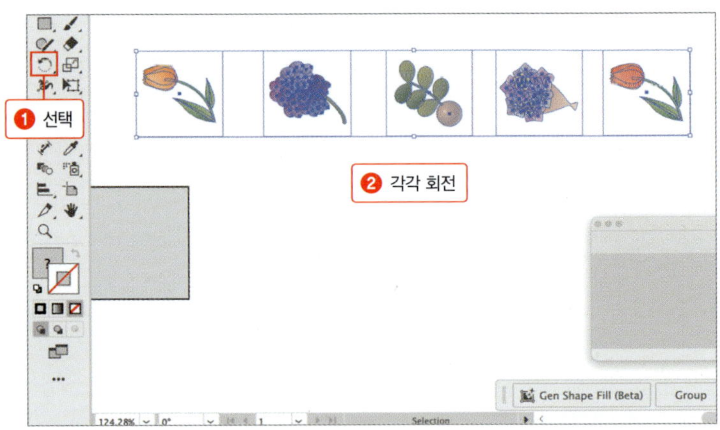

03 각각의 오브젝트를 선택한 다음 메뉴에서 〔Object〕 → Graph → Design을 실행합니다. Graph Design 대화상자에서 디자인으로 등록하고 <Rename> 버튼을 클릭하여 등록된 디자인의 이름을 그림과 같이 변경한 후 <OK> 버튼을 클릭합니다.

TIP

크기 조절이 쉽도록 오브젝트는 투명한 박스와 함께 그룹화해서 크기를 조정합니다.

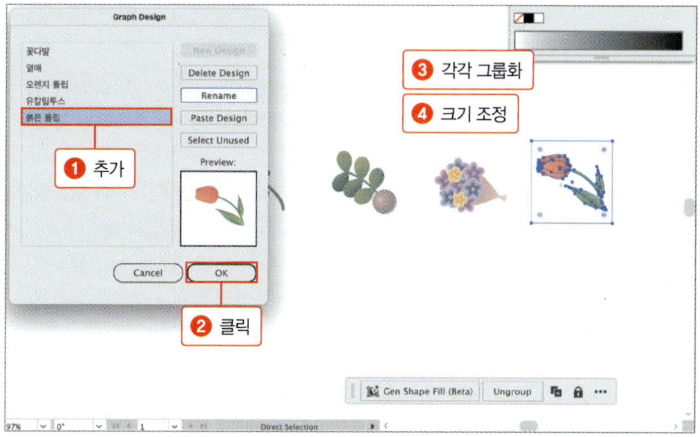

04 직접 선택 도구(▷)로 가로 막대그래프의 막대 하나를 선택합니다.

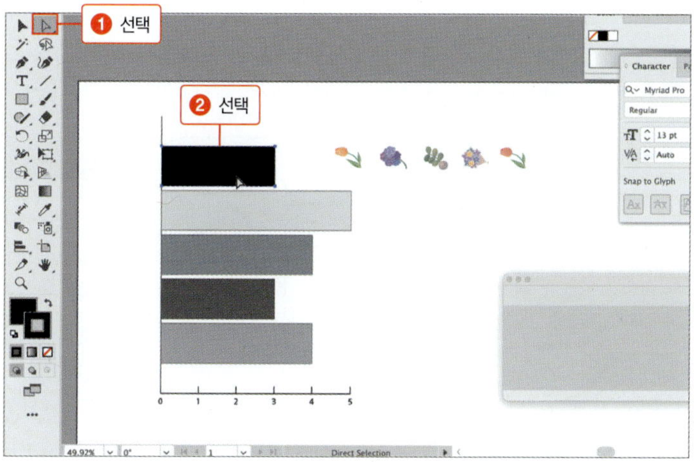

05 메뉴에서 〔Object〕 → Graph → Column을 실행합니다. Graph Column 대화상자가 표시되면 [오렌지 튤립]을 선택하고 Column Type: Repeating, Each Design Represents: 1 units, For Fractions: Chop Design으로 지정한 다음 <OK> 버튼을 클릭합니다.

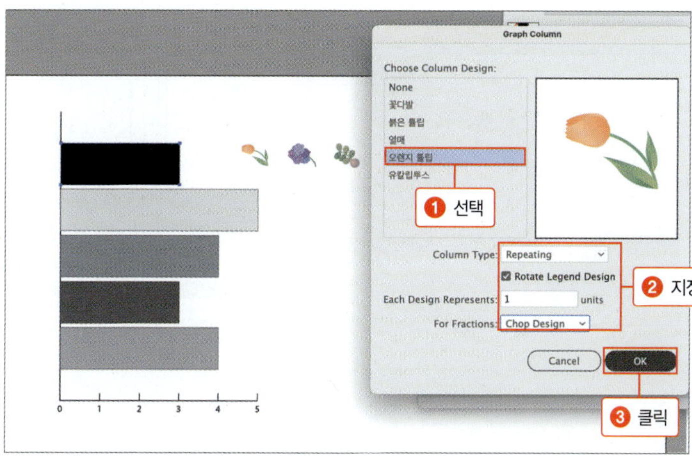

TIP Graph Column 대화상자

❶ **Column Type(막대 유형)**: 그래프의 열 유형을 선택합니다. 데이터의 특성과 시각화 목적에 맞는 가장 적합한 유형을 선택하여 효과적으로 데이터를 표현할 수 있습니다.

❷ **Rotate Legend Design(범례 디자인 회전)**: 그래프의 범례 디자인을 회전할 수 있습니다. 이를 통해 그래프의 레이아웃을 최적화하고 가독성을 높입니다.

❸ **Each Design Represents(각 디자인 표시)**: 각 열 디자인이 나타내는 유닛의 개수를 선택합니다. 그래프의 목적에 맞는 데이터 표현 방식을 설정해 정보를 명확하게 전달할 수 있습니다.

❹ **For Fractions(부족한 부분)**: 소수점 이하 자릿수를 디자인에 포함합니다. 소수점 표현, 분수 표현 등 다양한 옵션을 제공하며, 데이터의 특성에 맞는 적절한 표현 방식을 선택할 수 있습니다.

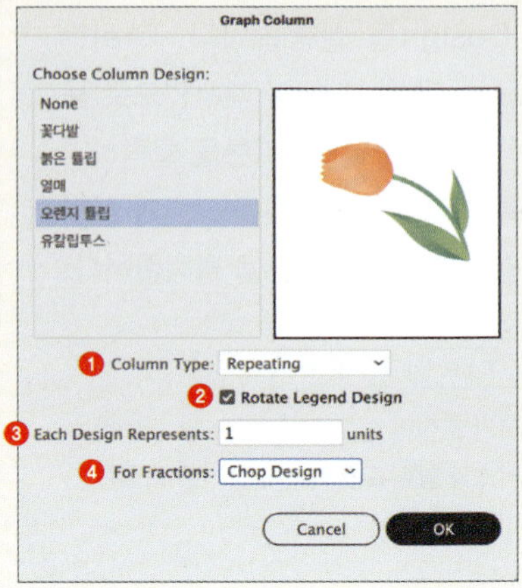

06 직접 선택 도구(▷)로 다른 막대그래프의 막대를 선택한 다음 각 디자인 소스 오브젝트를 위와 같은 방법을 이용해 디자인으로 등록합니다.

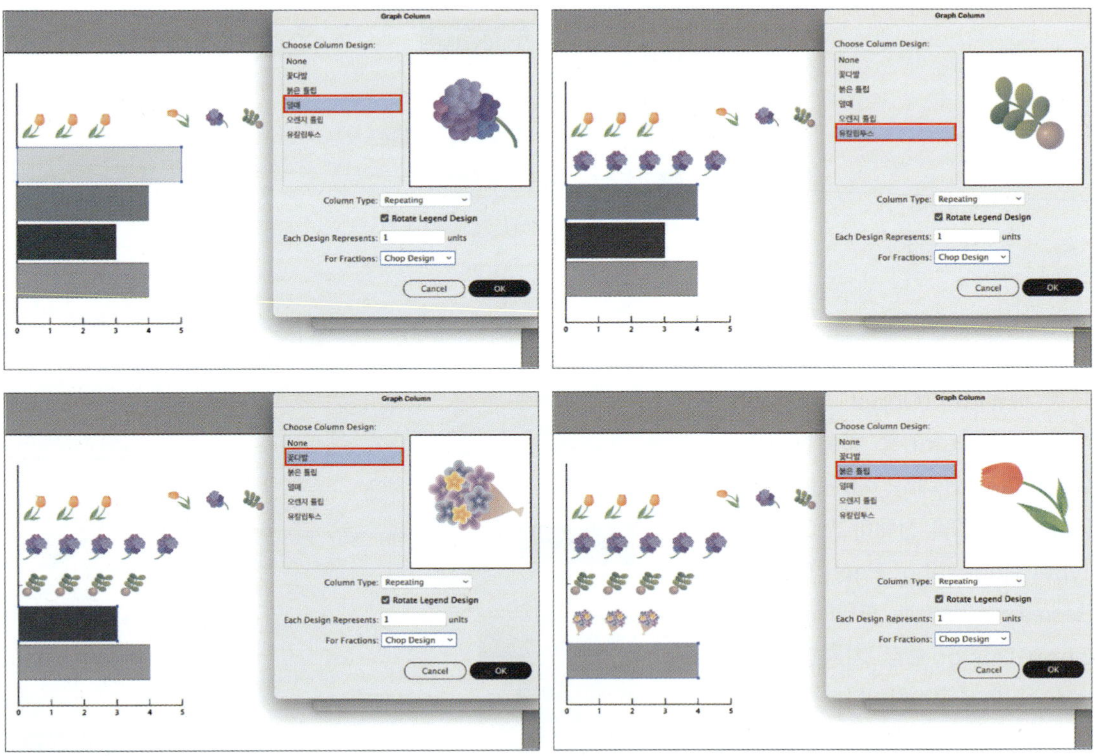

07 가로 막대그래프에 디자인이 모두 적용되면 선택하고 메뉴에서 [Object] → Flatten Transparency를 실행해 완성합니다.

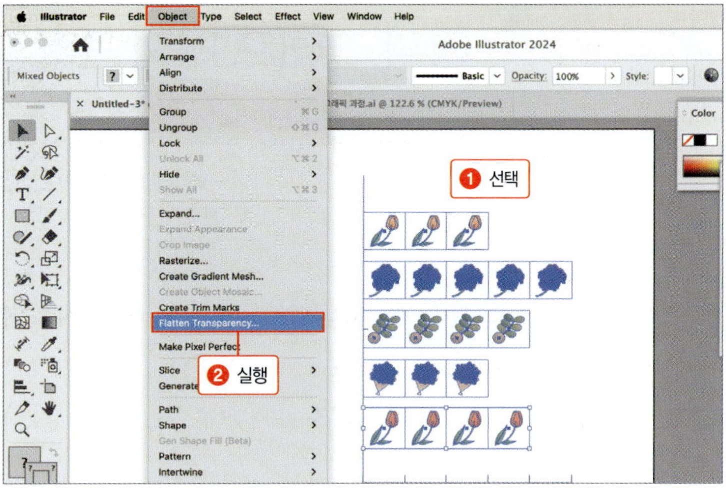

08 펜 도구( )를 이용해서 그림과 같이 왕관 모양을 만듭니다. Gradient 패널에서 그레이디언트 포인트를 추가한 다음 왼쪽부터 '#FBC054', '#FFE68A', '#FBBC55'로 지정합니다.

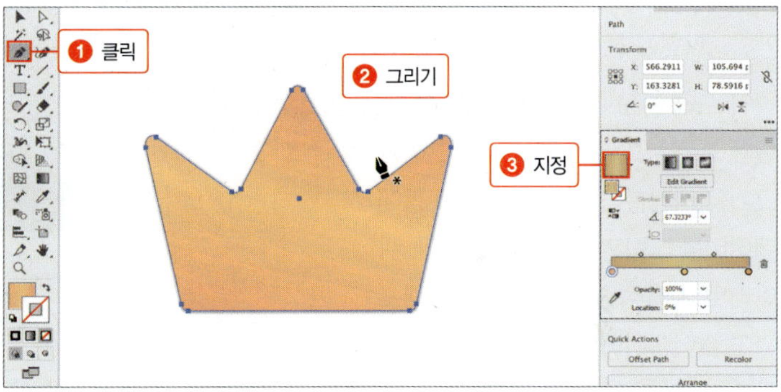

09 가로 막대그래프의 항목 이름을 작성하고 왕관을 레이아웃해서 디자인합니다.

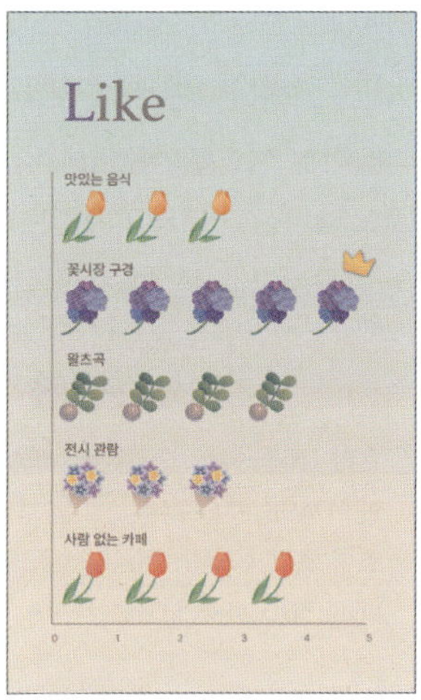

7.4

실습 예제 04

영역 그래프 디자인하기

• **예제 파일** : 07\인포그래픽3.ai • **완성 파일** : 07\인포그래픽4.ai

영역 그래프에 그러데이션 색상을 적용하고, 생성형 AI를 활용해 그래프를 더욱 풍부하게 꾸미는 방법을 알아봅니다.

영역 그래프 만들기

01 07 폴더에서 '인포그래픽3.ai' 파일을 불러옵니다.

영역 그래프 도구( )를 선택하고 네 번째 아트보드에 드래그하여 그래프 크기를 지정합니다. 데이터 입력 창에 데이터를 그림과 같이 입력합니다. 위 아래로 시각적으로 비교되는 그래프가 만들어집니다.

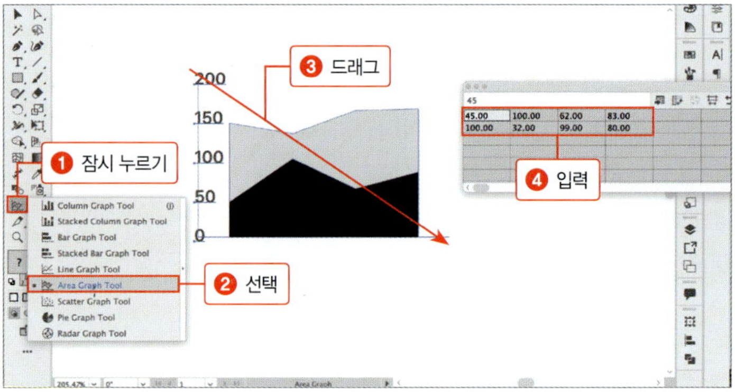

02 그래프 각 영역을 꾸미기 위해 그레이디언트 도구( )로 그러데이션 색상을 적용합니다. 'Linear Gradient(선형 그레이디언트)'를 적용하고 구분되는 색상을 지정합니다.

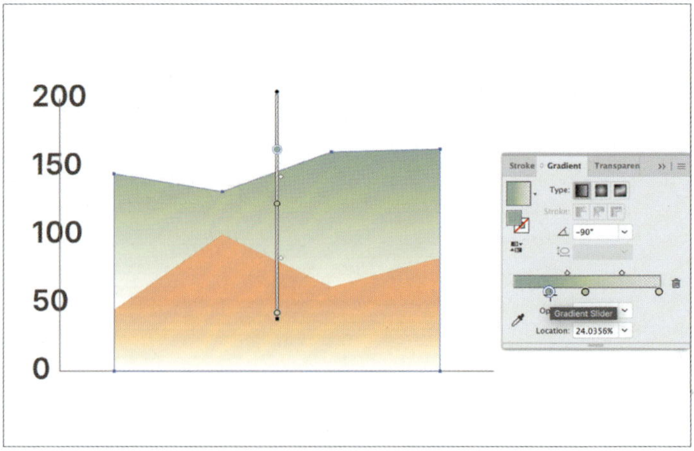

TIP **그러데이션 색상**

주황 그러데이션 - 왼쪽부터 #FAC08C, #FEDA99, #FFF7AA

초록 그러데이션 - 왼쪽부터 #B5CFAE, #DFE3B0, #F4EFD1

03 각 항목을 입력한 다음 그래프를 전체 선택하고 메뉴에서 [Object] → Flatten Transparency를 실행합니다.

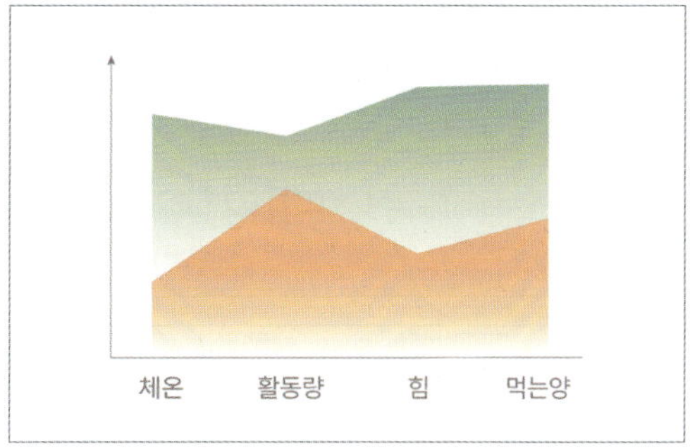

생성형 AI 캐릭터 추가하기

01 그래프를 꾸미는 AI 이미지를 생성하겠습니다. Contextual Task Bar에 "고양이 얼굴, 심플한 컬러, 사실적인 형태"의 프롬프트를 입력한 다음 Properties 패널에서 디테일을 조정하면서 몇 가지 디자인을 생성합니다.

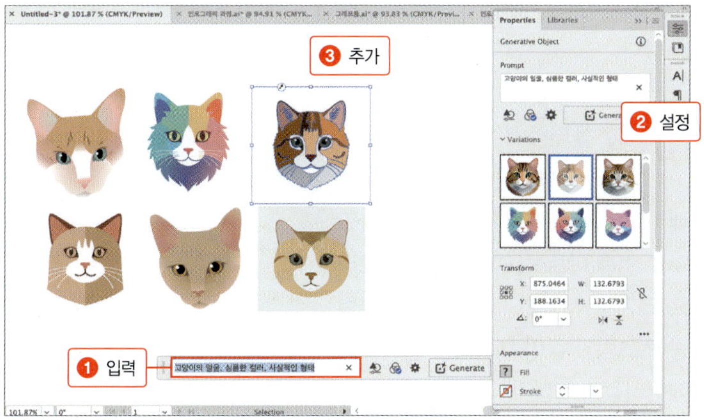

02 만들어진 고양이 중 어울리는 일러스트를 레이아웃하고 그래프를 꾸며 완성합니다.

7.5 레이더 그래프 디자인하기

실습 예제 05

• **예제 파일** : 07\인포그래픽4.ai • **완성 파일** : 07\인포그래픽5.ai

레이더 그래프는 여러 지표를 종합적으로 비교할 때 효과적인 시각화 도구입니다. 이 그래프는 여러 데이터 범주를 한눈에 비교할 수 있으며, 상대적인 크기를 표현하고 다양한 특성을 동시에 시각화할 수 있습니다.

01 07 폴더에서 '인포그래픽4.ai' 파일을 불러옵니다.

레이더 그래프 도구(Radar Graph Tool)를 선택하고 다섯 번째 아트보드에 드래그해 그래프 크기를 지정한 다음 데이터 입력창에 그림과 같이 데이터를 입력하면 데이터값에 마커가 나타납니다.

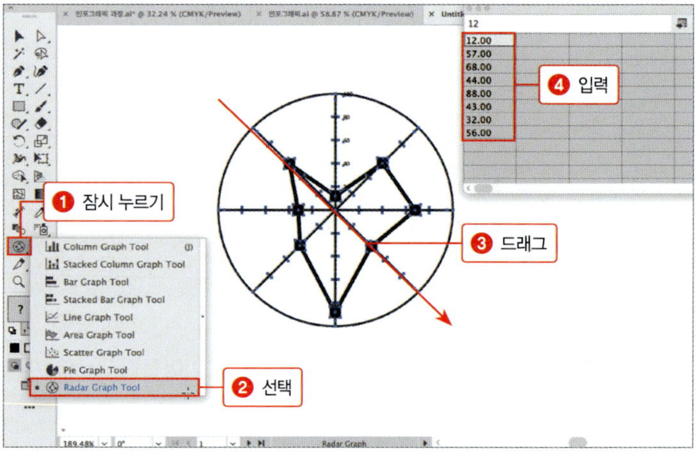

02 새싹 일러스트를 선택한 다음 메뉴에서 [Object] → Graph → Design을 실행합니다. Graph Design 대화상자에서 <New Design> 버튼을 클릭하여 등록하고 <Rename> 버튼을 클릭한 다음 "새싹"을 입력하여 추가한 후 <OK> 버튼을 클릭합니다.

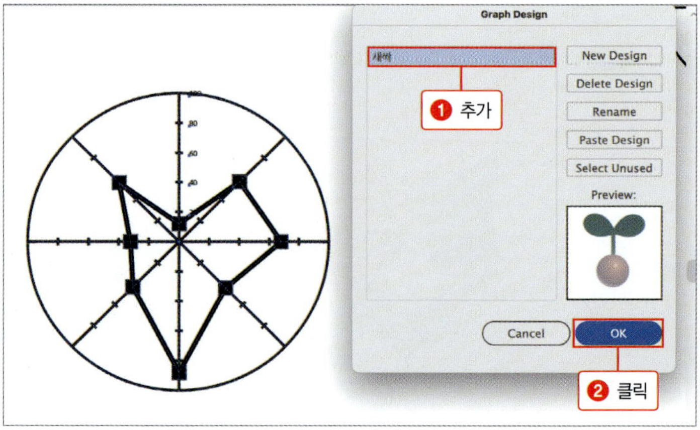

03 등록된 디자인으로 마커를 바꾸기 위해 레이더 그래프를 선택하고 메뉴에서 〔Object〕 → Graph → Marker를 실행합니다. Graph Marker 대화상자에서 등록한 [새싹] 디자인을 선택한 다음 <OK> 버튼을 클릭합니다.

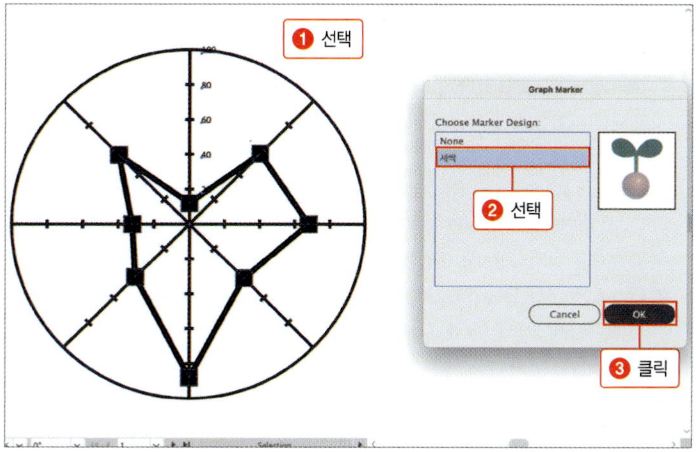

04 마커가 새싹 디자인으로 바뀌면 선택된 상태에서 Control 패널의 Stroke를 '6pt'로 지정합니다.

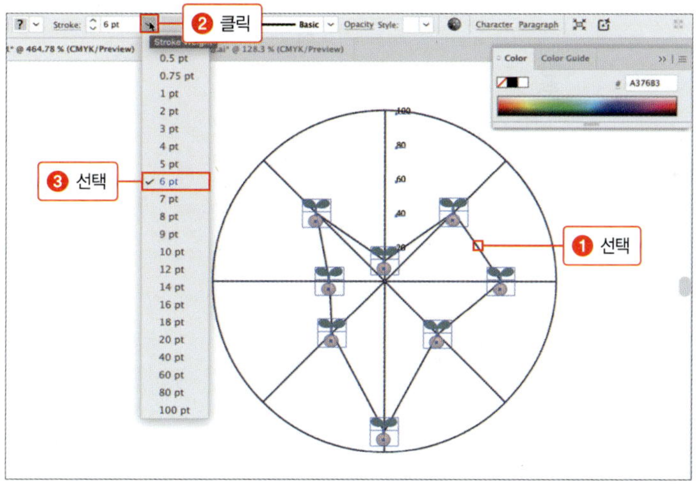

TIP

그래프 디자인 스타일에 따라 Stroke의 두께를 알맞게 변경합니다.

05 그래프 디자인 요소를 편집하기 위해 메뉴에서 〔Object〕 → Flatten Transparency를 실행합니다. Flatten Transparency 대화상자에서 선 요소는 면으로 변환하지 않기 위해 'Convert All Strokes to Outlines'의 체크 표시를 해제하고 <OK> 버튼을 클릭합니다.

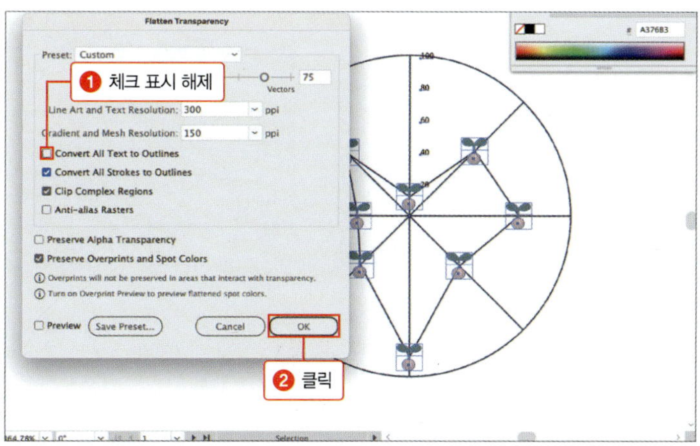

TIP Flatten Transparency 대화상자

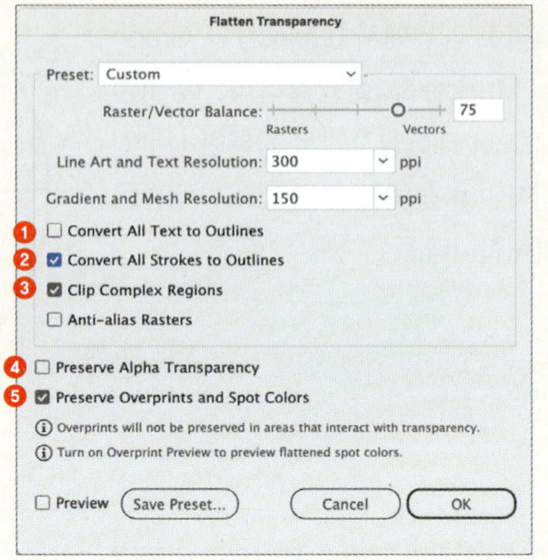

❶ **Convert All Text to Outlines:** 모든 문자 오브젝트를 벡터 이미지로 변환합니다. 이렇게 하면 문자가 불투명도 효과에 영향을 받지 않으며, 문자 모양과 위치는 그대로 유지되면서도 편집이 쉬워집니다.

❷ **Convert All Strokes to Outlines:** 모든 선을 벡터 이미지로 변환합니다. 선이 면으로 변환되면 불투명도 효과에 영향을 받지 않으며, 선 모양과 위치는 유지되면서도 편집할 수 있습니다.

❸ **Clip Complex Regions:** 복잡한 불투명도 효과가 적용된 영역을 하나의 클리핑 마스크로 묶습니다. 이를 통해 불투명도 처리가 쉬워지고 파일 크기가 줄어듭니다.

❹ **Preserve Alpha Transparency:** 오브젝트의 알파 불투명도(불투명도 수준)를 유지합니다. 불투명도 정보가 손실되지 않도록 해 원본 디자인을 그대로 보존합니다.

❺ **Preserve Overprints and Spot Colors:** 오버프린트 및 스팟 컬러 정보를 유지합니다. 인쇄 시 정확한 색상 재현을 위해 이 옵션을 사용합니다.

06 전체 오브젝트를 선택하고 마우스 오른쪽 버튼을 클릭한 다음 Ungroup을 실행해 그룹을 해제합니다.

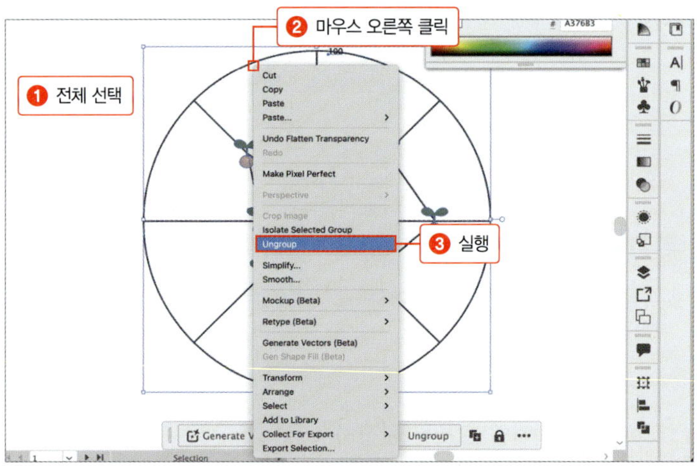

07 레이더 그래프의 선만 선택합니다. 선택된 선들은 아직 각각의 선으로만 이루어져 있으므로 메뉴에서 [Object] → Path → Join을 실행하여 하나로 만듭니다.

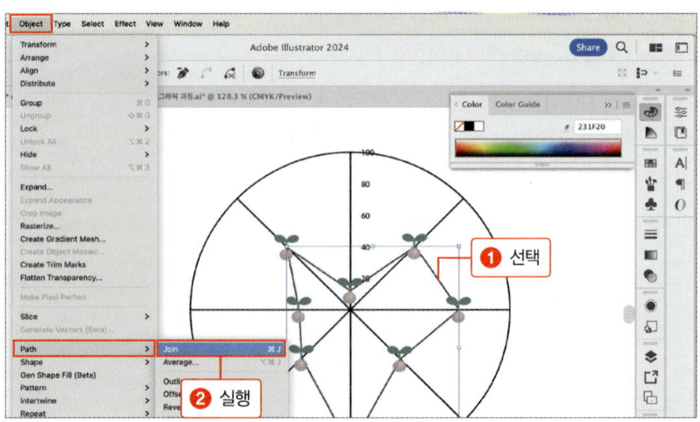

08 면 오브젝트의 내부는 그레이디언트 도구( )를 이용해서 방사형 그레이디언트(#EDD1E1, #C7A5CC)를 지정합니다.

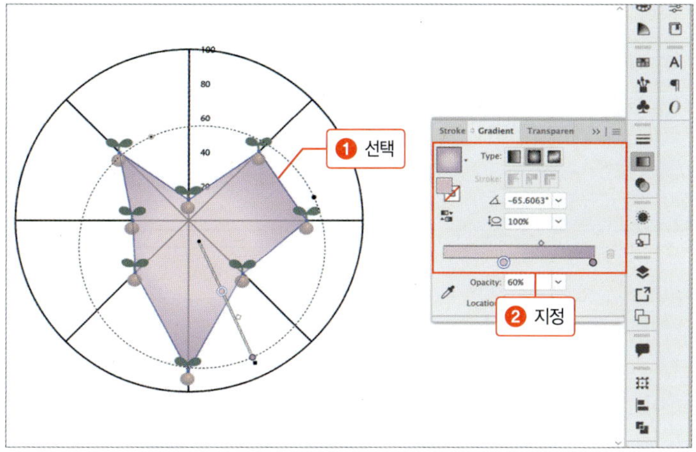

09 획 색상을 '#AC77B1'로 변경하고 그림과 같이 그래프의 항목들을 입력합니다.

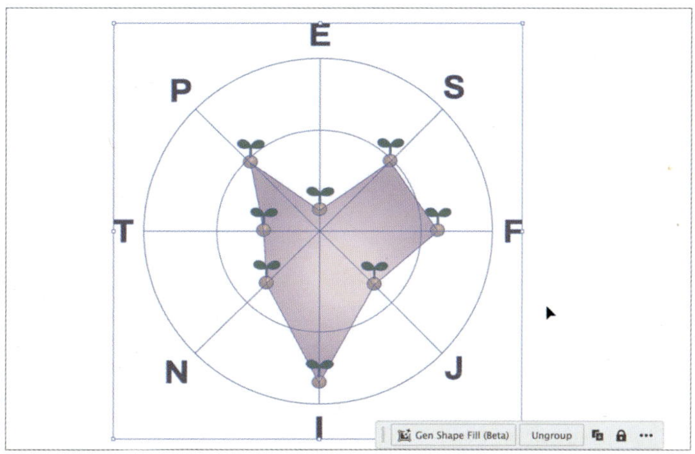

10 레이아웃을 조정해 그래프를 완성합니다.

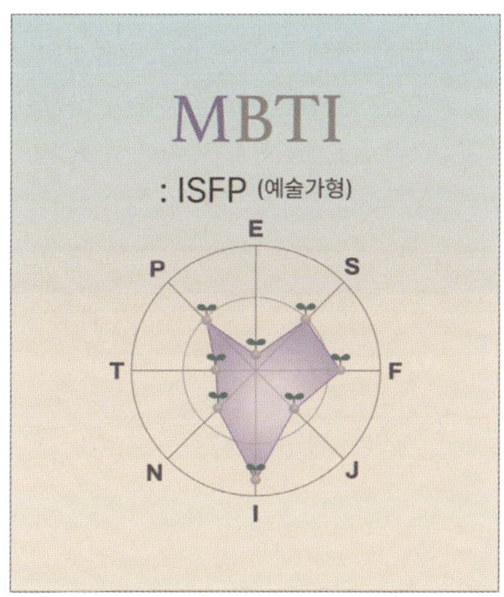

7.6 실습 예제 06 생성형 AI 아이콘과 파이 그래프를 더해 인포그래픽 완성하기

• **예제 파일 :** 07\인포그래픽5.ai, 캐릭터 프로필.ai • **완성 파일** : 07\인포그래픽6.ai

파이 그래프는 정보를 다양한 방식으로 시각화할 수 있는 그래프입니다. 예를 들어, 아이콘을 추가하여 더 직관적으로 표현할 수 있습니다.

01 07 폴더에서 '인포그래픽5.ai' 파일을 불러옵니다.

파이 그래프 도구( )를 선택하고 여섯 번째 아트보드에 드래그하여 그래프 크기를 조정한 후 데이터를 입력하여 그림과 같이 여러 개의 파이 그래프들을 만듭니다.

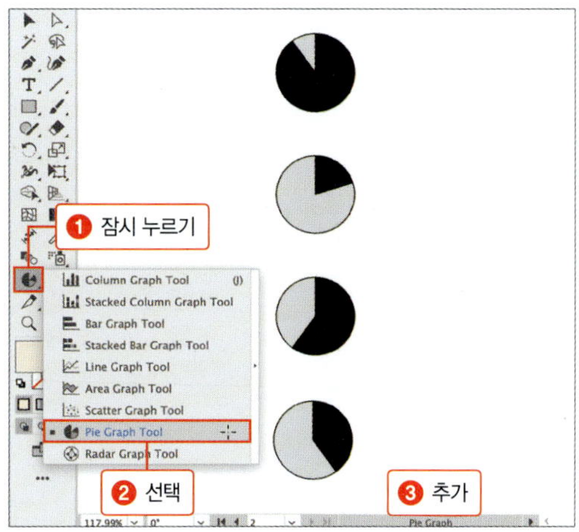

TIP 그래프 데이터값

첫 번째 그래프 90/10
두 번째 그래프 20/80
세 번째 그래프 60/40
네 번째 그래프 40/60

02 직접 선택 도구( )를 이용하여 각각의 파이 부분을 선택하며 그림과 같이 다양한 색(위에서부터 #B8CB90, #FBCA8F, #FBCA8F, #B4CBE5)을 지정합니다.

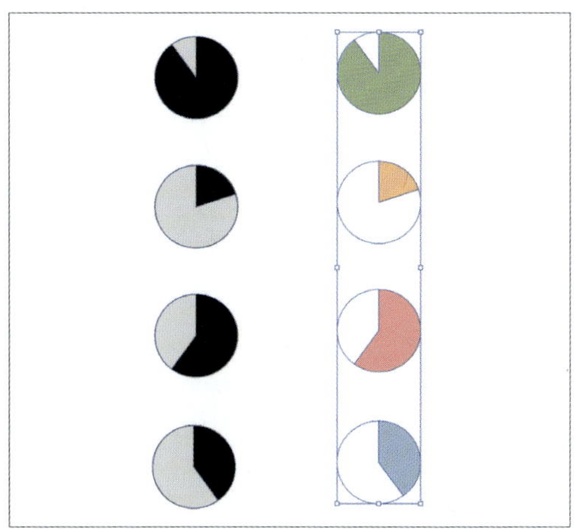

03 원형 도구(◎)를 선택하고 칠을 '#FCF2E3', 선을 '색상 없음'으로 지정한 다음 드래그하여 파이 이미지보다 조금 작은 정원을 만들고 파이 가운데로 이동합니다.

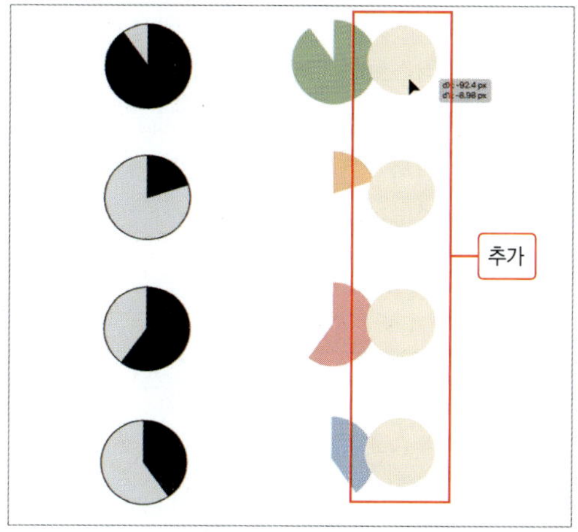

04 파이 그래프와 그보다 조금 작은 원을 그림과 같이 각각 가운데 정렬해 선 형태의 파이 그래프로 변경합니다.

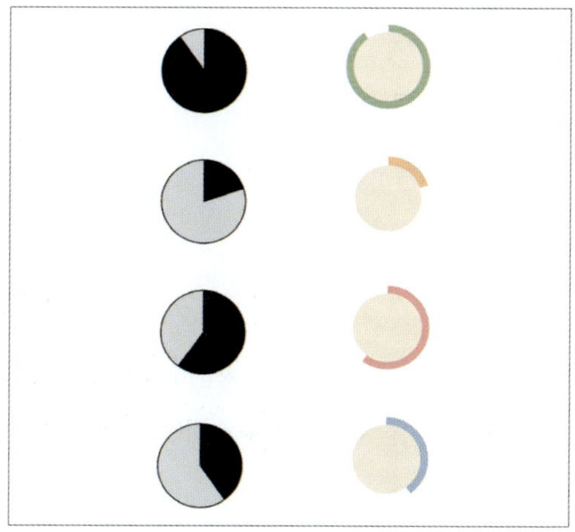

05 가운데 원은 그레이디언트 도구(▣)를 이용해 그러데이션 색상을 적용합니다. Contextual Task Bar에서 각 파이 그래프에 들어갈 아이콘을 생성합니다. 간단한 아이콘이므로 [Icon]을 선택한 다음 슬라이더를 조절하며 각각의 아이콘을 만듭니다. 프롬프트 창에 "버스 정면 아이콘", "택시 정면 아이콘", "자전거 옆모습 아이콘", "걷는 여자 옆모습 아이콘"을 입력해 일러스트레이션을 생성합니다.

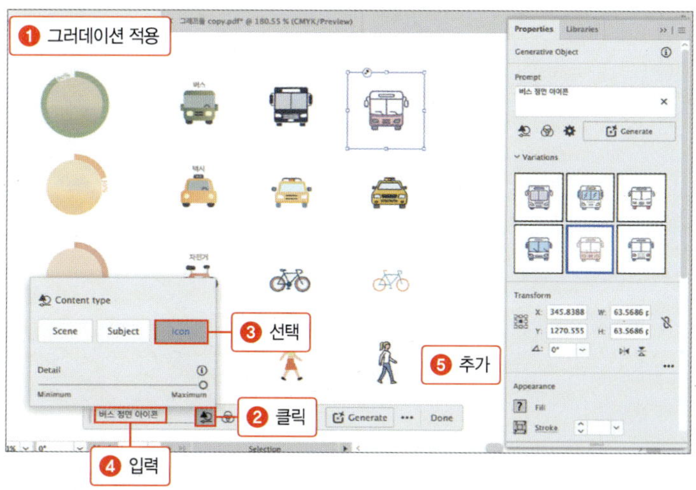

06 생성된 아이콘 중에서 어울리는 일러스트를 그림과 같이 파이 그래프에 레이아웃합니다. 항목마다 "버스", "택시", "자전거", "도보"를 각각 문자로 입력합니다.

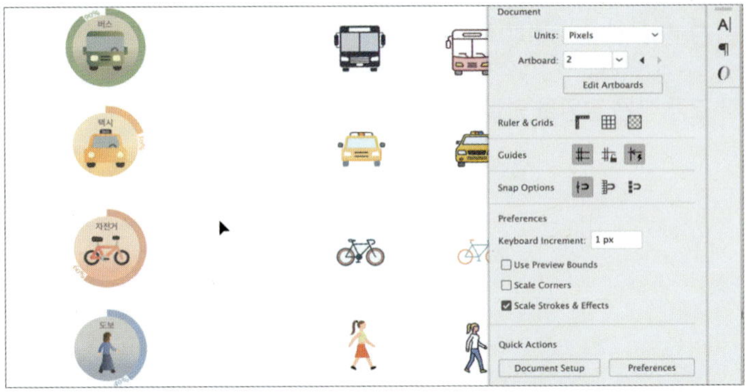

07 완성된 아이콘을 그림과 같이 레이아웃해서 완성합니다.

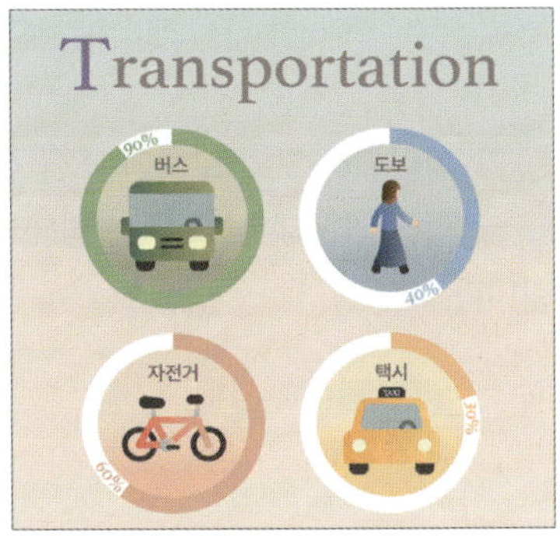

08 완성된 그래프들과 07 폴더에서 '캐릭터 프로필.ai' 파일을 불러와 조합해 캐릭터 프로필 인포그래픽을 완성합니다.

연습 문제 | 그래프에 효과 적용하기

01 영역 그래프에 그러데이션 색상을 적용해 보세요.

• **예제 및 완성 파일** : 07\연습문제1.ai

before

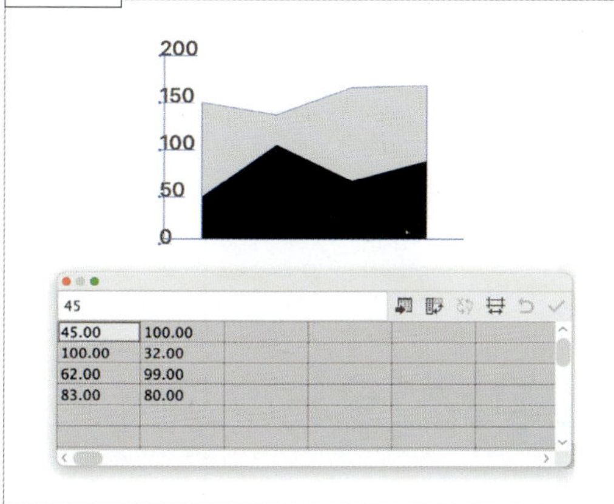

after

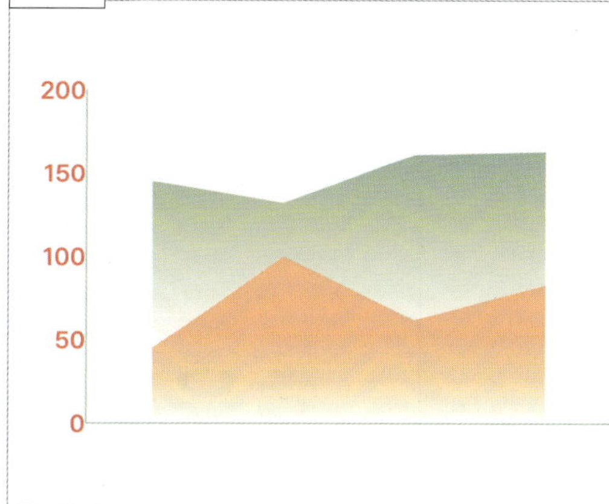

HINT 그래프를 패스로 전환하기 → 그래프 확대하기 → 그러데이션 색상 적용하기

02 파이 그래프에 색상을 적용하고 크기 변화를 적용해 보세요.

• **예제 및 완성 파일** : 07\연습문제2.ai

before

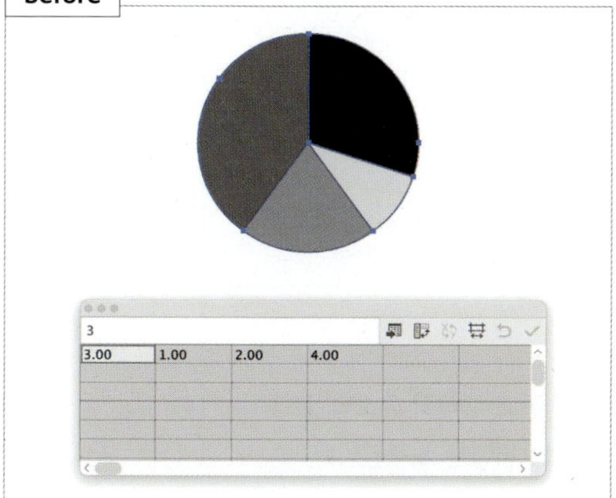

after

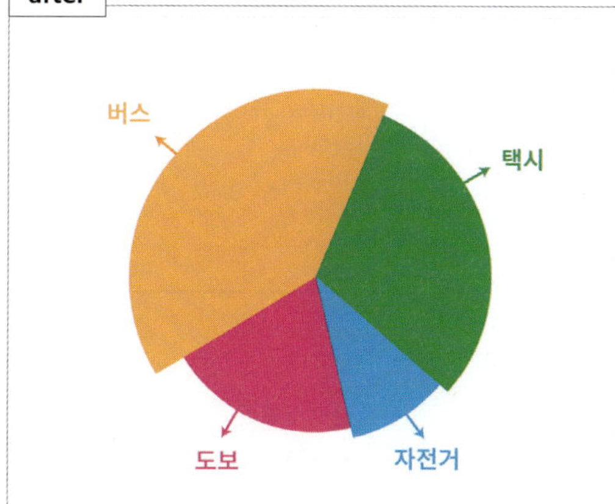

HINT 크기 조절 도구로 각각의 파이에 크기 적용하기 → Swatches 패널에서 색상 적용하기 → 화살표와 문자 추가하기

WEEK 08

효율적이고 직관적인 타이포그래피

학 습 목 표

일러스트레이터는 문자 속성을 세밀하게 조정하고 그래픽 요소와 결합하여 창의적인 타이포그래피를 구현할 수 있는 강력한 도구입니다. 예를 들어, 문자를 도형이나 이미지 등 다양한 그래픽 요소와 자유롭게 결합하여 문자와 그래픽이 상호작용하는 역동적인 타이포그래피를 만들 수 있습니다.

8.1 문자 도구 이해하기

일러스트레이터의 문자 도구를 활용해 텍스트 디자인의 기초를 배웁니다. 다양한 글꼴과 스타일을 적용해 개성을 표현하고, 텍스트 배치와 간격 조정을 통해 시각적으로 매력적인 디자인을 완성합니다.

01 다양한 문자 도구(T)를 선택하고 아트보드에 클릭 또는 드래그하여 문자를 입력할 수 있습니다. Character 패널에는 여러 문자 옵션이 있어 글꼴, 글자 크기, 간격 등 다양한 속성을 편집할 수 있습니다.

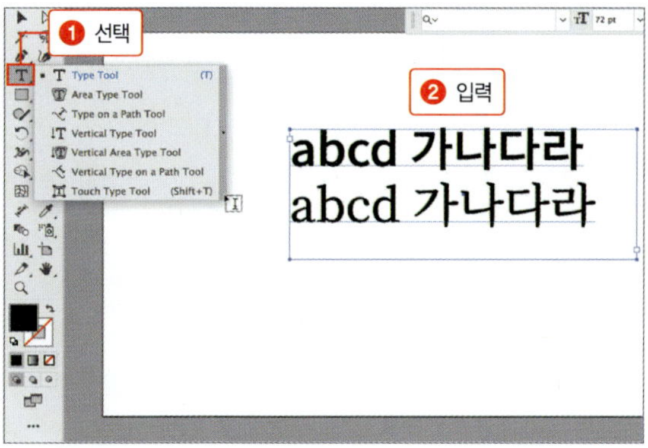

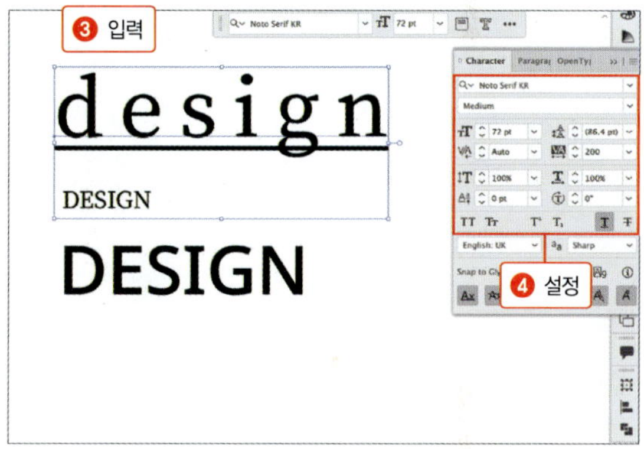

TIP Character 패널

❶ **글꼴**: 문자에 사용할 글꼴을 선택할 수 있습니다.
❷ **글꼴 스타일**: 볼드, 이탤릭, 얇은 스타일 등 다양한 글꼴 스타일을 적용할 수 있습니다.
❸ **글자 크기**: 문자 크기를 조절할 수 있습니다.
❹ **행간**: 문자 줄 간격을 조절할 수 있습니다.
❺ **자간**: 문자 간의 간격을 조절할 수 있습니다.
❻ **커닝**: 두 문자 사이의 간격을 조절해 문자 간의 균형과 시각적 조화를 이룰 수 있습니다.
❼ **대/소문자 변환**: 문자를 대문자, 소문자, 또는 첫 글자 대문자로 변환할 수 있습니다.
❽ **글리프에 물리기**: 글꼴의 외곽선이나 참조 안내선을 만들지 않고도 아트워크의 구성 요소가 문자와 정확히 맞물리도록 할 수 있습니다.

02 문자 도구(T)를 선택한 다음 오브젝트를 클릭하면 커서가 영역 문자 도구(T)로 바뀌고 오브젝트에는 자리표시자가 채워집니다.

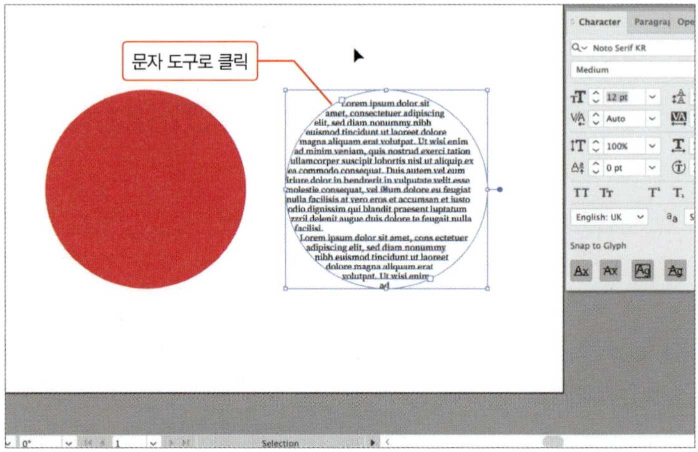

TIP

자리표시자는 임시로 문자를 대체합니다.

03 패스 문자 도구(✓)를 선택한 다음 오브젝트를 클릭하면 패스 위에 자리표시자가 생성됩니다.

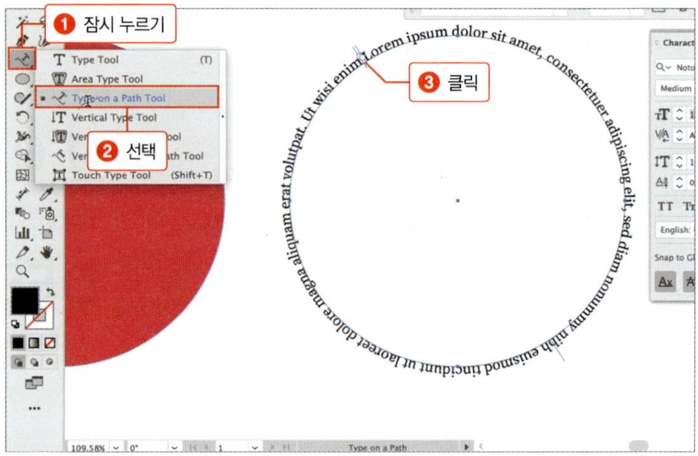

04 세로 문자 도구(IT)를 선택한 다음 아트보드에 드래그하면 그림과 같이 세로로 자리표시자가 생성됩니다.

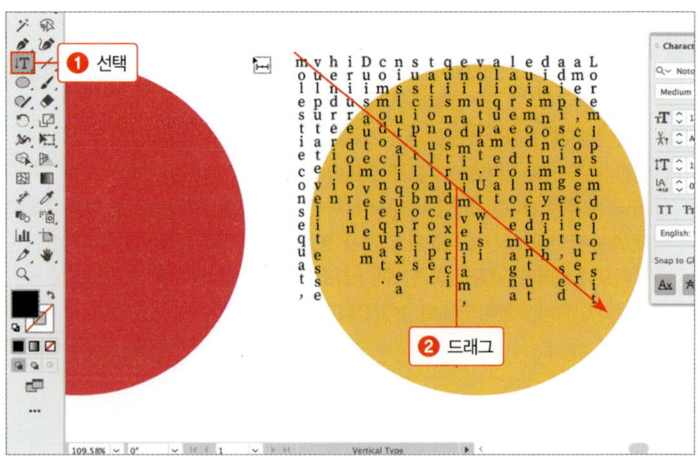

05 세로 문자 도구(![icon])를 선택한 상태에서 오브젝트 위에 커서를 올리면 커서가 세로 영역 문자 도구(![icon])로 바뀝니다.

세로 영역 문자 도구(![icon])를 선택하고 원형 오브젝트를 클릭하면 오브젝트 내부에 세로로 자리표시자가 채워집니다.

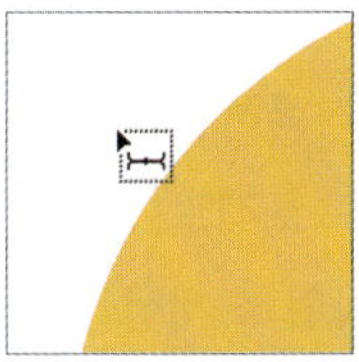

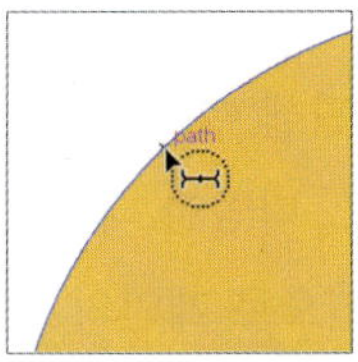

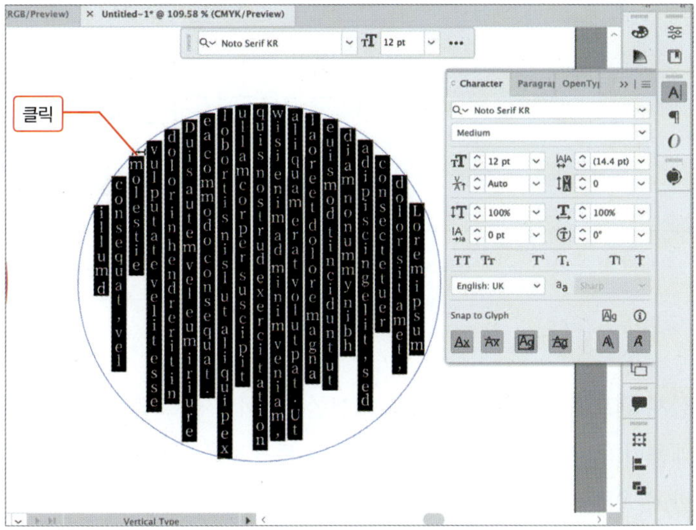

06 세로 패스 문자 도구(![icon])를 선택하고 오브젝트를 클릭하면 패스를 따라 세로로 자리표시자가 생성됩니다.

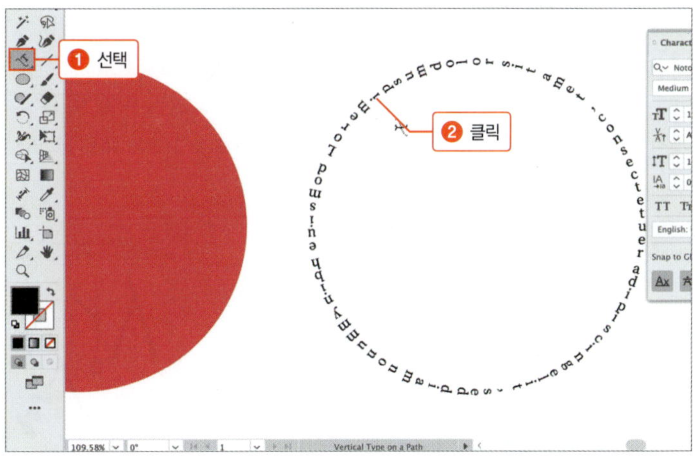

07 문자 손질 도구(![icon])로 문자의 모양, 크기, 위치 등을 조정해 타이포그래피의 완성도를 높일 수 있습니다.

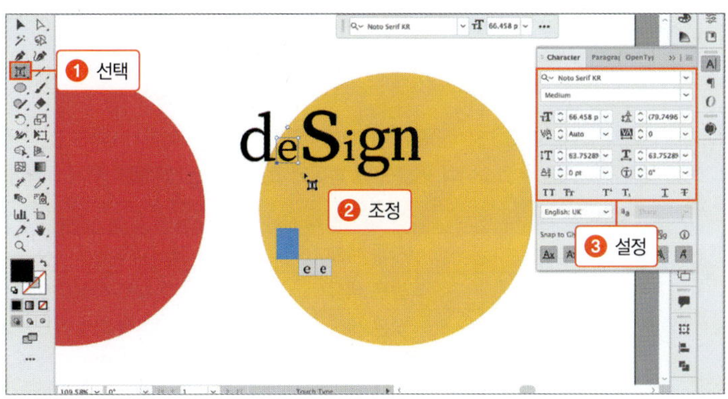

TIP

문자 손질 도구를 이용하여 글꼴, 정렬, 변형, 추적, 스타일, 효과 등을 세밀하게 조정할 수 있습니다.

실습 예제 01

8.2 캘리그래피와 파이어플라이를 활용해 책 표지 디자인하기

• **예제 파일** : 08\상실의미소.ai • **완성 파일** : 08\표지1.ai

실제 펜으로 쓴 캘리그래피를 스캔한 후, 이미지 추적 기능을 이용해 픽셀 이미지를 벡터화하는 과정을 배웁니다. 이를 통해 필압이 느껴지는 독창적인 글씨체를 디지털화하고, 다양한 디자인 프로젝트에 활용할 수 있는 능력을 기릅니다. 캘리그래피의 특성을 살린 텍스트 디자인으로 개인의 스타일과 개성을 표현하는 데 중점을 둡니다.

01 08 폴더에서 '상실의미소.ai' 파일을 불러옵니다. 일반 책 크기인 A5(140×210mm) 아트보드에 종이에 붓펜으로 쓴 책 제목 캘리그래피가 나타납니다. 붓글씨 픽셀 이미지를 벡터 이미지로 변환하기 위해 먼저 메뉴에서 [Window] → Image Trace를 실행하거나 Image Trace 패널을 표시합니다.

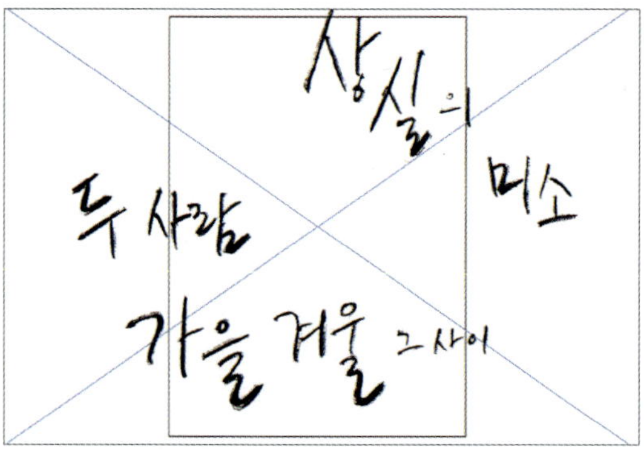

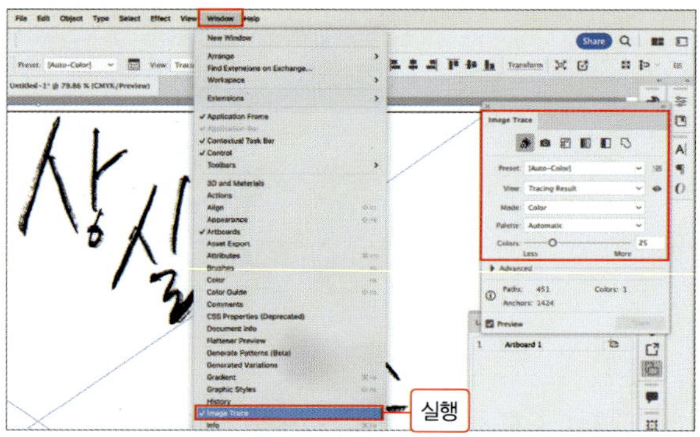

TIP

픽셀 이미지(JPEG, PNG, PSD 등)를 벡터 이미지로 변환할 때는 이미지 추적 기능을 사용합니다. 이 기능을 통해 기존 아트워크를 기반으로 쉽게 새로 그릴 수 있습니다. 예를 들어, 종이에 그린 연필 스케치를 이미지 추적을 이용해 벡터 이미지로 변환할 수 있습니다.

아이콘	사전 설정 이름	정의
	자동 색상	사진 또는 아트워크에서 포스터화된 이미지 생성
	높은 색상	충실도가 높은 사실적 아트워크 생성
	낮은 색상	단순한 사실적 아트워크 생성
	회색 음영	회색 음영으로 아트워크 추적
	흑백	흑백 아트워크로 이미지 단순화
	외곽선	검은색 외곽선으로 이미지 단순화

02 Image Trace 패널에서 Threshold(고대비) 슬라이더를 오른쪽으로 드래그합니다. 'Advanced'를 클릭하고 패스, 모퉁이, 노이즈를 이미지에 맞게 조절합니다. 디테일한 이미지를 위해 'Simplify(단순화)'는 체크 표시하지 않습니다. Ignore Color(색상 무시)를 '흰색'으로 지정해 벡터화했을 때 배경을 없앱니다.

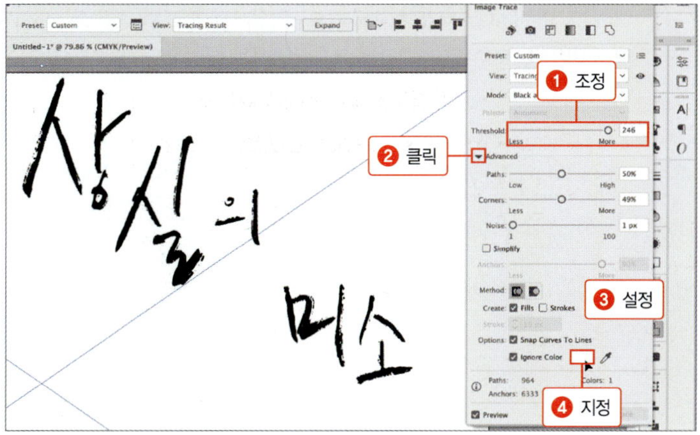

TIP

이미지를 추적한 후, 해당 이미지를 선택하면 Image Trace 패널에서 옵션을 설정하여 결과를 미리 볼 수 있습니다. 패널 위쪽에는 기본 옵션이 있으며, 'Advanced'를 클릭하면 추가 옵션을 표시할 수 있습니다.

03 벡터화된 일러스트의 배경이 없는 것을 확인할 수 있습니다.

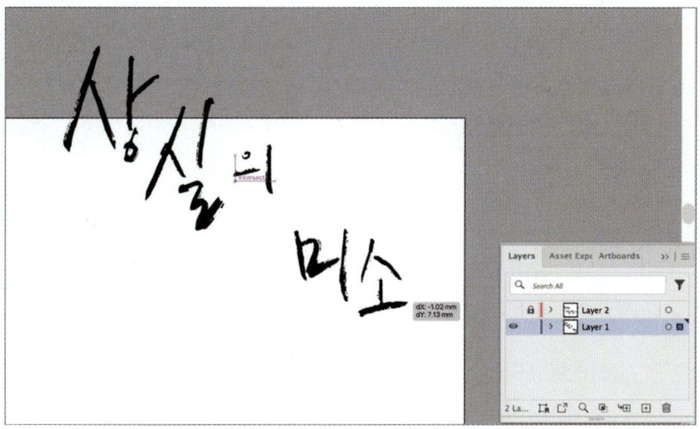

04 어도비 파이어플라이를 활용해 책 표지에 들어갈 이미지를 생성합니다. 프롬프트 창에 "역광으로 보이는 눈발이 날리는 새벽 아침, 안개가 가득한 호수가 길 위에 두 남자가 저 먼곳을 바라보고 있다."와 같이 책 제목과 어울리는 문구를 입력하여 생성했습니다.

05 생성된 이미지는 포토샵에서 열어 약간 보정합니다.

06 사각형 선택 도구(⬚)로 이미지 위쪽을 드래그하여 선택한 다음 Contextual Task Bar의 프롬프트 창에 “검은 강물”을 입력합니다. 3가지 이미지가 생성되며 그중 1가지를 선택해 저장합니다.

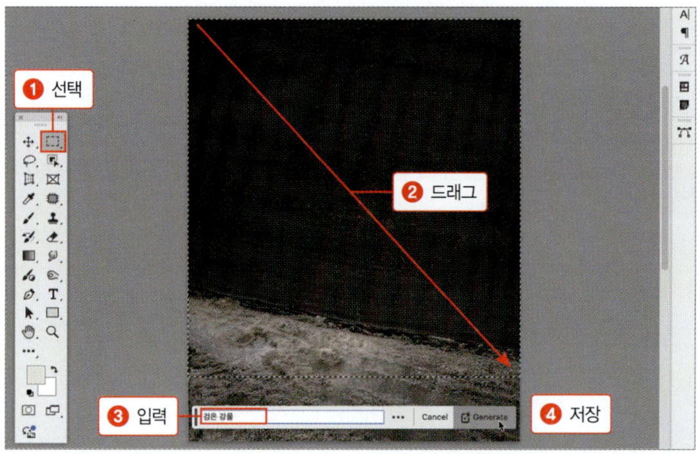

07 일러스트레이터에서 포토샵에서 생성한 이미지를 불러옵니다. 그 위에 벡터화된 캘리그래피를 배치합니다.

08 글자를 선택하고 칠을 더블클릭해 Color Picker 대화상자에서 #에 'F9F9F9'를 입력한 다음 <OK> 버튼을 클릭하여 글자 색상을 변경합니다.

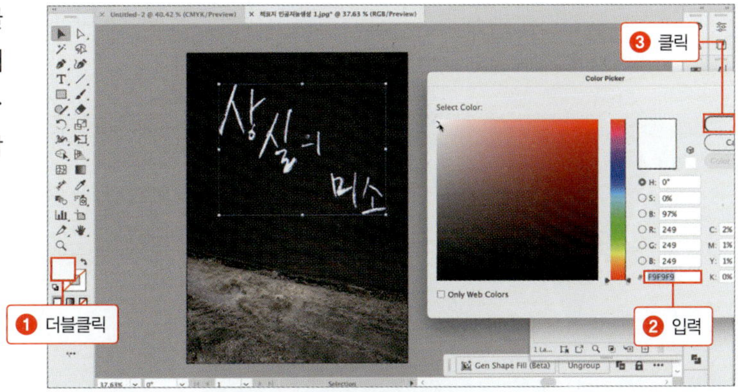

09 손글씨라서 각각의 글자 크기가 달라 이를 조정하기 위하여 올가미 도구()로 필요한 부분만 드래그하여 선택합니다.

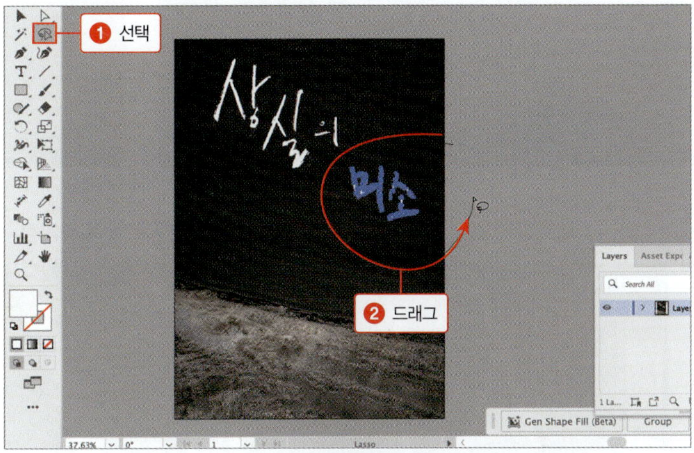

10 바운딩 박스를 조절하여 글자 크기를 각각 조절합니다.

11 글자들을 알맞게 배치합니다. Ctrl+R을 눌러 눈금자를 표시하고 왼쪽 눈금자를 오른쪽으로 드래그해 그림과 같이 안내선을 만든 다음 글자를 세로로 배열합니다.

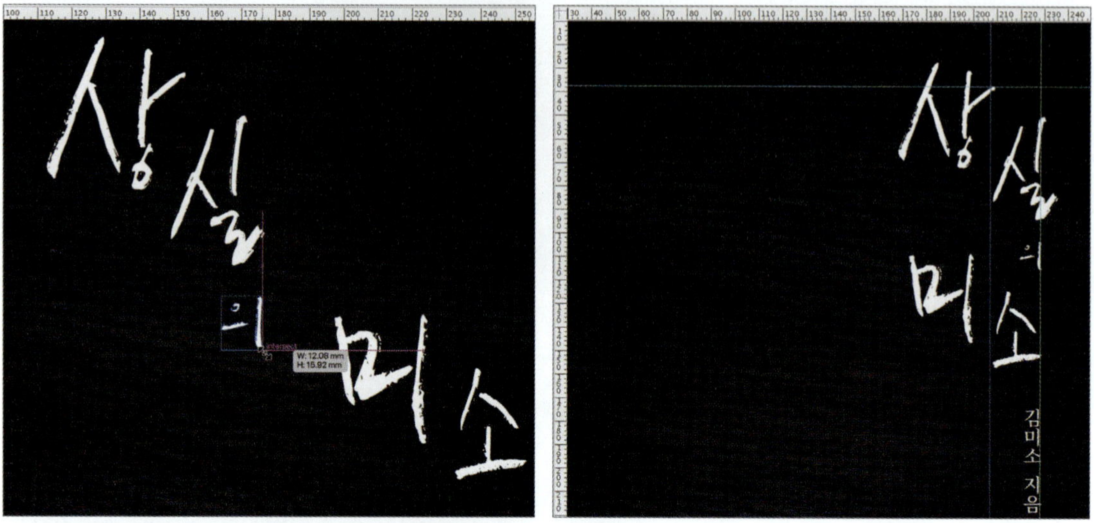

TIP **포토샵과 일러스트레이터에서 이미지를 확대했을 때의 차이점**

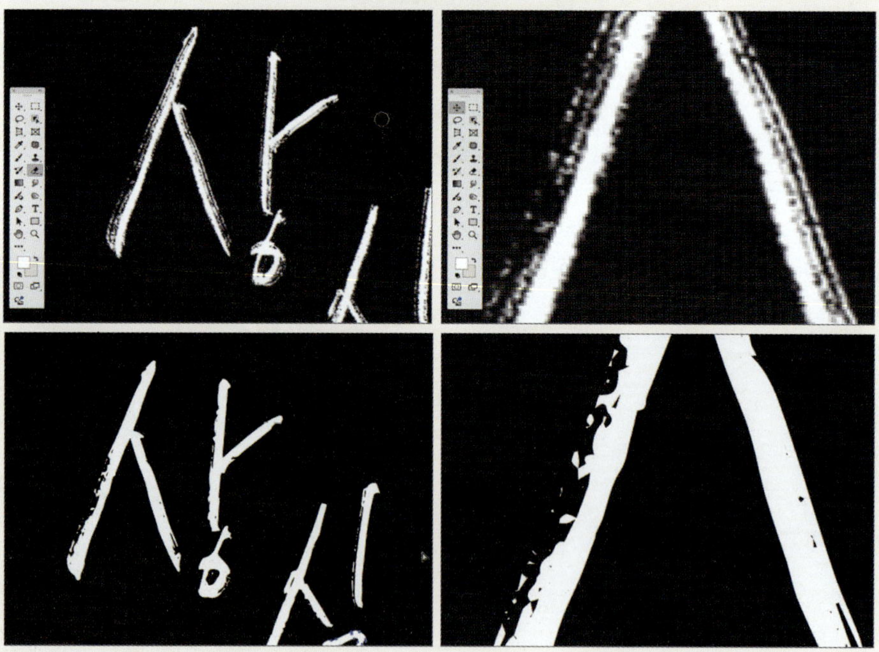

포토샵

일러스트레이터

12 안내선은 Alt를 누른 채 드래그하여 복제한 다음 Ctrl+D를 눌러 같은 간격으로 다단 복제합니다. 글자들의 크기, 작가 이름과 출판사 이름도 안내선에 맞춰 배열합니다.

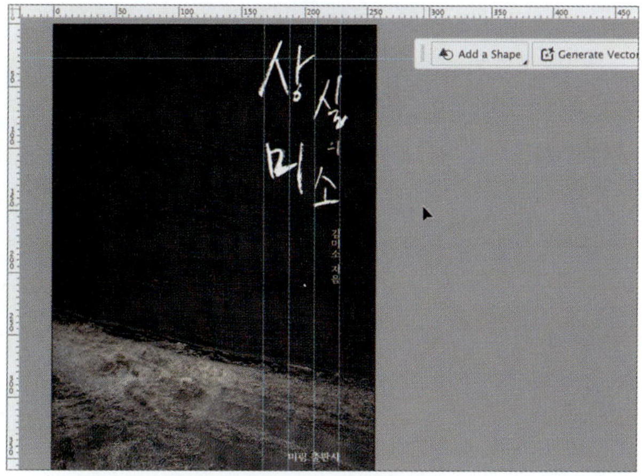

13 가상의 책 내용도 AI(인공지능)를 이용해서 만듭니다. 문자 도구(T)를 선택하고 안내선을 기준으로 왼쪽에 드래그해 직사각형 문자 상자를 만든 다음 책 내용을 붙여넣은 후 배치합니다.

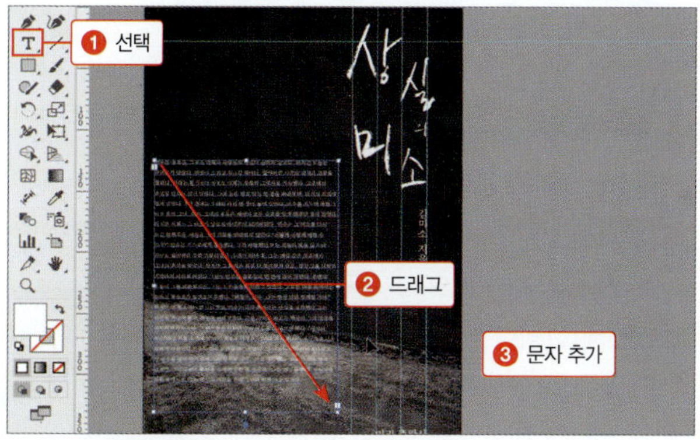

TIP 생성형 AI로 더미 텍스트 만들기

일반적으로 레이아웃을 잡을 때 로렘 입숨(Lorem Ipsum) 같은 더미 텍스트를 사용하지만, 예제에서는 생성형 AI를 활용했습니다. '상실의 미소'라는 제목의 에세이 형식 소설을 A4 한 장 분량인 2,000자 이내로 생성하는 프롬프트를 작성합니다. 이때 디자인을 위한 더미 텍스트이므로 양이 중요합니다.

14 책 내용 문자 상자를 여백으로 이동한 다음 펜 도구( )를 이용해서 그림과 같이 문자가 들어갈 형태를 자유롭게 만듭니다.

15 문자 도구(T)를 선택한 다음에 오브젝트를 클릭하면 자리 표시자(로렘 입숨, Lorem Ipsum)이 채워집니다.

TIP

로렘 입숨(Lorem Ipsum)은 출판과 디자인 분야에서 사용되는 더미 문자로, 실제 내용 대신 레이아웃을 시각적으로 표현하는 데 활용합니다. 이 문자는 고대 로마 철학자 세네카의 저서에서 유래된 무작위로 조합된 라틴어 문장으로 구성되어 있습니다. 로렘 입숨은 문자의 길이나 형태를 시험하고, 독자의 주의를 분산시키지 않으면서 디자인의 전체적인 느낌을 평가하는 데 도움을 줍니다.

16 로렘 입숨(Lorem Ipsum) 대신 오른쪽 여백으로 이동한 문자를 전체 선택한 다음 복사하고 패스로 만든 오브젝트에 붙여넣습니다. Character 패널에서 글꼴을 'Noto Serif', 글자 크기를 '12pt', 행간을 '24pt'로 설정합니다.

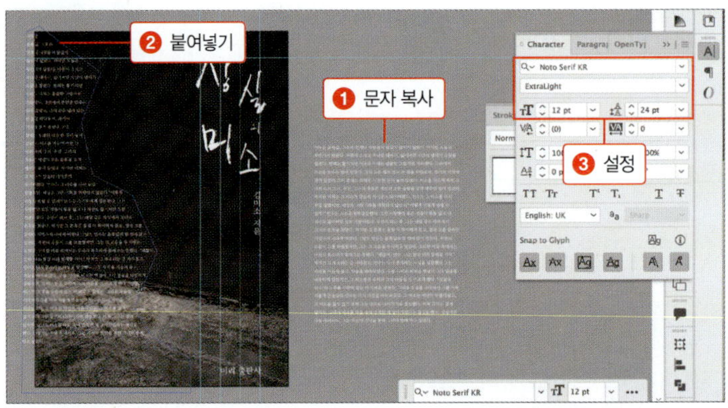

17 책 내용 문자가 선택된 채 Layers 패널에서 블렌딩 모드를 'Soft Light'로 선택하거나 Opacity를 설정하여 반투명한 상태로 마무리합니다.

8.3 실습 예제 02 글꼴을 변형해 책 표지 디자인하기

• **예제 파일** : 08\미소.ai • **완성 파일** : 08\표지2.ai

글꼴의 외곽선을 깨고 벡터화하는 과정을 배우며 독창적인 레터링 디자인을 만듭니다. 다양한 글꼴을 활용해 개성을 표현하고, 색상과 조합을 변형하여 책 표지에 적합한 시각적 요소를 창출합니다. 이를 통해 텍스트의 형태와 배치를 조정하여 매력적이고 효과적인 디자인을 완성하는 능력을 기릅니다.

01 글꼴을 활용한 타이포그래피를 만들기 위해서는 먼저 글꼴의 라이선스를 확인해야 합니다. 구글 폰트(Google Fonts)에서 원하는 글꼴을 찾습니다. 예제에서는 'Grandiflora One' 글꼴을 선택하여 다운로드하고 설치했습니다.

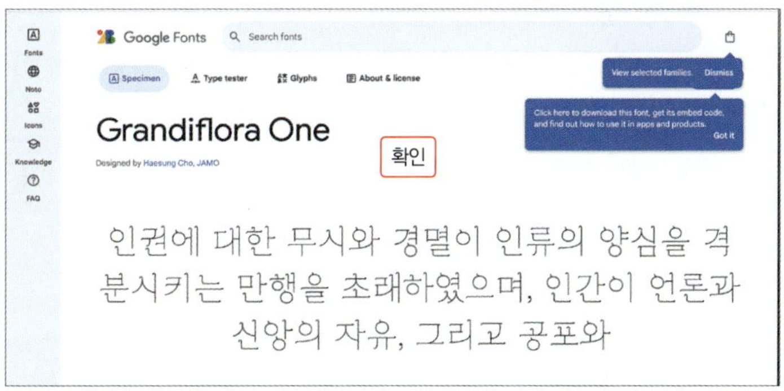

TIP

구글 폰트 사이트의 About & License에서 확인할 수 있는 오픈 글꼴 라이선스(SIL Open Font License 1.1)에 따르면, 이 라이선스가 적용된 글꼴 파일은 자유롭게 수정, 복제, 배포할 수 있지만, 파일 자체를 판매하는 것은 금지되어 있습니다. 그러나 글꼴 자체에는 저작권이 없으므로, 이 글꼴을 사용하여 상업적 로고를 만들거나 다양한 디자인에 적용하는 것은 문제가 없습니다. 따라서 오픈 글꼴 라이선스가 적용된 글꼴을 이용해 로고를 만들거나 수정하여 사용할 수 있습니다.

02 08 폴더에서 '미소.ai' 파일을 불러옵니다.

Character 패널에서 글꼴을 다운로드하여 설치한 'Grandiflora One', 글자 크기를 '151pt'로 설정하고 문자 도구(T)를 이용해 책 제목(상실의 미소)을 입력합니다.

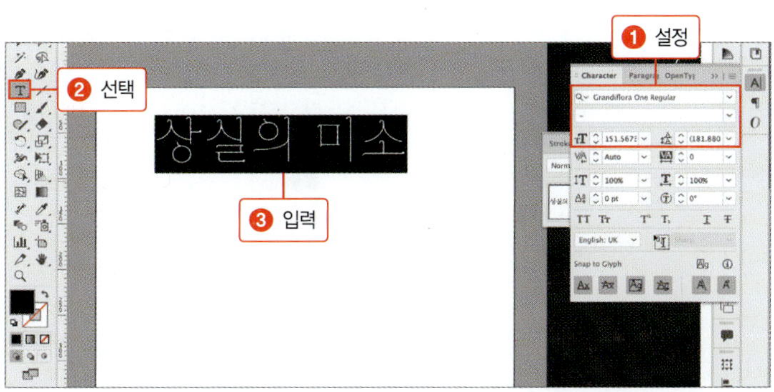

03 문자를 선택한 다음 메뉴에서 〔Type〕 → Create Outlines(Shift+Ctrl+O)를 실행하여 오브젝트로 변환합니다.

TIP

문자가 벡터화되면 글자의 모양과 크기를 자유롭게 수정할 수 있습니다. 이때 문자 정보가 사라지므로, 다른 컴퓨터나 소프트웨어에서 해당 글꼴이 없어도 디자인이 정확하게 유지됩니다.

04 글자는 마우스 오른쪽 버튼을 클릭한 다음 Ungroup을 실행하여 그룹을 해제합니다. 각 글자를 움직이며 디자인할 수 있습니다.

안내선에 맞춰 각 글자 요소 크기를 수정합니다. 'ㄹ'과 '의' 크기를 맞추고 '의'와 '미'의 오른쪽 끝선을 안내선에 맞춥니다.

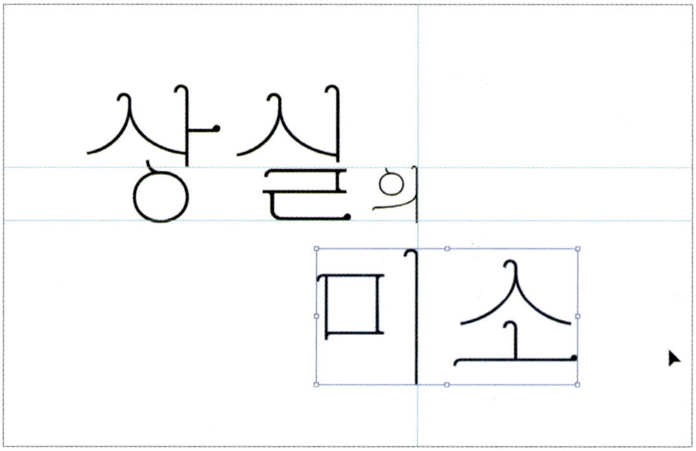

05 타이포그래피에 실험성과 의외성을 주기 위해 'ㄹ'을 선택하고 반사 도구(⊳|⊲)를 이용하여 반선합니다.

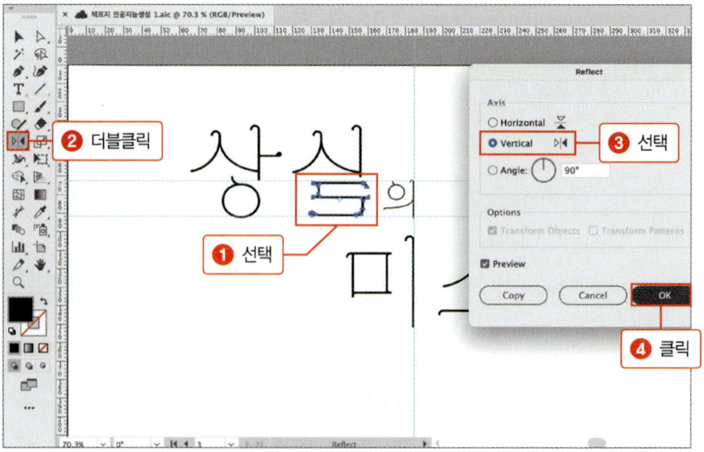

06 '미'와 '소' 글자를 각각 선택한 다음 그림과 같이 세로로 배치합니다.

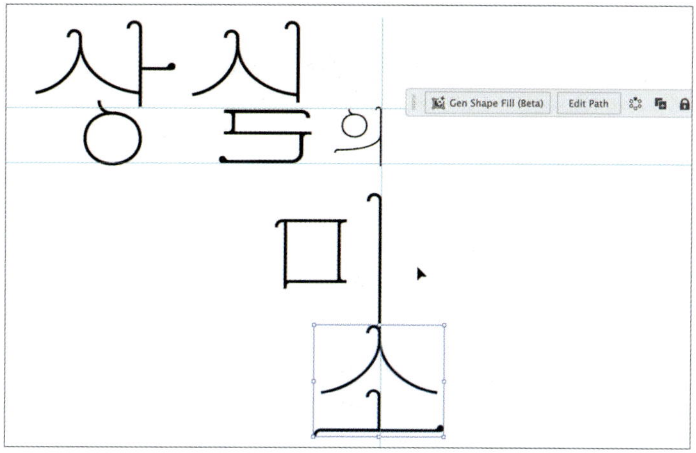

07 'ㅅ'의 세리프 부분(선 끝)을 삭제하기 위해 올가미 도구()로 그림과 같이 드래그해 선택합니다.

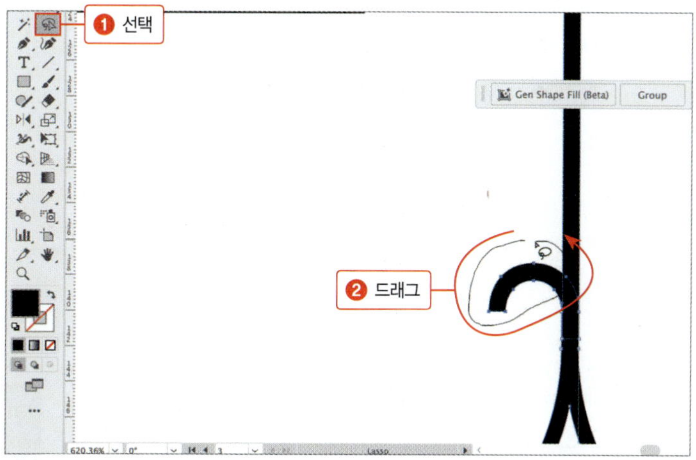

TIP **가독성을 유지하는 방법**

한글 타이포그래피에서 자음의 반전을 활용한 디자인은 독창적이고 창의적인 표현 방식으로, 가독성을 해치지 않으면서 시각적인 흥미를 유발할 수 있습니다. 이 기법은 자음의 형태를 변형하거나 색상을 반전시켜 새로운 시각적 효과를 만들어냅니다.

❶ **자음의 형태 유지**: 자음의 기본 형태를 유지하면서 일부 요소를 반전시키거나 변형하면 글자의 본질을 잃지 않으면서 신선한 디자인을 구현할 수 있습니다.

❷ **적절한 크기와 간격**: 자음을 반전할 때 글자 크기와 간격을 적절히 조절해 독자가 쉽게 읽을 수 있도록 합니다. 자음의 반전이 시각적 포인트가 되도록 하면서 전체적인 레이아웃이 조화로워야 합니다.

❸ **명확한 배경과 대비**: 자음을 반전할 때 배경과의 대비를 충분히 고려해야 합니다. 배경이 너무 복잡하거나 색상이 비슷하면 가독성이 떨어질 수 있으므로 명확한 색상 조합을 선택하는 것이 중요합니다.

❹ **맥락에 맞는 사용**: 자음 반전 디자인은 특정 주제나 메시지와 잘 어울려야 효과적입니다. 예를 들어, 현대적이거나 실험적인 느낌을 주고 싶을 때 활용하면 좋습니다.

이와 같은 방법으로 자음 반전을 통해 의외성을 주면서도 가독성을 해치지 않는 타이포그래피 디자인을 구현할 수 있습니다. 이러한 접근은 독자에게 신선한 인상을 주고 디자인의 매력을 더하는 데 큰 도움이 됩니다.

08 세리프를 삭제하면 끝부분의 기준점이 열립니다. 열린 패스의 양끝 기준점을 선택하고 메뉴에서 [Object] → Path → Join(Ctrl+J)을 실행하여 닫힌 패스로 만듭니다.

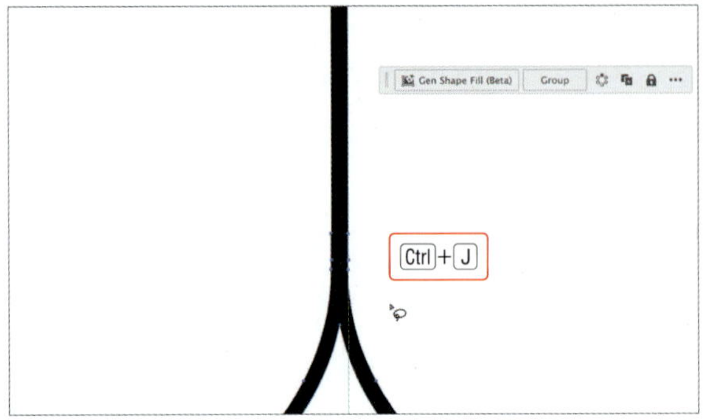

09 '미'와 '소' 두 글자를 선택하고 Pathfinder 패널에서 'Unite(합치기, ■)'를 클릭해 하나의 오브젝트로 합칩니다.

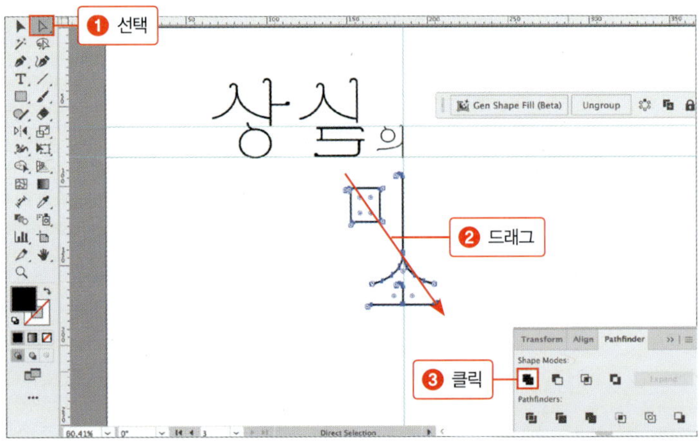

10 글자들을 선택하고 칠을 '흰색'으로 지정합니다. 책 표지 아트보드 위에 안내선을 따라 레터링을 정렬합니다.

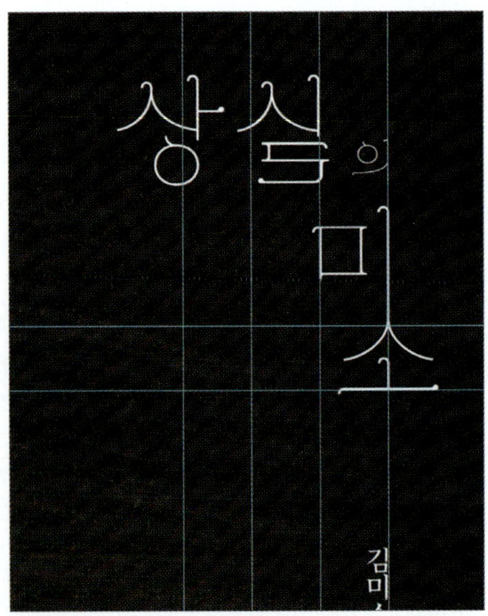

TIP 세리프와 산세리프

'세리프'는 글자의 선 끝에 장식적인 요소가 있는 글꼴을 의미합니다. 이런 글꼴은 주로 전통적이거나 공식적인 느낌을 주며, 대표적인 예로는 Times New Roman과 Georgia가 있습니다. 세리프 글꼴은 읽기 쉬운 특성이 있어 책이나 신문 같은 인쇄물에서 자주 사용됩니다.
'산세리프'는 선 끝에 장식적인 요소가 없는 글꼴입니다. Arial, Helvetica, Verdana와 같은 산세리프 글꼴은 현대적이고 깔끔한 느낌을 주며, 디지털 화면에서 가독성이 좋아 웹 디자인이나 디지털 매체에서 많이 사용합니다. 이 글꼴들은 단순하고 직관적인 디자인으로 비즈니스나 현대적인 느낌을 표현하는 데 적합합니다.

11 세로 문자 도구(![T])로 생성한 제목 왼쪽에 그림과 같이 드래그하여 문자 상자를 만듭니다. 문자를 복사한 다음 붙여넣어 비가 내리듯이 세로 방향으로 책 내용을 입력합니다.

12 Transparency 패널에서 Opacity(불투명도)를 '50%'로 설정해 불투명도를 적용합니다.

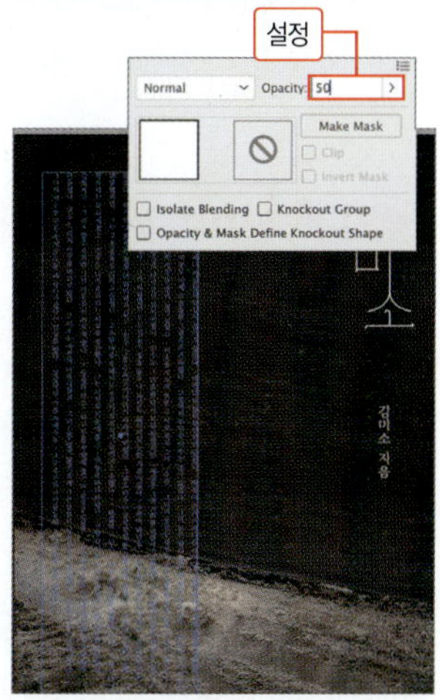

13 글꼴을 활용한 레터링 책 표지가 완성되었습니다. 같은 배경에 성격이 다른 레터링으로 두 가지 책 표지 디자인이 완성되었습니다.

8

효율적이고 직관적인 타이포그래피

실습 예제 03

8.4 문자를 변형하여 로고 디자인하기

• **예제 파일** : 08\목업2.jpg • **완성 파일** : 08\버블리밤1~버블리밤2.ai

Text Warp 기능을 사용하면 문자의 형태와 모양을 자유롭게 변형할 수 있어, 브랜드의 특성을 잘 반영하는 로고 디자인을 완성할 수 있습니다. 이 기능을 활용해 글꼴과 문자를 조정할 뿐만 아니라, 부드러운 색상과 다양한 그래픽 요소를 추가함으로써 브랜드 아이덴티티를 더욱 강화할 수 있습니다.

Text Warp로 문자를 변형하여 로고 만들기

01 샤워용품 브랜드 로고 디자인을 위해 새 아트보드에 문자 도구(T)로 "Bubbly Bomb"를 입력합니다. 구글 폰트에서 부드럽고 유기적인 느낌의 무료 글꼴 'Cherry Bomb One'을 다운로드하여 설치합니다. 문자를 선택한 채 Contextual Task Bar에서 글꼴을 'Cherry Bomb One', 글자 크기를 '103pt'로 설정합니다.

TIP Text Warp 기능의 장점

❶ **유연성 향상**: Text Warp를 사용하면 문자의 형태와 모양을 자유롭게 변형할 수 있어 로고 디자인의 창의성과 독특성을 높일 수 있습니다.

❷ **시각적 흥미 증대**: 단순한 직사각형 문자 대신 곡선, 원형, 기하학적 모양 등으로 변형할 수 있어 로고의 시각적 매력을 높이고 브랜드의 개성을 효과적으로 표현할 수 있습니다.

❸ **레이아웃 최적화**: Text Warp를 활용하면 문자를 로고 공간에 맞춰 최적의 배치와 크기로 조정할 수 있어 로고 디자인의 균형과 조화를 이룰 수 있습니다.

❹ **편집의 용이성**: Text Warp로 변형된 문자는 편집이 쉬워 필요에 따라 모양, 크기, 위치 등을 손쉽게 조정할 수 있습니다.

❺ **확장성 증대**: Text Warp를 활용한 로고는 다양한 매체와 크기에 맞춰 쉽게 확장할 수 있어 로고의 일관성 있는 적용과 브랜드 아이덴티티 구축에 도움이 됩니다.

02 문자를 변형하기 위해 선택한 다음 메뉴에서 [Effect] → Warp → Bulge를 실행합니다.

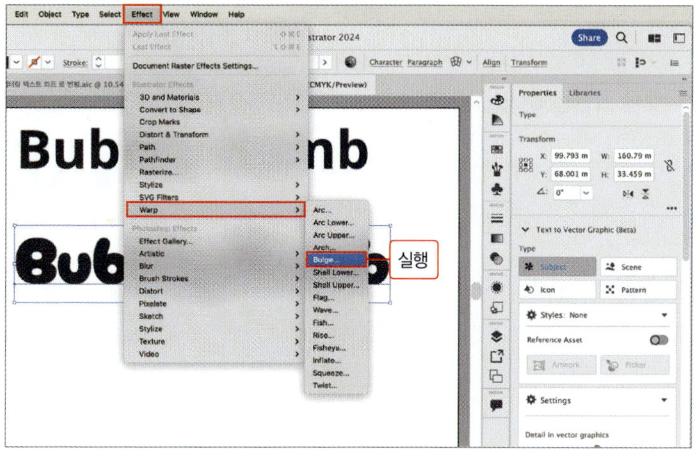

03 Warp Options 대화상자에서 Bend를 '15%', Horizontal을 '15%'로 설정하고 <OK> 버튼을 클릭하여 글자들을 앞으로 돌출시킵니다.

04 글자가 변형된 형태로 작업하기 위해 메뉴에서 [Object] → Expand Appearance를 실행합니다.

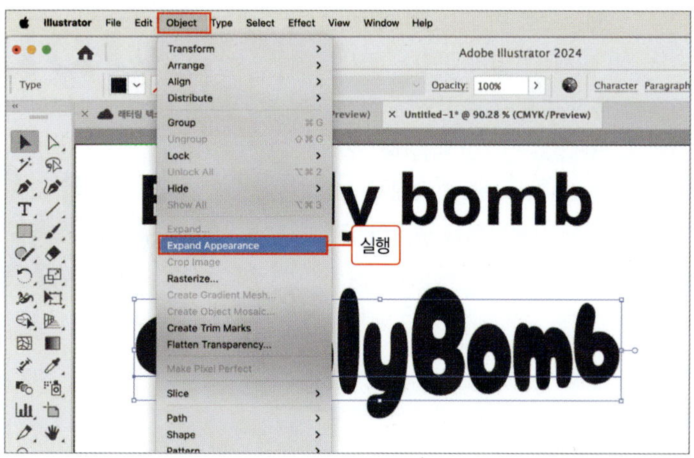

05 직접 선택 도구(▷)로 문자를 선택하면 벡터 이미지로 확장된 것을 확인할 수 있습니다.

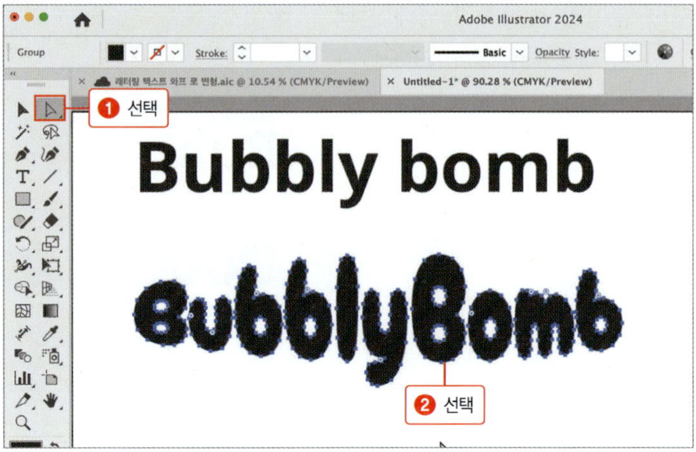

06 칠을 '흰색'으로 지정하고 물방울 브러시 도구( )로 거품을 표현하기 위해 대문자 'B'에 그림과 같이 반짝이는 형태를 그립니다.

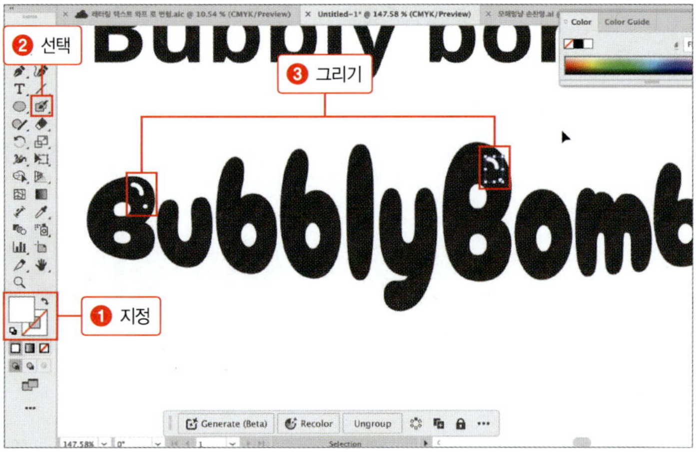

07 전체적으로 면 요소를 부각하기 위해 각 글자에 있는 흰색 원들을 올가미 도구( ) 또는 직접 선택 도구(▷)로 선택한 다음 축소합니다. 원형 도구( )를 이용해서 그림과 같이 작은 물방울을 만들어 글자 위에 장식합니다.

08 디자인 요소를 좀 더 추가하기 위해 먼저 물방울 브러시 도구()를 더블클릭합니다. Blob Brush Tool Options 대화상자가 표시되면 Fidelity(정확도)의 슬라이더를 Smooth(매끄럽게)로 드래그해서 이동하고 <OK> 버튼을 클릭하여 더 매끄러운 선을 그릴 수 있도록 설정합니다.

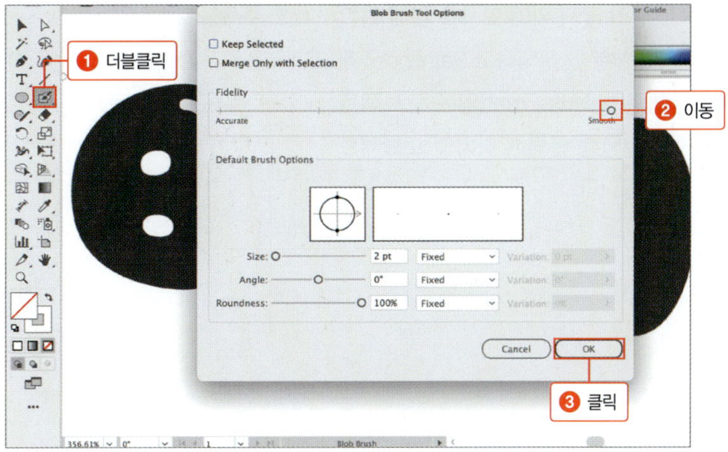

09 세밀한 묘사를 위해 물방울 브러시 도구()를 선택하고 획을 '흰색'으로 지정한 다음 글자가 겹치는 부분에 접힌 풍선처럼 그림과 같이 흰 선을 그립니다.

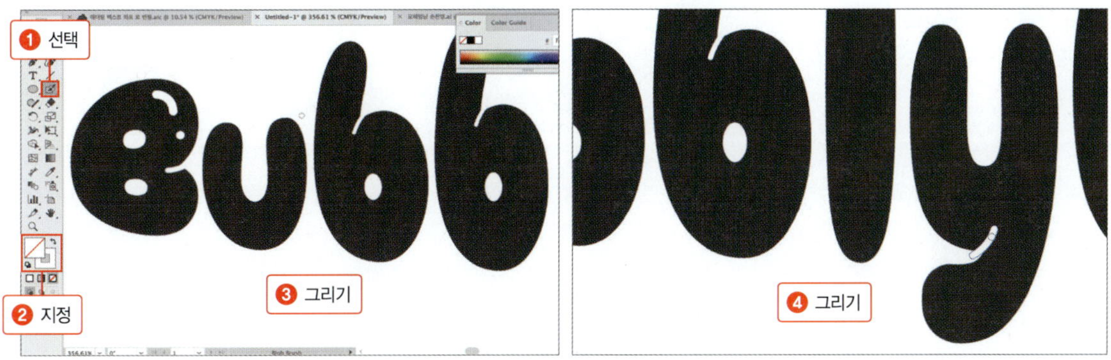

10 Ctrl+Y를 눌러 외곽선 보기에서 기존 글자 위에 묘사를 추가한 부분을 확인할 수 있습니다.

11 각 글자 위에 묘사를 위해 겹친 부분을 선택하고 Pathfinder 패널에서 'Minus Front(앞쪽 오브젝트 제외, ▣)'를 클릭해 하나의 오브젝트로 만듭니다.

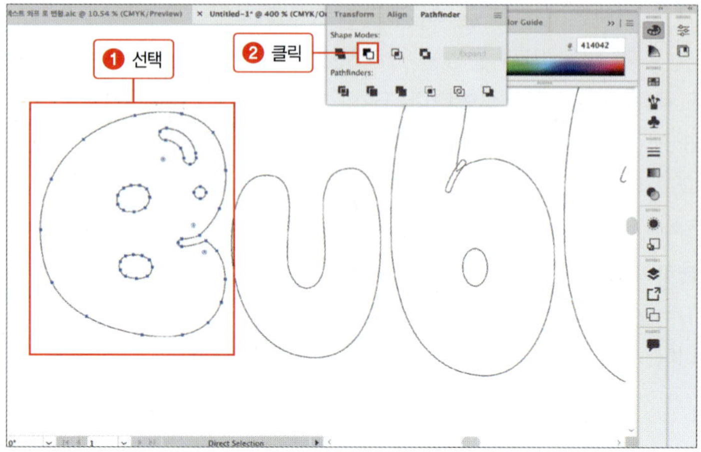

12 각 글자의 추가 묘사 부분을 패스파인더로 병합하거나 제외하여 만들어진 문자를 확인합니다.

13 수정된 오브젝트에 색상을 지정하기 위해 다시 한 번 Ctrl+Y를 누릅니다. 직접 선택 도구(▷)를 이용해 글자를 모두 선택합니다.

14 칠을 '#F173AC'로 지정해 분홍색을 적용합니다.

15 원형 도구(◎)로 그림과 같이 분홍색 타원형을 그립니다. 원 위에 로고를 배치하고 마우스 오른쪽 버튼을 클릭한 다음 Arrange → Bring to Front(**맨 앞으로 가져오기**)를 실행한 후 알맞게 정렬하고 칠을 '흰색'으로 지정해 로고 디자인을 마칩니다.

파이어플라이에서 목업 디자인하기

01 만들어진 로고를 목업에 적용하기 위해 어도비 파이어플라이를 실행하고 프롬프트에 "하얀 제품 배경에 그러데이션 거품, 샴푸 제품 목업파일"을 입력한 다음 <생성하기> 버튼을 클릭해 원하는 이미지를 생성합니다.

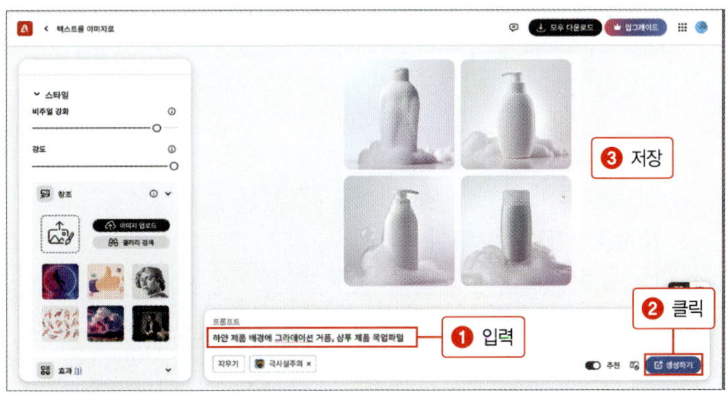

TIP

① **일반 설정**: 파이어플라이를 실행하면 이미지의 그래픽 엔진과 비율을 설정할 수 있습니다.
② **콘텐츠 유형**: 아트나 사진 등 원하는 형식의 콘텐츠를 선택해 창작할 수 있습니다.
③ **구성**: 이미지를 업로드하거나 갤러리에서 선택해 레이아웃을 구성하고 요소의 위치와 크기를 조정합니다.
④ **스타일**: 이미지를 업로드하거나 갤러리에서 찾아 다양한 스타일을 적용해 시각적 매력을 높입니다.
⑤ **효과**: 다양한 시각적 효과를 추가해 콘텐츠에 깊이와 생동감을 부여할 수 있습니다.
⑥ **색상 및 톤, 조명, 각도**: 원하는 스타일을 지정해 더 구체적인 결과물을 생성할 수 있습니다.
⑦ **프롬프트 창**: 원하는 스타일을 입력해 맞춤화된 결과를 얻을 수 있습니다.

02 어도비 파이어플라이에서 생성된 이미지를 다운로드합니다.

> **TIP**
>
> 원하는 느낌이 나올 때까지 자세한 프롬프트를 추가하거나, 이미지를 더 생성하기 위해 <생성하기> 버튼을 클릭합니다.

> **TIP 어도비 파이어플라이가 매번 다른 이미지를 생성하는 이유**
>
> ❶ **랜덤성**: 파이어플라이는 입력된 프롬프트를 바탕으로 이미지를 생성할 때 랜덤성을 포함합니다. 같은 프롬프트를 입력하더라도 모델의 내부 매개변수와 랜덤 샘플링 과정에 따라 결과가 달라질 수 있습니다.
>
> ❷ **비결정성**: 이미지 생성 과정이 비결정적이어서, 입력된 프롬프트와 모델의 상태 외에도 다양한 요인(예: GPU 상태, 메모리 사용량 등)이 결과에 영향을 미칩니다. 그래서 같은 프롬프트를 입력해도 매번 다른 결과가 나타납니다.
>
> ❸ **다양성 추구**: 파이어플라이는 다양한 이미지를 제공해 창의성을 자극하는 것을 목표로 합니다. 이를 위해 모델에 내재된 랜덤성과 비결정성을 활용하여 매번 다른 스타일과 구성을 가진 이미지를 생성합니다.

03 일러스트레이터 메뉴에서 [File] → Place를 실행하여 어도비 파이어플라이에서 만든 목업 이미지를 불러옵니다. 메뉴에서 [Object] → Mockup (Beta) → Make를 실행해 목업 이미지에 로고를 적용합니다.

04 목업에 적용된 로고의 타원형 배경을 더블클릭하여 편집 모드를 표시합니다. Transparency 패널에서 블렌딩 모드를 'Multiply'로 지정합니다.

05 배경 목업 이미지 속 제품의 곡률과 색상 톤에 어울리게 로고가 적용되었습니다.

06 다양하게 목업을 만들어 완성합니다.

8.5 실습 예제 04 레터링과 템플릿을 활용해 포스터 디자인하기

• **예제 파일 :** 08\행복한.ai • **완성 파일** : 08\포스터.ai

레터링 디자인(Lettering Design)은 문자나 로고, 타이포그래피 등을 수작업으로 직접 그리거나 디지털로 제작하는 디자인 분야입니다. 이 분야의 핵심은 단순히 문자를 배치하는 것이 아니라, 문자를 하나의 예술적 이미지로 표현하는 데 있습니다. 예제에서는 레터링을 활용하여 가상의 북 콘서트 포스터를 만들겠습니다.

레터링 디자인하기

01 08 폴더에서 '행복한.ai' 파일을 불러옵니다.

구글 폰트에서 단호하고 볼드한 느낌의 무료 글꼴 'Black Han Sans Regular'를 다운로드한 다음 설치합니다. 문자 도구(T)를 선택한 후 Character 패널에서 글꼴: Black Han Sans, 글자 크기와 행간: 60pt로 설정합니다. "행복한 디자인"을 그림과 같이 두 줄로 입력합니다.

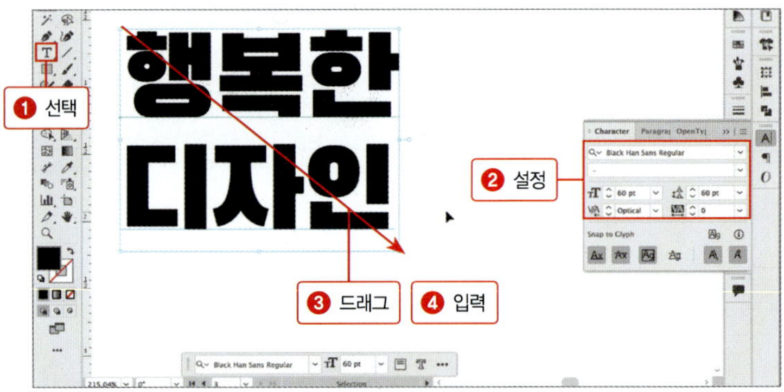

TIP 레터링 디자인의 주요 특징

❶ **개성 있고 창의적인 문자 형태**: 기존 타이포그래피의 표준을 넘어, 문자의 형태와 굵기, 비율 등을 자유롭게 변형합니다. 이를 통해 독특한 시각적 효과와 감성적 분위기를 표현할 수 있습니다.

❷ **다양한 적용 가능성**: 레터링 디자인은 로고, 브랜딩, 편집 디자인, 포스터, 일러스트레이션 등 여러 분야에서 활용됩니다.

❸ **수작업 기반의 표현**: 펜, 붓, 연필 등으로 문자를 직접 그리거나 디지털 드로잉 도구를 사용해 표현합니다. 손의 움직임과 필압 등 아날로그적 요소를 살릴 수 있습니다.

❹ **개인 스타일 반영**: 레터링 아티스트의 개인적인 스타일, 취향, 기술이 작품에 자연스럽게 녹아들어, 디자인에 독특한 개성을 부여합니다.

02 각 글자의 위치나 모양을 변형하기 위해 먼저 문자를 전체 선택한 다음 메뉴에서 [Type] → Create Outlines(Ctrl+Shift+O)를 실행하여 문자를 벡터 이미지로 만듭니다.

Ctrl+R을 눌러 눈금자를 표시하고 눈금자를 '행복한'의 각 글자 오른쪽 끝에 맞춰 드래그하여 안내선을 만듭니다.

03 '디자인'의 각 글자 오른쪽 끝도 안내선에 맞추어 재정렬해 레터링이 더 안정적으로 보이도록 위치를 조정합니다.

04 직접 선택 도구(▷)를 선택한 다음 Shift를 누른 채 자음 'ㅇ', 'ㅂ', 'ㅎ' 안의 공간을 그림과 같이 선택합니다.

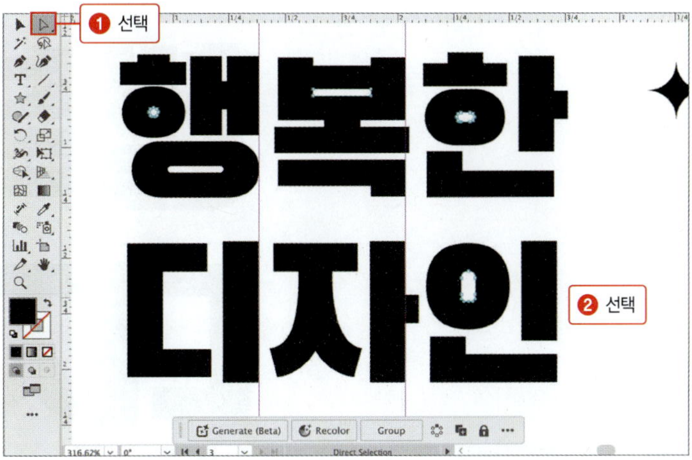

8 효율적이고 직관적인 타이포그래피

05 Delete를 눌러 선택했던 자음 안의 공간을 삭제합니다. 디자인 요소를 가져와 그림과 같이 자음 안에 하나씩 배치합니다.

06 'ㅂ' 안의 공간에는 반원을 가져와 그림과 같이 크기에 맞게 배치합니다. 'ㅎ' 안의 공간에는 8각 별 모양 오브젝트를 배치합니다.

07 빛 오브젝트를 선택하고 '행' 안의 'ㅇ' 공간에 배치합니다.

08 이번에는 글자 '행'의 'ㅎ' 모양을 바꾸기 위해 올가미 도구(![lasso])로 아래쪽 'ㅇ' 부분만 드래그해 선택하고 Delete를 눌러 삭제합니다.

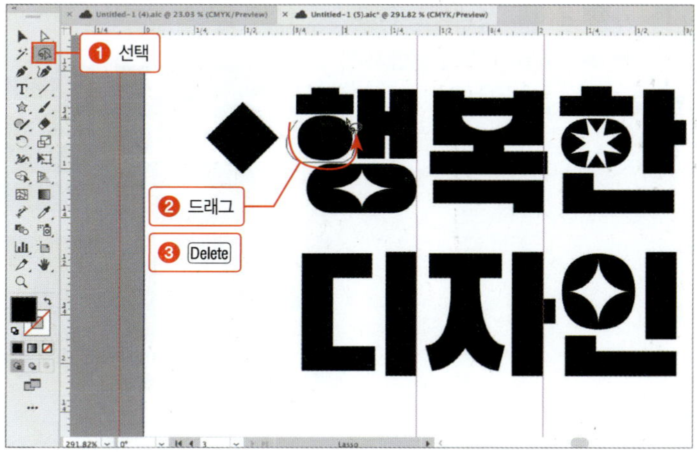

09 작은 마름모 오브젝트를 가져와 'ㅎ'의 'ㅇ'으로 적용합니다.

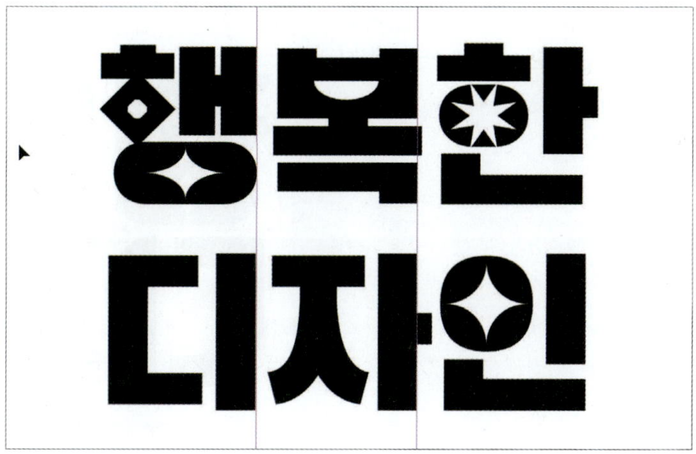

10 디자인 요소를 좀 더 추가하기 위해 직접 선택 도구(▷)를 이용해서 각 글자의 모퉁이를 선택하고 모퉁이 곡률을 변경하여 그림과 같이 변형합니다.

11 전체 문자를 선택하고 Pathfinder 패널의 'Unite(합치기, ■)'를 클릭해 합칩니다.

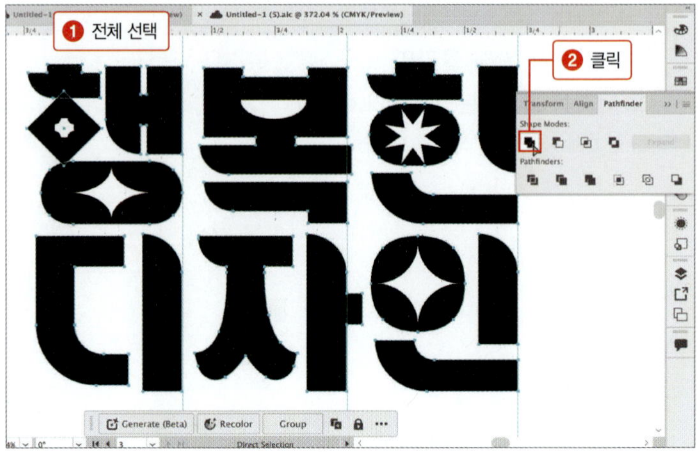

12 글자 '행'의 안쪽 공간을 제외한 모든 요소가 하나로 합쳐진 것을 확인할 수 있습니다.

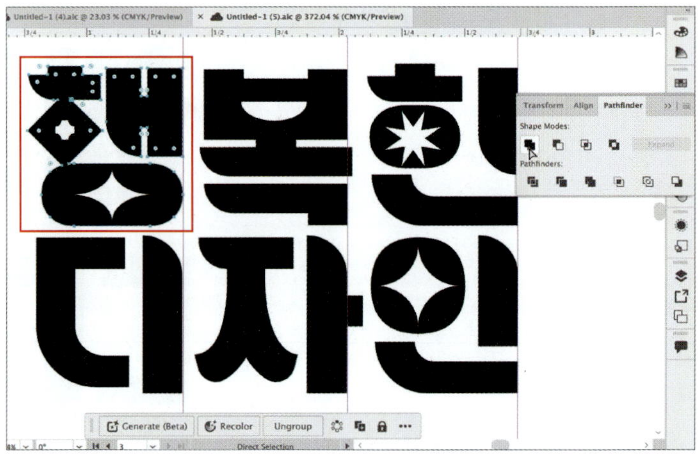

13 추가한 디자인 요소와 전체 오브젝트를 선택합니다. Pathfinder 패널의 'Exclude(교차 영역 제외, ■)'를 클릭합니다. 맨 앞의 추가한 디자인 요소 색상으로 합쳐지므로 아트보드에서 구분하기 위해 칠을 '검은색'으로 지정합니다.

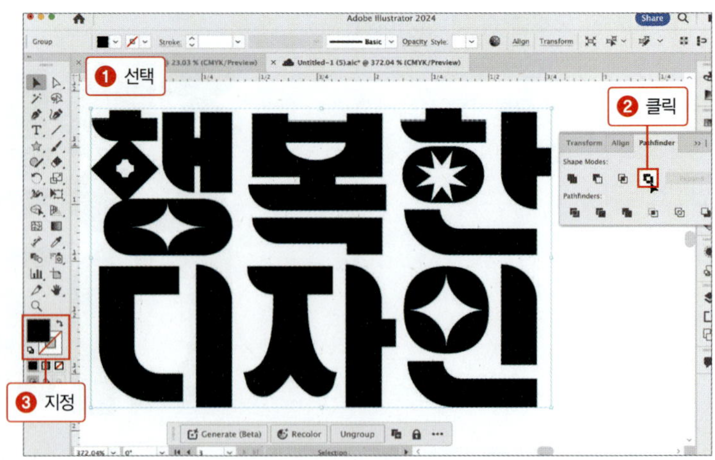

14 글자들이 병합되었는지 확인하기 위해 아트보드 외부로 드래그하여 이동합니다.

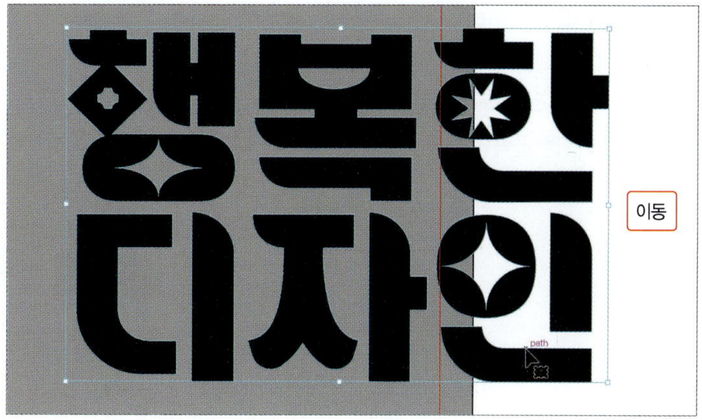

템플릿으로 포스터 디자인하기

01 일러스트레이터의 무료 템플릿을 이용해 레터링 포스터를 디자인하겠습니다. Ctrl+N을 눌러 New Document 대화상자가 표시되면 [Print] 탭을 선택하고 TEMPLATES 항목의 'Yellow Hand Drawn Back to School Layout'을 선택한 다음 <Download> 버튼을 클릭합니다.

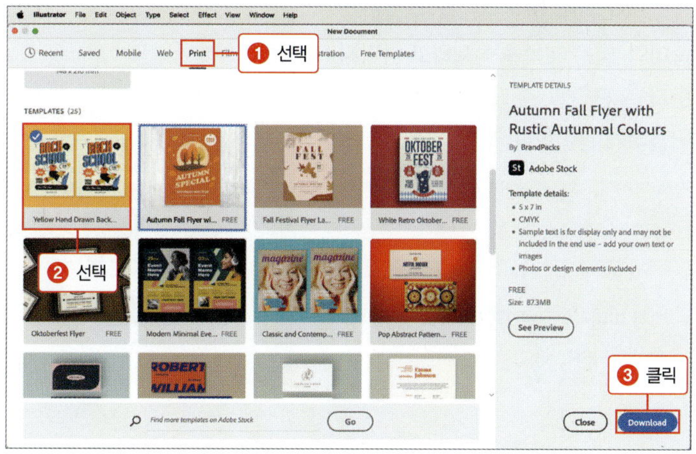

TIP

어도비 크리에이티브 클라우드에서 제공하는 무료 템플릿을 활용하면 손쉽게 디자인을 시작할 수 있습니다. Adobe Stock 홈페이지(stock.adobe.com/kr)에서도 무료 템플릿을 검색하고 다운로드할 수 있습니다. 'Yellow Hand Drawn Back to School Layout'을 선택한 다음 <다운로드> 버튼을 클릭하여 다운로드합니다.

02 New Document 대화상자의 [Print(인쇄)] 탭에 선택한 템플릿이 다운로드되면 선택하고 <Open> 버튼을 클릭합니다.

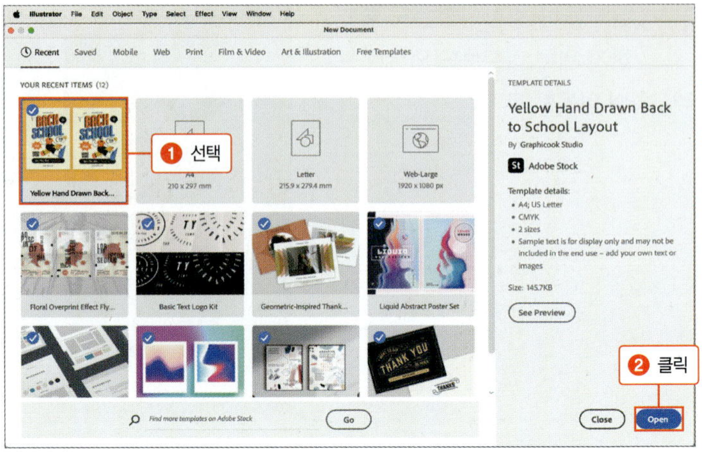

03 크기가 다른 두 개의 템플릿에서 왼쪽 아트보드를 수정하겠습니다. 영문 제목을 삭제하고 나머지 문자는 편집할 수 있으므로 내용에 어울리게 편집합니다.

TIP

벡터 이미지이므로 용량도 작고 편집할 수 있습니다.

04 만들어 둔 '행복한 디자인' 레터링을 복제해서 디자인에 어울리도록 크기를 조절해 배치합니다. '행복한'과 '디자인'을 각각 올가미 도구( )로 드래그해 선택하고 스포이트 도구( )를 이용하여 오른쪽 제목을 클릭해 색을 변경합니다.

05 오른쪽 제목처럼 그림자 효과를 주기 위해 왼쪽 레터링을 선택하고 메뉴에서 [Effect] → Stylize → Drop Shadow를 실행합니다.

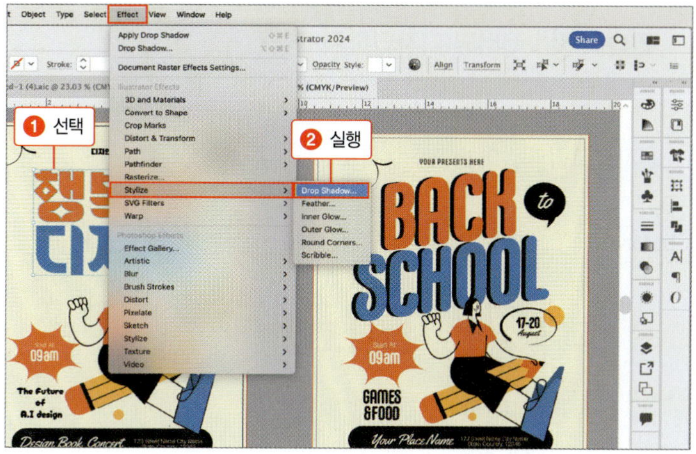

06 Drop Shadow 대화상자가 표시되면 그림자의 흐림 효과를 없애기 위해 Blur를 '0mm'로 설정합니다. 'Preview'를 체크 표시하고 X/Y Offset 값은 원하는 대로 바꾼 다음 <OK> 버튼을 클릭합니다.

07 '행복한 디자인' 북 콘서트의 포스터 디자인이 완성되었습니다.

연습 문제 | 레터링 디자인하기

01 문자를 그림과 같이 변형해 보세요.

• **완성 파일** : 08\연습문제1.ai

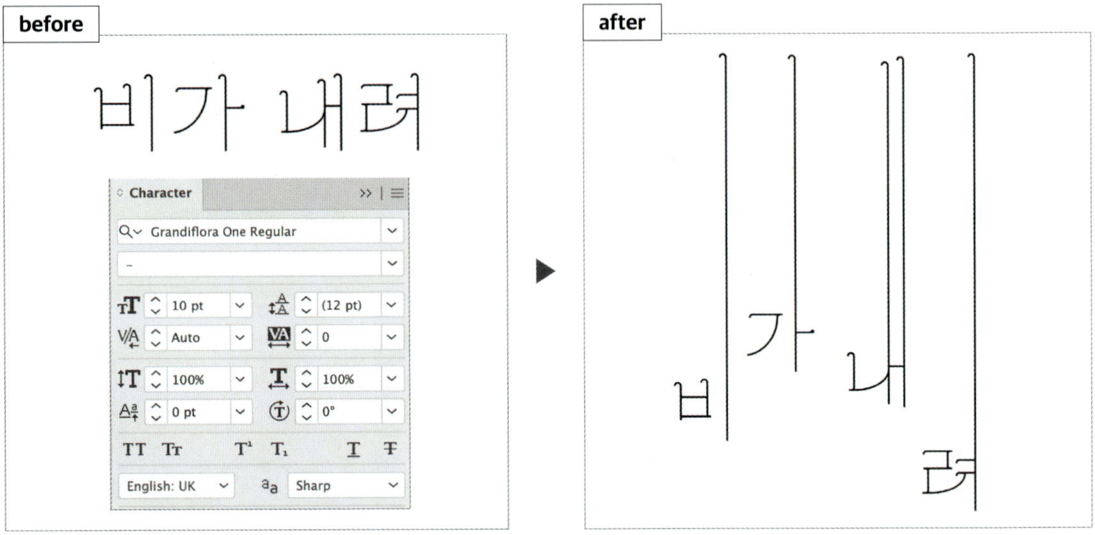

HINT 문자 입력하기 → Create Outlines(외곽선 만들기)로 전환하기 → 직접 선택 도구로 조정하기

02 생성형 AI로 로고를 만들고 목업에 적용해 보세요.

• **완성 파일** : 08\연습문제2.ai

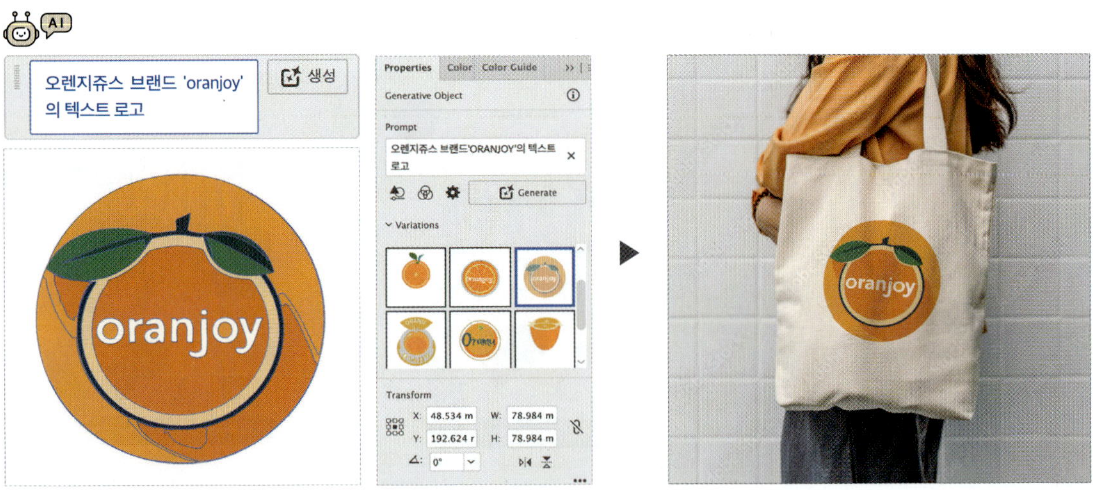

HINT 프롬프트에 명령어 입력하기 → Mockup (Beta) 패널에서 목업 디자인에 로고 적용하기

WEEK 09

입체적인 벡터 이미지, 3D 게임 디자인

학 습 목 표

일러스트레이터의 3D 효과는 입체감을 표현하고 다양한 시각화를 가능하게 합니다. 이에 따라 더 효율적인 작업 흐름과 확장성을 제공합니다.

9.1 실습 예제 01 3D 아이스크림 만들기

• **예제 파일** : 09\수박.ai • **완성 파일** : 09\수박 바.ai

일러스트레이터의 3D 및 재질 기능을 활용해 평면 오브젝트를 입체적으로 변형하는 기술을 배웁니다. 다양한 오브젝트에 3D 효과를 적용하여 깊이감과 입체감을 주고, 조명 및 재질감을 설정해 더욱 사실적인 디자인을 완성합니다. 이를 통해 창의적인 시각적 표현 능력을 강화하고, 다양한 디자인 프로젝트에 응용할 수 있는 역량을 기릅니다.

수박 바 만들기

01 09 폴더에서 '수박.ai' 파일을 불러옵니다.

3D 효과를 이용해서 수박 바 아이스크림을 만들겠습니다. 다각형 도구(⬡)를 선택하고 Swatches 패널에서 'CMYK Red' 색상을 선택한 다음 아트보드에 드래그해 삼각형을 만듭니다.

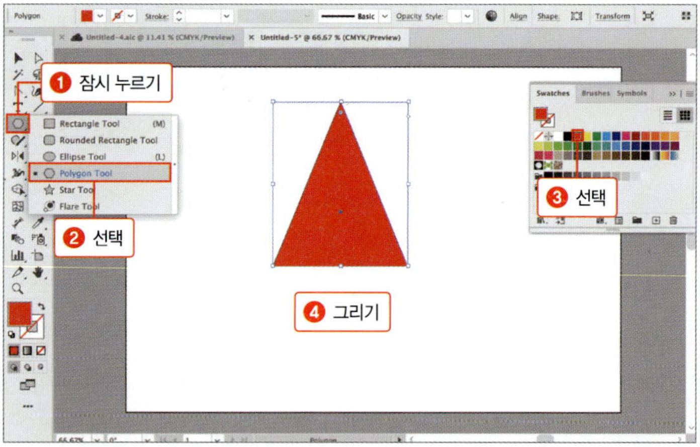

TIP 일러스트레이터 3D 기능

❶ **입체감 표현**: 일러스트레이터의 3D 기능을 사용하면 2D 이미지에 입체감과 깊이감을 추가할 수 있습니다.
❷ **다양한 시각화**: 3D 효과를 통해 이미지를 여러 각도와 관점에서 시각화할 수 있습니다.
❸ **효율적인 워크플로**: 일러스트레이터의 3D 기능은 블렌더(Blender), 스케치업(SketchUp), 시네마(Cinema) 4D, 어도비 포토샵(Adobe Photoshop) 등과 연동되어 워크플로를 효율적으로 관리할 수 있습니다.
❹ **확장성**: 3D 효과를 활용하면 일러스트레이터의 기능을 확장해 다양한 분야에 적용할 수 있습니다.

02 삼각형을 선택하고 모퉁이 곡률을 조절해 둥글게 만듭니다.

03 수박 과육과 껍질을 표현하겠습니다. 둥근 사각형 도구를 이용해서 수박 껍질 부분만큼 남긴 채 드래그하여 둥근 사각형을 만들고 그림과 같이 두 오브젝트를 겹쳐 배치합니다.

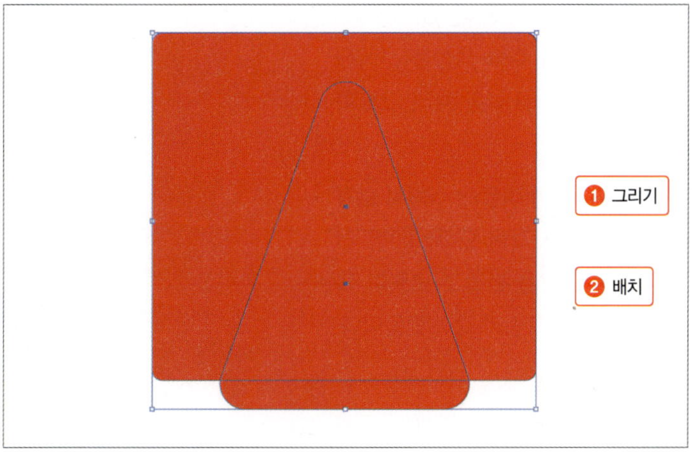

04 삼각형과 둥근 사각형을 선택하고 도형 구성 도구( )를 선택한 다음 그림과 같이 수박 껍질 부분만 클릭합니다.

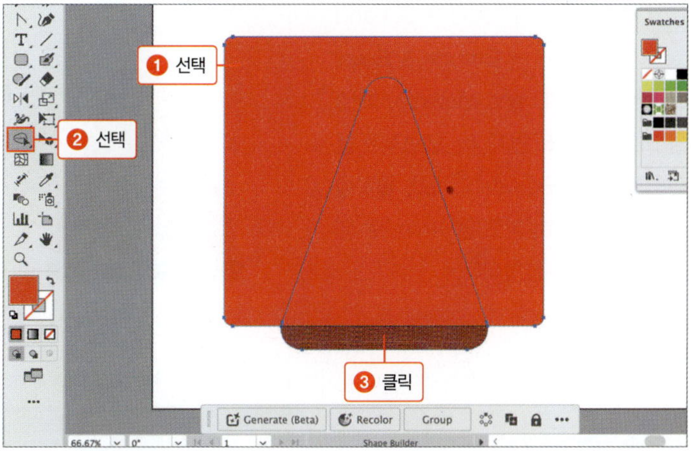

05 수박 과육과 껍질의 경계선을 표현하기 위해 먼저 사각형을 약간 위로 이동합니다. 다시 한번 삼각형과 사각형을 선택한 다음 도형 구성 도구(Shape Builder)를 선택하고 수박 과육과 껍질 사이 부분만 클릭합니다.

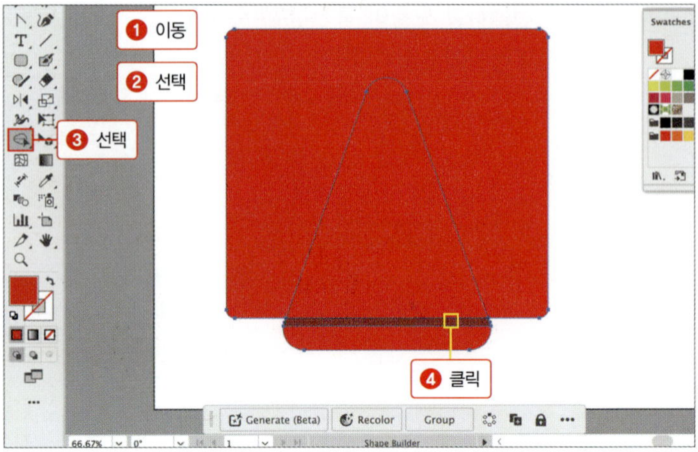

06 삼등분된 오브젝트는 Swatches 패널에서 수박 색상을 선택해 지정한 다음 Ctrl+G를 눌러 그룹화합니다.

원형 도구(Ellipse)를 이용해 수박씨 모양을 만듭니다. 사각형 도구(Rectangle)를 이용해서 바 모양을 만들고 모퉁이 곡률을 조정하여 그림과 같이 만듭니다.

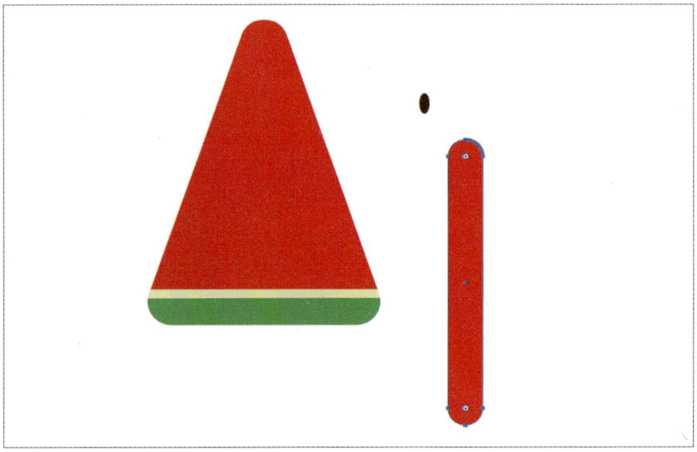

07 메뉴에서 [Effect] → 3D and Materials → Extrude & Bevel을 실행하여 3D and Materials 패널을 표시합니다. 먼저 바 오브젝트를 선택한 다음 'Extrude(입체화, Extrude)'를 클릭하고 Depth(심도)를 '4mm'로 설정하여 두께를 정합니다.

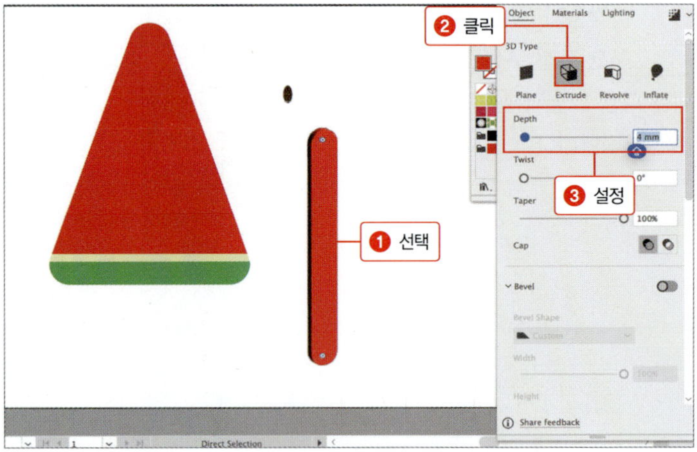

08 재질을 적용하기 위해 3D and Materials 패널의 [Materials]를 선택한 다음 'Natural Plywood(천연 합판)' 질감을 선택합니다.

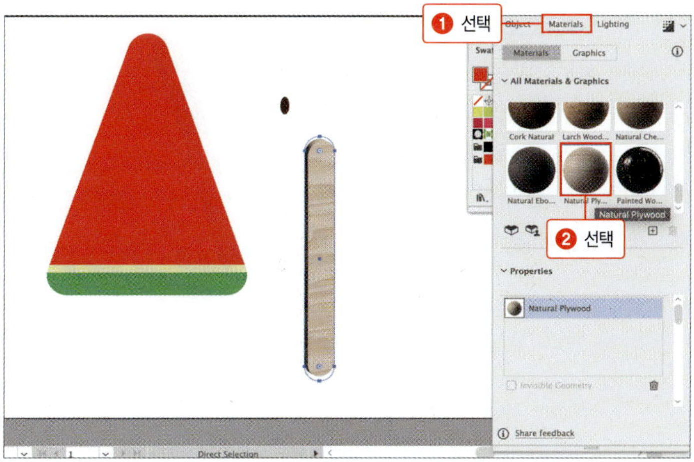

09 'Natural Plywood'를 더블클릭하고 Properties 항목의 'Rotate 90'을 체크 표시하여 나뭇결을 수직으로 회전합니다.

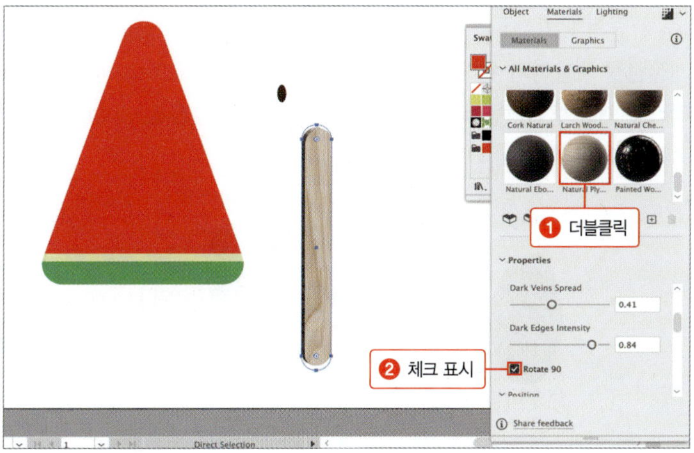

10 그룹화된 수박 오브젝트를 선택한 다음 바와 같은 방법으로 3D and Materials 패널에서 'Extrude(입체화,)'를 클릭합니다. Depth를 '30'으로 설정합니다.

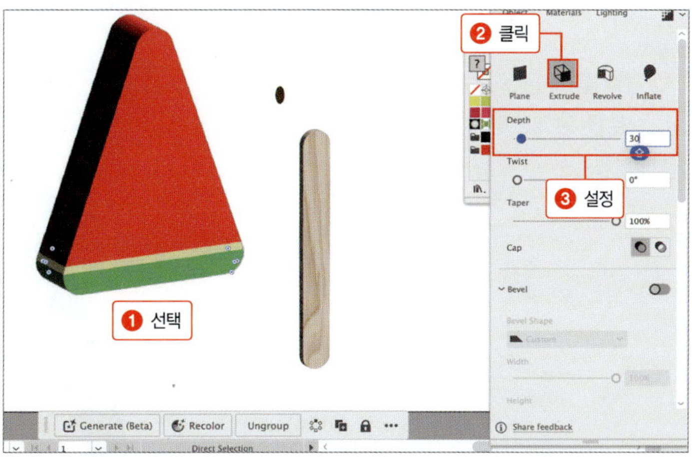

11 수박씨가 조금 딱딱해 보여서 끝부분이 약간 둥근 3D 입체 이미지로 만들겠습니다. 3D and Materials 패널에서 'Inflate(오브젝트에서 부풀리기)'를 클릭하고 심도를 미세하게 조절합니다.

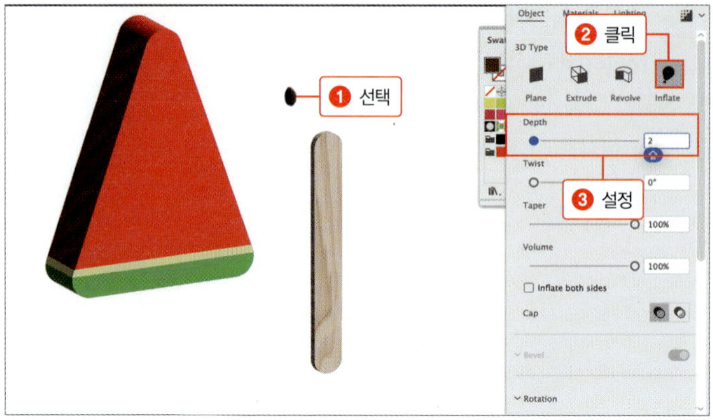

12 수박씨도 3D and Materials 패널에서 'Extrude(입체화,)'를 클릭한 다음 Depth(심도)를 조절하여 두께를 정합니다.

재질감을 적용하기 위해서 비교하겠습니다. 'Fine Leather(미세가죽)'과 'Natural Cowhide Leather(천연가죽)'을 각각 선택하여 질감을 비교하고 초콜릿 색과 비슷한 'Natural Cowhide Leather(천연가죽)'으로 선택합니다.

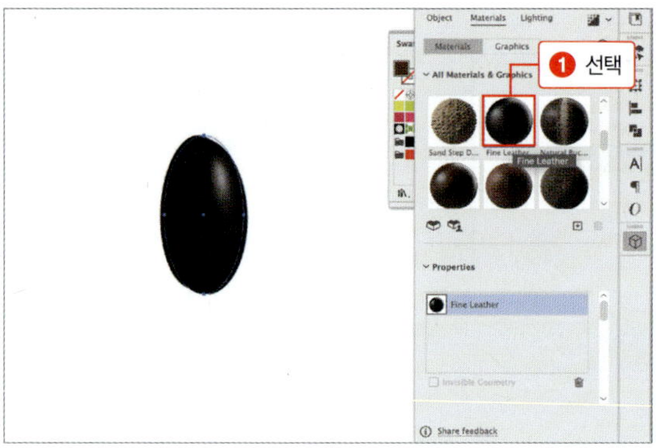

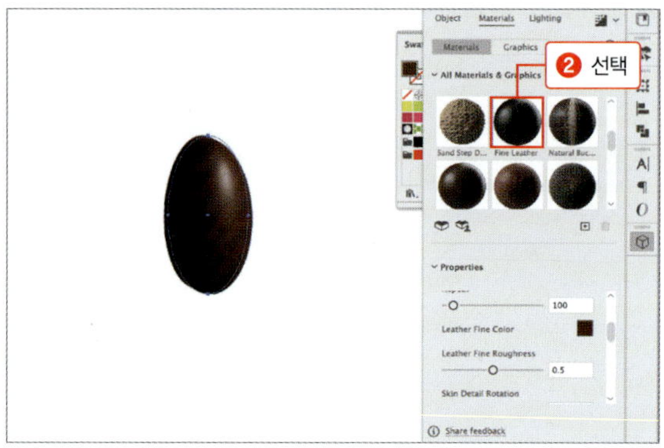

13 Alt를 누른 채 수박씨 오브젝트를 드래그하여 그림과 같이 복제합니다.

14 수박과 바 오브젝트를 겹쳐 배치합니다. 바 오브젝트를 선택하고 마우스 오른쪽 버튼을 클릭한 후 Arrange → Send to Back을 실행해 맨 뒤에 배열합니다.

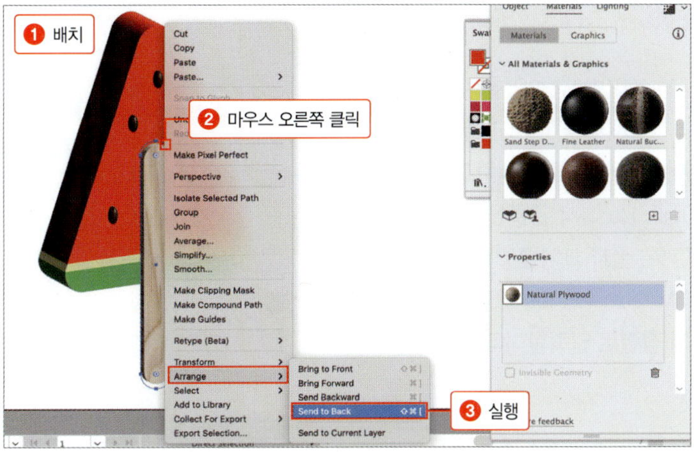

15 수박 바 오브젝트들의 위치를 알맞게 조정합니다. 사각형 도구(▢)를 이용해서 아트보드 크기의 배경 사각형을 만들고 마우스 오른쪽 버튼을 클릭한 다음 Arrange → Send to Back을 실행하여 맨 뒤에 배열합니다.

16 배경을 선택하고 Gradient 패널의 'Radial Gradient(방사형 그레이디언트)'를 클릭합니다. 가운데로 갈수록 조금씩 밝아지도록 그러데이션 색상을 왼쪽부터 '#FFF200', '#FFD200'로 지정합니다.

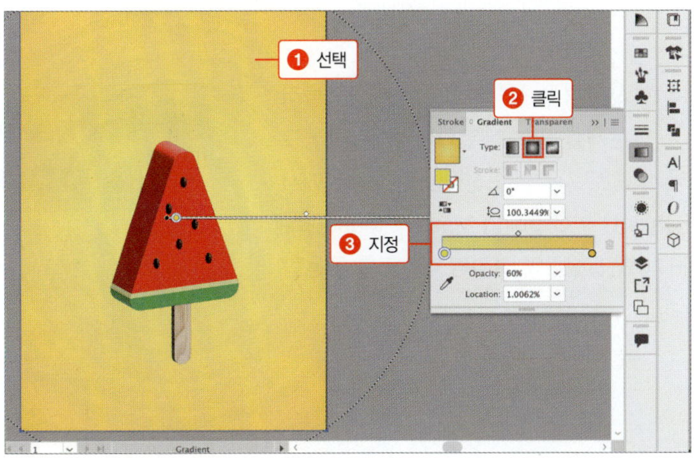

타이포그래피 디자인하기

01 이번에는 어울리는 타이포그래피를 디자인하겠습니다. 문자 도구(T)를 선택하고 Contextual Task Bar에서 글꼴을 'Cherry Bomb One', 글자 크기를 '86pt'로 설정한 후 "Watermelon Ice POP" 문자를 가운데 정렬로 입력합니다.

02 문자에 그러데이션을 적용하기 위해 먼저 사각형 도구(□)를 이용하여 문자 크기의 사각형을 만듭니다. Gradient 패널에서 'Freeform Gradient(자유형 그레이디언트)'를 선택하고 자유롭게 그러데이션 색상을 적용합니다.

TIP

일러스트레이터에서는 문자에 직접 그러데이션을 적용할 수 없어, 보통 외곽선을 추출해 디자인합니다. 이 방법의 단점은 문자 자간 등을 다시 조절할 수 없다는 점이므로 위와 같은 방법으로 그러데이션을 적용할 수 있습니다.

03 사각형을 선택하고 Ctrl+[을 눌러 문자를 앞에 배열합니다. 문자와 그레이디언트 사각형을 선택한 다음 메뉴에서 [Object] → Clipping Mask → Make(Ctrl+7)를 실행하여 클리핑 마스크를 적용합니다.

04 Warp Options 대화상자가 표시되면 Bend의 슬라이더를 '15%' 정도로 조정하며 깃발이 흩날리는 느낌을 표현하고 <OK> 버튼을 클릭합니다.

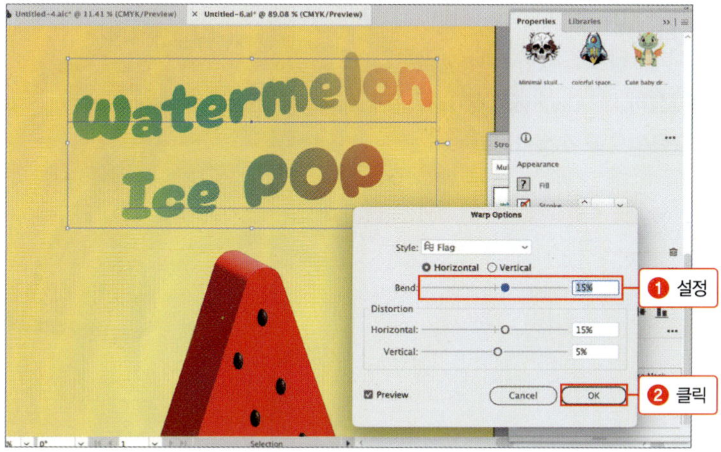

05 문자를 더블클릭하여 편집 모드를 표시한 다음 Character 패널에서 자간을 '95%'로 설정합니다.

06 수박씨를 복제해서 바닥에 자유롭게 배치합니다. 원형 도구( )로 타원형을 만들고 그림과 같이 회전 및 배열합니다. Gradient 패널에서 'Radial Gradient(방사형 그레이디언트)'를 선택하고 그러데이션 색상을 '#E76924', '#FFF200'으로 지정하여 그림자를 만듭니다.

07 Transparency 패널에서 블렌딩 모드를 'Multiply(곱하기)'로 지정하고 Opacity를 '60%'로 조절해 불투명도를 조정합니다.

08 문자를 복제한 후 칠을 '흰색'으로 지정합니다.

09 선택 도구(▶)로 그러데이션 문자를 선택하고 마우스 오른쪽 버튼을 클릭한 다음 Arrange → Bring to Front를 실행하여 맨 앞에 배열합니다. Transparency 패널에서 블렌딩 모드를 'Multiply(곱하기)'로 지정하여 완성합니다.

9.2 3D 아이소메트릭 알아두기

실습 예제 02

• **예제 파일** : 09\아이소.ai • **완성 파일** : 09\아이소메트릭.ai

아이소메트릭 3D의 기본 구조와 원리를 이해하고, 아이소메트릭 스타일을 활용한 창의적인 디자인 작업의 기초를 다집니다. 이를 통해 평면 오브젝트에 아이소메트릭 기법을 적용하는 능력을 기릅니다.

아이소매트릭 이해하기

아이소메트릭(Isometric)이란?

아이소메트릭은 3차원 물체를 2차원 평면에 표현하는 투시법의 한 가지입니다. '아이소메트릭'이라는 용어는 그리스어로 '같은 길이'를 의미하는 'isos'와 '측정'을 뜻하는 'metron'에서 유래했습니다. 이 투시법에서는 물체의 축(x, y, z)이 각각 120° 각도로 배치되며, 각 축의 길이가 동일하게 표현됩니다.

아이소메트릭의 특징

아이소메트릭 투시법은 대상물의 크기 왜곡 없이 3D 형태를 표현할 수 있어 기술 도면 작성에 유용합니다. 물체의 길이, 높이, 깊이가 같은 비율로 표현되어 정확한 치수를 확인할 수 있으며, 평행선이 서로 평행하게 유지되어 기하학적 형태가 잘 드러납니다. 또한 정면, 측면, 평면 등 다양한 각도에서 물체를 볼 수 있어 입체감이 뚜렷하게 나타납니다. 이 방법은 제품 디자인, 건축, 기계 공학 등 여러 분야에서 활용되며, 산업 디자인 분야에서도 효과적으로 형태와 구조를 표현할 수 있어 널리 사용됩니다. 일러스트레이터를 활용하면 아이소메트릭 디자인을 쉽게 구현할 수 있습니다.

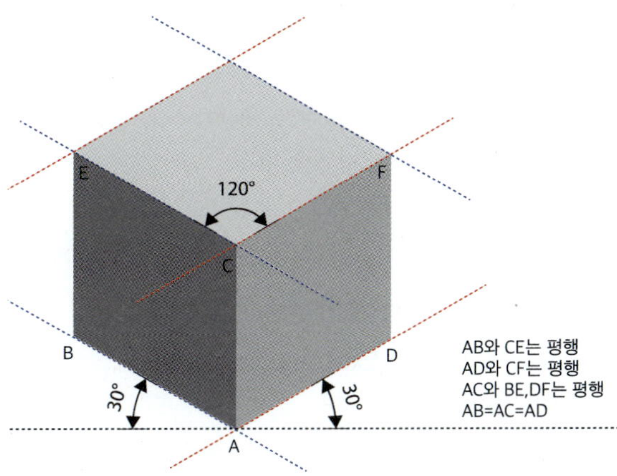

아이소메트릭의 개념도

서로 마주하는 변이 평행하여 소실점이 생기지 않고, 마주하는 각도도 모두 동일하게 유지됩니다.

새로워진 3D 기능 비교하기

01 09 폴더에서 '아이소.ai' 파일을 불러옵니다.

아이소메트릭 개념도의 도형을 만드는 방법은 여러 가지가 있지만, 일러스트레이터의 3D 효과를 활용하여 만들겠습니다. 먼저 사각형 도구(▢)를 이용해서 W/H(가로/세로) 크기가 '50mm'인 사각형을 그립니다.

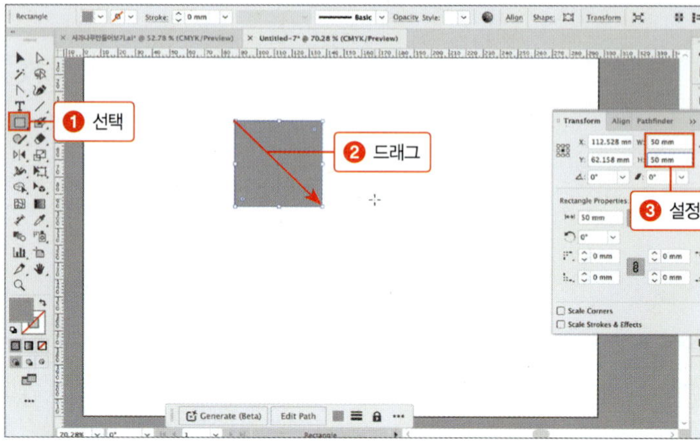

02 사각형을 선택하고 메뉴에서 (Effect) → 3D and Materials → 3D (Classic) → Extrude & Bevel (Classic)을 실행합니다. 3D Extrude & Bevel Options (Classic) 대화상자가 표시되면 Position(위치)을 'Isometric Left(등각 왼쪽)', Extrude Depth(입체화의 깊이)를 '42pt'로 설정하고 <OK> 버튼을 클릭합니다.

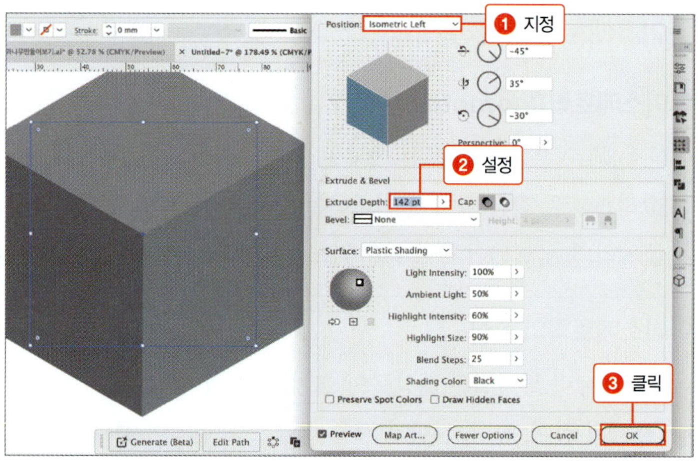

03 3D (Classic)과 3D and Materials 기능을 이용해 만든 결과물은 같아 보이지만 활용하는 데 차이가 있으므로 비교해 보겠습니다.

사각형 도구(▢)를 이용해서 똑같이 W/H(가로/세로) 크기가 '50mm'인 사각형을 그리고 메뉴에서 (Effect) → 3D and Materials → Extrude & Bevel을 실행합니다.

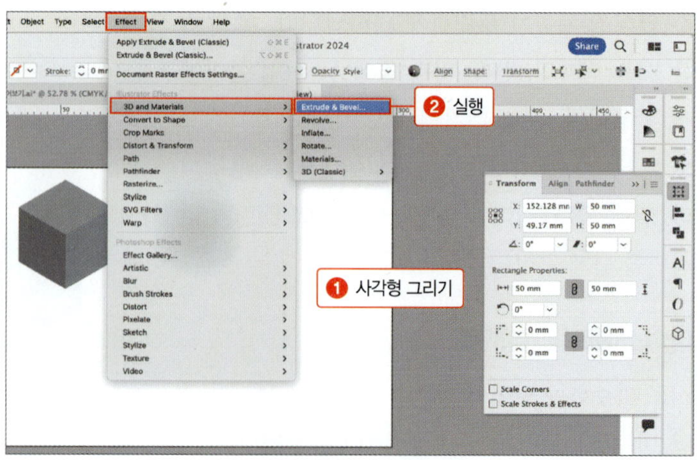

04 3D and Materials 패널의 [Object]에서 'Extrude(입체화, 🔲)'를 클릭하고 Depth를 '50mm'로 설정합니다.

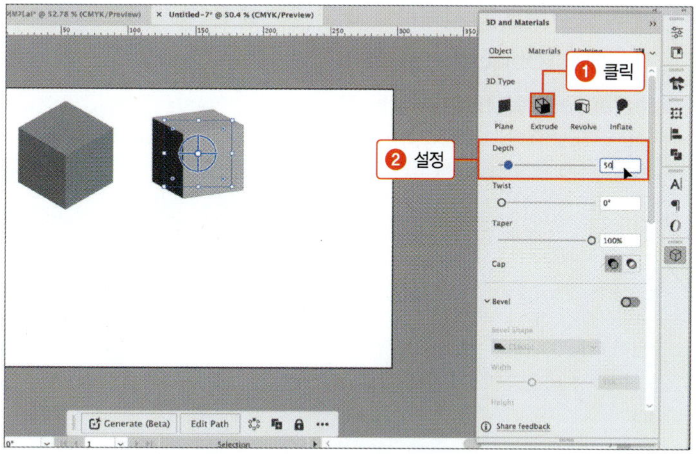

05 Presets에서 'Isometric Left'를 선택합니다.

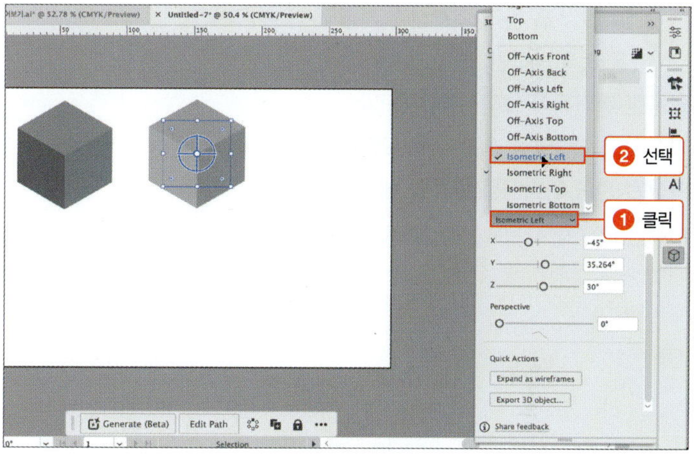

06 3D (Classic)과 3D and Materials로 만들어진 두 개의 3D 오브젝트를 Ctrl+Y를 눌러 외곽선 보기로 확인하면 가로/세로 50mm 크기의 사각형을 확인할 수 있습니다.

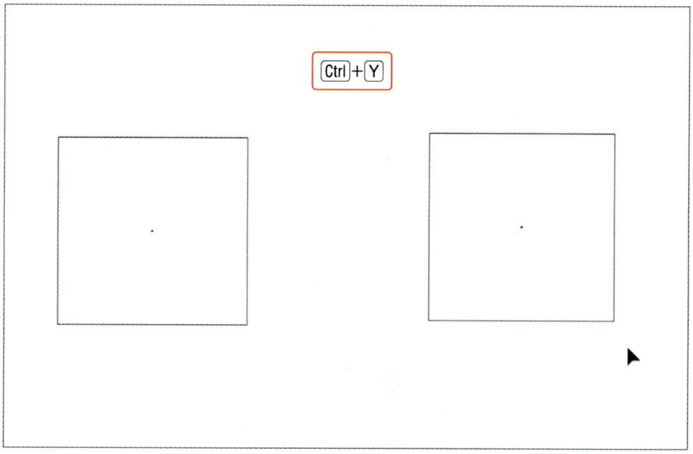

9 입체적인 벡터 이미지, 3D 게임 디자인

07 두 오브젝트를 선택하고 메뉴에서 [Object] → Expand Appearance를 실행하여 모양을 확장합니다.

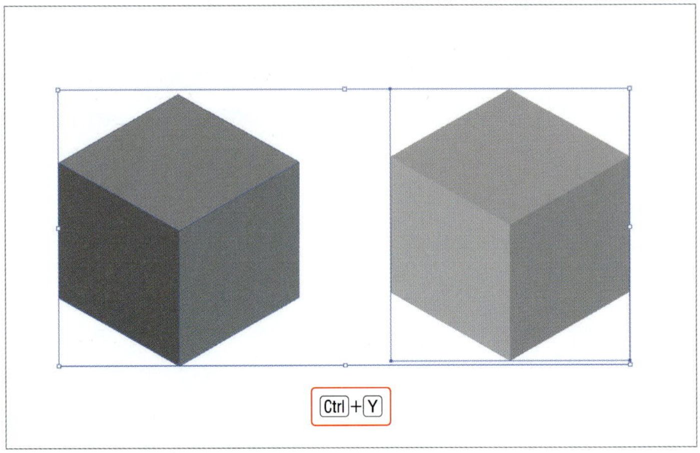

TIP

모양이 확장된 이후 두 개의 오브젝트를 선택하면 바운딩 박스 모양이 다릅니다.

08 Ctrl+Y를 눌러 외곽선 보기를 통해 확인하면 3D (Classic)을 활용한 이미지가 보이는 대로 모양이 확장되었음을 알 수 있습니다. 모양이 확장된 왼쪽 이미지를 활용할 예정입니다.

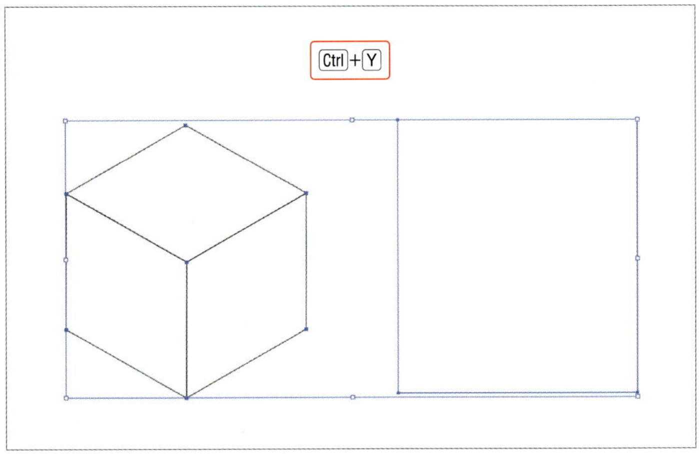

TIP **일러스트레이터의 3D 기능 차이점**

기존 3D 기능은 기본 3D 편집에 중점을 두었다면, 새로운 3D and Materials 기능은 고급 렌더링과 애니메이션 기능을 제공하여 더 전문적이고 사실적인 3D 디자인을 지원합니다. 사용 목적과 필요에 따라 적절한 3D 도구를 선택할 수 있습니다.

1. **3D (Classic)**: 기존에 제공되던 3D 기능입니다. 3D 오브젝트를 생성하고 편집할 수 있으며, 기본 조명, 그림자, 투시 등의 기능을 지원합니다. 또한, 3D 오브젝트를 2D 평면으로 펼치는 전개 기능과 깊이, 회전, 기울기 등을 조절할 수 있습니다.
2. **3D and Materials**: 일러스트레이터 CC 2024부터 추가된 3D 기능입니다. 향상된 3D 렌더링 기능을 제공하며, 다양한 재질(머티리얼)을 적용할 수 있습니다. 조명, 그림자, 반사, 굴절 등 고급 렌더링 기능을 지원하고, 3D 오브젝트의 카메라 뷰, 조명, 배경 등을 세밀하게 조절할 수 있습니다. 또한, 3D 오브젝트를 애니메이션화하여 움직임을 표현할 수 있어 더 사실적이고 전문적인 3D 디자인을 할 수 있습니다.

실습 예제 03

9.3 3D 아이소메트릭을 활용하여 사과나무 블록 디자인하기

• **예제 파일** : 09\사과.ai • **완성 파일** : 09\사과나무.ai

아이소메트릭 디자인의 기본 원리인 등각투시 기법을 활용해 입체적인 오브젝트들을 조합하는 방법을 배웁니다. 같은 각도의 오브젝트 간 앞뒤 관계를 이용해 원근감을 효과적으로 표현하고, 전체적인 균형과 조화를 이루는 기초 능력을 기릅니다.

아이소메트릭으로 3D 블록 만들기

01 09 폴더에서 '사과.ai' 파일을 불러옵니다.

사각형 도구(▢)를 이용해 가로/세로 크기가 '50mm'인 사각형을 그립니다. Transform 패널에서 모퉁이 곡률을 '15' 정도로 설정하여 둥근 사각형을 만듭니다.

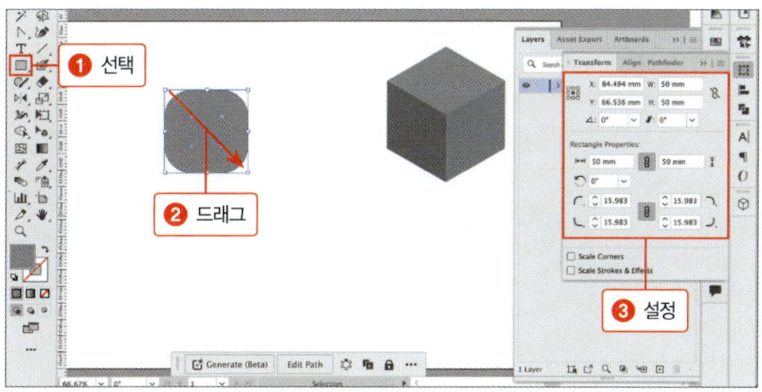

02 메뉴에서 [Effect] → 3D and Materials → 3D (Classic) → Extrude & Bevel (Classic)을 실행합니다.

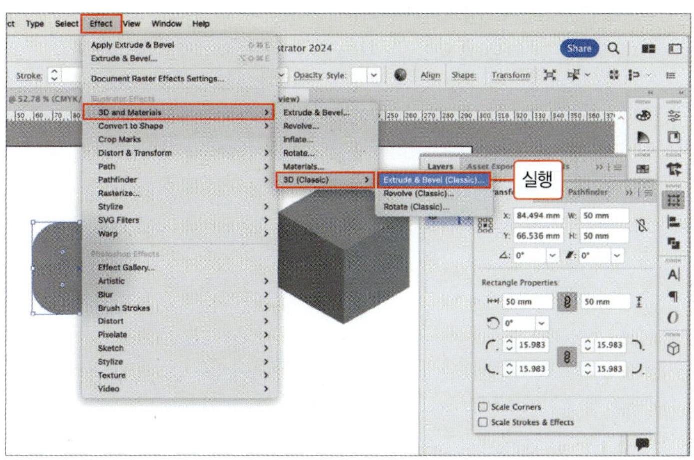

03 3D Extrude & Bevel Options (Classic) 대화상자의 Position(위치)을 'Isometric Top', Extrude & Bevel(입체화 깊이)을 '30pt'로 설정합니다.

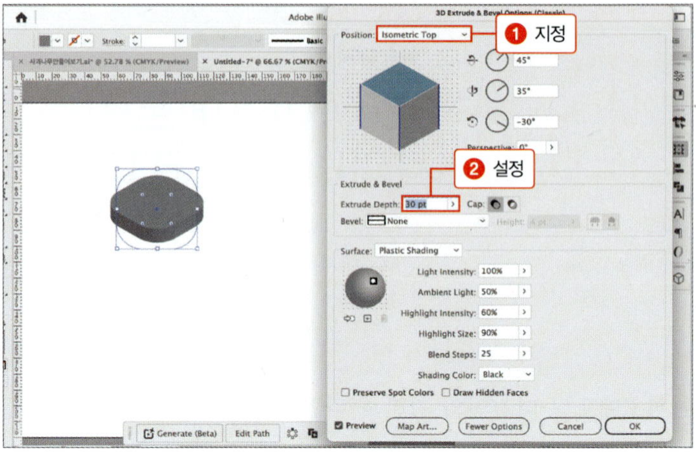

04 Surface는 'No Shading(음영 없음)'으로 지정한 다음 <OK> 버튼을 클릭합니다.

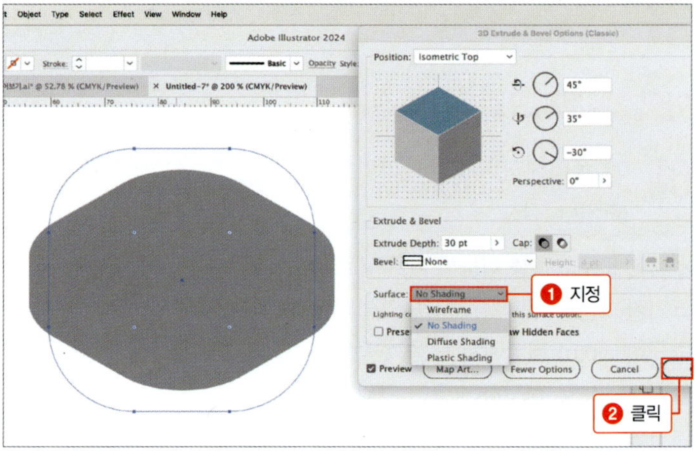

> **TIP**
>
> 그러데이션 음영은 모양을 확장했을 때 이미지가 많이 쪼개져서 작업이 쉽지 않습니다.

05 Ctrl+Y를 눌러 외곽선 보기로 전환하면 그림과 같이 여러 개의 오브젝트로 모양이 확장된 것을 확인할 수 있습니다.

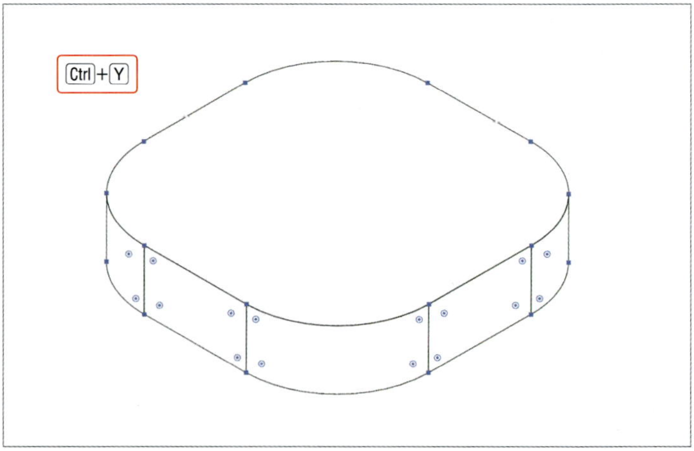

06 직접 선택 도구(▷)로 입체 오브젝트 위쪽을 제외하고 옆면 오브젝트들을 선택합니다. Pathfinder 패널에서 'Unite(합치기, ■)'를 클릭하여 합칩니다.

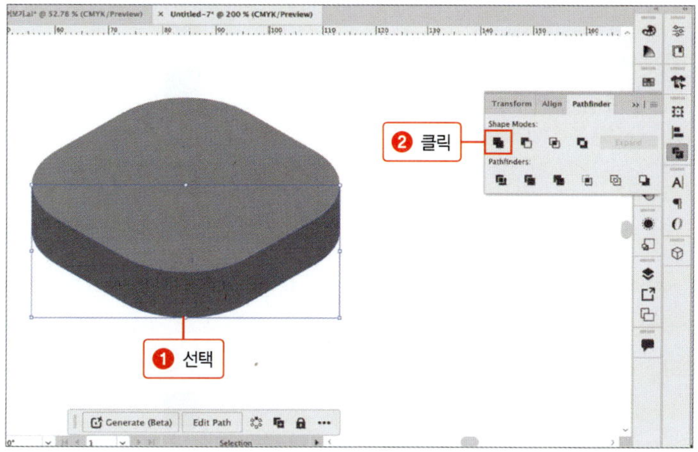

컬러 블록 만들기

01 육면체를 추가합니다. 미리 사용할 색상들을 그림과 같이 사각형에 적용해 컬러 칩을 지정하거나 Swatches 패널에 색상을 등록한 다음 사용합니다.

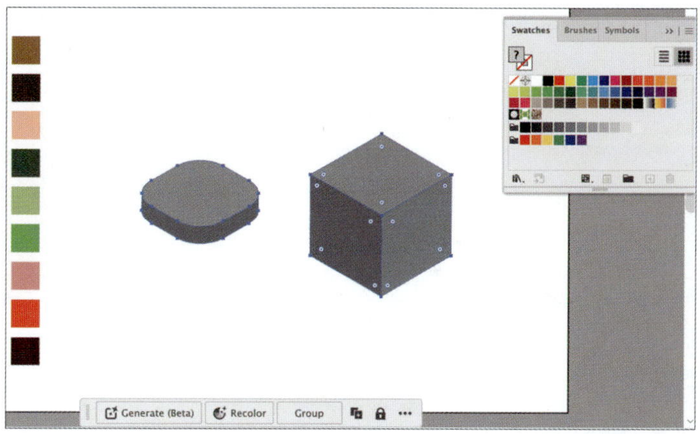

02 직접 선택 도구(▷)로 색상을 적용할 오브젝트의 면을 선택하고, I를 눌러 스포이트 도구(✎)로 왼쪽에 위치한 컬러 칩을 클릭해 채색합니다.

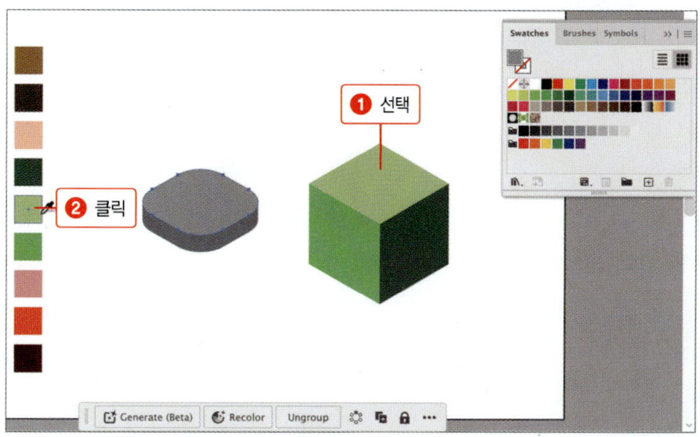

03 육면체 오브젝트를 두 개 더 복제한 다음 그림과 같이 컬러 칩 색상을 추출하여 채색합니다.

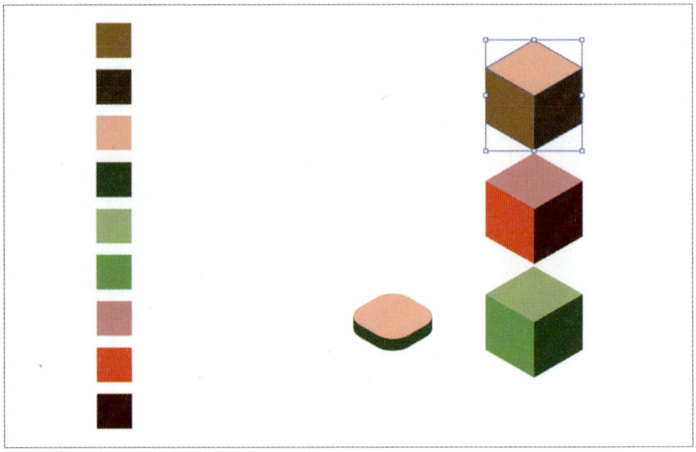

04 선택 도구(▶)로 육면체를 선택하고 크기를 조절하여 그림과 같이 사과 형태의 컬러 블록을 만듭니다.

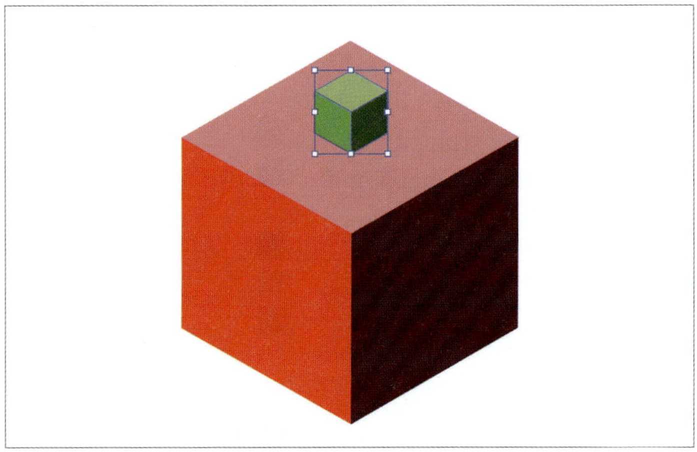

05 직접 선택 도구(▷)를 선택하고 나무 기둥으로 적용할 오브젝트의 아래쪽을 드래그하여 선택합니다. Shift를 누른 채 아래로 드래그하면 육면체가 기둥처럼 수직으로 늘어납니다.

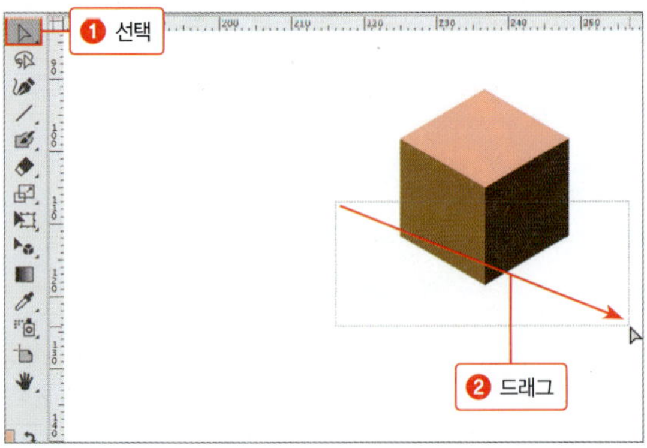

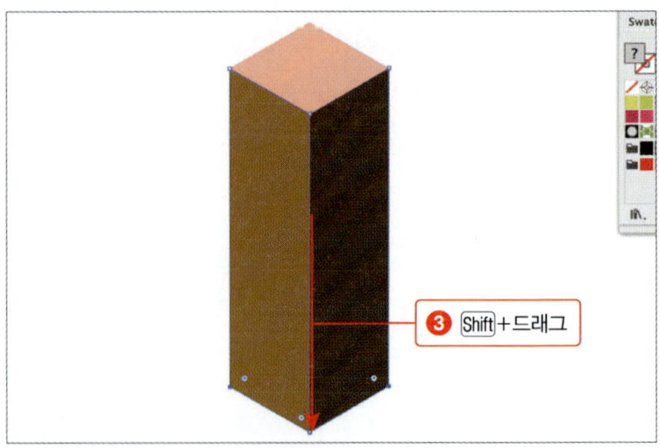

06 나무 기둥과 받침 오브젝트의 앞뒤 관계를 조절하여 그림과 같이 배열합니다.

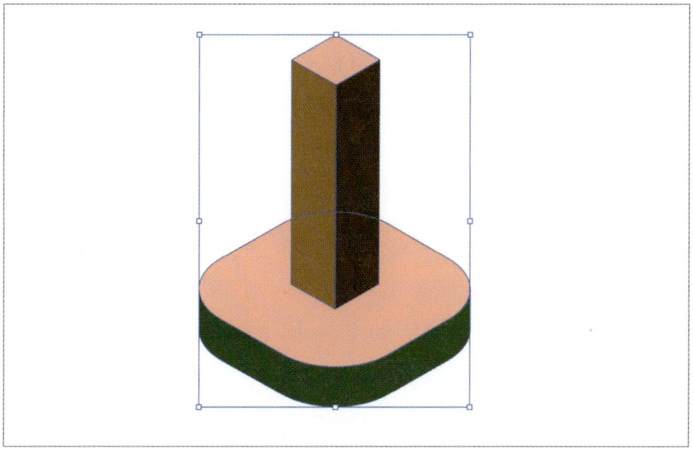

07 나무 기둥 위로 나무가 될 오브젝트의 크기를 조정하고 배치합니다.

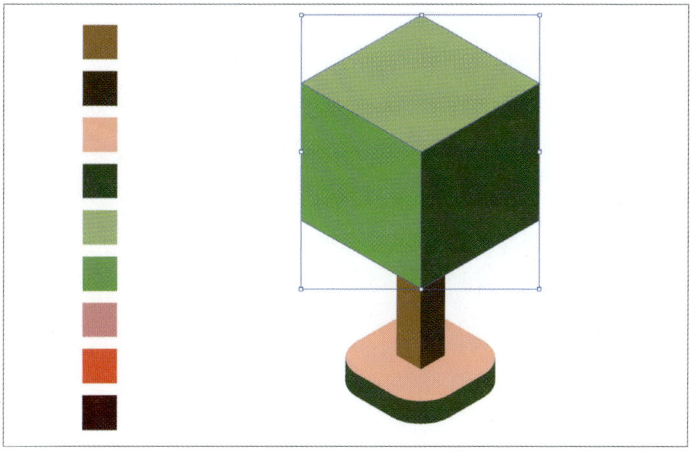

08 나무의 볼륨감을 만들기 위해 Alt를 누른 채 드래그해 여러 개 복제하고 크기를 조정하여 그림과 같이 형태를 만듭니다.

09 앞서 만든 사과 오브젝트를 여러 개 복제해 나무에 배치해서 사과나무를 완성합니다.

10 배경과 문자를 추가해 포스터를 디자인합니다.

9.4 실습 예제 04 3D 아이소메트릭 토이랜드 오픈 포스터 디자인하기

• **예제 파일 :** 09\기린.ai, 사과나무.ai • **완성 파일** : 09\토이랜드.ai

복잡한 아이소메트릭 오브젝트를 효과적으로 조합해 다양한 시각적 효과를 만드는 능력을 기릅니다. 다양한 모양의 오브젝트 특성을 강조하고, 조명과 그림자를 적용해 입체감을 강화합니다. 이를 통해 3D 아이소메트릭 디자인의 복잡한 요소를 통합해 독특한 테마의 입체 작업물을 설계하고 구현해 봅니다.

컬러 블록 만들기

01 09 폴더에서 '기린.ai' 파일을 불러옵니다.

왼쪽 일러스트처럼 3D 효과로 기린을 디자인하겠습니다. 기린의 머리, 목, 몸통, 다리 등 각 부분을 확인합니다.

> **TIP**
> 대략의 형태를 바탕으로 나중에 수정할 수 있습니다.

02 선택 도구(▶)로 기린 오브젝트들을 드래그해 선택한 다음 Shift+Alt를 누른 채 오른쪽으로 드래그하여 복제합니다.

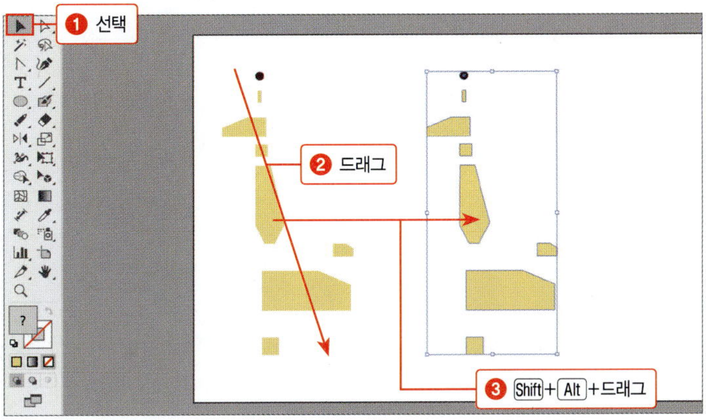

03 복제된 오브젝트가 선택된 채 메뉴에서 [Effect] → 3D and Materials → 3D (Classic) → Extrude & Bevel (Classic)을 실행합니다.

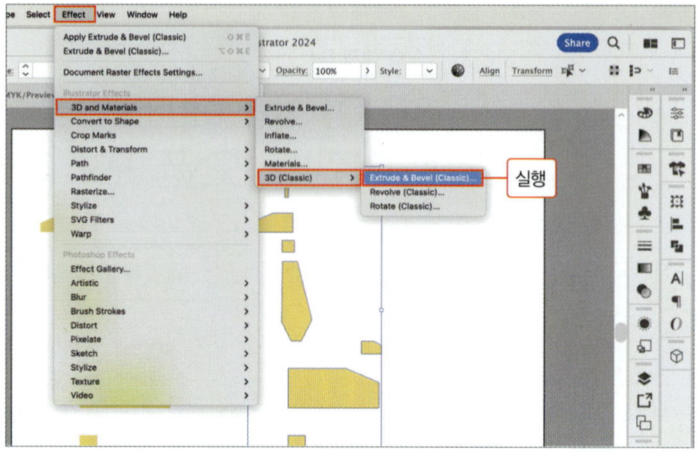

04 3D Extrude & Bevel Options (Classic) 대화상자에서 Extrude Depth(입체화 깊이)를 '50pt'로 설정합니다. <More Options(기타 옵션)> 버튼을 클릭해 조명 옵션을 나타냅니다. Shading Color(음영 색상)를 'Custom'으로 지정하여 전체 색상을 미세하게 조정한 다음 <OK> 버튼을 클릭합니다.

> **TIP**
>
> 'Preview'를 체크 표시하거나 해제하면서 3D 오브젝트를 확인합니다.

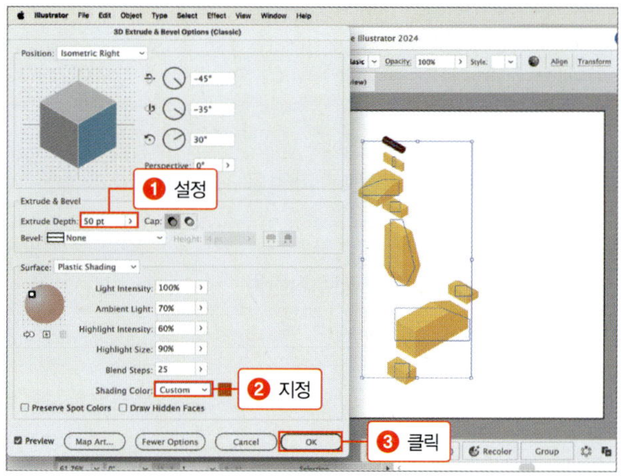

05 기린 머리 뿔의 동그란 부분이 누워있는 원기둥으로 만들어져 수정하겠습니다. 갈색 원을 선택하고 Properties 패널에서 'fx. 3D Extrude & Bevel (Classic)' 오른쪽 'Delete Effect' 아이콘(🗑)을 클릭해 효과를 삭제합니다.

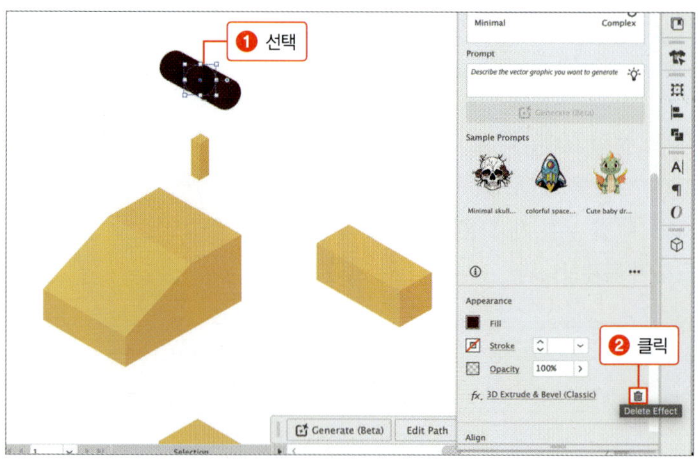

06 기린 몸통을 선택하고 부분적으로 두께를 수정하기 위해 Properties 패널에서 'fx. 3D Extrude & Bevel (Classic)'을 클릭합니다.

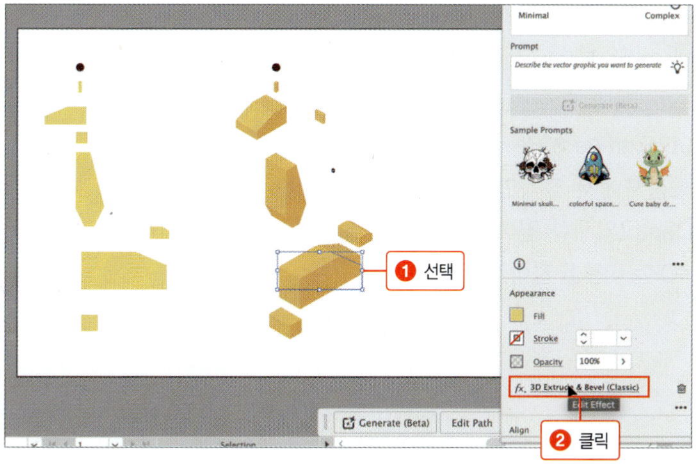

07 3D Extrude & Bevel Options (Classic) 대화상자가 표시되면 Extrude Depth(입체화 깊이)를 '100pt'로 설정해 크기를 맞추고 <OK> 버튼을 클릭합니다.

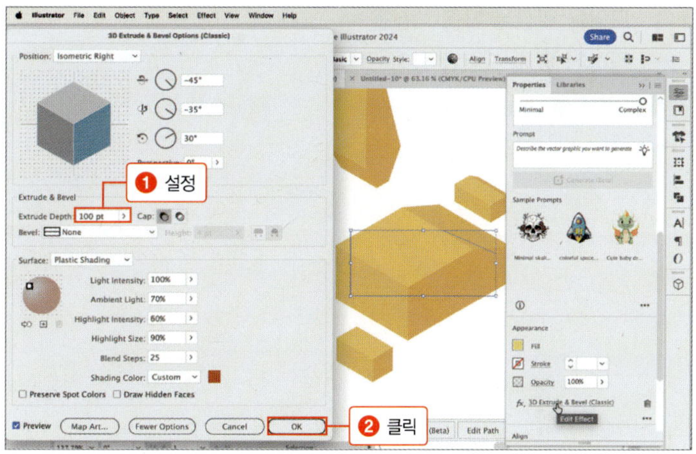

08 기린의 귀 부분도 선택하고 Properties 패널에서 'fx. 3D Extrude & Bevel (Classic)'을 클릭합니다. 3D Extrude & Bevel Options (Classic) 대화상자에서 Position을 'Isometric Left'로 지정하여 각도를 변경하고, Extrude Depth(입체화 깊이)를 '5pt'로 설정한 다음 <OK> 버튼을 클릭합니다.

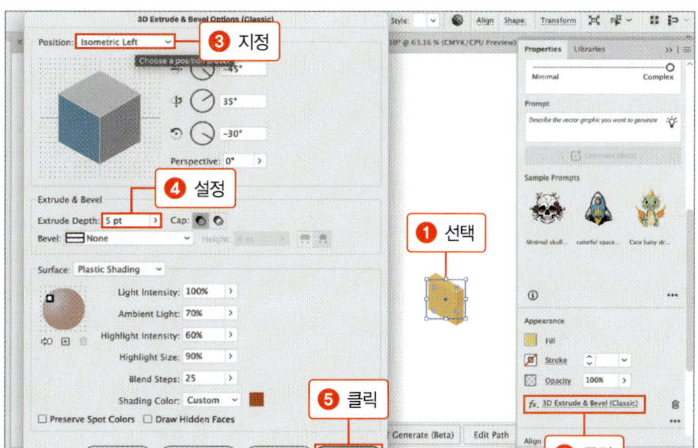

09 기린의 다리 부분도 선택한 다음 Properties 패널에서 'fx. 3D Extrude & Bevel (Classic)'을 클릭합니다. 3D Extrude & Bevel Options (Classic) 대화상자에서 정육면체가 되도록 Extrude Depth(입체화 깊이)를 '30pt'로 설정하고 <OK> 버튼을 클릭합니다.

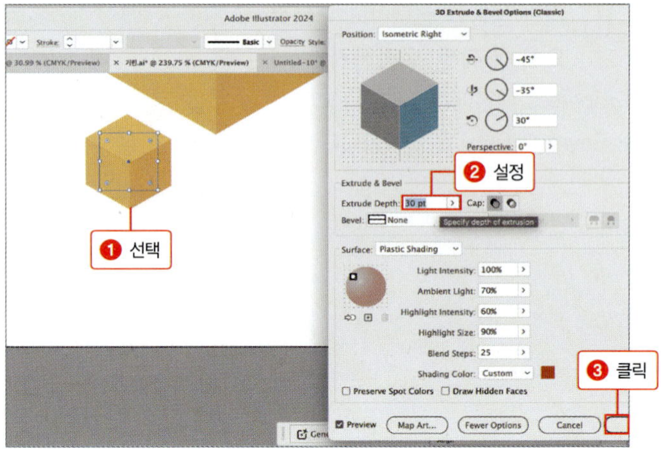

10 모양을 확장한 다음 색상을 수정하기 위해 그림과 같이 오른쪽에 컬러 칩을 만듭니다.

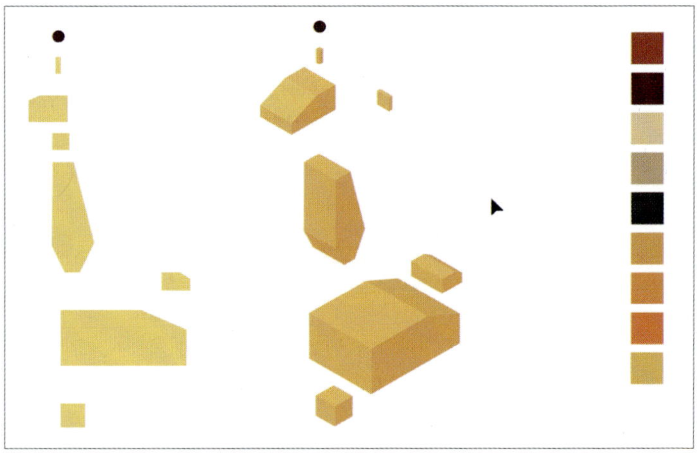

11 Ctrl+Y를 눌러 외곽선 보기로 모양을 비교하면 아직은 속성이 같은 것을 확인할 수 있습니다.

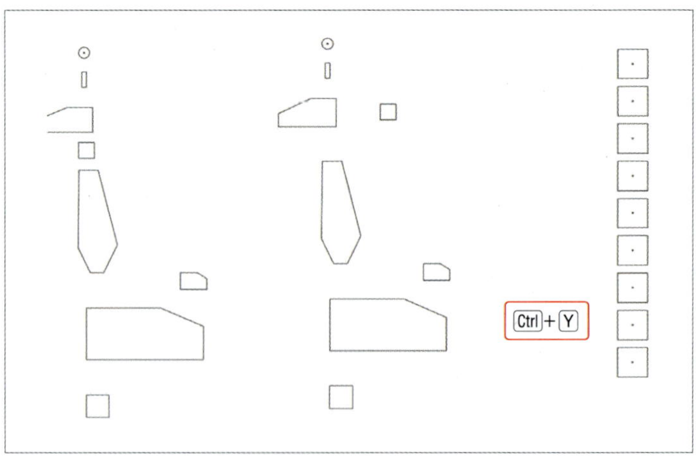

12 직접 선택 도구(▷)로 원의 오른쪽 기준점만 선택한 다음 Delete를 눌러 삭제합니다. 열린 패스이므로 Ctrl+J를 눌러 반원형을 닫힌 패스로 연결합니다.

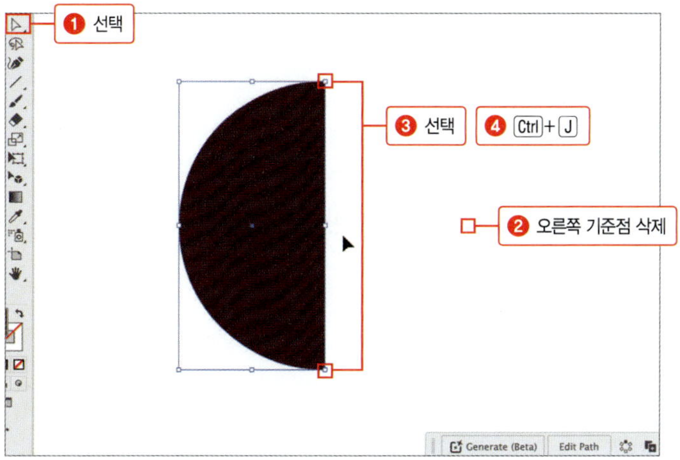

13 반원에 3D 효과를 주기 위해 메뉴에서 [Effect] → 3D and Materials → 3D (Classic) → Revolve (Classic)를 실행합니다. 3D Revolve Options (Classic) 대화상자가 표시되면 Revolve 항목에서 from을 'Left Edge'로 지정합니다.

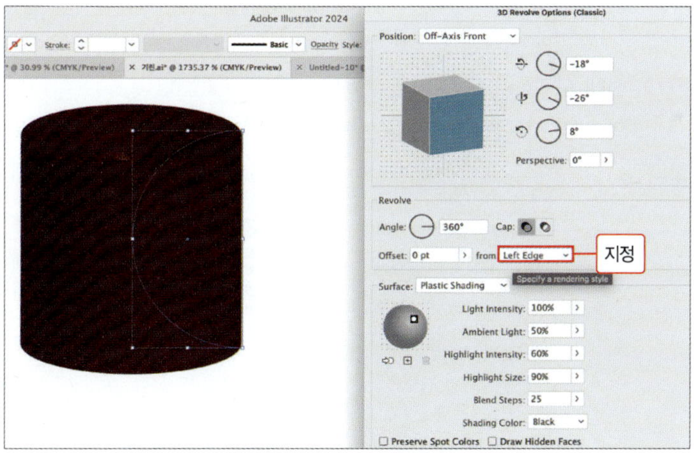

14 'Preview'를 체크 표시해서 2D 원에 3D 입체 효과가 적용되는 것을 확인하며 조명 수치를 조절하고 <OK> 버튼을 클릭합니다.

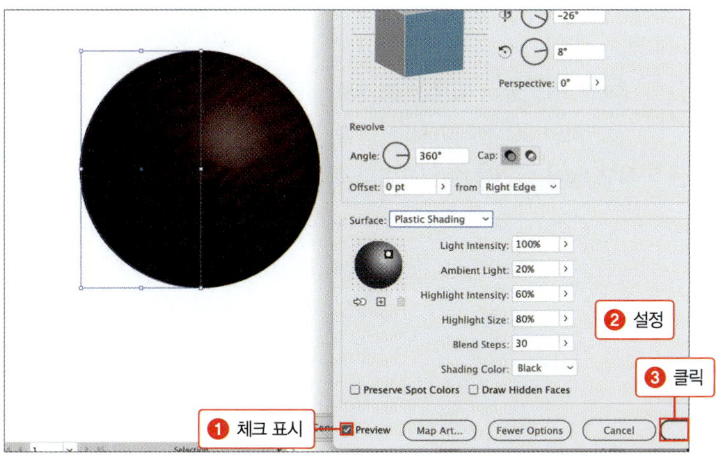

3D 오브젝트를 조합해 포스터 만들기

01 기린의 뿔과 귀를 복제해 배치합니다. 3D 오브젝트로 변환된 오브젝트들을 각각 선택하고 오브젝트 앞뒤 배열을 생각하면서 기린의 머리를 그림과 같이 조합합니다.

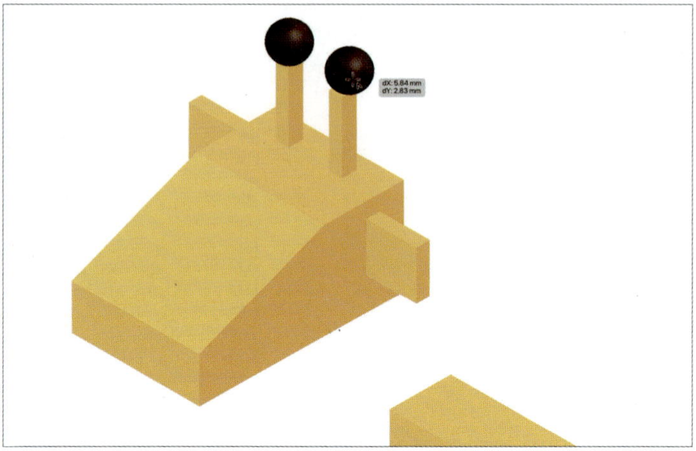

02 선택 도구(▶)로 조합한 기린의 머리 전체를 드래그해 선택합니다.

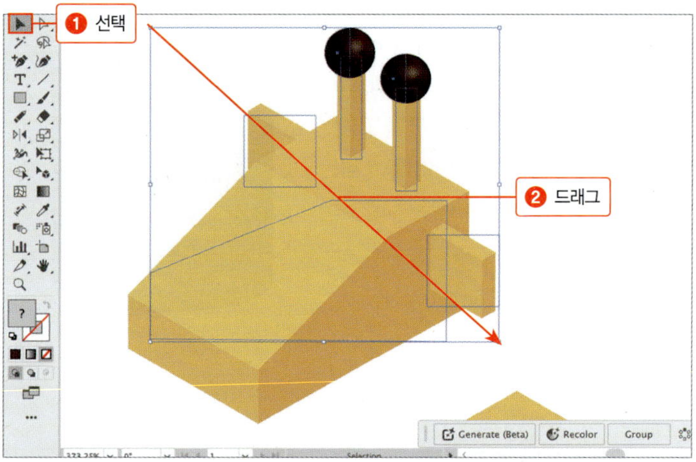

03 Ctrl+Y를 눌러 외곽선 보기로 전환하면 3D 형태이지만, 속성은 아직 2D임을 확인할 수 있습니다.

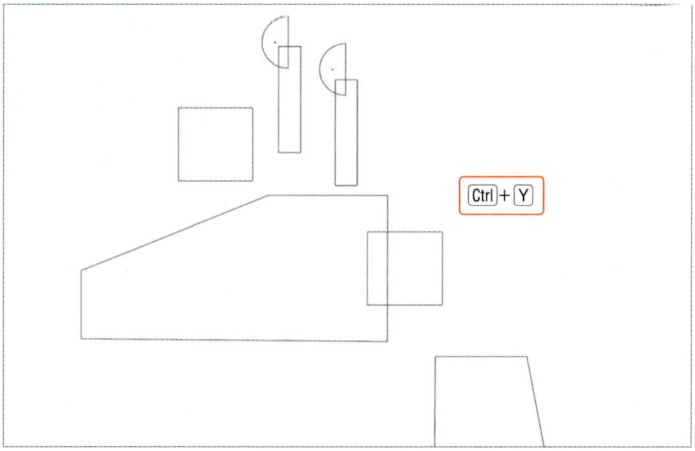

04 기린의 몸통도 각각의 오브젝트를 선택하고 앞뒤 배열을 생각하면서 그림과 같이 조합합니다.

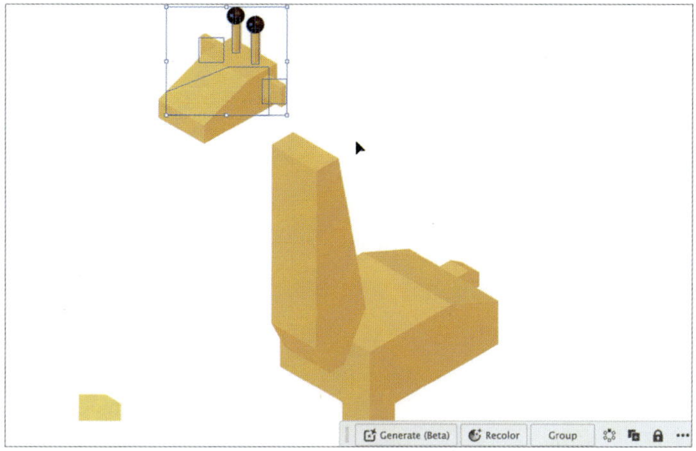

05 기린의 다리가 되는 정육면체는 직접 선택 도구(▷)로 기준점을 선택하고 드래그하여 길이를 조절합니다. 오브젝트 앞뒤 관계를 생각하면서 그림과 같이 조합합니다.

06 배치된 3D 오브젝트를 선택하고 메뉴에서 [Object] → Expand Appearance를 실행해 모양을 확장합니다.

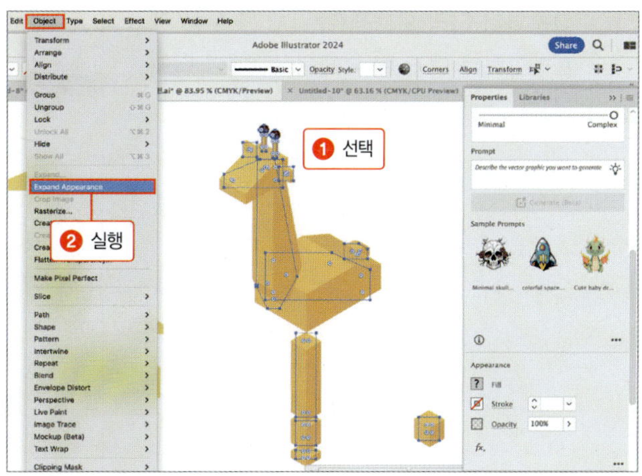

07 Ctrl+Y를 눌러 외곽선 보기로 전환하여 모양이 확장된 오브젝트를 확인합니다.

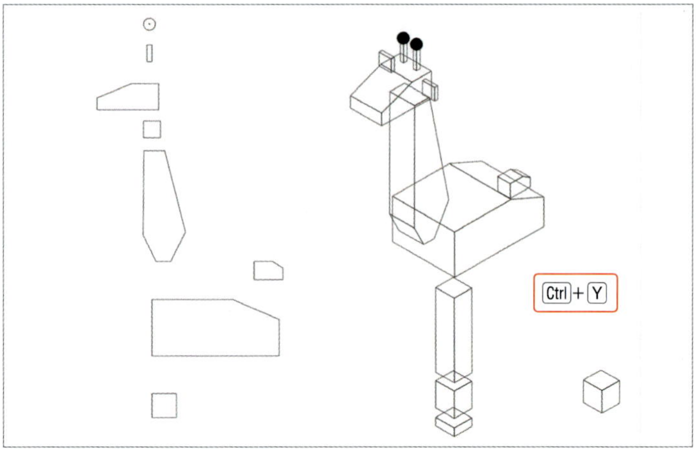

08 다리 오브젝트의 각 면을 선택하고 스포이트 도구( )로 컬러 칩을 선택해 색을 적용합니다. 다리를 조합한 다음 Ctrl+G를 눌러 그룹으로 지정합니다.

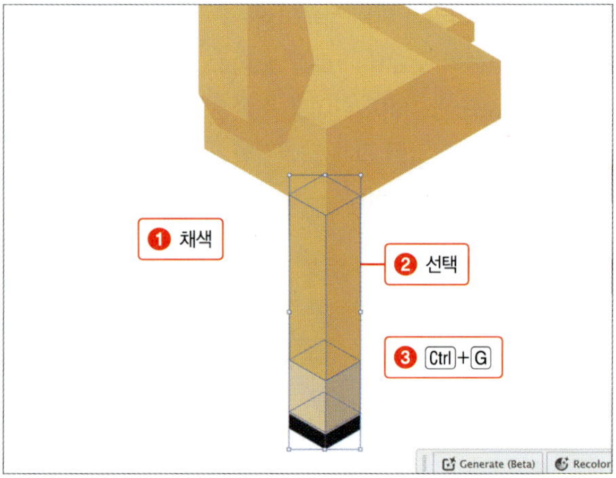

09 그룹화된 다리 오브젝트는 Alt를 누른 채 드래그하여 여러 번 복제해서 4개의 다리를 만듭니다.

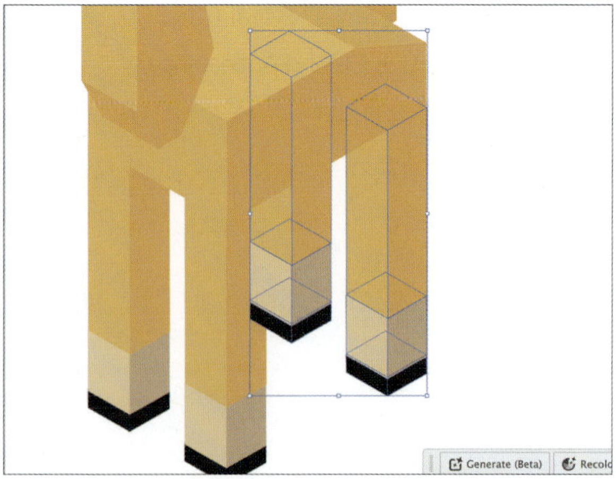

10 기린의 전체 형태를 확인하고 다리나 목의 길이 등을 조절합니다.

11 색상을 적용한 정육면체와 컬러 칩을 활용해 그림과 같이 얼룩무늬를 만듭니다. 얼룩무늬 블록 크기를 조절하면서 그림과 같이 배치합니다.

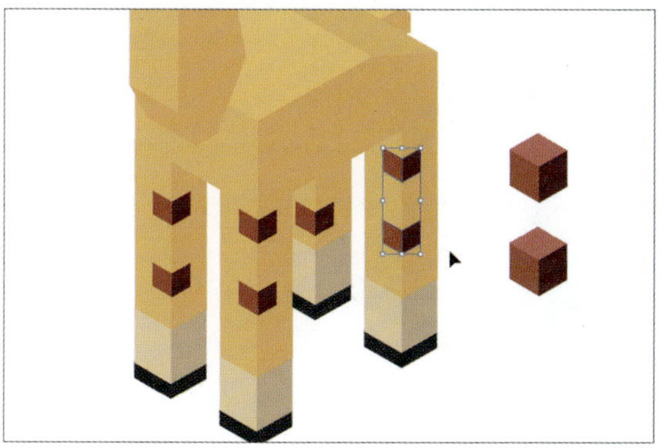

12 직접 선택 도구(▷)를 이용하여 형태에 따라 기준점을 조절하면서 얼룩무늬를 배치합니다.

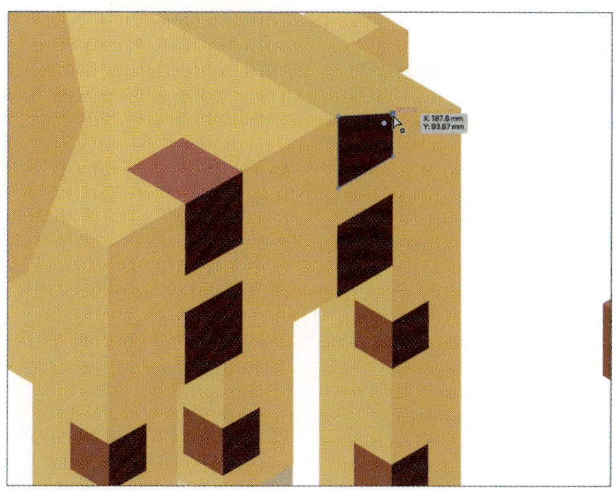

13 눈과 코도 흰색과 얼룩무늬 정육면체를 이용해 만듭니다.

14 09 폴더에서 '사과나무.ai' 파일을 불러와 받침을 가져와서 기린 아래쪽에 배치합니다.

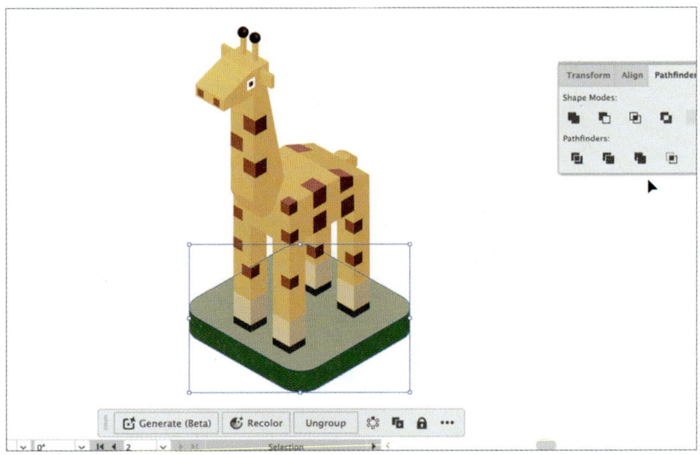

15 사각형 도구(▢)를 이용하여 뒤쪽에 사각형 배경을 만듭니다. Gradient 패널의 'Radial Gradient'를 적용하고 그레이디언트 조절점을 클릭하여 그림과 같이 추가한 다음 '#F6871F', '#B44B14' 색상으로 지정합니다.

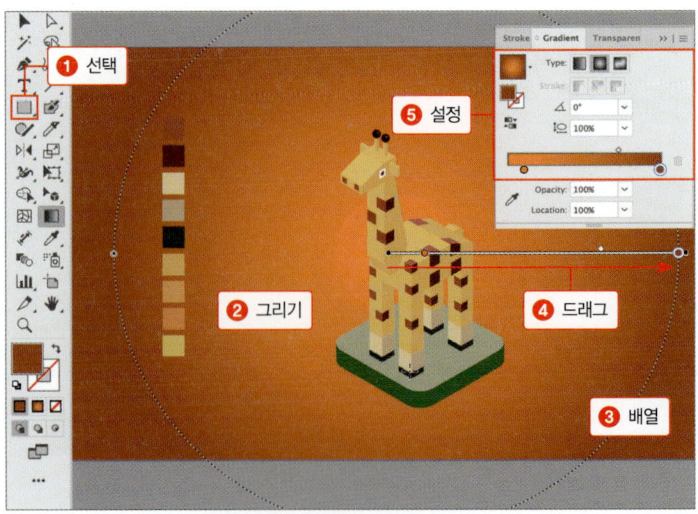

16 아트보드 크기를 세로 형태의 'A4'로 변경하고 어울리는 문자를 작성하여 레이아웃합니다. 기린을 복제해 배치한 다음 크기를 줄이고 포스터 이미지를 만듭니다. 블럭의 각 부분을 나누고 번호를 붙여 블럭 전개도를 추가하여 완성합니다.

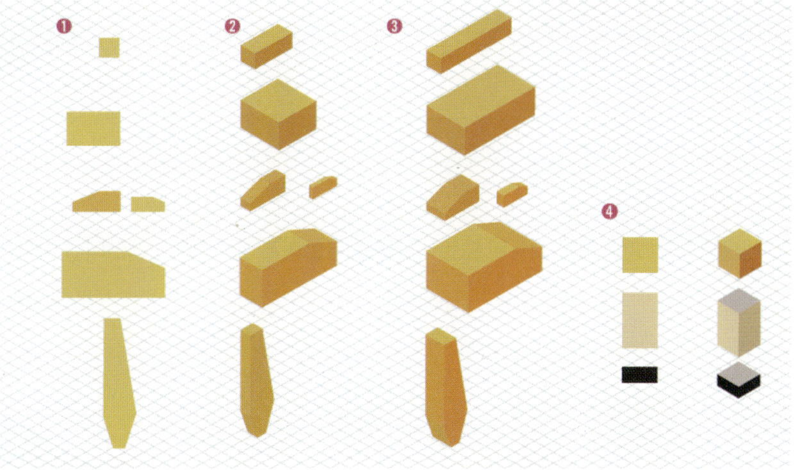

9

입체적인 벡터 이미지, 3D 게임 디자인

연습 문제 | 3D 디자인하기

01 기본 도형을 이용하여 3D 형태의 입체적인 병을 만들어 보세요.

• **예제 및 완성 파일** : 09\연습문제1.ai

before

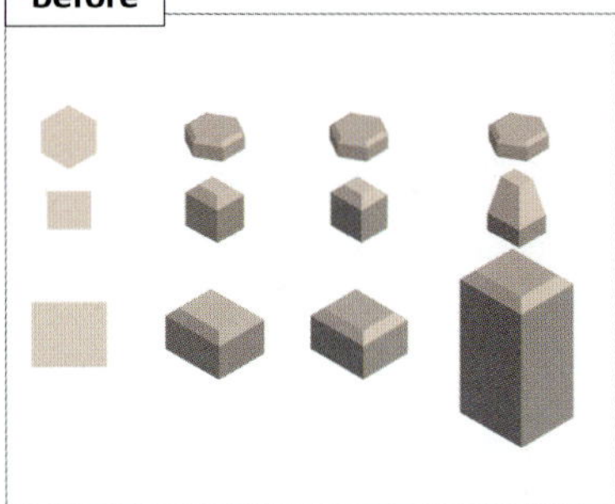

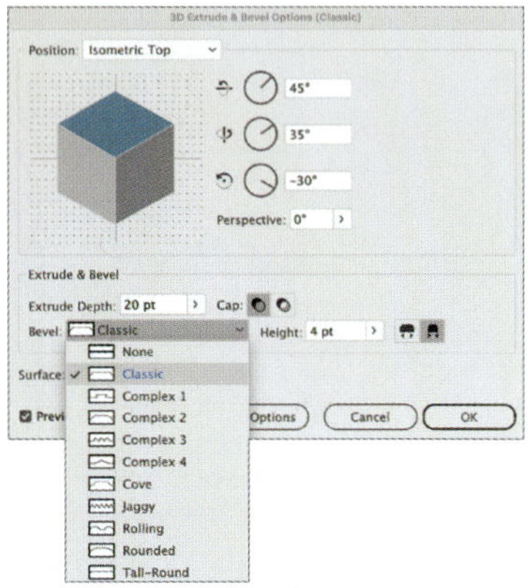

after

HINT 3D Extrude Bevel (Classic) 적용하기 → 3D 효과 설정하기 → 직접 선택 도구로 높이 조절하기 → 병 꾸미기

02 등각 투시(아이소메트릭)가 평면으로 적용된 오브젝트들을 조합해서 3D 형태의 캠코더를 만들어 보세요.

• **예제 및 완성 파일** : 09\연습문제2.ai

before

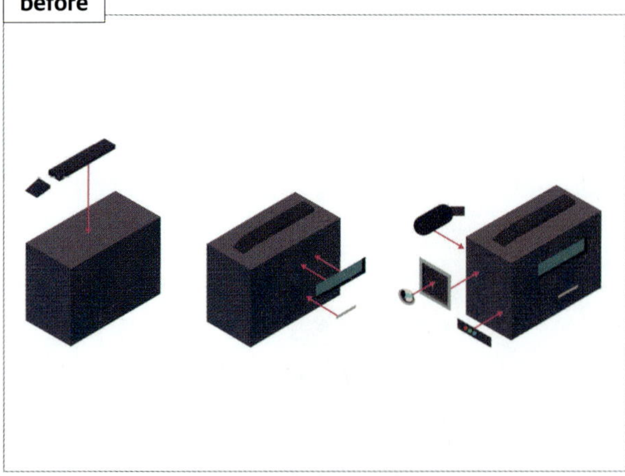

after

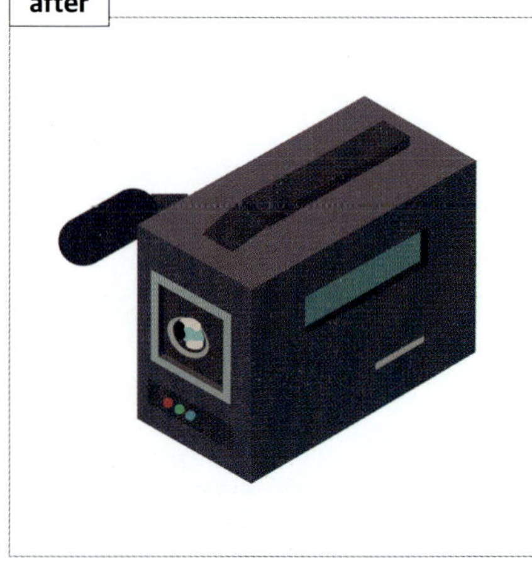

HINT 3D Extrude Bevel에서 'Plane' 적용하기 → 배열 및 배치하기

WEEK 10

투시 기법으로 나타내는 원근감

학 습 목 표

일러스트레이터에서는 투시(Perspective) 기법을 사용하여 3차원 공간을 2차원 화면에 효과적으로 표현할 수 있습니다. 이 방법을 통해 원근감, 깊이감, 공간감 등을 나타내어 디자인의 사실성과 입체감을 높일 수 있습니다.

10.1 그리드를 활용한 원근감 이해하기

일러스트레이터에는 원근감 격자(Perspective Grid)라는 투시도 도구가 있어, 이를 통해 쉽게 투시도 효과를 만들 수 있습니다. 이 도구를 활용하면 제품, 건축, 공간, 일러스트레이션 등 다양한 분야에서 실제와 유사한 3D 공간감을 가진 디자인을 구현할 수 있습니다.

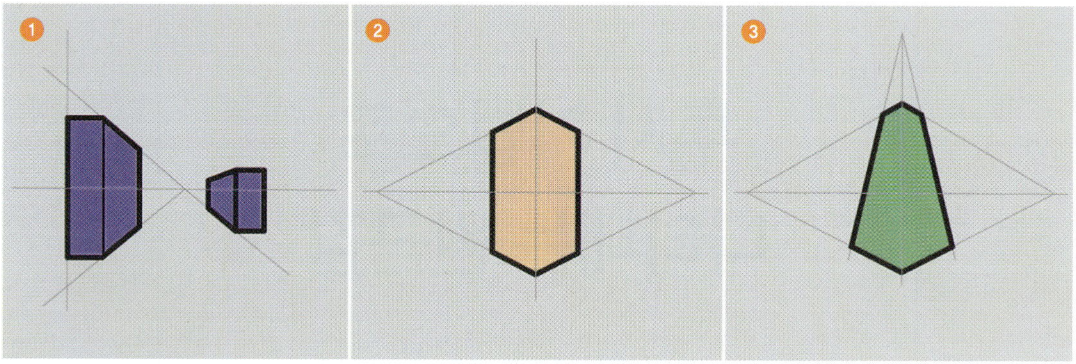

① **1점 투시**(One-Point Perspective): 주로 단순한 입체 도형이나 공간을 표현할 때 사용합니다. 예를 들어 상자나 큐브, 건물의 정면도를 그릴 때 유용합니다. 이 방식은 하나의 소실점(Vanishing Point)을 기준으로 모든 평행선이 그 점으로 수렴됩니다.

② **2점 투시**(Two-Point Perspective): 더 복잡한 입체 도형이나 공간을 표현할 때 사용합니다. 건물, 가구, 기계 등의 사시도(Perspective View)를 그릴 때 적합합니다. 두 개의 소실점을 기준으로 수직선과 수평선이 각각 다른 방향으로 수렴됩니다.

③ **3점 투시**(Three-Point Perspective): 복잡한 공간이나 건축물, 실내 장면 등을 표현할 때 주로 활용합니다. 이 기법은 세 개의 소실점을 기준으로 수직선, 수평선, 그리고 깊이 방향의 선들이 각각 다른 방향으로 수렴되어, 더 사실적이고 극적인 입체감과 깊이감을 표현할 수 있습니다.

실습 예제 01

10.2 1점 투시 그리드를 활용한 일러스트 만들기

• **예제 파일** : 10\1점.ai • **완성 파일** : 10\1점투시.ai

1점 투시 그리드를 활용해 공간감 있는 일러스트를 그리는 방법을 배웁니다. 기본적인 투시 원리를 이해하고, 오브젝트의 위치와 비율을 정확히 설정하며 깊이감을 표현하는 기술을 익힐 수 있습니다.

01 10 폴더에서 '1점.ai' 파일을 불러옵니다.

메뉴에서 〔View〕 → Perspective Grid → One Point Perspective → [1P-Normal View]를 실행하여 1점 투시를 나타냅니다.

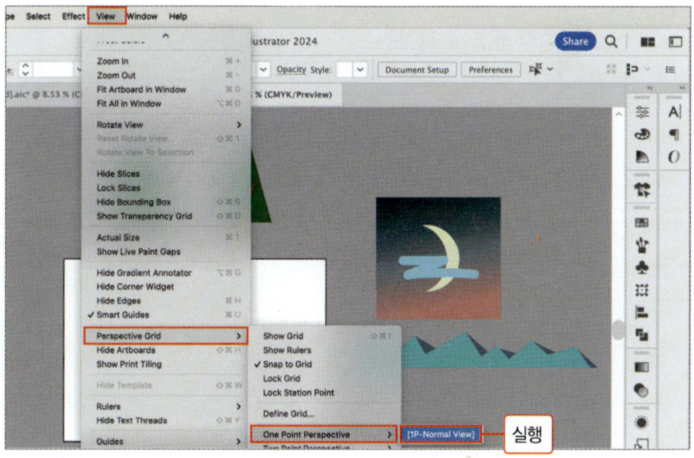

TIP **1점 투시**

❶ **평면 전환 위젯**: 원근감 격자와 함께 표시되는 위젯으로, 왼쪽, 오른쪽, 그리고 수평 면의 격자 면을 선택할 수 있습니다.
❷ **소실점**: 양쪽 소실점을 드래그하여 조절할 수 있습니다.
❸ **원근감 격자 범위**: 격자의 범위를 드래그하여 원근감을 조절합니다.
❹ **가로 높이**: 지표부터 가로 레벨까지의 높이를 지정합니다.
❺ **지표 높이**: 격자를 이동하여 필요한 높이로 지정합니다.
❻ **격자 범위**: 평면에 있는 격자 범위를 정의합니다.

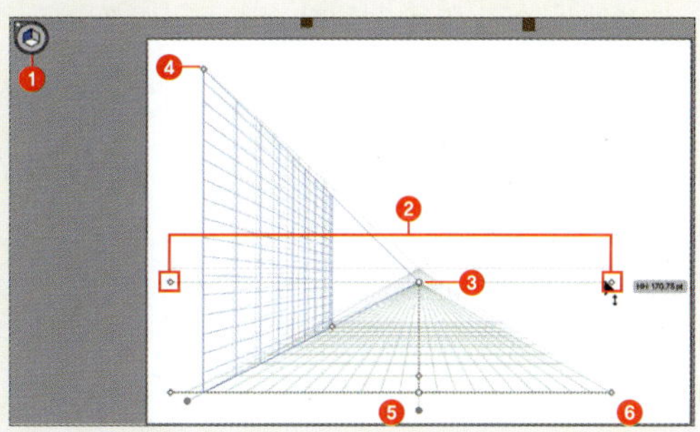

02 아트보드에 1점 투시 원근감 격자가 나타나면 원근감 격자 도구( )를 선택합니다.

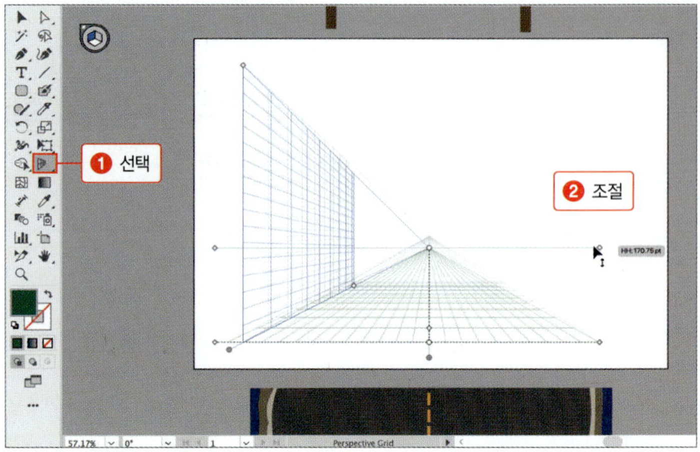

TIP

아트보드 가운데에는 소실점이 있고, 양쪽에는 격자 레벨이 있습니다. 레벨을 드래그해 소실점과 지표면 높이를 조절할 수 있으며, 왼쪽 위의 격자 평면 컨트롤로 원근감을 조절할 수 있습니다.

03 원근감 선택 도구(Shift + V,)를 선택하고 도로 오브젝트를 선택합니다.

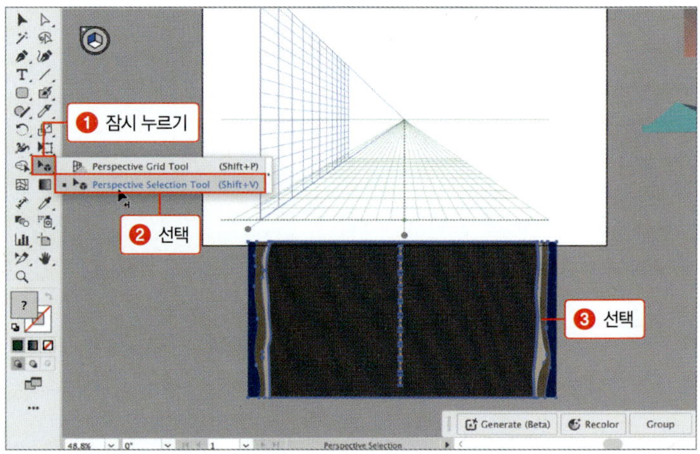

04 아트보드 왼쪽 위 평면 전환 위젯에서 수평 면을 선택합니다. 도로 오브젝트를 원근감 격자 위로 드래그하여 배치합니다.

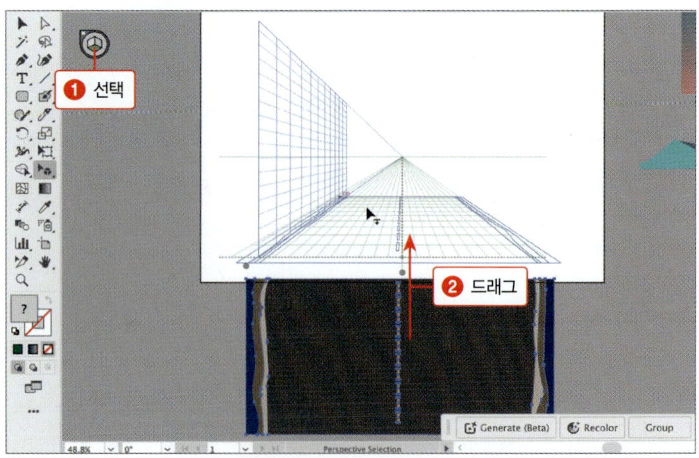

05 소실점을 향해 좁아지는 도로를 확인할 수 있습니다. 격자에 맞추어 위치를 조절합니다.

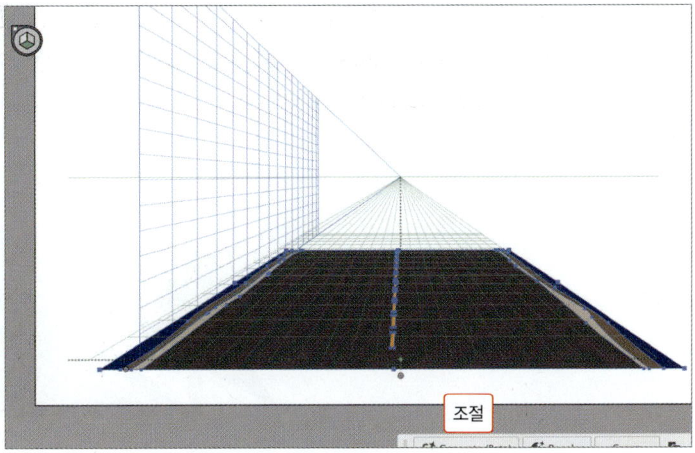

> **TIP**
> 기준점을 선택해서 크기를 조절할 수도 있습니다.

06 평면 전환 위젯에서 왼쪽 면을 선택하고, 원근감 선택 도구()로 나무 오브젝트를 선택합니다. 왼쪽의 원근감 격자에 드래그하면 나무 오브젝트가 소실점에 맞춰 변형됩니다.

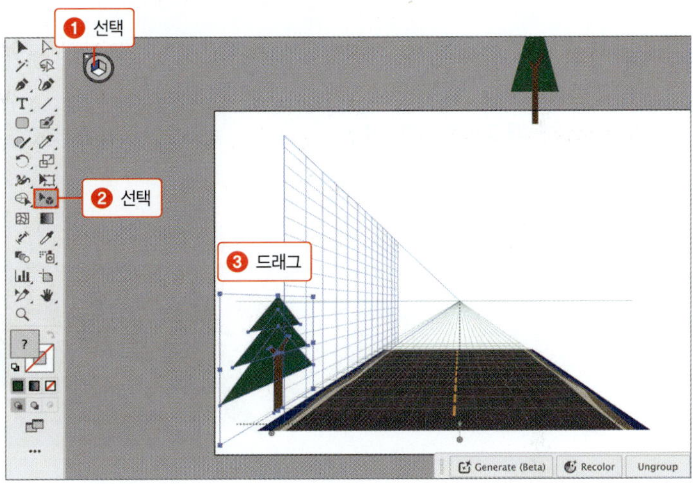

07 나무 오브젝트는 Alt + Shift를 누른 채 드래그하면 원근감 격자에 맞춰 복제됩니다. Ctrl + D를 눌러 다단 복제하면 소실점을 향해 같은 비율로 복제됩니다.

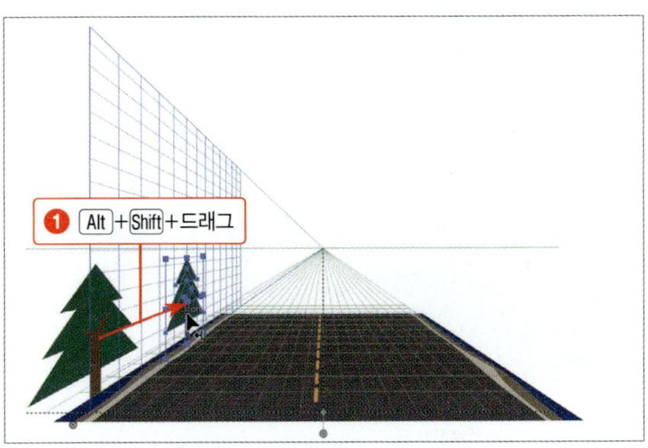

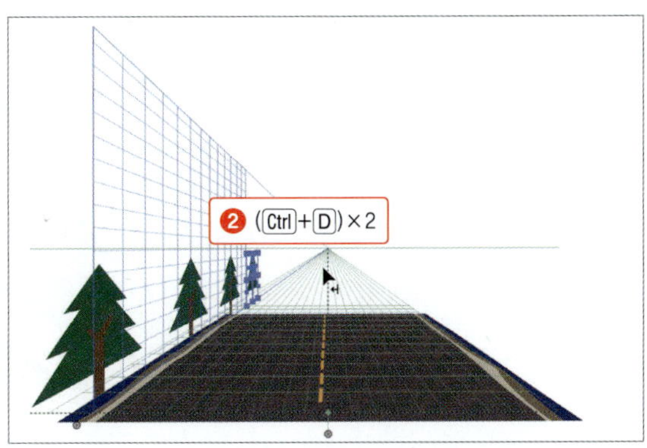

08 평면 전환 위젯 왼쪽 면을 선택한 채 같은 방법으로 다른 나무 오브젝트를 원근감 선택 도구( )로 선택한 다음 다단 복제합니다. 소실점을 향해서 같은 비율로 복제됩니다.

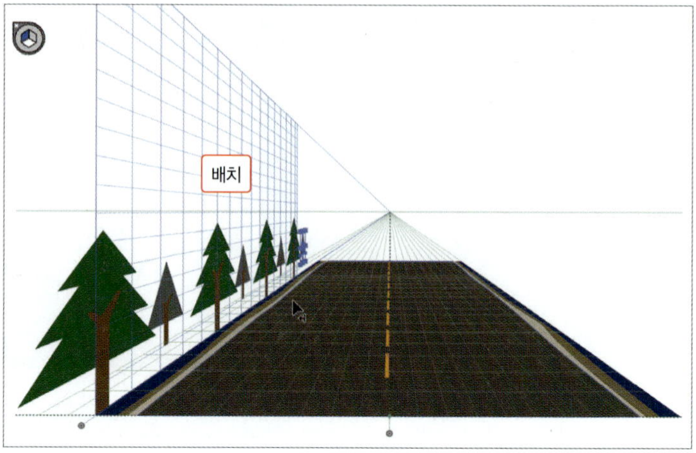

09 왼쪽 아래에 있던 왼쪽 소실면(Left Vanishing Plane) 조절점을 오른쪽으로 드래그해 이동합니다.

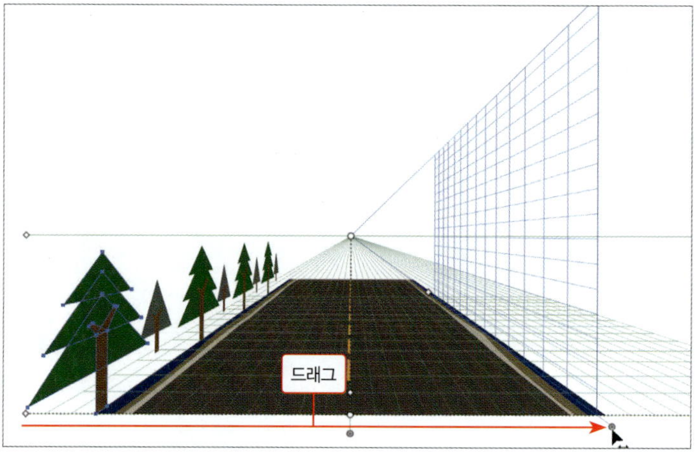

10 왼쪽의 나무 오브젝트들과 같은 방법으로 오른쪽에도 나무 오브젝트들을 배치합니다.

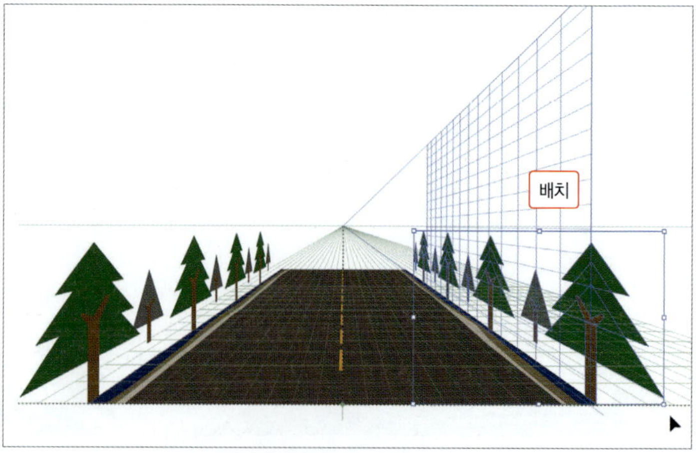

11 선택 도구(▶)로 하늘 오브젝트를 가져오고 마우스 오른쪽 버튼을 클릭한 다음 Arrange → Send to Back을 실행하해 맨 뒤에 배열합니다.

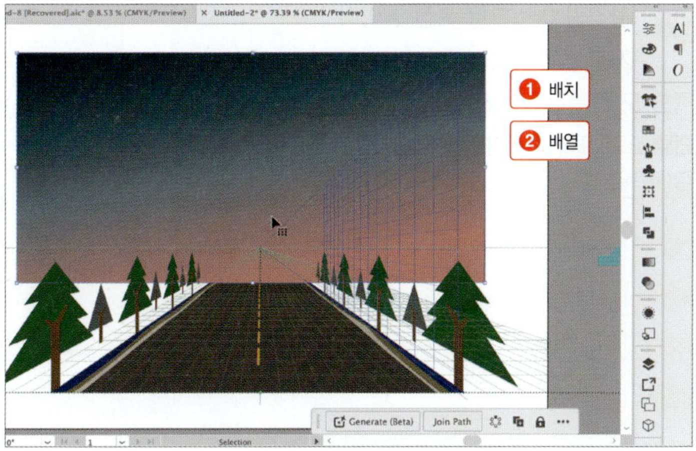

12 같은 방법으로 산을 배치하고, 사각형 도구(□)를 이용해서 여백에 그림과 같이 대지를 그립니다.

13 하늘 배경에 달과 구름을 배치합니다.

14 클리핑 마스크로 복잡한 이미지를 정리하겠습니다. 먼저 사각형 도구(□)로 보여주고 싶은 범위만큼 드래그하여 사각형을 그립니다.

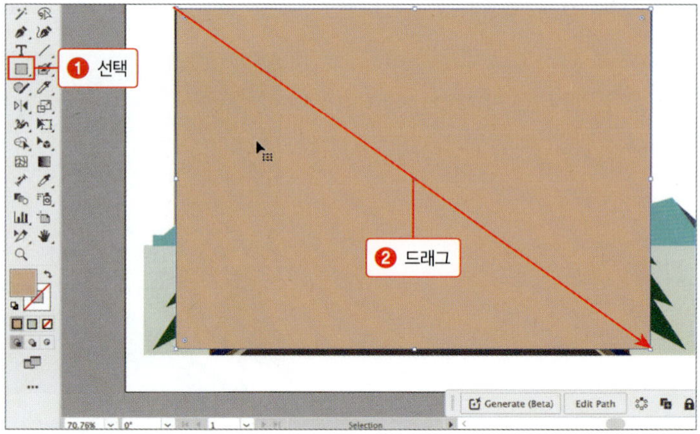

15 선택 도구(▶)를 이용하여 오브젝트 전체를 선택하고 메뉴에서 〔Object〕 → Clipping Mask → Make(Ctrl+7)를 실행합니다.

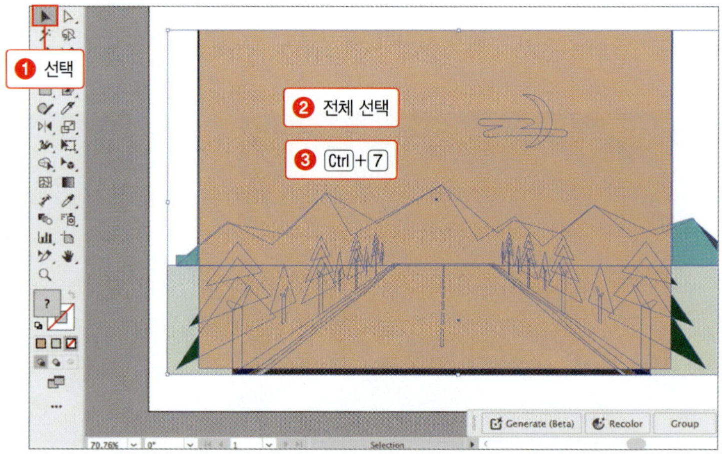

16 1점 투시를 활용한 일러스트레이션이 완성되었습니다.

10.3 실습 예제 02 2점 투시 그리드를 활용한 일러스트 만들기

• **예제 파일** : 10\2점.ai • **완성 파일** : 10\2점투시.ai

2점 투시 그리드를 활용해 입체적인 일러스트를 효과적으로 만드는 방법을 배웁니다. 기본 원리를 이해하고, 오브젝트에 그러데이션 색상을 적용하여 깊이감을 더하는 기법을 익힐 수 있습니다.

01 10 폴더에서 '2점.ai' 파일을 불러옵니다.

2점 투시를 그리기 위해 메뉴에서 [View] → Perspective Grid → Two Point Perspective → [2P-Normal View]를 실행합니다.

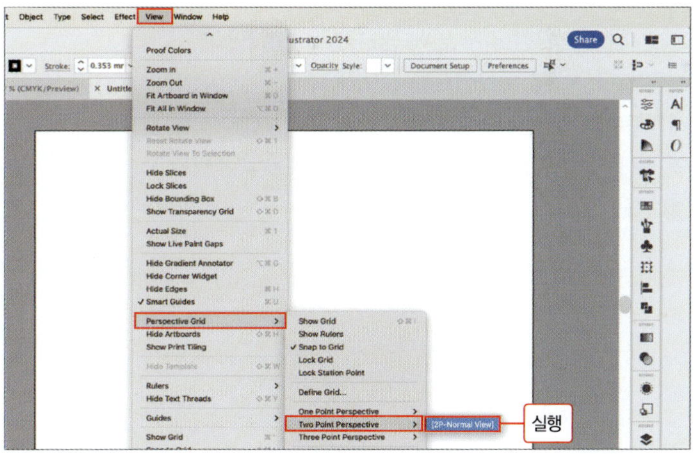

02 아트보드에 2점 투시 원근감 격자가 나타납니다. Shift + Ctrl + I를 눌러 원근감 격자를 숨깁니다.

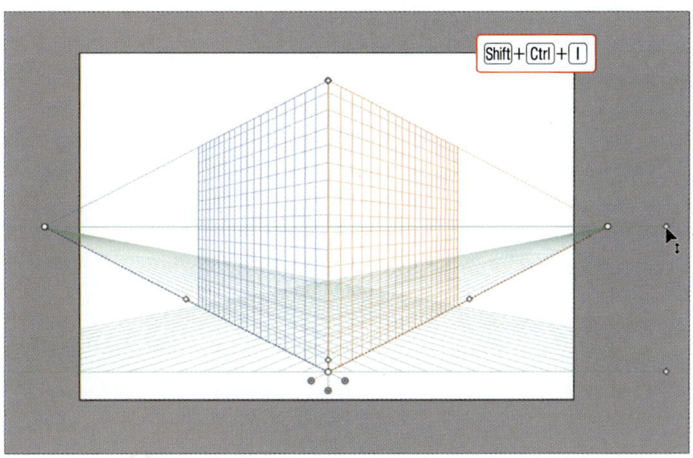

TIP

원근감 격자는 Shift + Ctrl + I를 눌러 숨기거나 나타낼 수 있습니다.

03 사각형 도구( )로 W: 60mm, H: 70mm 크기의 사각형을 그리고, 다각형 도구( )로 길이가 '60mm'인 정사각형과 정삼각형을 그립니다.

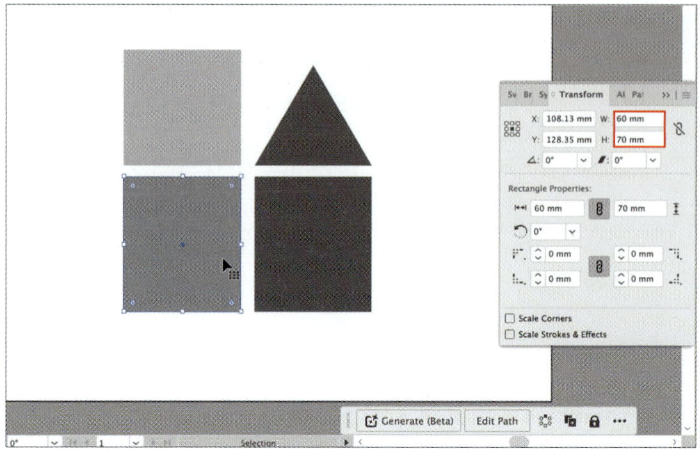

04 평면 전환 위젯을 이용해서 각각의 원근감 격자 면에 원근감 선택 도구( )로 오브젝트를 선택해 배치합니다. 삼각형도 오른쪽 사각형의 폭에 맞춰 배치하고 높이를 조정합니다.

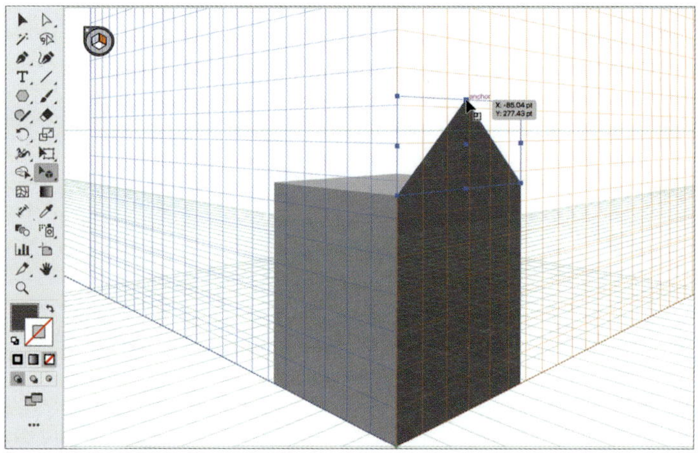

05 도형 오브젝트들을 결합해 우유팩을 디자인하겠습니다. 위쪽 손잡이 부분을 W: 60mm, H: 13mm 크기로 만들고 양쪽 위 모퉁이 곡률을 조정합니다.

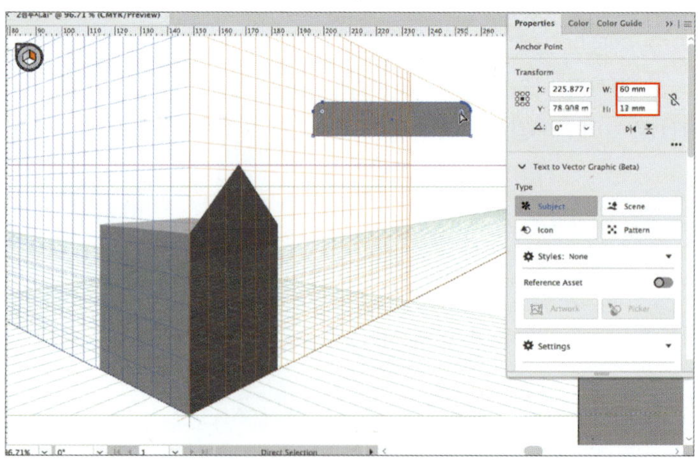

06 원근감 선택 도구( )로 손잡이 부분을 선택하고 평면 전환 위젯의 왼쪽 면을 선택한 다음 격자면에 배치합니다.

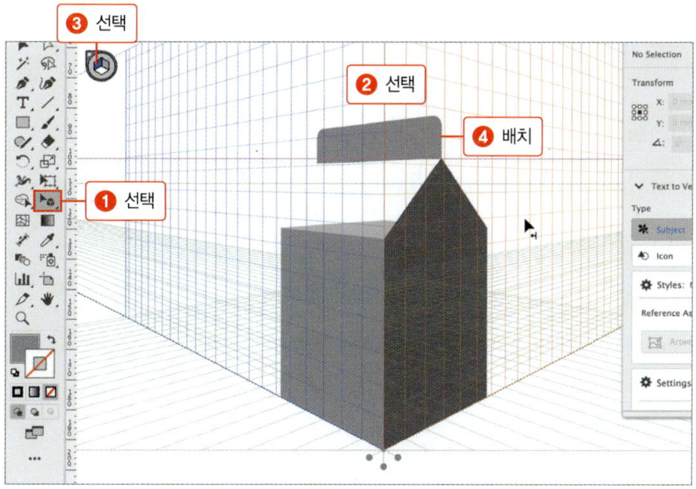

07 평면 전환 위젯의 오른쪽 면을 선택한 다음 비어있는 경사면은 펜 도구( )를 이용해 채웁니다.

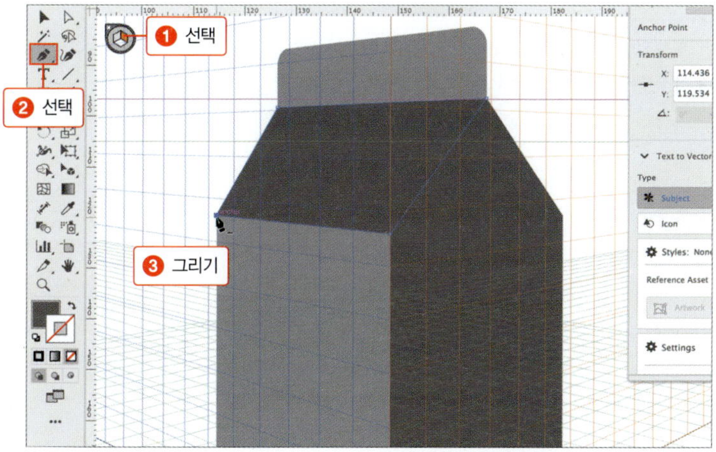

08 직접 선택 도구( )로 그림과 같이 드래그하여 우유팩의 아랫면 기준점들을 선택합니다.

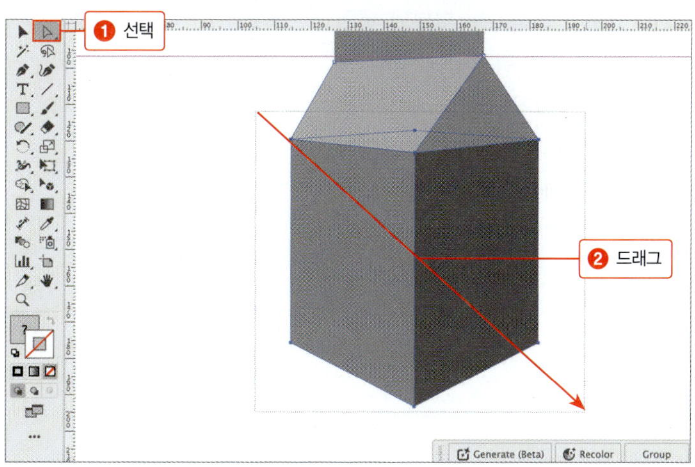

09 모퉁이 곡률 조절점을 더블클릭해서 Corners 대화상자가 표시되면 Radius(곡률의 수치)를 '1'로 적용하고 <OK> 버튼을 클릭합니다.

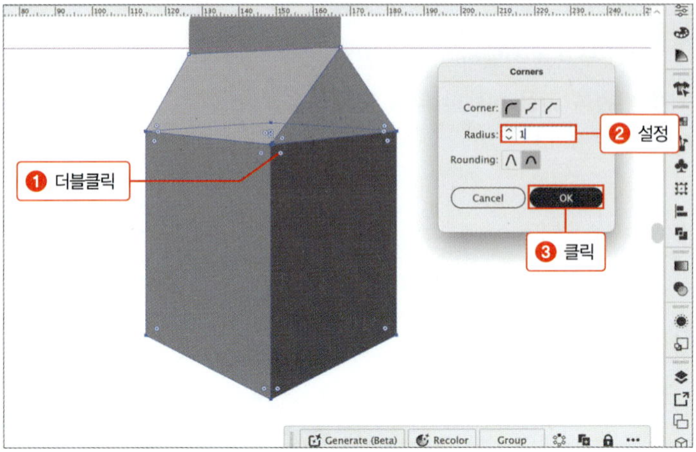

TIP

조절점이 선택된 채 Control 패널에서 Corners를 설정해 곡률을 적용할 수도 있습니다.

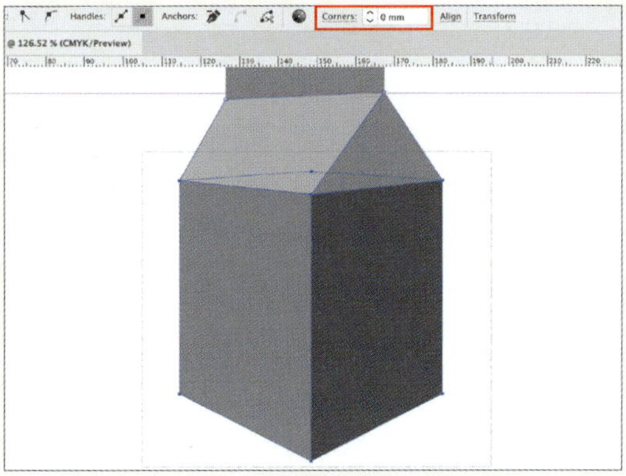

10 면들이 이어지는 부분의 세밀한 표현을 위해서 각각의 면을 선택하고, 크기 조절 도구()를 더블클릭합니다. Scale 대화상자가 표시되면 Scale 항목의 Uniform을 '98%'로 설정한 다음 <OK> 버튼을 클릭해 크기를 조정합니다.

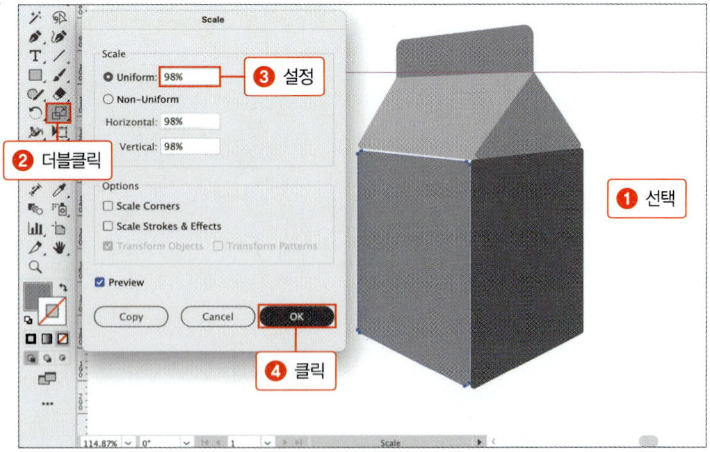

11 일괄적으로 모퉁이 곡률을 조정했으므로 어울리지 않는 부분이 있으면 직접 선택 도구(▷)로 선택하고 모퉁이 곡률을 조정합니다.

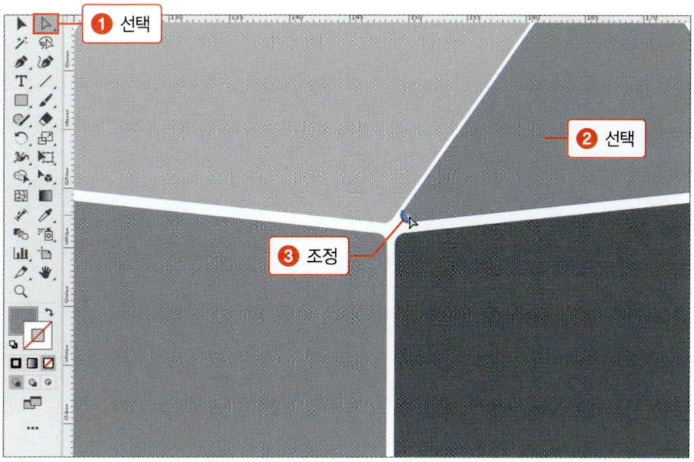

12 입체적인 묘사를 위해 우유팩의 안으로 접힌 부분을 그립니다. 펜 도구(✒)를 이용해 삼각형에 그림과 같이 선을 그리고 Esc를 눌러 패스 연결을 끊어 줍니다.

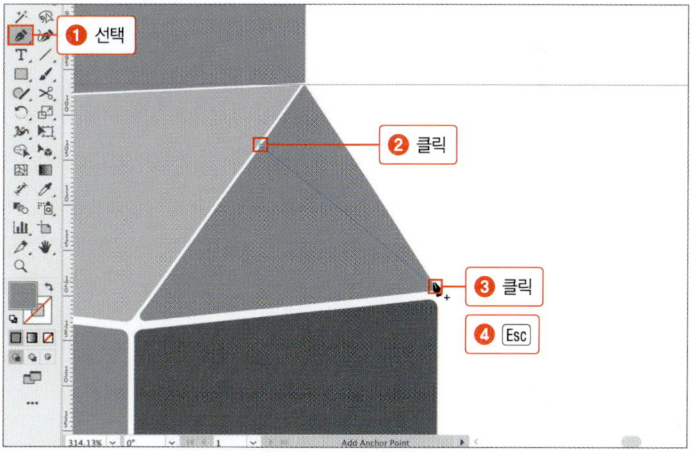

13 각각의 면을 나누기 위해 선택 도구(▶)로 오브젝트를 선택하고 도형 구성 도구(⊕)로 면들을 선택하면 각각의 면으로 구성됩니다.

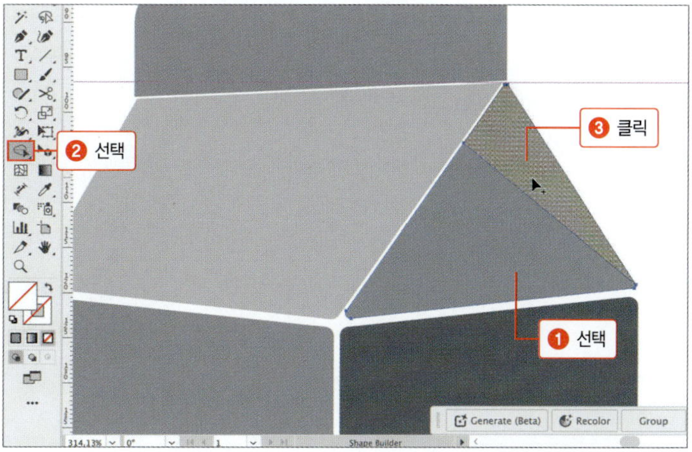

10 투시 기법으로 나타내는 원근감

14 색상을 변경해서 면을 구분합니다.

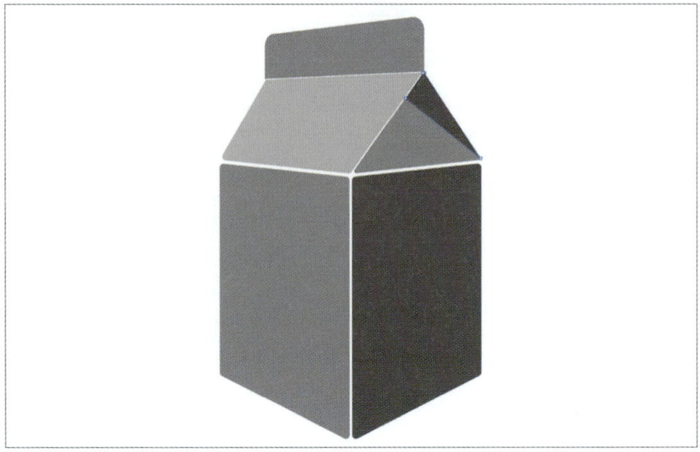

15 펜 도구( )로 그림과 같이 뒷면 오브젝트를 그립니다.

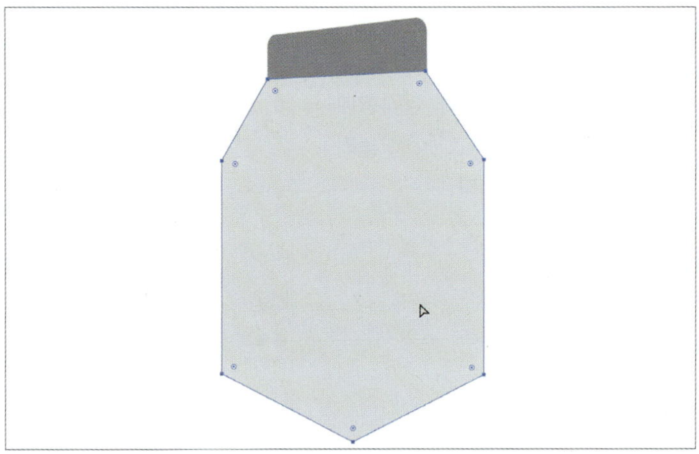

16 오브젝트를 선택한 다음 마우스 오른쪽 버튼을 클릭하고 Arrange → Send to Back을 실행해 맨 뒤에 배열합니다.

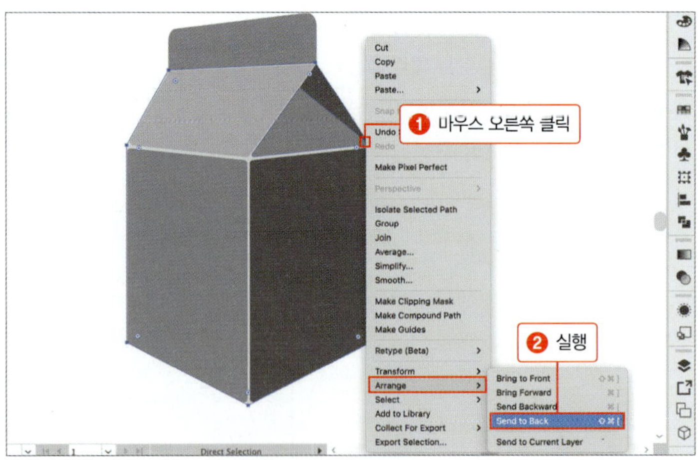

17 각 면에 그림과 같이 그러데이션 색상을 지정합니다. 전체 오브젝트를 복제해서 그림과 같이 그러데이션 색상을 지정해 꾸밉니다.

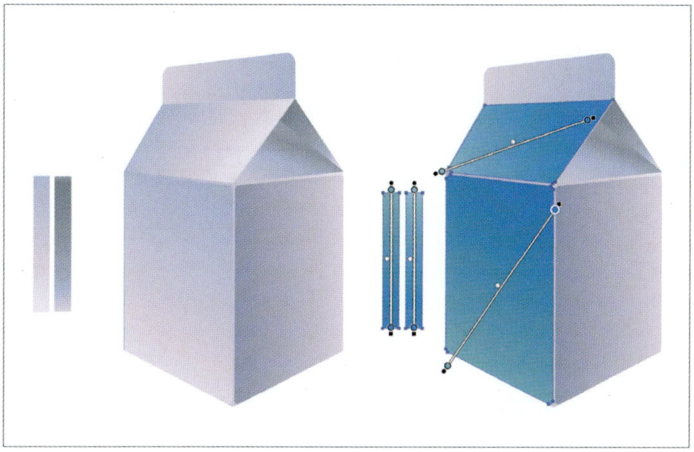

18 "MILK" 문자를 입력한 후 원근감 선택 도구(▶)로 문자 오브젝트를 선택한 다음 평면 전환 위젯에서 오른쪽 면을 선택하고 드래그하여 이동해 배치합니다.

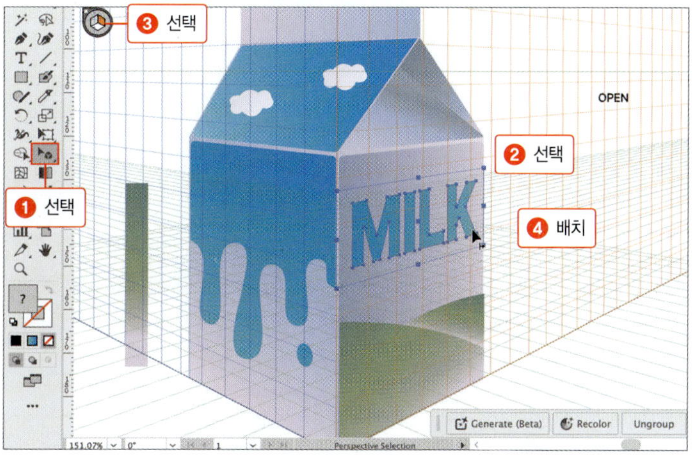

19 전체 오브젝트를 그룹화한 다음 그림과 같이 크기를 조정하고 다단 복제합니다. "Fresh MILK" 문자를 입력한 다음 원근감을 적용해 일러스트를 완성합니다.

10.4

실습 예제 03

3점 투시 그리드를 활용한 일러스트 만들기

• **예제 파일** : 10\3점.ai • **완성 파일** : 10\주사위.ai

3점 투시 그리드를 활용해 입체적인 일러스트를 효과적으로 그리는 방법을 배웁니다. 기본 원리를 이해하고, 오브젝트를 세밀하게 디자인해 사실적인 느낌을 주는 기법을 익히며, 복제된 오브젝트로 공간을 표현하여 시각적으로 매력적인 결과물을 만드는 능력을 기릅니다.

3D 주사위 만들기

01 10 폴더에서 '3점.ai' 파일을 불러옵니다.

3점 투시를 그리기 위해 메뉴에서 (View) → Perspective Grid → Three Point Perspective → [3P-Normal View]를 실행합니다.

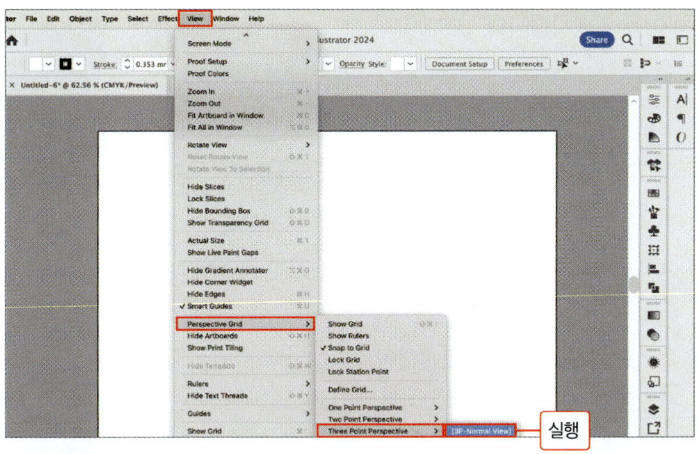

02 3점 투시 원근감 격자가 아트보드에 나타납니다. 원근감 격자 도구(![])를 선택한 다음 양쪽 소실점 조절점을 조절해 그리드 위치를 조절합니다.

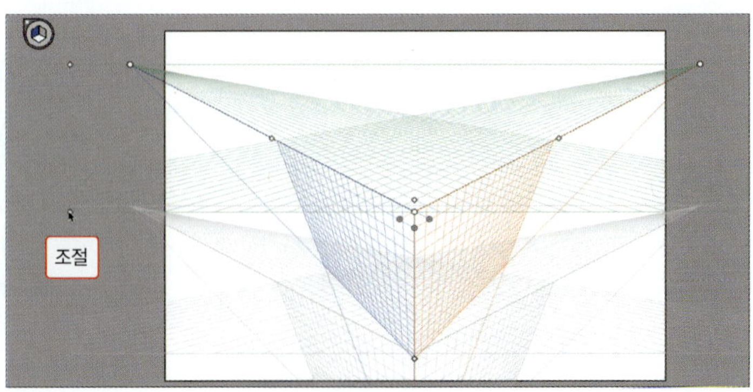

03 아트보드 위 정사각형 오브젝트들을 그림과 같이 원근감 격자 면에 따라 알맞게 배치합니다.

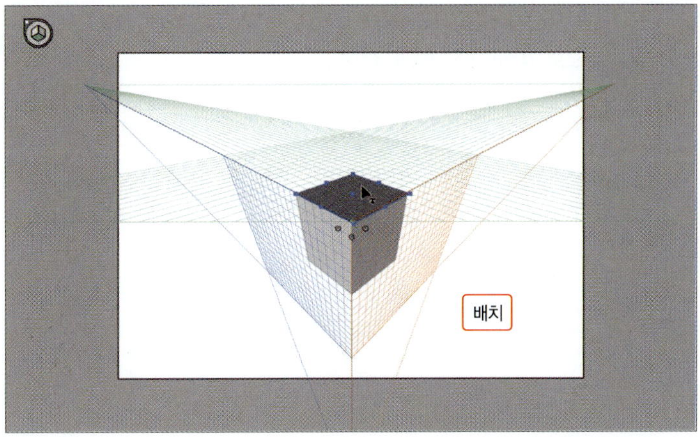

04 사각형 오브젝트들을 전체 선택하고 모퉁이 곡률을 조정합니다. 각 오브젝트 크기를 수정하기 위해 크기 조절 도구( )를 더블클릭합니다. Scale 대화상자가 표시되면 Scale 항목의 Uniform을 '95%'로 설정해 오브젝트끼리 간격을 주고 <OK> 버튼을 클릭합니다.

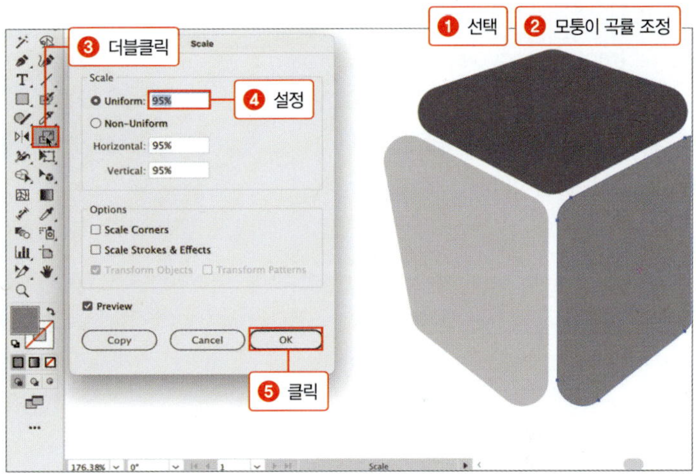

05 오브젝트 사이 공간을 채우기 위해 다각형 도구( )를 이용해서 정삼각형을 그립니다. 사각형과 구분되도록 색상을 지정합니다.

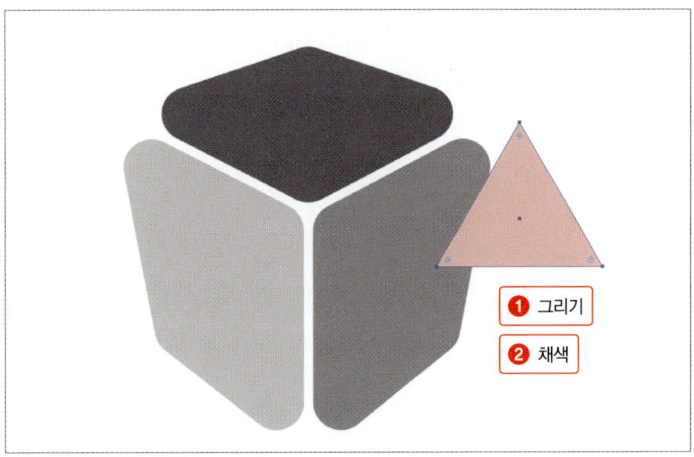

06 바운딩 박스를 회전하여 역삼각형으로 바꾸고 그림과 같이 확대한 다음 모퉁이 곡률을 세밀하게 수정합니다.

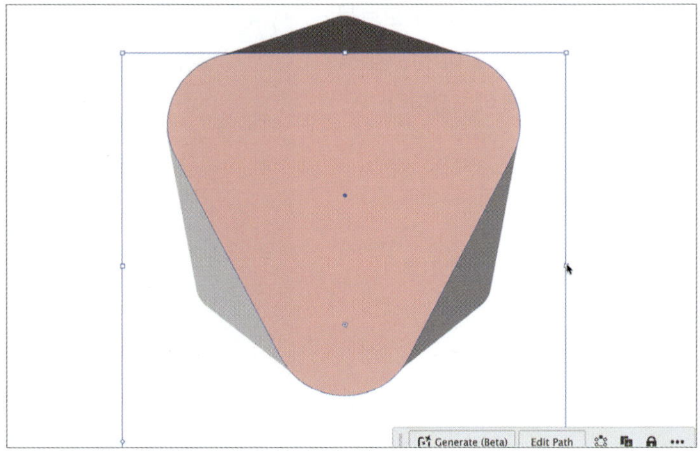

07 Transparency 패널에서 블렌딩 모드를 'Multiply(곱하기)'로 지정해 불투명해진 오브젝트를 좀 더 세밀하게 수정합니다.

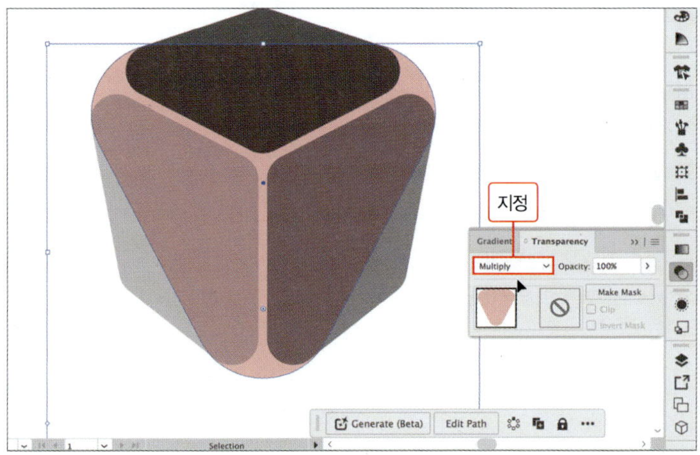

08 삼각형 오브젝트를 선택하고 Shift+Ctrl+[를 눌러 맨 뒤에 배열합니다. 원형 도구( )로 주사위 면의 표식이 될 정원을 그린 후 복제합니다.

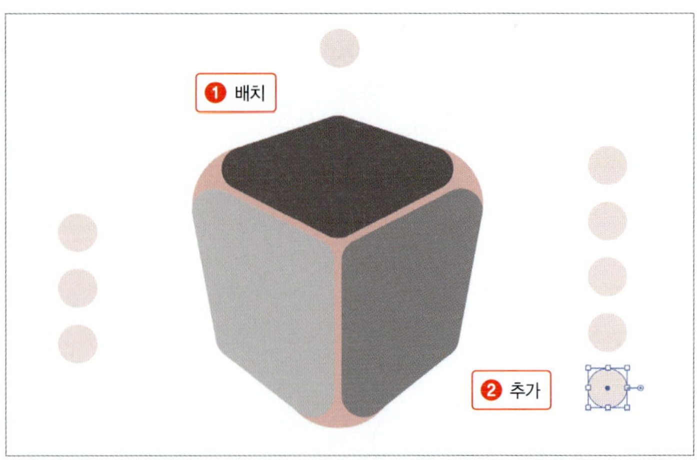

09 Shift + Ctrl + I를 눌러 원근감 격자를 나타냅니다. 각 면에 들어갈 원을 평면 전환 위젯으로 면을 선택하며 주사위의 모든 면에 배치합니다.

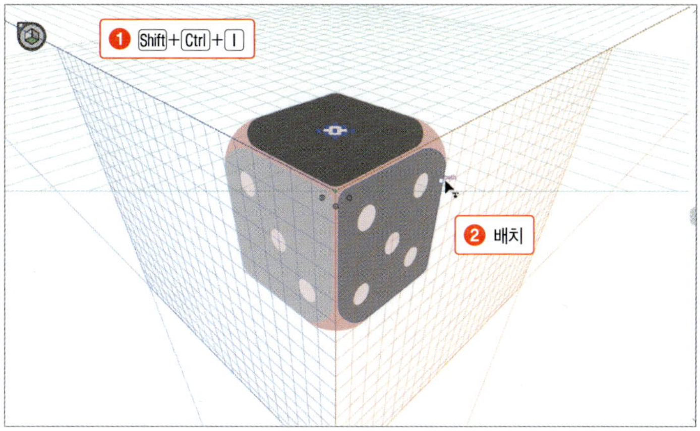

10 Shift + Ctrl + I를 눌러 원근감 격자를 다시 숨깁니다. 모퉁이 곡률이 적용된 오브젝트들을 선택한 다음 메뉴에서 [Object] → Flatten Transparency를 실행해 변환합니다.

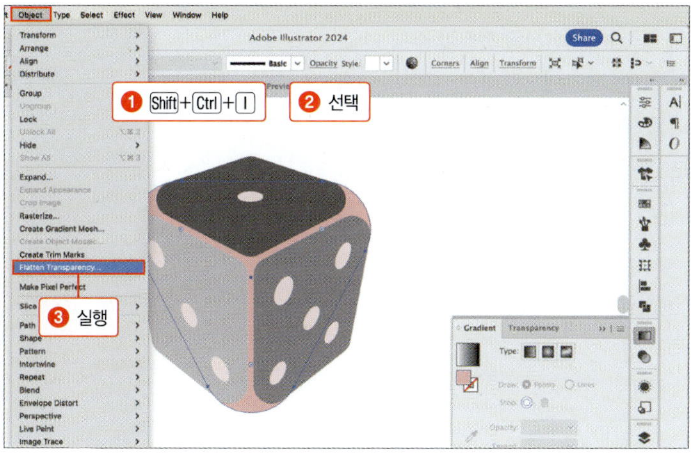

그러데이션 색상으로 입체감 더하기

01 맨 뒤 오브젝트를 복제한 다음 그림과 같이 자유형 그레이디언트를 적용합니다. 아트보드 왼쪽 여백의 컬러칩을 참고하여 왼쪽 모퉁이는 난색 계열, 가운데는 어두운 빨간색 계열, 오른쪽과 아래의 모퉁이는 한색 계열로 그러데이션을 자유롭게 지정합니다.

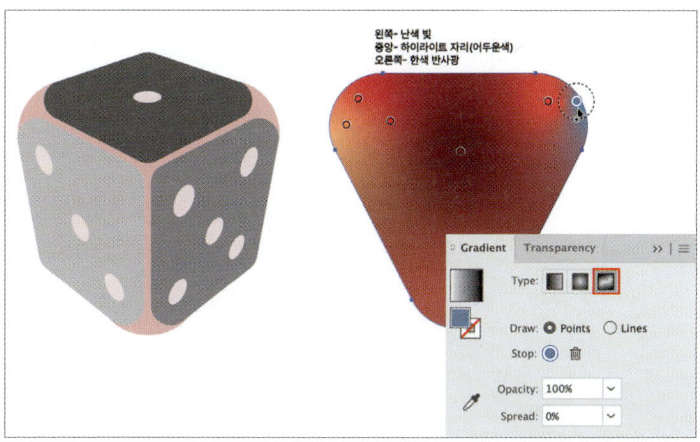

02 위와 같은 방법으로 맨 뒤 오브젝트에 그러데이션 색상을 지정하거나 복제해 배치합니다.

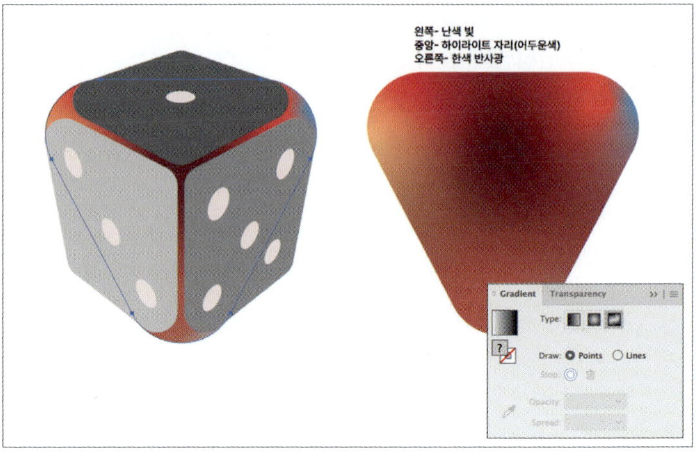

03 그러데이션을 적용할 수평 면 오브젝트에 스포이트 도구( )를 이용하여 복제하거나 그레이디언트 도구( )로 각도를 조절하며 수정합니다.

04 올가미 도구( )로 드래그하여 가운데 모서리 기준점들을 그림과 같이 선택합니다.

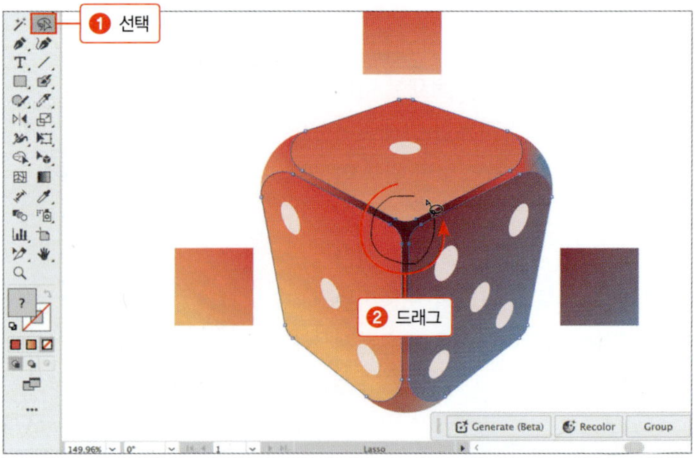

05 직접 선택 도구(▷)로 모퉁이 곡률을 좀 더 완만하게 수정합니다.

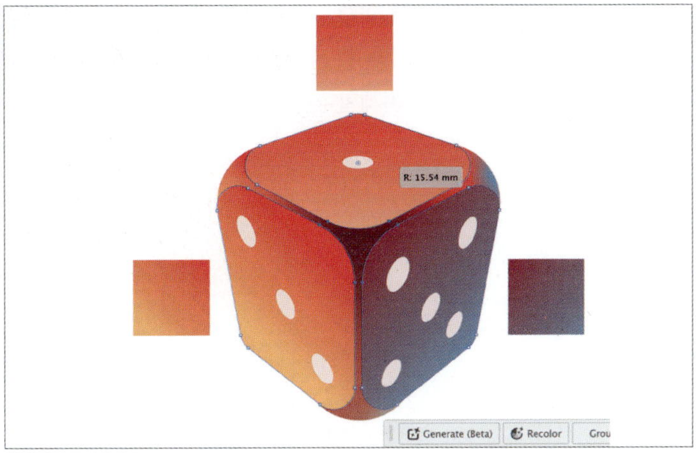

06 수평 면의 위쪽 기준점을 선택한 다음 모퉁이 곡률을 조정합니다.

07 Shift+Ctrl+I를 눌러 원근감 격자를 나타냅니다. 주사위 숫자를 나타낼 원에 입체감을 주기 위해서 원근감 선택 도구(▶)로 원들을 선택합니다.

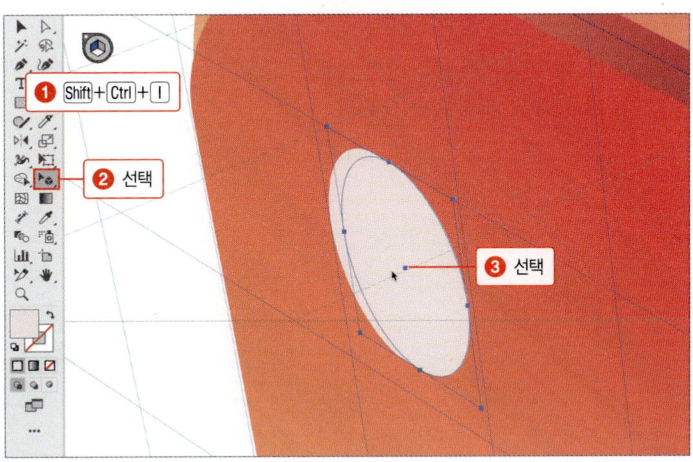

08 선택된 원들은 평면 선택 위젯의 왼쪽 면을 선택하고 Alt를 누른 채 격자 면을 이동해서 복제합니다.

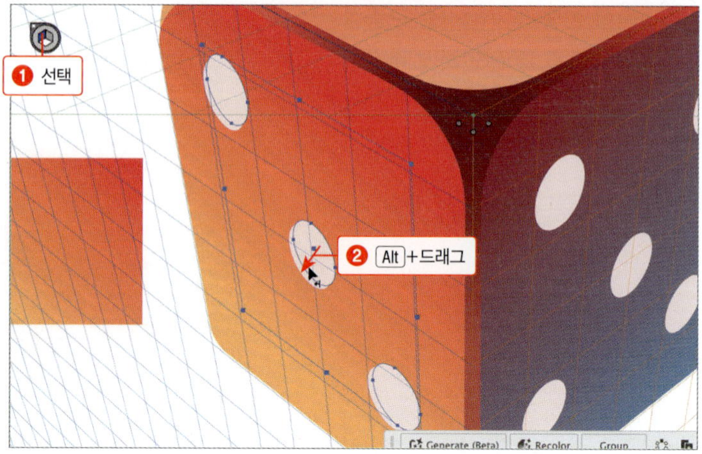

09 오른쪽 면의 원들도 평면 선택 위젯의 오른쪽 면을 선택하고 Alt를 누른 채 격자 면을 이동해 복제합니다.

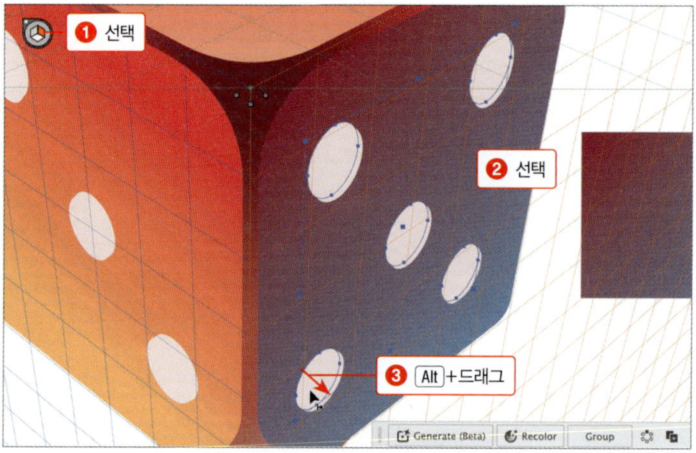

10 수평 면의 원도 평면 선택 위젯의 수평 면을 선택하고 Alt를 누른 채 격자 면을 이동해서 복제합니다.

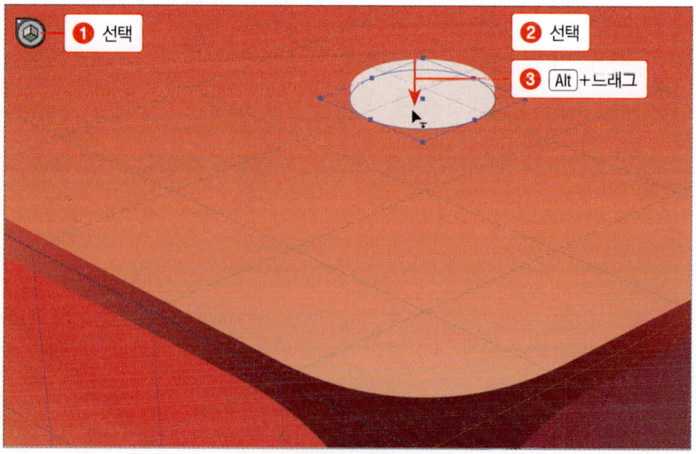

11 Shift+Ctrl+I를 눌러 격자를 숨깁니다. 그림과 같이 3가지 그러데이션 샘플을 만들고 주사위의 복제한 원 오브젝트에 적용합니다.

12 세 면의 원에 그레이디언트 도구(▣)로 각도를 조절하며 그러데이션을 적용합니다.

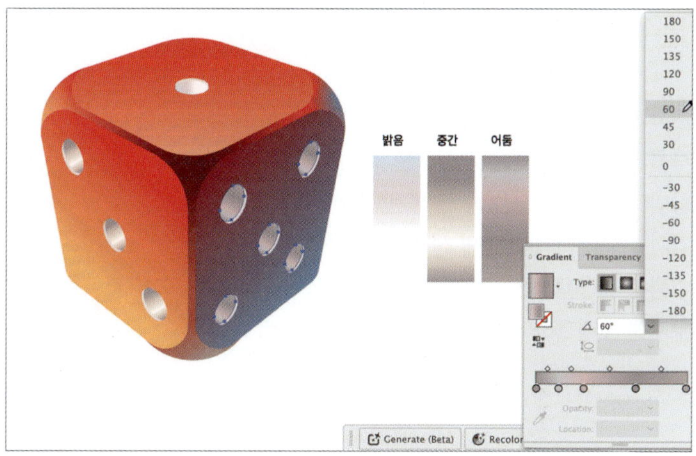

13 좀 더 사실적인 디테일을 추가하기 위해 펜 도구(✒)로 모서리 부분에 하이라이트를 추가합니다.

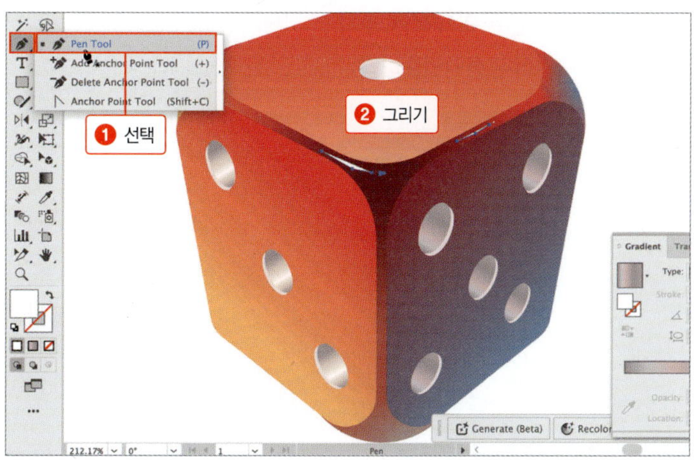

14 주사위가 완성되었습니다.

15 주사위 오브젝트는 회전 및 복제하고 크기를 조절합니다.

문자 도구(T)로 "Lucky Festival" 문자를 입력한 다음 문자 상자를 회전합니다. Shift+Ctrl+I를 눌러 원근감 격자를 나타냅니다. 평면 선택 위젯의 수평 면을 선택하고 'Lucky Festival' 문자를 드래그하여 이동합니다.

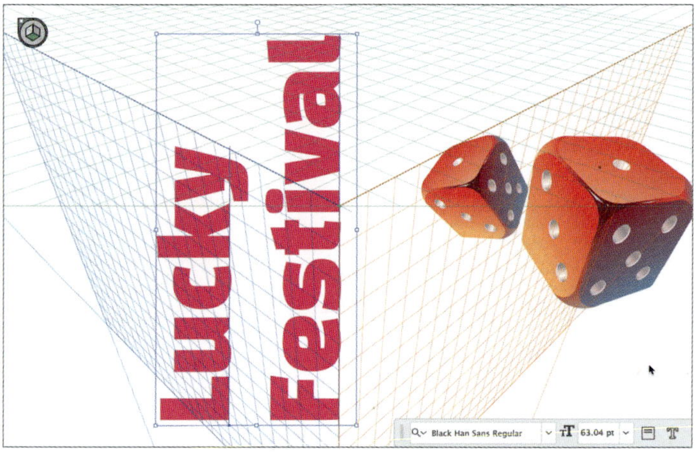

16 깊이감이 있는 입체적인 주사위 디자인이 완성되었습니다.

연습 문제 | 원근감 격자 도구로 입체감 나타내기

01 2점 투시로 건물 디자인을 만들어 보세요.

• **예제 및 완성 파일** : 10\연습문제1.ai

before

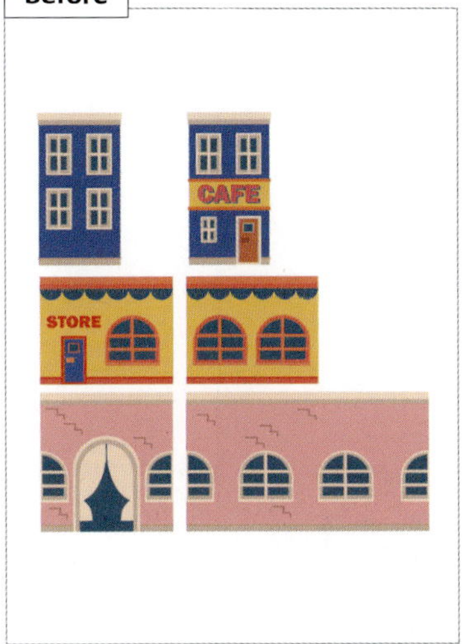

after

HINT 2점 투시(Two Point Perspective) 적용하기 → 원근감 격자 도구와 원근감 선택 도구로 오브젝트를 격자에 맞춰 배열 및 배치하기

02 2점 투시로 디테일한 공간감을 디자인해 보세요.

• **예제 및 완성 파일** : 10\연습문제2.ai

before

after

HINT 2점 투시(Two Point Perspective) 적용하기 → 원근감 격자 도구와 원근감 선택 도구로 오브젝트를 격자에 맞춰 배열 및 배치하기

WEEK 11

끌리는 브랜드 디자인

학 습 목 표

브랜드 로고 래터링 디자인과 패키지 작성을 이해하고 활용해 효과적인 브랜드 아이덴티티를 만드는 방법을 배웁니다. 독창적인 글꼴 조합을 이용해 매력적인 로고를 제작하고, 브랜드 메시지를 쉽게 전달하는 패키지 디자인을 개발하는 능력을 기릅니다.

11.1

실습 예제 01

생성형 프롬프트를 활용해 브랜드 로고 만들기

• **예제 파일** : 11\뽂까.ai • **완성 파일** : 11\로고.ai

브랜딩은 기업이나 제품의 아이덴티티를 정의하고 소비자와 감정적으로 연결하는 과정입니다. 이때 로고는 브랜드 가치를 시각적으로 전달하는 중요한 역할을 합니다. 일러스트레이터를 사용하면 창의적인 아이디어를 효과적으로 구현하고, 브랜드 아이덴티티를 확립하는 데 도움이 됩니다.

01 11 폴더에서 '뽂까.ai' 파일을 불러옵니다.

문자 도구(T)를 이용해 직접 문자를 입력하며 형태를 잡아갑니다. 볶는다는 것을 강조하기 위해 과장된 발음으로 '뽂까'라는 단어를 선택했습니다.

> **TIP**
> 머릿속에 잘 남는 브랜드명을 작명합니다. 이때 제품이나 서비스의 핵심 가치를 반영하고, 기억하기 쉬운 단어를 선택하는 것이 중요합니다.

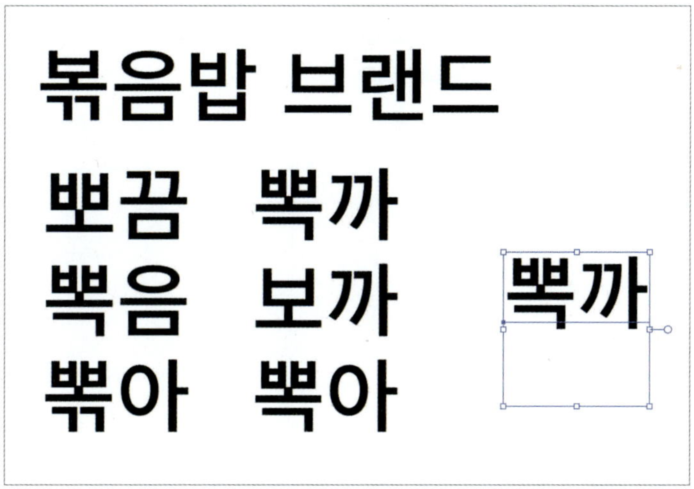

02 브랜드명에 어울릴 만한 글꼴을 찾습니다. 구글 폰트(fonts.google.com)에서 어울리는 오픈 라이선스 글꼴을 찾아 선택합니다.

문자 도구(T)를 선택하고 Character 패널에서 글꼴을 'HS산토끼체', 글자 크기를 132pt'로 설정한 다음 "뽂까뽂까"를 입력합니다.

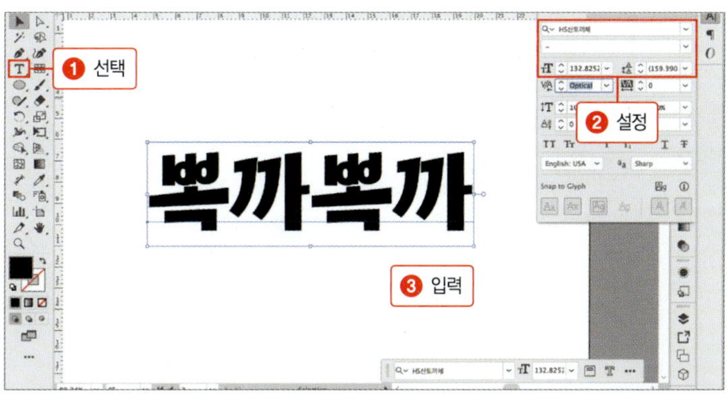

03 문자를 벡터 이미지로 바꾸기 위해 Shift+Ctrl+O를 눌러 외곽선을 추출합니다.

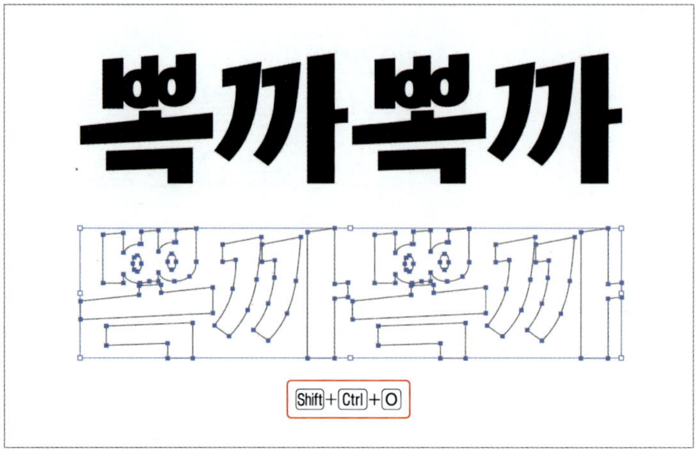

TIP

Create Outlines(외곽선 만들기)를 실행하면 문자가 글꼴에 의존하지 않아, 다른 컴퓨터에서도 동일하게 표시됩니다. 또한, 개별 문자를 자유롭게 편집할 수 있습니다.

04 로고에 특징을 만들기 위해 '뽁' 글자에 눈을 그리겠습니다. Ctrl+Y를 눌러 외곽선 보기로 전환하고 '뽁' 안의 타원형을 선택합니다.

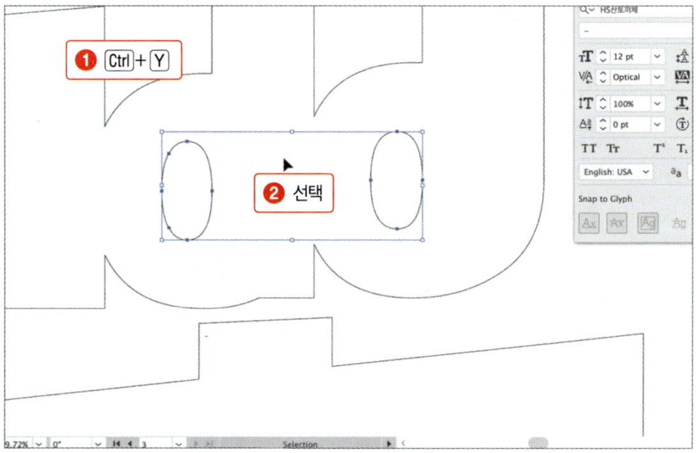

05 '뽁' 안의 타원형을 조금 오른쪽으로 옮겨서 위치를 이동합니다.

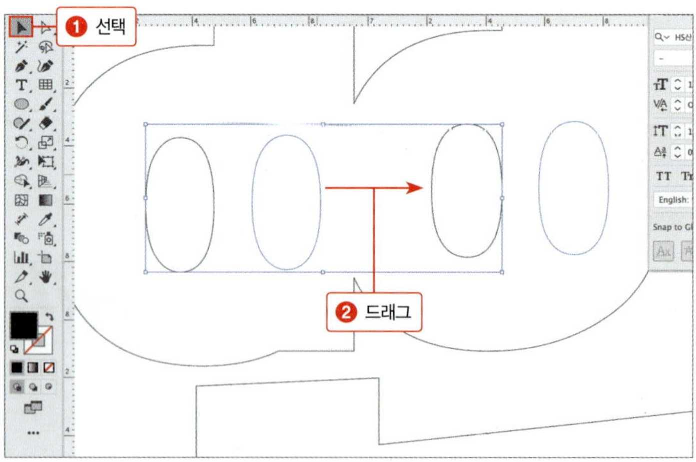

06 Ctrl+Y를 눌러 외곽선 보기를 해제한 다음 원형 도구(◯)로 그림과 같이 정원을 그려 동그란 눈동자를 그립니다.

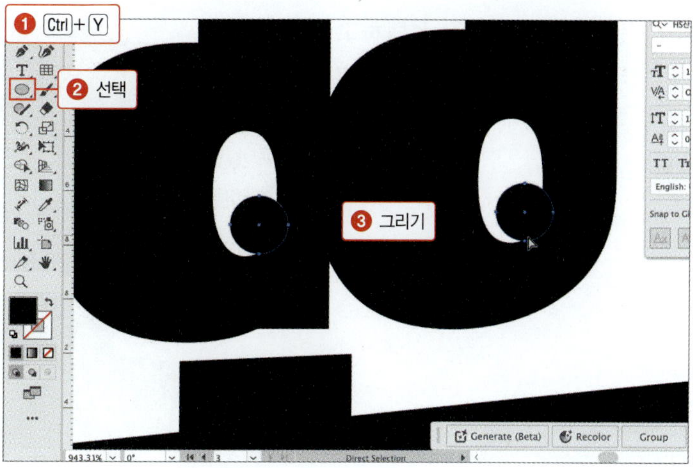

07 Ctrl+Y를 눌러 외곽선 보기로 전환한 다음 같은 방법으로 오른쪽 '뽁' 글자의 타원을 이동하고 그림과 같이 원형 도구(◯)로 정원을 그려 눈을 만듭니다.

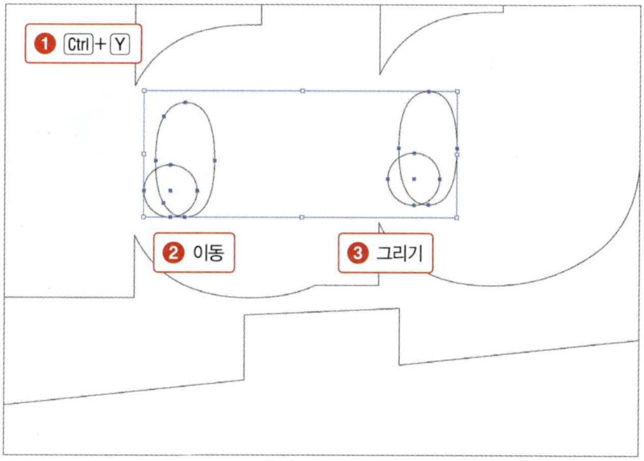

08 Ctrl+Y를 눌러 외곽선 보기를 해제하고 눈동자의 위치를 조정합니다.

09 눈동자와 글자를 선택하고 Pathfinder 패널에서 'Unite(합치기, [아이콘])'를 클릭해 오브젝트를 합칩니다.

10 Text to Vector Graphic (Beta) 패널의 Prompt에 "포크, 숟가락"을 입력하고 <Generate (Beta)> 버튼을 클릭해 숟가락과 포크를 만듭니다.

TIP

이때 모양과 강도는 가장 느슨하게 설정한 다음 마음에 드는 형태로 지정합니다.

11 포크, 숟가락 오브젝트를 선택한 후 크기 조절 도구([아이콘])를 더블클릭합니다. Scale 대화상자가 표시되면 Scale 항목의 Uniform을 '75%'로 설정하고 <OK> 버튼을 클릭하여 축소합니다. 곡률 도구로 기준점을 조절하면서 모양을 수정합니다.

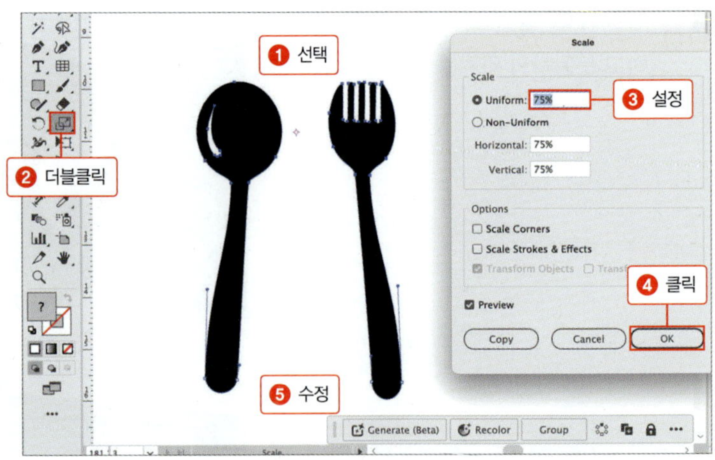

12 직접 선택 도구(▷)로 세부적인 부분들을 선택하면서 위치, 곡률 등을 수정합니다.

13 모음 'ㅏ' 모양으로 그림과 같이 수정하고 '까' 글자 아래에 배치합니다.

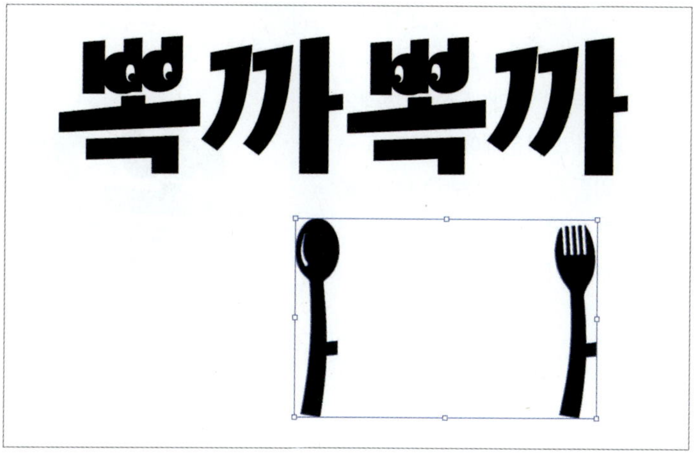

14 Ctrl+Y를 눌러 외곽선 보기에서 모음의 높이와 두께를 비교하며 수정합니다.

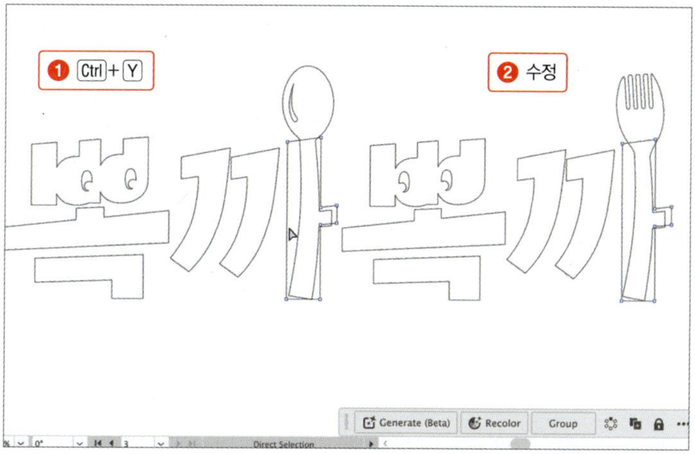

11 끌리는 브랜드 디자인

15 직접 선택 도구(▷)를 이용해 양쪽의 'ㅏ' 모음을 선택하고 삭제합니다.

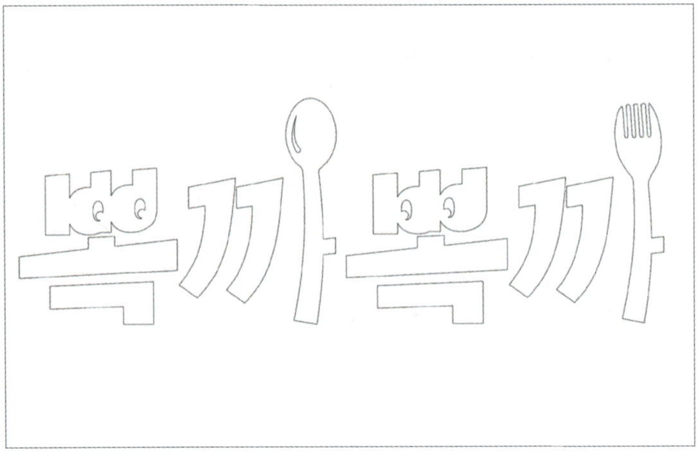

16 Ctrl+Y를 눌러 외곽선 보기를 해제합니다. 펜 도구(✒)로 그림과 같이 문자 아래에 접시 형태의 곡선을 그리고 가운데에는 문자 도구(T)로 업종을 설명하는 "fried rice"를 입력한 다음 Shift+Ctrl+O를 눌러 외곽선을 추출합니다.

17 사각형 격자 도구(▦)를 더블클릭합니다. 그리드의 크기는 나중에 조절할 것이므로 그림과 같이 Width/Height(가로/세로) 크기를 적당히 입력하고 Horizontal/Vertical Dividers(가로/세로 분할자) 항목의 Number를 각각 '30'씩 입력한 다음 <OK> 버튼을 클릭합니다.

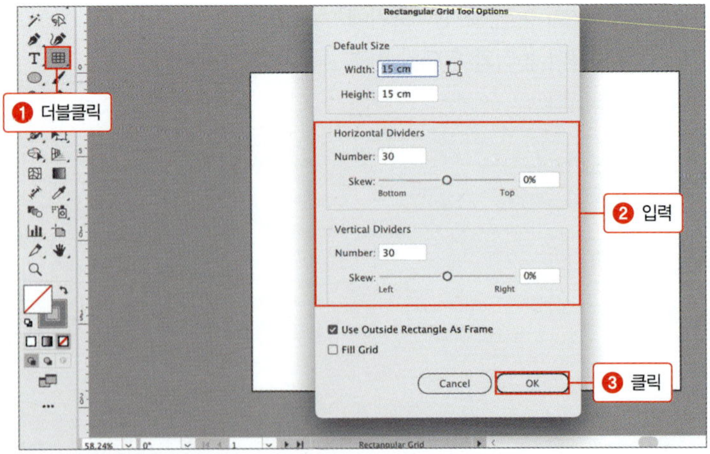

18 Shift를 누른 채 그림과 같이 아트보드에 드래그하여 사각형 격자를 그립니다.

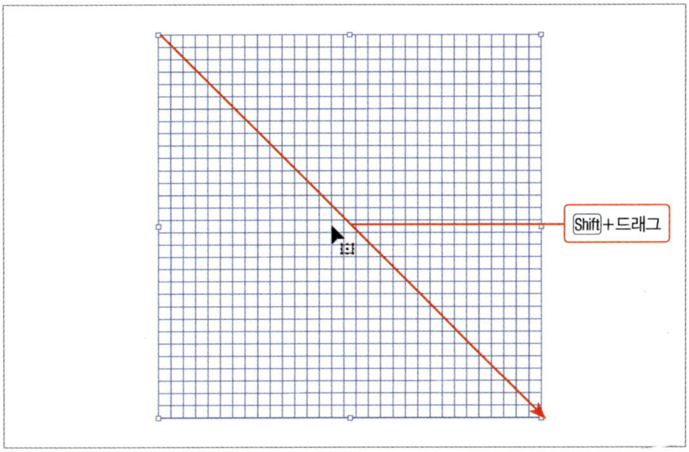

19 요소 간의 간격을 일정하게 유지하기 위해 눈금자를 드래그하여 안내선을 만들고 그리드 시스템과 조합해 그림과 같이 로고를 맞춰 정렬합니다.

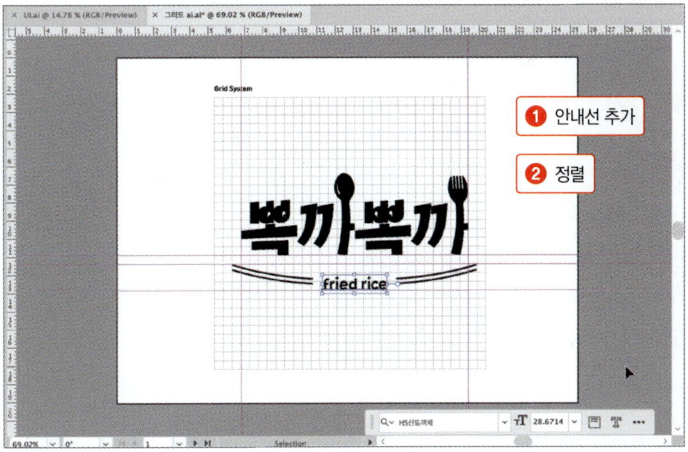

20 그리드 시스템을 통해 로고의 시각적 무게감을 조정하고 요소 간의 계층 구조를 확립해 안정감 있는 배치로 구성하여 마무리합니다.

11.2

실습 예제 02

브랜드 패키지 만들기

• **예제 파일** : 11\로고.ai • **완성 파일** : 11\목업.psd, 패키지.ai

패키지는 브랜드를 소비자에게 시각적으로 전달하고 인식도를 높이는 중요한 요소입니다. 제품 정보를 제공하고 소비자와 감정적 연결을 형성하며, 브랜드의 이야기를 담아 긍정적인 경험을 제공합니다. 일러스트레이터를 사용하면 고화질 벡터 이미지로 제작해 다양한 크기로 활용할 수 있습니다.

패키기 전개도 디자인하기

01 11 폴더에서 '로고.ai' 파일을 불러옵니다.

저작권 무료 목업 이미지(thedesignest.net/free-noodles-box-mockup/)를 참고하여 패키지 도면을 디자인하겠습니다.

https://thedesignest.net/free-noodles-box-mockup/

> **TIP** **Noodles Box 목업**
>
> 3D 뷰를 제공하는 3,200×2,400px 해상도의 목업 디자인입니다.

> **TIP**
>
> 일반적으로 패키지 전개도는 목업이나 전개도 파일로 다운로드하여 작업하는데 이유는 다음과 같습니다.
>
> ❶ **정확한 시각화:** 전개도 파일은 제품의 형태와 구조를 시각적으로 잘 보여줘, 디자인 및 제작 과정에서 혼란을 줄일 수 있습니다.
>
> ❷ **효율적인 작업:** 미리 준비된 파일을 사용하면 디자인 과정에서 시간과 노력을 절약할 수 있습니다. 직접 그리는 것보다 빠르게 작업할 수 있습니다.
>
> ❸ **표준화:** 패키지 전개도는 일반적으로 산업 표준에 맞춰 제작하므로, 이를 사용하면 품질과 일관성을 유지할 수 있습니다.
>
> ❹ **검토 및 수정 용이:** 디지털 파일 형태로 제공되므로, 쉽게 수정하고 검토할 수 있어 작업의 효율성을 높입니다.
>
> ❺ **협업 용이:** 여러 팀원이 같은 파일을 사용하여 작업할 수 있어 협업이 용이합니다.

02 Ctrl+N을 눌러 New Document 대화상자가 표시되면 펼쳐진 도면 크기를 생각해 새 아트보드를 만듭니다. Width/Height(가로/세로)를 '500Millimeters', 인쇄를 생각해서 Color Mode(색상 모드)는 'CMYK Color'로 지정하고 <Create> 버튼을 클릭합니다.

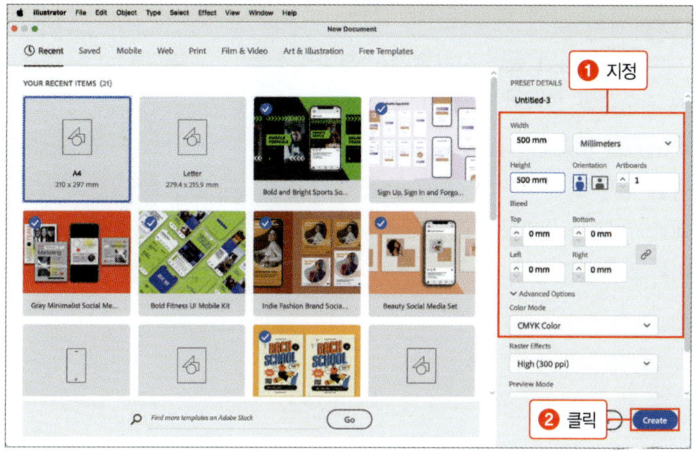

TIP

아트보드를 만든 후에도 크기를 조절할 수 있습니다. 아트보드 도구(![icon])를 더블클릭하면 표시되는 Artboard Options 대화상자에서 원하는 크기를 입력하고 <OK> 버튼을 클릭하여 변경합니다.

03 패키지의 중심인 바닥 면을 그리겠습니다. 칠을 'C:0%, M:45%, Y:100%, K:0%'로 지정하고 사각형 도구(▭)로 W/H 크기가 '90mm'인 정사각형을 그립니다.

TIP

임의의 사각형을 그리고 Properties 패널에서 직접 크기를 입력할 수도 있습니다.

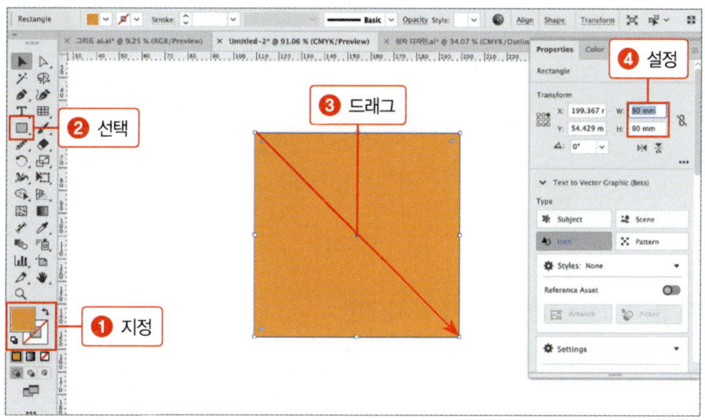

04 칠을 'C:30%, M:50%, Y:90%, K:15%'로 지정한 다음 옆면이 될 사각형을 W: 105mm, H: 90mm 크기로 그립니다.

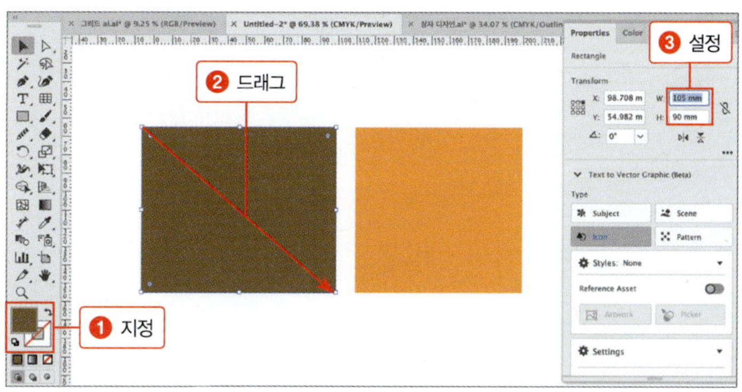

05 직접 선택 도구(▷)로 패키지 왼쪽의 옆면 사각형에서 왼쪽 기준점만 선택한 후 크기 조절 도구(⧉)를 더블클릭합니다. Scale 대화상자가 표시되면 Scale 항목의 Uniform에 '120%'를 입력하고 <OK> 버튼을 클릭합니다.

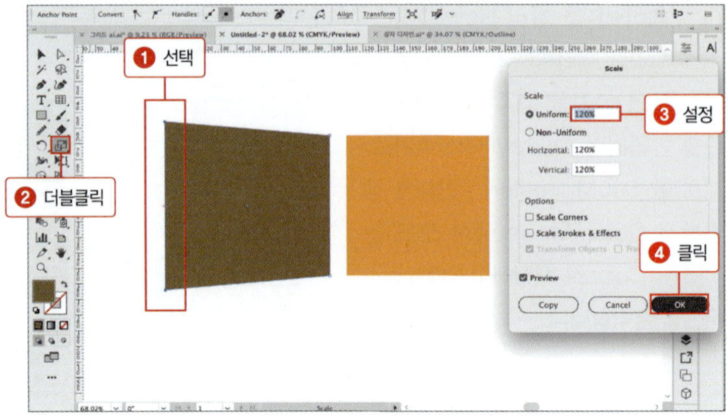

06 오브젝트를 오른쪽으로 90° 회전 및 복제하기 위해 회전 도구(⟲)를 선택하고 그림과 같이 Alt를 누른 채 오른쪽 정사각형 중심을 클릭하여 중심축을 만듭니다.

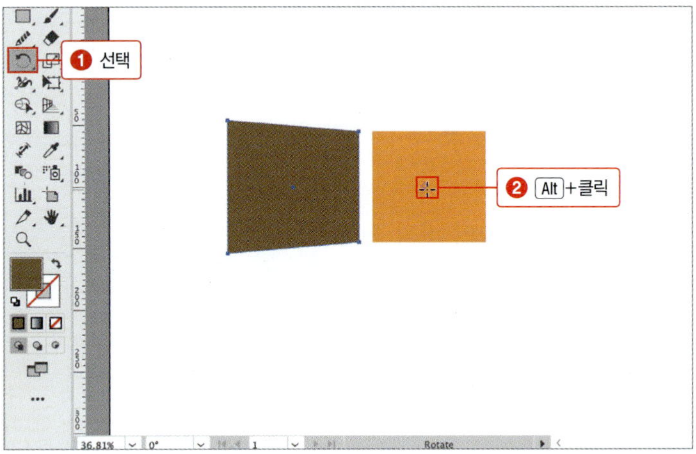

07 Rotate 대화상자가 표시되면 'Preview'를 체크 표시한 다음 Angle에 '-90°'를 입력해 오른쪽으로 회전 및 이동하면 <Copy> 버튼을 클릭합니다.

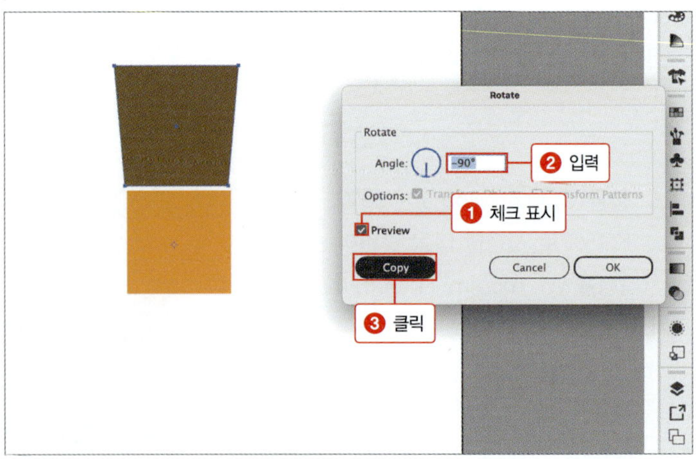

08 복제된 직후에 Ctrl+D를 2번 눌러 같은 속성(간격, 각도 등)으로 복제합니다. 각 면에 복제되도록 그림과 같이 다단 복제합니다.

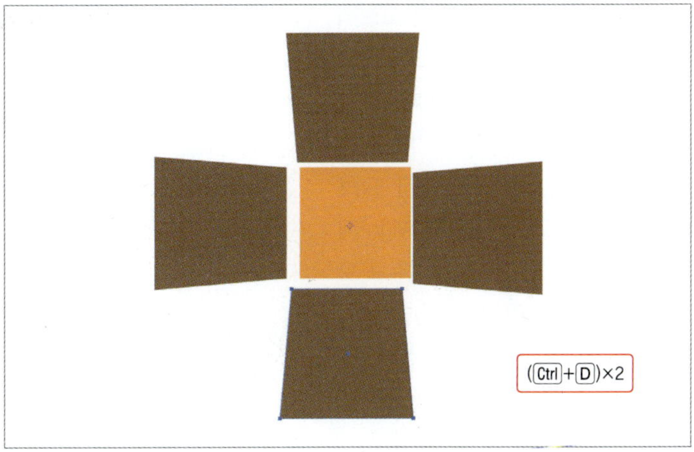

09 가운데 오브젝트를 기준으로 위아래 3개의 오브젝트를 선택합니다. Align(정렬) 패널에서 'Horizontal Align Center(가로 가운데 정렬)' 아이콘()을 클릭하여 정렬합니다.

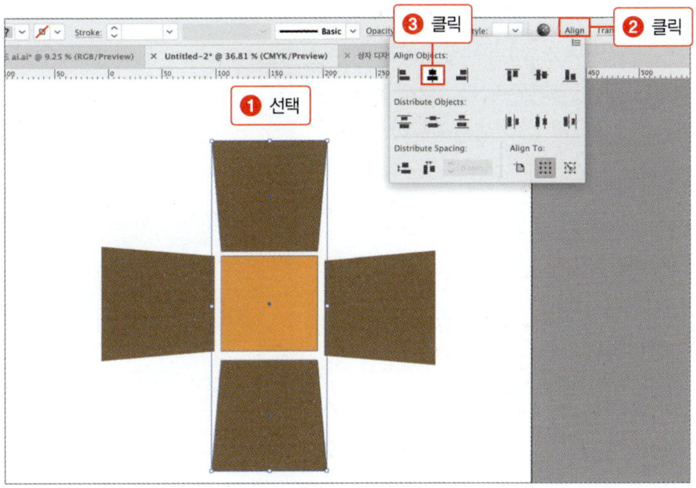

10 오브젝트가 가로 가운데 정렬되면 공간을 조절합니다. Align 패널에서 'Align to Key Object(주요 오브젝트에 정렬)' 아이콘()을 클릭하고 Distribute Space(공간 분포) 값을 '0mm'로 입력합니다.

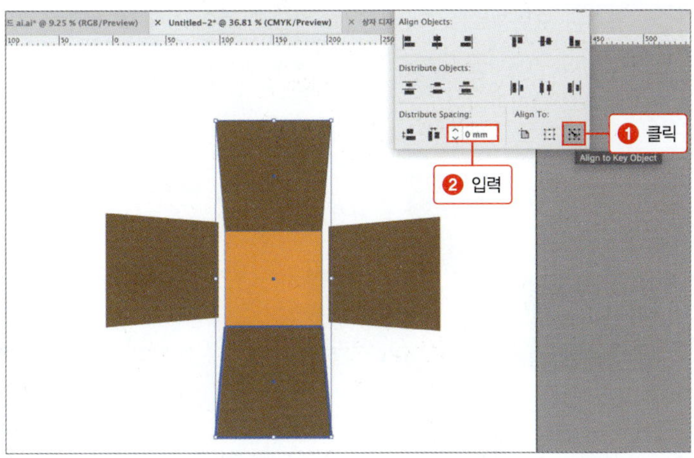

11 같은 방법으로 가운데 오브젝트를 기준으로 양쪽 3개의 오브젝트를 선택합니다. Align 패널에서 'Vertical Align Center(세로 가운데 정렬)' 아이콘(![icon])을 클릭합니다. 오브젝트 공간을 조절하기 위해 Align 패널에서 'Align to Key Object(주요 오브젝트에 정렬)' 아이콘(![icon])을 클릭하고 Distribute Space(공간 분포) 값을 '0mm'로 입력합니다. Ctrl+Y를 눌러 외곽선 보기로 확인합니다.

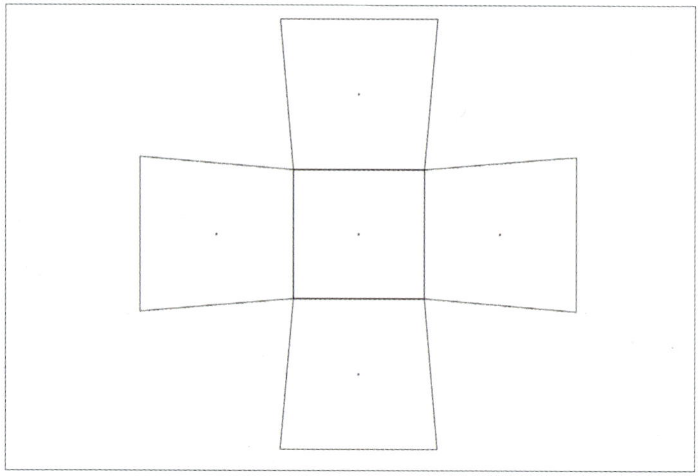

12 이번에는 패키지의 뚜껑 부분을 만들겠습니다. 오른쪽 면의 오브젝트를 복사해서 맨 왼쪽 면에 붙여넣습니다. 이때 두 오브젝트 간격은 Align 패널의 'Align to Key Object(주요 오브젝트에 정렬)' 아이콘(![icon])을 클릭하고 간격을 '0mm'로 설정합니다.

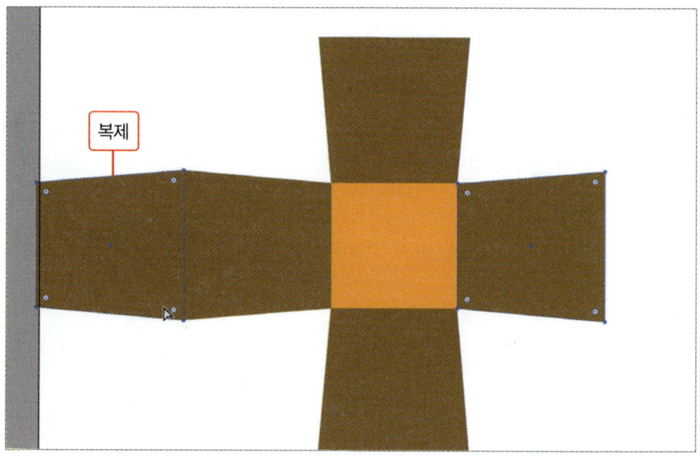

13 복제된 오브젝트는 가로 크기를 반으로 줄이고 직접 선택 도구(![icon])로 왼쪽 기준점들을 선택합니다. 크기 조절 도구(![icon])를 더블클릭하여 Scale 대화상자가 표시되면 Scale 항목의 Uniform을 '45%'로 설정하고 <OK> 버튼을 클릭합니다.

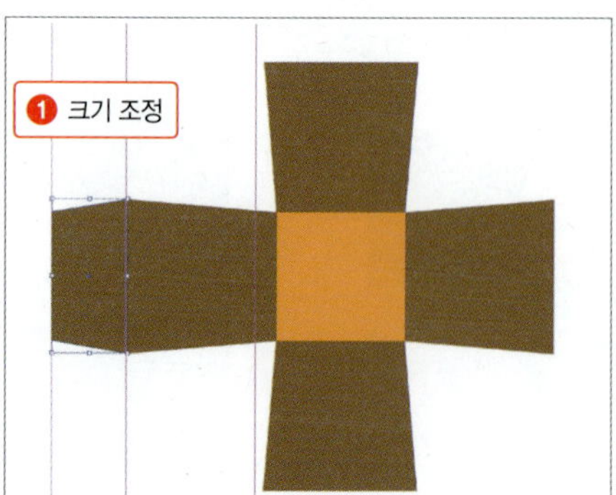

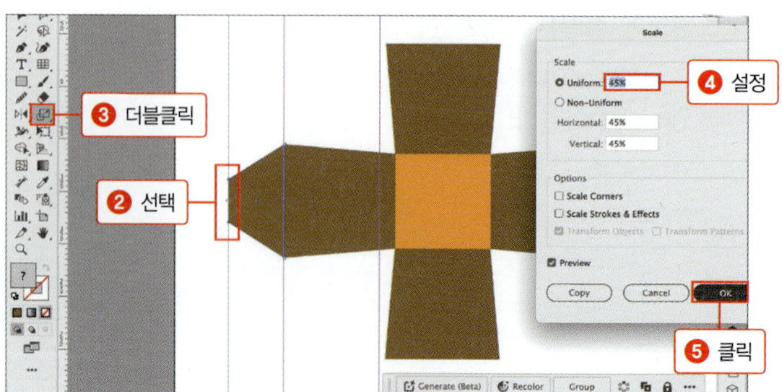

14 만들어진 왼쪽 뚜껑 오브젝트를 오른쪽 면에 복사해서 붙여넣고 회전합니다.

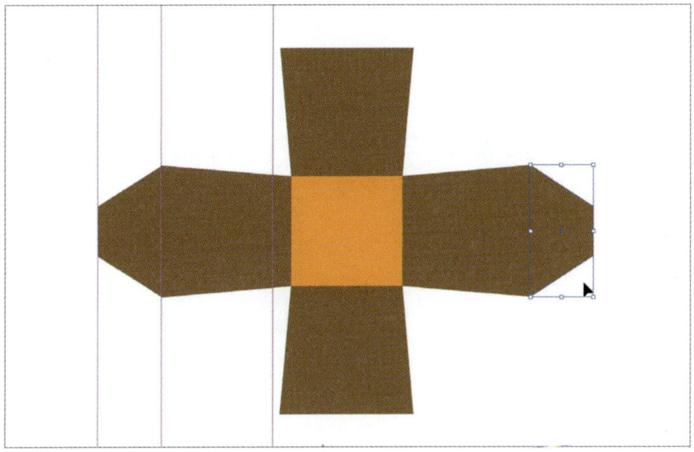

15 이번에는 위아래 뚜껑을 만들겠습니다. 윗면 오브젝트를 복사해 아랫면에 붙여넣습니다. 바운딩 박스의 조절점을 이용해서 아랫면의 뚜껑 높이를 '67mm'로 설정합니다.

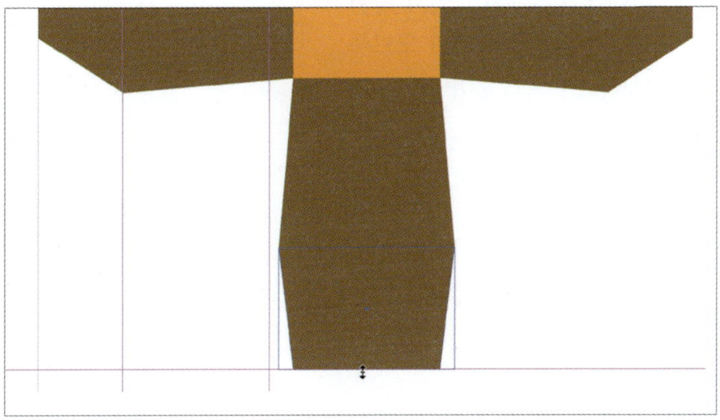

16 직접 선택 도구()로 뚜껑의 아랫면만 선택한 다음 크기 조절 도구()로 '47%' 확대하면 50mm 정도의 길이가 됩니다. 수치를 확인하기 위해 치수 도구()를 선택합니다. 원하는 부분의 시작과 끝부분을 클릭하면 치수가 표시됩니다. 각 오브젝트의 치수를 확인합니다.

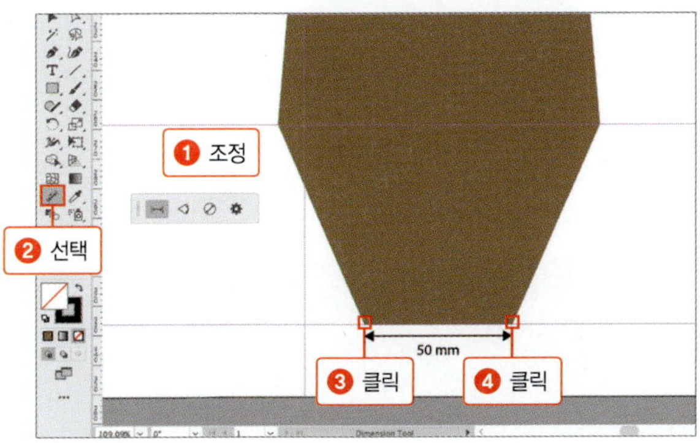

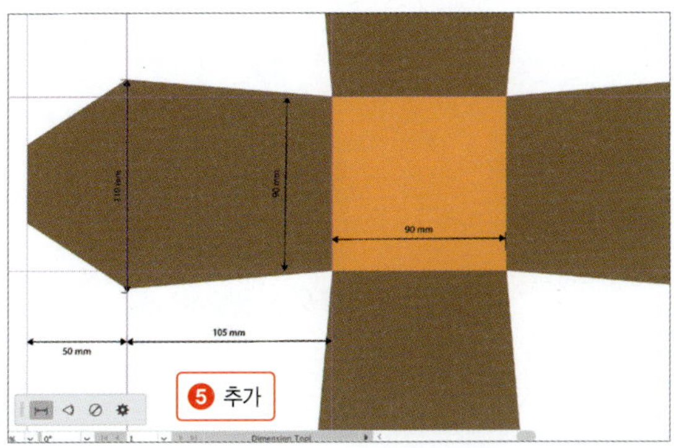

11

팔리는 브랜드 디자인

17 접히는 부분을 만들기 위해 뚜껑 위에 높이 10mm 직사각형을 그려서 겹칩니다. 도형 구성 도구(◎)를 선택한 다음 겹치는 오브젝트들을 결합하고 불필요한 부분은 삭제합니다.

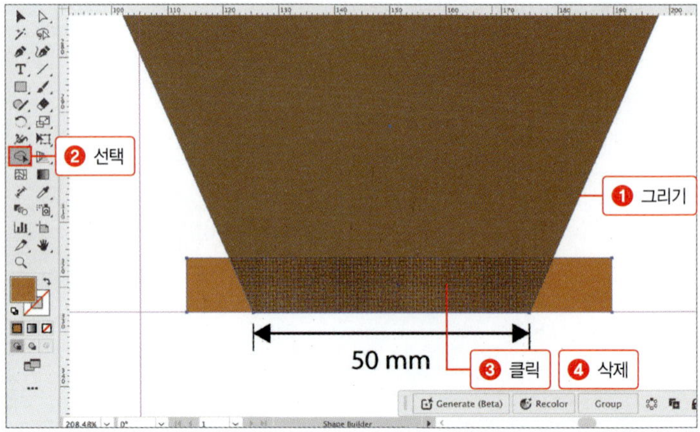

18 아래쪽 뚜껑에서 그림과 같이 접히는 부분을 제외한 오브젝트를 복사하고 위쪽에 붙여넣습니다.

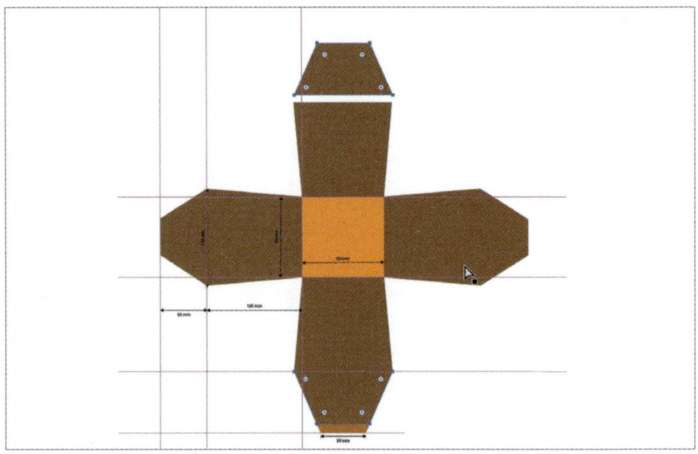

19 원형 도구(◎)로 지름이 37mm인 원을 그립니다.

20 직접 선택 도구(▷)로 원의 아래쪽 기준점을 선택하고 Delete를 눌러 삭제한 다음 Ctrl+J를 눌러 끊어진 기준점을 서로 연결해서 반원을 만듭니다.
반원 밑에 사각형 도구(▭)로 W: 30mm, H: 5mm 크기의 직사각형을 그립니다.

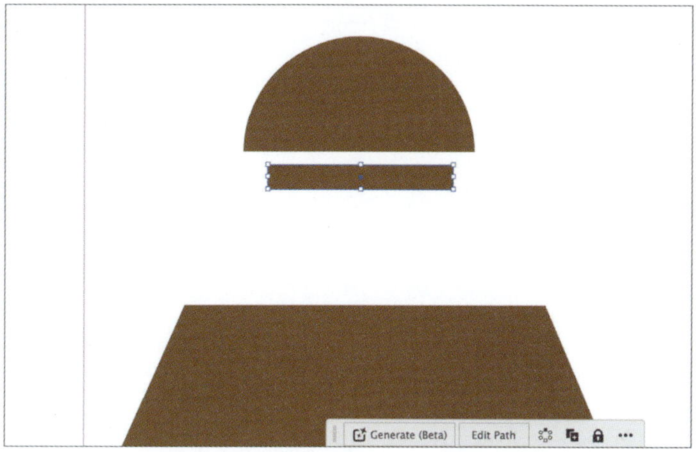

21 반원과 직사각형 두 오브젝트를 선택하고 Align 패널에서 'Horizontal Align Center(가로 가운데 정렬)' 아이콘(⧆)을 클릭해 가운데 정렬합니다. 'Align to Key Object(주요 오브젝트에 정렬)' 아이콘(⧆)을 클릭한 다음 Distribute Space 값을 '0mm'로 입력합니다.

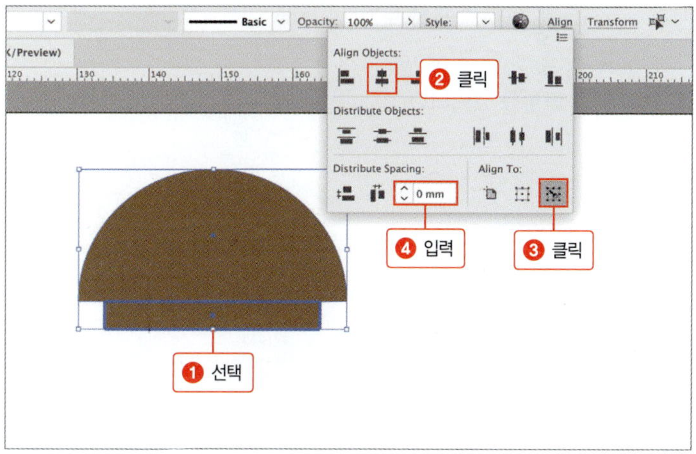

22 두 오브젝트를 선택하고 Pathfinder 패널에서 'Unite(합치기, ■)'를 클릭해 합칩니다. 직접 선택 도구(▷)로 아래쪽 기준점들만 선택한 다음 곡률을 조정해 부드럽게 연결합니다.

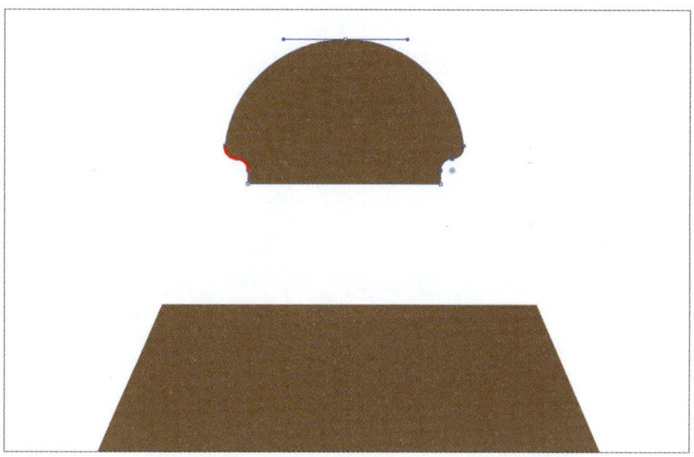

23 사각형 도구()를 선택하고 W: 30mm, H: 2mm 크기의 직사각형을 그린 다음 그림과 같이 접히는 부분에 배치합니다. Pathfinder 패널의 'Exclude(교차 영역 제외,)'를 클릭해 겹치는 부분을 삭제합니다.

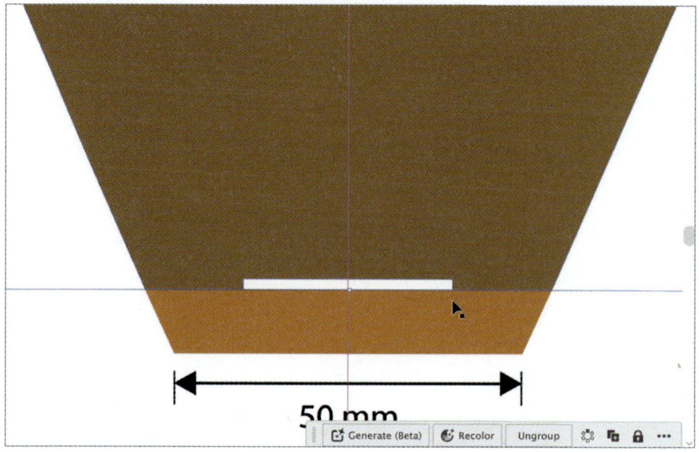

24 Ctrl+Y를 눌러 외곽선 보기로 전환하고 펜 도구()로 그림과 같이 연결 부분을 그립니다.

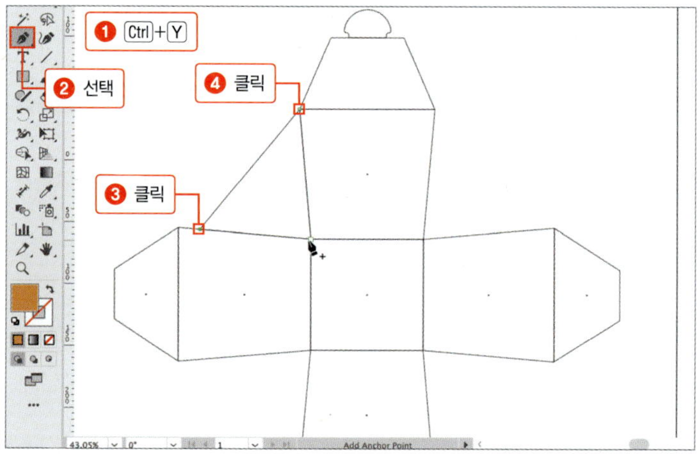

25 선 도구()로 가운데 정사각형을 가로지르는 선을 그림과 같이 그립니다.

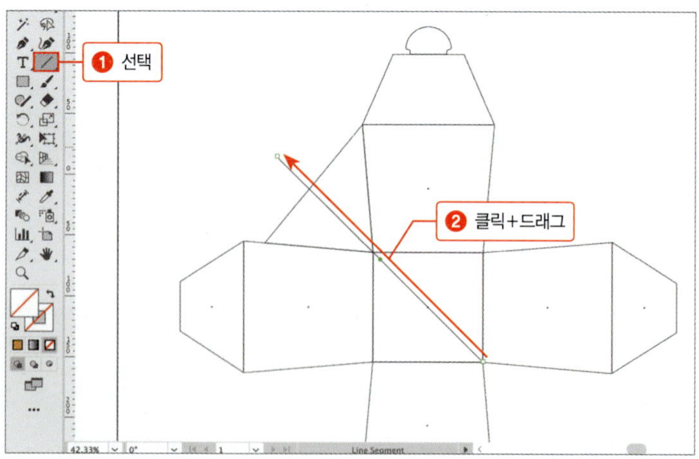

26 도형 구성 도구()를 선택한 다음 선으로 나뉜 오브젝트들을 선택하여 나눕니다.

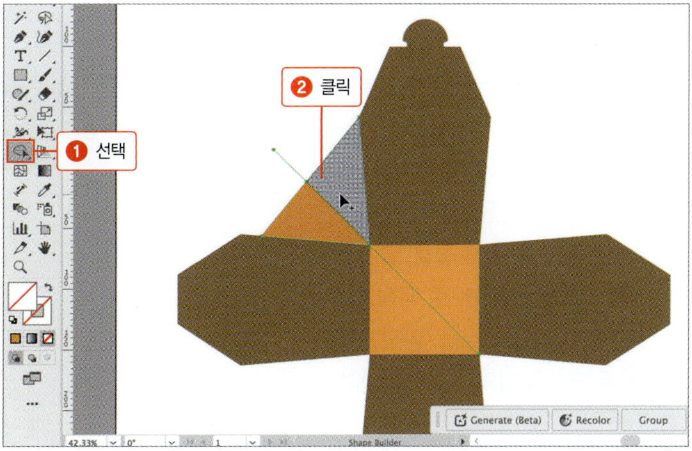

TIP

이때 선택된 색상으로 바뀝니다.

27 면이 서로 구분되도록 밝은 부분은 칠을 'C:5%, M:5%, Y:40%, K:0%'로 지정합니다. 펜 도구()로 기준점을 추가하고 이동해 그림과 같이 변경합니다. 직접 선택 도구()로 끝부분 기준점만 선택한 다음 모퉁이 곡률을 조정합니다. 만들어진 두 개의 오브젝트를 선택하고 Ctrl+G를 눌러 그룹화합니다.

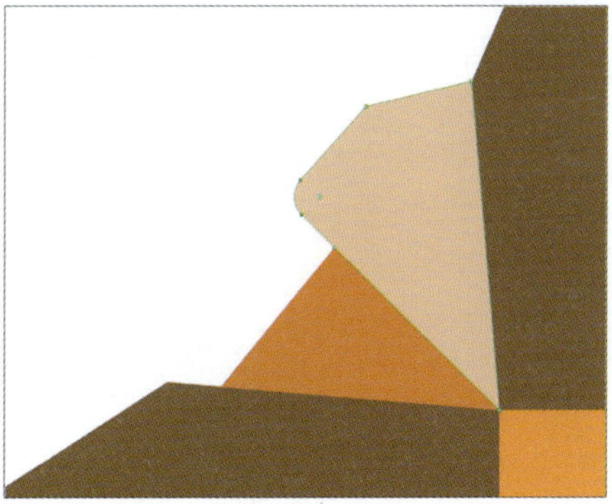

28 그룹화된 오브젝트를 각각 복제하고 회전해 그림과 같이 배치합니다.

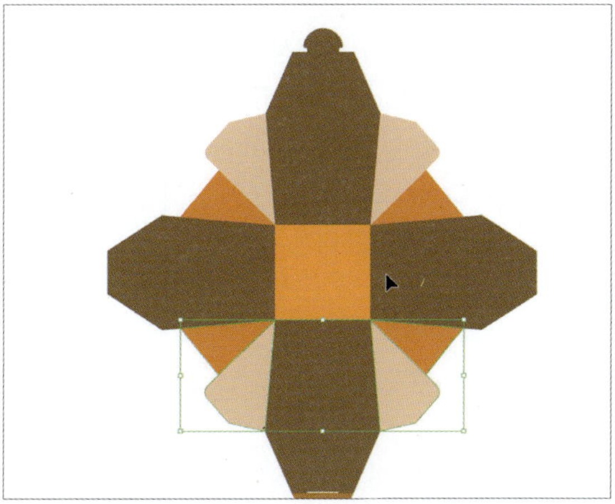

11

끌리는 브랜드 디자인

로고 적용하기

01 패키지 디자인을 전체 선택한 다음 Control 패널에서 Stroke를 '0.35mm'로 설정합니다. 색이 필요 없는 부분은 칠을 '흰색'으로 변경합니다. 도면 위쪽은 칠을 'C:0%, M:30%, Y:100%, K:0%'로 지정합니다. 로고를 가져오고 칠을 '흰색'으로 지정한 후 크기를 알맞게 조정합니다.

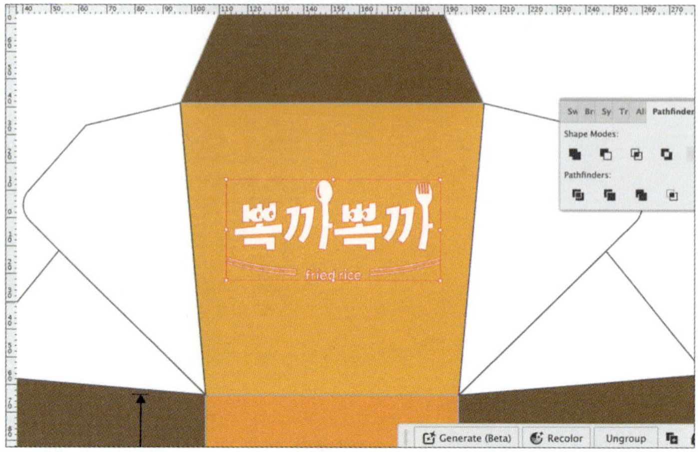

02 로고를 선택하고 메뉴에서 [Effect] → Stylize → Drop Shadow를 실행하여 그림자를 적용합니다.

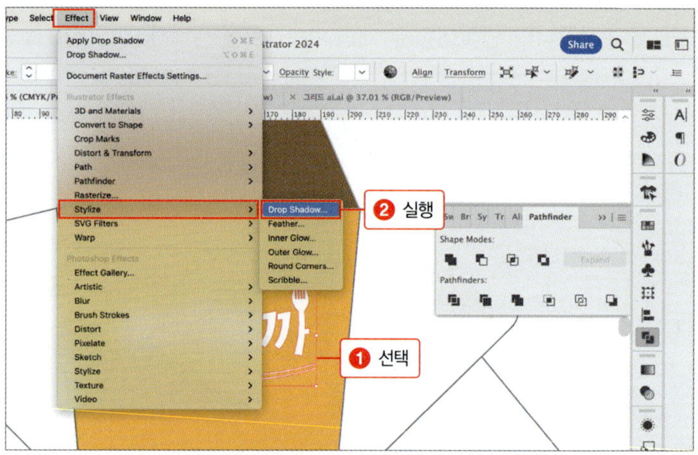

03 Drop Shadow 대화상자가 표시되면 Mode: Multiply, Opacity: 75%, X/Y Offset: 0.5mm, Blur: 0mm, Color: C:7%, M:75%, Y:100%, K:0%로 지정한 다음 <OK> 버튼을 클릭합니다.

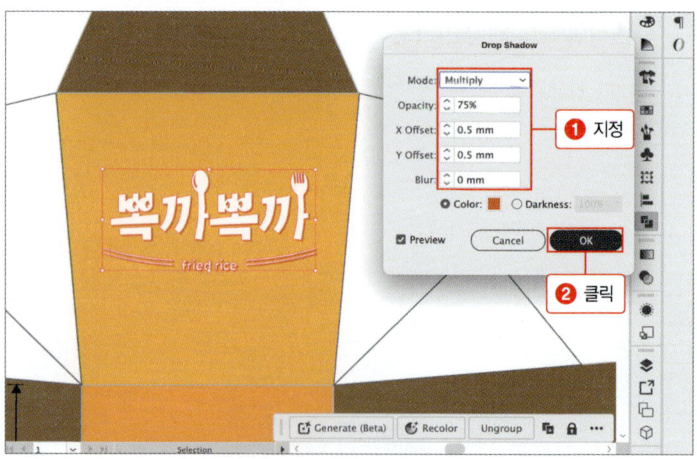

04 패키지 옆면의 장식을 만들겠습니다. 선 도구(/)를 선택하고 Stroke를 '2mm'로 지정한 다음 선을 그립니다. 선을 선택하고 메뉴에서 [Effect] → Distort & Transform → Zig Zag를 실행합니다.

Zig Zag 대화상자에서 Size: 2.47mm, Ridges per segment: 12, Points: Smooth로 지정한 다음 <OK> 버튼을 클릭합니다. 선이 물결 모양으로 바뀝니다.

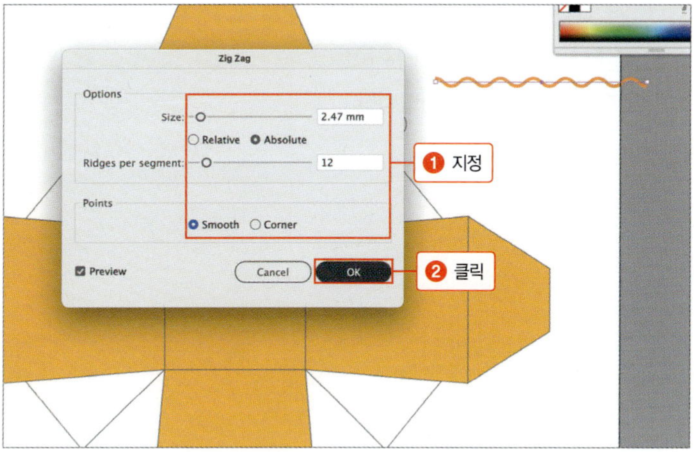

05 Alt + Shift를 누른 채 선을 아래로 드래그하여 적당한 간격으로 복제합니다. Ctrl + D를 여러 번 눌러 옆면 높이만큼 물결치는 선을 다단 복제합니다. 선들을 전체 선택하고 Ctrl + G를 눌러 그룹화합니다.

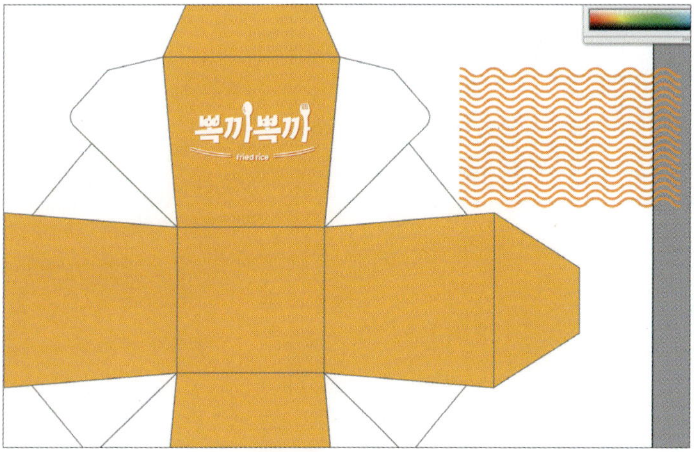

06 그룹화된 선 오브젝트를 90° 회전하고 복제해 그림과 같이 양쪽에 배치합니다.

11

팔리는 브랜드 디자인

07 선 오브젝트 뒤쪽 오브젝트를 선택하고 Ctrl+C, Ctrl+F를 눌러 맨 앞에 하나씩 더 복제합니다.

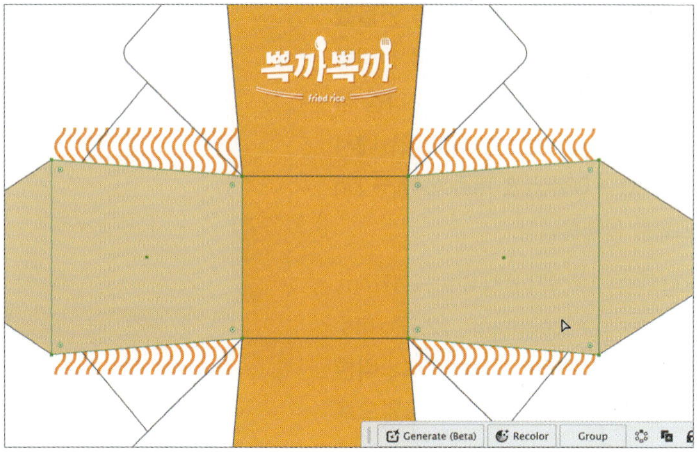

08 그룹화된 선 오브젝트와 복제한 오브젝트를 함께 선택하고 Ctrl+7을 눌러 클리핑 마스크를 적용합니다. 오른쪽 오브젝트도 같은 방법으로 클리핑 마스크를 적용합니다.

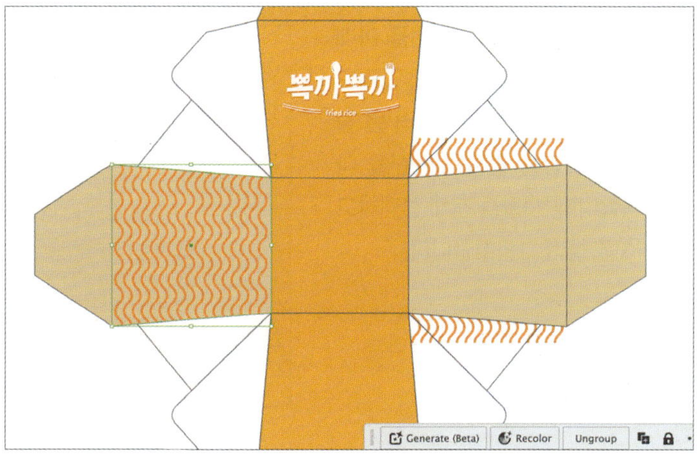

09 위쪽 뚜껑 부분에 문자 도구(T)로 '맛있게 드세요'를 입력합니다. 이때 글꼴: HS신토끼체, 글자 크기: 12pt로 설정합니다. 그 밑에 사각형 도구(▢)를 이용해 그림과 같이 둥근 사각형을 그립니다. 로고 위, 아래에는 포크와 숟가락으로 장식합니다. 칠을 'C:0%, M:13%, Y:73%, K:0%'로 지정한 다음 위에 만든 로고 이미지는 아래쪽에 180° 반전해 복사합니다.

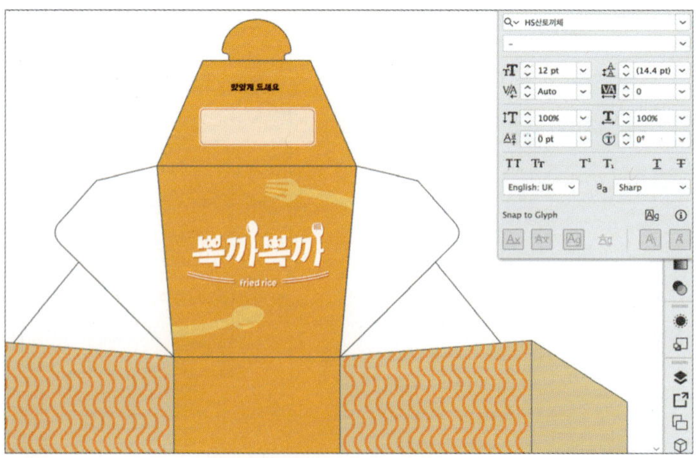

10 Ctrl+Y를 눌러 외곽선 보기에서 세밀한 부분을 수정합니다.

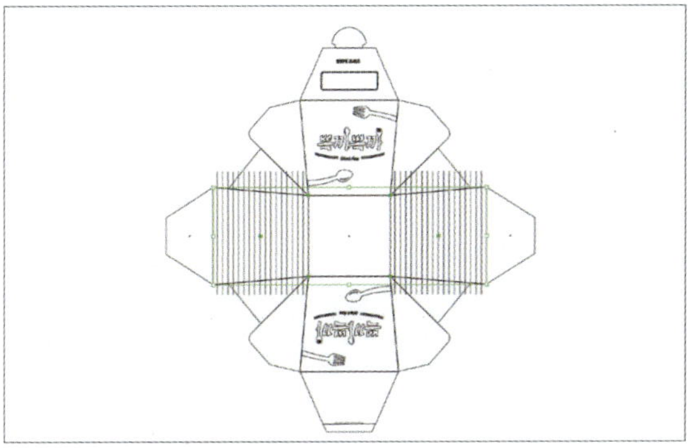

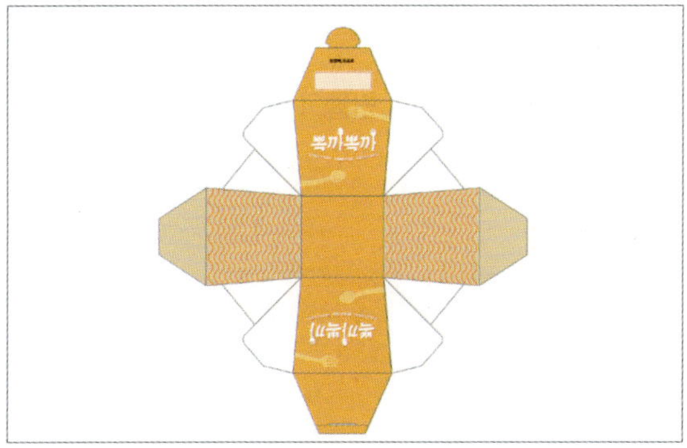

11 포토샵에서 목업 이미지에 적용해 봅니다.

12 그리드 시스템에 간단하게 적용하면 그림과 같습니다. 로고를 그리드에 맞춰 배치하고 색상을 지정해 완성합니다.

연습 문제 | 생성형 AI로 아이콘 로고와 패키지 디자인하기

01 생성형 AI로 아이콘을 만들고 로고에 적용해 보세요.

• **예제 및 완성 파일** : 11\연습문제1.ai

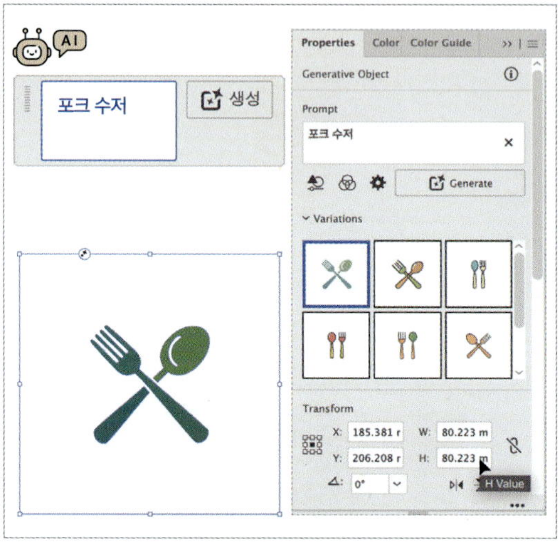

HINT 프롬프트에 명령어 입력하기 → [ICON]에서 AI 일러스트 생성하기 → 문자 외곽선 만들기로 벡터 이미지 만들기 → 오브젝트 조합하고 배치하기

02 패키지에 로고를 적용해 보세요.

• **예제 및 완성 파일** : 11\연습문제2.ai

before

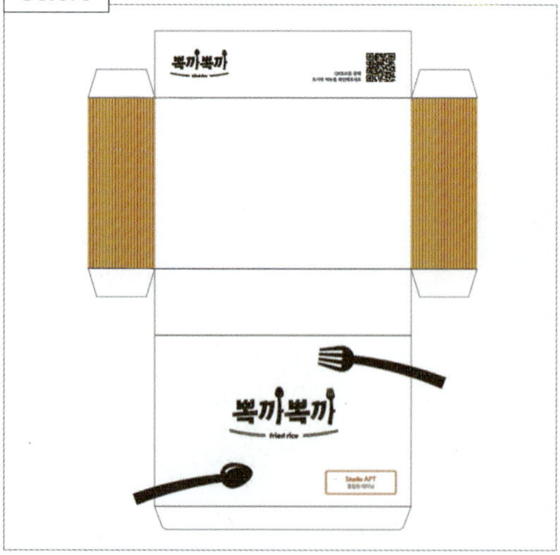

after

HINT 패키지 색상 적용하기 → 클리핑 마스크로 패키지 안에만 이미지 나타내기

WEEK 12

시선을 사로잡는 광고 디자인

학 습 목 표

일러스트레이터와 파이어플라이 AI 이미지를 활용해 효과적인 광고 디자인을 배웁니다. 일러스트레이터로 스케치한 후, AI로 생성한 이미지를 사용해 창의적인 광고를 만듭니다. 이를 통해 메시지를 효과적으로 전달하고 소비자의 시선을 사로잡는 기억에 남는 광고를 완성하는 능력을 기릅니다.

12.1

실습 예제 01

생성형 AI 이미지로 브랜드 배너 광고 만들기

• **예제 파일** : 12\로고.ai • **완성 파일** : 12\배너광고.ai

벡터 이미지는 해상도에 상관없이 선명한 품질을 유지하므로 인쇄물에 적합합니다. 또한, 배너 광고나 도서 편집 디자인 등 정밀한 조정이 필요한 작업에도 유용합니다.

01 Ctrl+N을 눌러 New Document 대화상자가 표시되면 세로형 배너 광고의 크기인 Width: 600mm, Height: 1800mm, Bleed(도련) 항목은 Top/Bottom/Left/Right: 15mm, Color Mode: CMYK Color로 지정하고 <Create> 버튼을 클릭합니다.

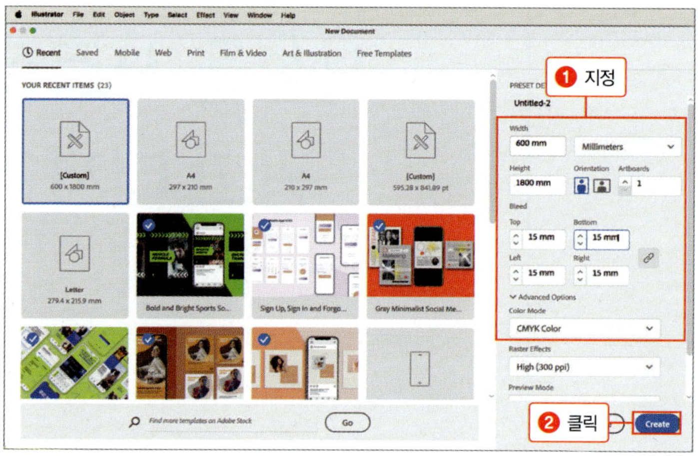

TIP

인쇄 과정에서 색상이 잘리거나 여백이 생기는 것을 방지하려면 도련(Bleed)을 지정합니다. 도련은 디자인의 경계 바깥으로 색상을 확장하여 최종 인쇄물의 가장자리를 깔끔하게 마감하도록 도와줍니다. 이렇게 하면 디자인 완성도가 높아지고, 전문적인 결과물을 얻을 수 있습니다.

TIP

CMYK 모드는 실제 인쇄에서 색상을 더 정확하게 표현할 수 있으며, RGB 모드보다 인쇄물의 색상 결과가 일관되게 나타납니다. 따라서 인쇄물의 품질을 보장하려면 CMYK 색상 모드를 사용하는 것이 중요합니다.

02 세로 배너형 아트보드가 만들어지면 칠을 더블클릭합니다. Color Picker 대화상자가 표시되면 'C:0%, M:30%, Y:100%, K:0%'로 입력하고 <OK> 버튼을 클릭합니다. 사각형 도구( )를 이용하여 아트보드보다 큰 직사각형을 그립니다.

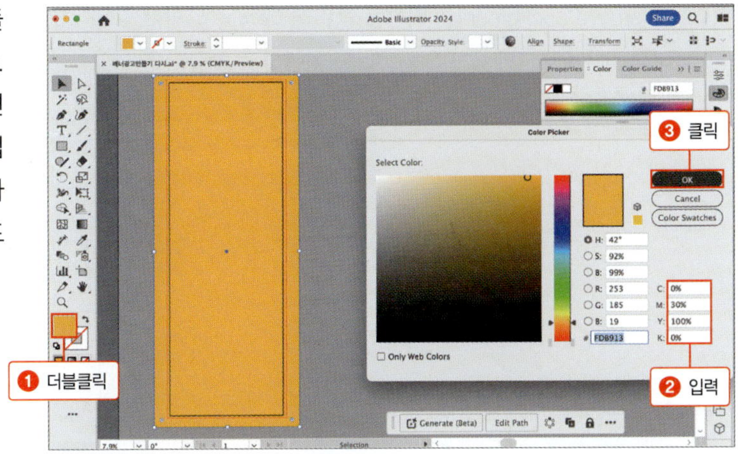

03 원형 도구( )를 이용해 지름이 '1000mm'인 원을 그립니다. 사각형과 원을 그림과 같이 배치하고 Align 패널에서 'Horizontal Align Center(가로 가운데 정렬)' 아이콘( )을 클릭하여 가운데 정렬합니다.

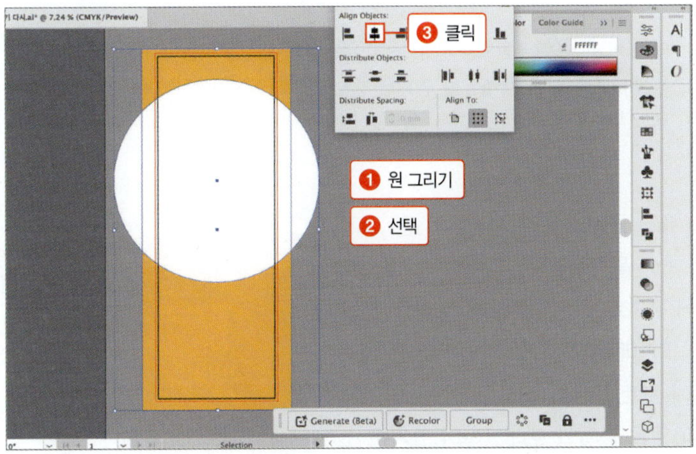

04 포토샵에서 선택 영역을 만든 다음 Contextual Task Bar에 "하얀 접시 위의 볶음밥, 그 옆에 숟가락과 포크"를 입력하고 <Generate> 버튼을 클릭하여 배너 광고에 사용할 볶음밥 이미지를 생성합니다.

TIP

이미지는 랜덤하게 생성되므로 원하는 이미지가 나타날 때까지 <Generate> 버튼을 클릭합니다.

05 <Remove background> 버튼을 클릭해 배경을 삭제합니다. 메뉴에서 [File] → Save As를 실행하고 확장자를 PNG로 지정하여 저장합니다.

TIP

PNG 확장자가 불투명도를 지원하는 이유는 알파 채널을 사용하기 때문입니다. 알파 채널은 각 픽셀의 불투명도를 정의해 이미지의 특정 부분을 불투명하게 만들 수 있습니다. 덕분에 PNG 이미지는 배경과 자연스럽게 어우러지며, 로고나 아이콘 같은 다양한 디자인 요소에서 유용하게 사용됩니다. 이 특성 덕분에 PNG는 웹 그래픽과 디지털 디자인에서 널리 사용합니다.

06 일러스트레이터에서 원 크기를 그림과 같이 W: 1060mm, H: 1200mm로 수정해 타원을 만듭니다. 메뉴에서 [File] → Place를 실행해 포토샵에서 생성한 PNG 이미지 파일을 불러와 드래그하여 크기를 조절합니다. 불러온 이미지는 박스에 ☒ 표시가 있으므로 문서에 포함하기 위해 <Embed> 버튼을 클릭해서 □로 바꿉니다. 이는 이미지가 문시에 포함되었다는 것을 의미합니다.

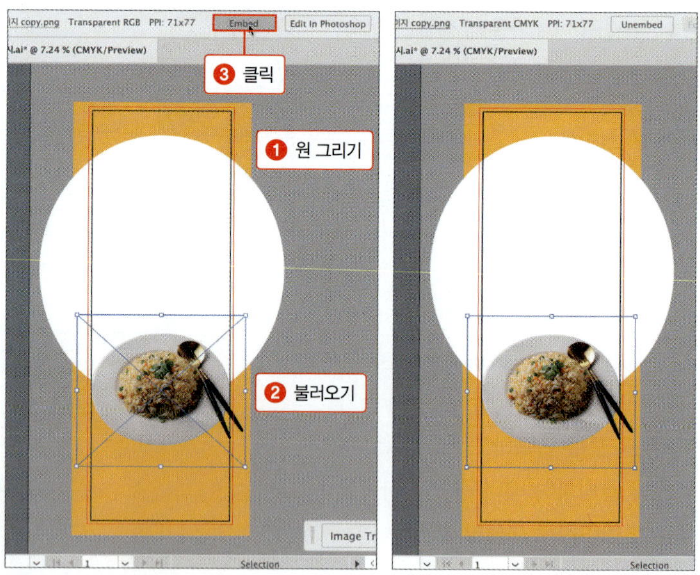

TIP

일러스트레이터에서 이미지를 포함하는 것은 해당 이미지를 디자인 파일에 직접 삽입하여 이미지 정보와 데이터를 파일에 저장하는 것을 의미합니다. 이렇게 하면 외부 파일에 의존하지 않고, 디자인 파일을 이동하거나 공유할 때 이미지가 함께 포함되어 누락될 위험이 없습니다. 또한, 인쇄나 출력 시 이미지가 올바르게 표시될 수 있도록 보장합니다. 다만 문서의 용량이 커져서 작업 속도에 영향을 끼칠 수 있는 단점도 있습니다.

07

12 폴더에서 '로고.ai' 파일을 불러온 다음 로고를 선택하고 칠을 'C:0%, M:85%, Y:100%, K:0%'로 지정한 다음 W를 '432mm'로 설정합니다.

뒤쪽 원과 함께 선택하고 Align 패널에서 'Horizontal Align Center(가로 가운데 정렬)' 아이콘(■)을 클릭해 정렬합니다.

08

꼬불꼬불 면 형태의 패키지 디자인 요소를 불러오고 W를 '692mm'로 설정하여 크기를 조정합니다. 면 형태의 오브젝트를 위쪽에도 복제합니다.

09

로고와 타원 오브젝트, 볶음밥 이미지를 선택한 다음 마우스 오른쪽 버튼을 클릭하고 Arrange → Bring to Front를 실행해서 맨 앞으로 배열합니다.

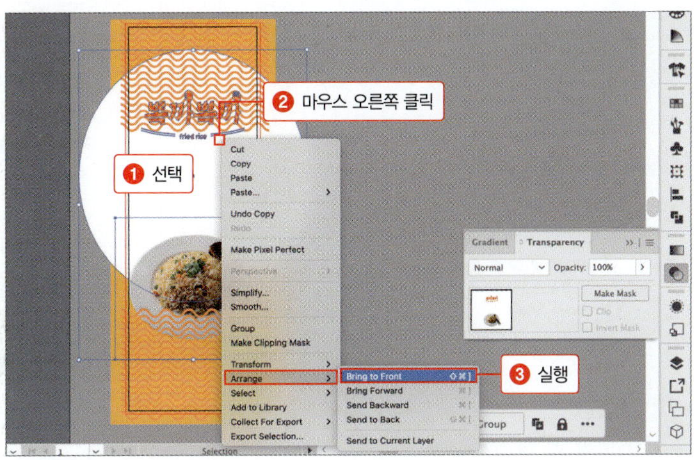

10 물결 모양의 면 형태 오브젝트를 선택하고 Control 패널에서 Opacity(불투명도)를 '20%'로 설정합니다.

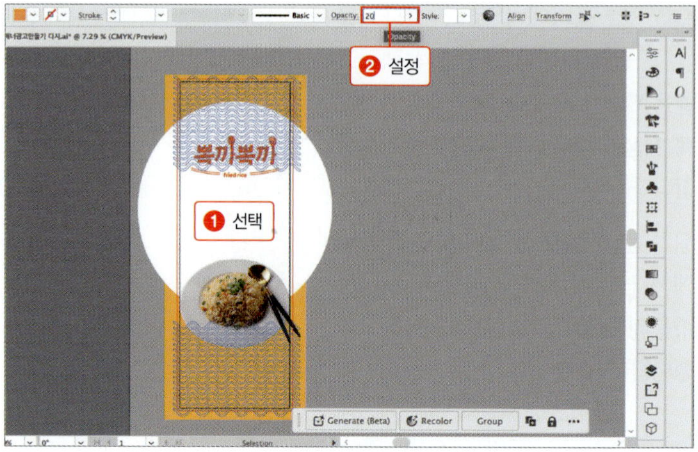

11 문자 도구(T)를 선택하고 Contextual Task Bar에서 글꼴을 구글 폰트에서 다운로드한 'HS산토끼체', 글자 크기를 '190pt'로 지정한 다음 그림과 같이 "open : 10:00 / close : 10:00"을 입력합니다.

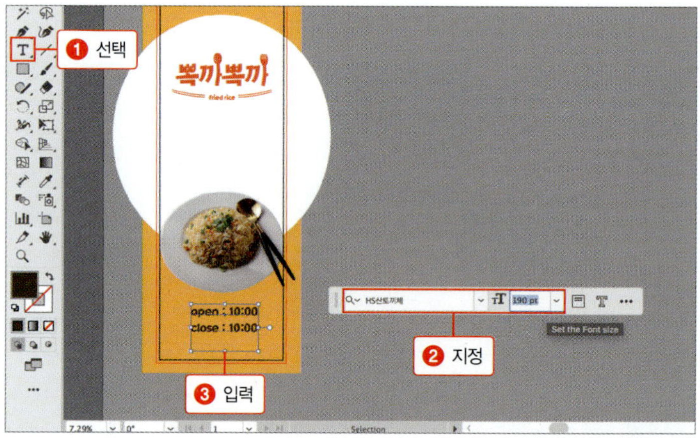

12 패키지 디자인의 숟가락과 포크 이미지 요소를 복제해 배치한 다음 그림과 같이 해시태그 키워드를 입력합니다.

13 인쇄할 때 글꼴 유실 등의 문제가 발생하지 않도록 문자를 선택하고 메뉴에서 [Type] → Create Outlines를 실행해 문자의 외곽선을 추출하여 벡터 이미지로 만듭니다.

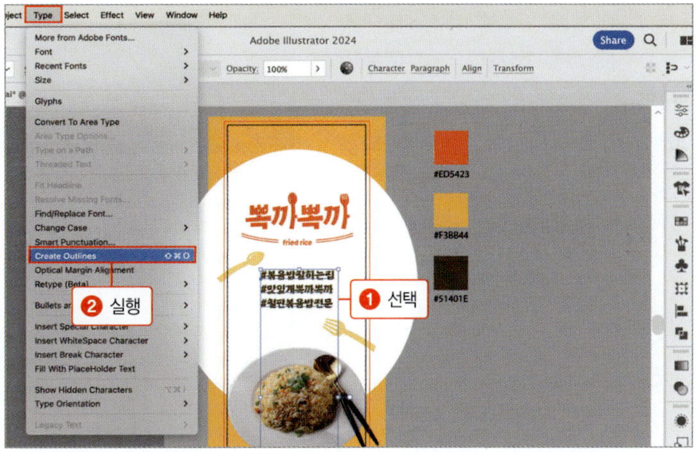

14 실제 인쇄될 부분을 확인하기 위해 클리핑 마스크를 적용하겠습니다. 사각형 도구(▢)를 선택하고 아트보드와 같은 크기로 드래그해 사각형을 그립니다.

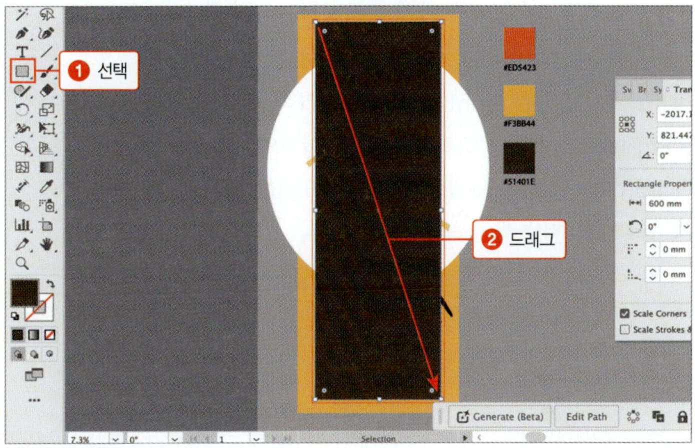

15 전체 오브젝트를 선택하고 Ctrl+7을 눌러 클리핑 마스크를 적용합니다. 클리핑 마스크 기능으로 필요 없는 부분이 보이지 않습니다.

16 Ctrl+Alt+7을 눌러 클리핑 마스크를 해제합니다. 메뉴에서 [File] → Save a Copy를 실행하고 'Adobe PDF (*.pdf)'로 지정한 다음 저장합니다.

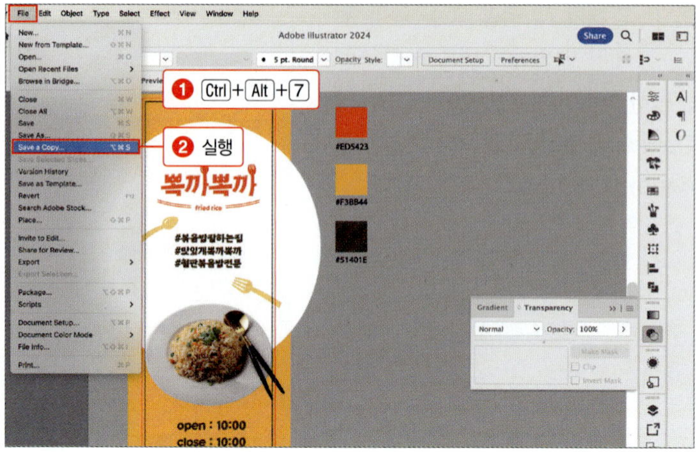

17 Save Adobe PDF 대화상자가 표시되면 고해상도로 출력하기 위해 Adobe PDF Preset을 'High Quality Print'로 지정합니다. [Marks and Bleeds] 탭을 선택하고 Bleeds 항목의 'Use Document Bleed Settings'를 체크 표시한 다음 <Save PDF> 버튼을 클릭합니다.

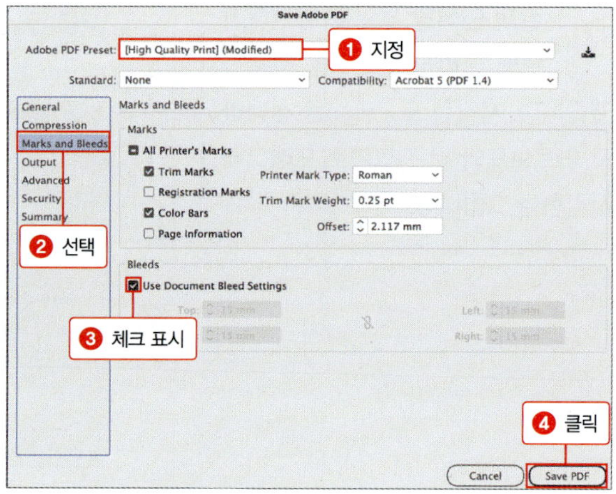

TIP Save Adobe PDF 대화상자

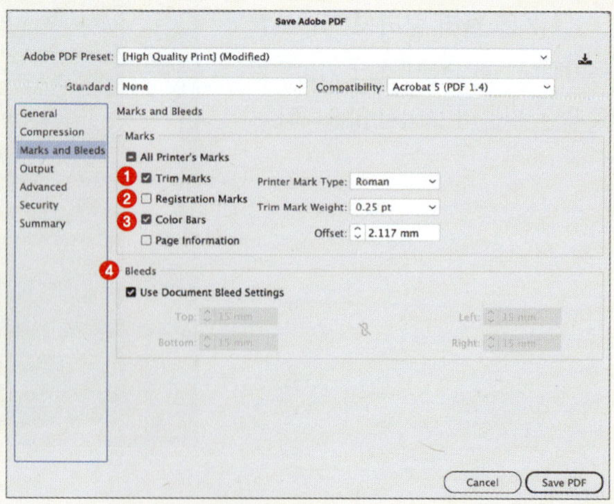

1. **Trim Marks**: 잘라낼 위치를 표시하는 선입니다. 인쇄물의 경계에서 얼마나 잘라야 하는지를 시각적으로 나타냅니다.
2. **Registration Marks**: 인쇄 과정에서 색상 정렬을 위한 기준선을 제공합니다. 여러 색상의 잉크가 정확하게 겹치도록 도와줍니다.
3. **Color Bars**: 색상 품질을 확인하기 위한 바입니다. 인쇄 품질을 모니터링하는 데 유용합니다.
4. **Bleeds**: 블리드 영역을 표시합니다. 디자인의 경계 바깥쪽으로 색상을 확장한 부분을 나타내어, 인쇄 과정에서 잘림을 방지합니다.

18 만들어진 PDF 파일의 모서리를 확인하면 그림과 같이 자르기 쉽도록 안내선 트림 마크가 인쇄됩니다.

19 색상 품질을 확인할 수 있도록 컬러 바가 인쇄되었습니다.

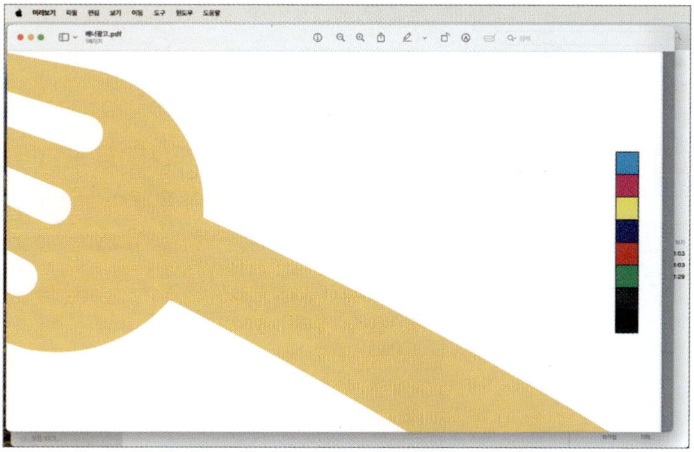

20 PDF를 확인하면 다음과 같이 출력됩니다.

12.2

실습 예제 02

3D와 생성형 AI를 활용한 인쇄광고 디자인하기

• **예제 파일 :** 12\레몬.png • **완성 파일** : 12\인쇄광고.ai

일러스트레이션을 활용해 생성형 AI를 사용하면 원하는 레이아웃의 이미지를 얻을 수 있습니다. 예를 들어, 인쇄광고물을 만들 때 일러스트레이터로 구도를 스케치하고, 어도비 파이어플라이에서 이미지를 생성하면 선명한 결과물을 얻을 수 있습니다. 이제 인쇄광고물 제작 방법을 설명하겠습니다.

3D 제품 디자인하기

01 Ctrl+N을 눌러 A4 크기의 아트보드를 만듭니다. 사각형 도구(□)로 W: 90mm, H: 25mm 크기의 사각형을 그립니다. 사각형 아래에 2mm 여백을 주고 W: 90mm, H: 55mm 크기의 사각형을 그립니다.

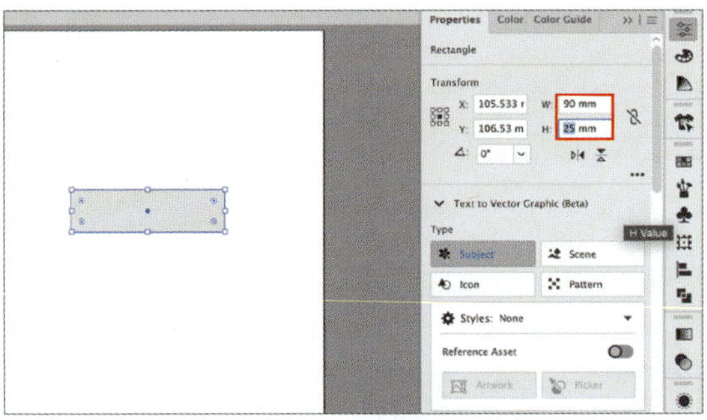

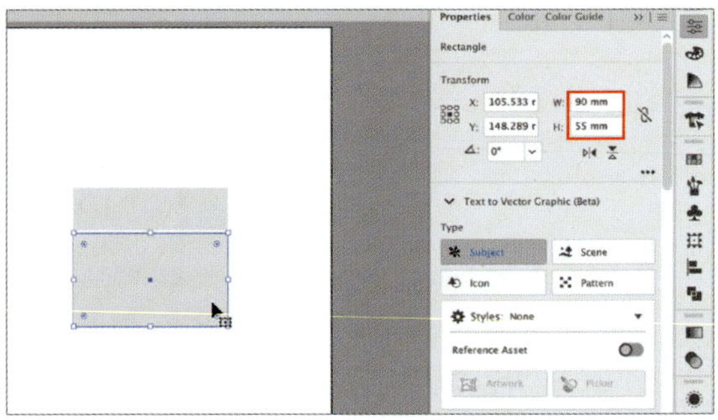

02 W: 85mm 크기의 직사각형을 그리고 가운데 정렬합니다. 사각형을 전체 선택한 다음 Pathfinder 패널의 'Unite(합치기, ■)'를 클릭하여 합칩니다.

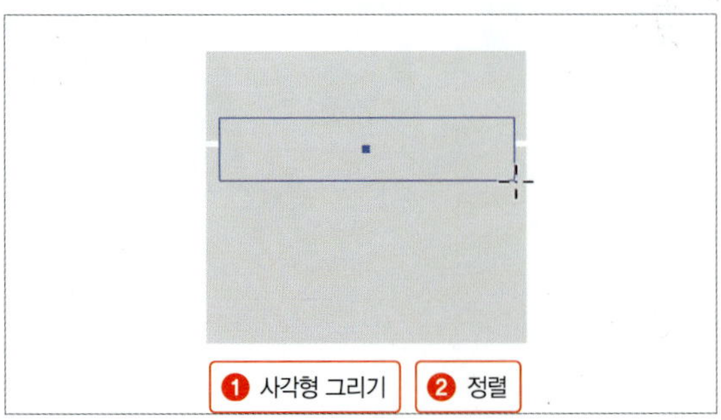

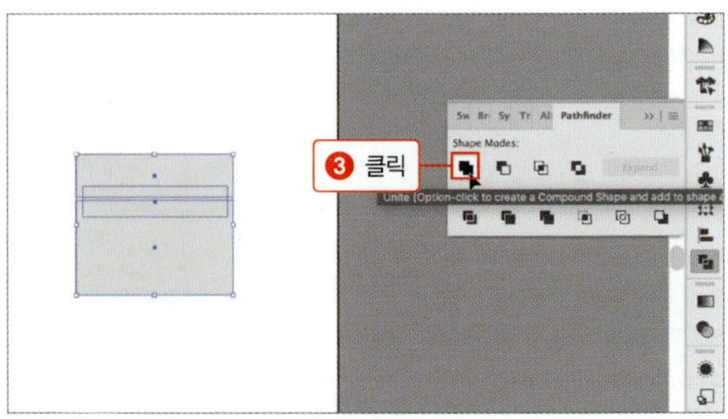

03 Ctrl+R을 눌러 눈금자를 나타내고 합쳐진 오브젝트의 중간까지 드래그하여 안내선을 만듭니다. 사각형 도구(□)로 그림과 같이 반을 덮는 크기의 사각형을 그립니다. 사각형들을 선택한 다음 Pathfinder 패널의 'Minus Front(앞쪽 오브젝트 제외, ◩)'를 클릭하여 오브젝트를 반으로 자릅니다.

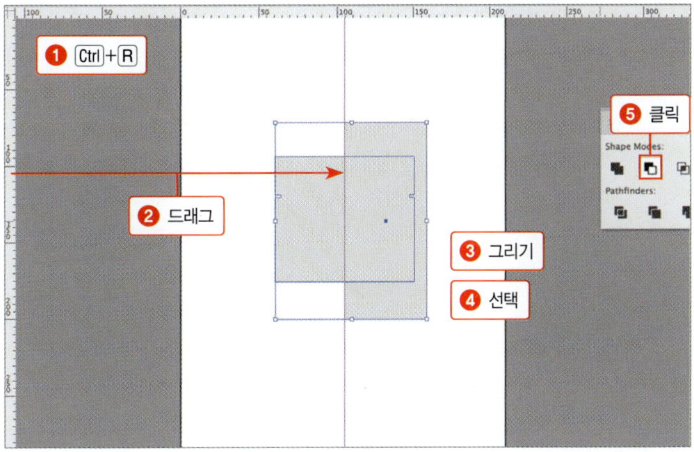

04 반쪽 오브젝트에 3D 효과를 적용하기 위해 메뉴의 **[Effect] → 3D and Materials → Extrude & Bevel**을 실행합니다. 3D and Materials 패널이 표시되면 'Revolve(축 중심으로 회전시키기)'를 클릭합니다. Offset Direction From(오프셋 방향)을 'Right Edge(오른쪽 모서리)'로 선택하면 그림과 같이 화장품 케이스 모양이 만들어집니다.

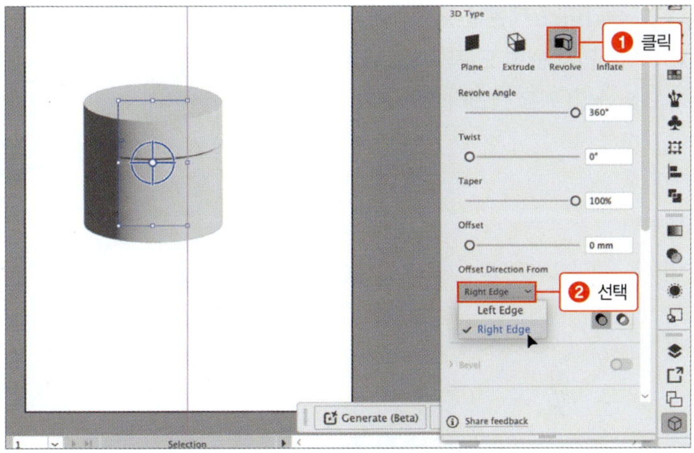

05 3D and Materials 패널 아래쪽의 Rotation 항목에서 X: 5°, Y: -6°, Z: 10°로 설정하여 회전합니다.

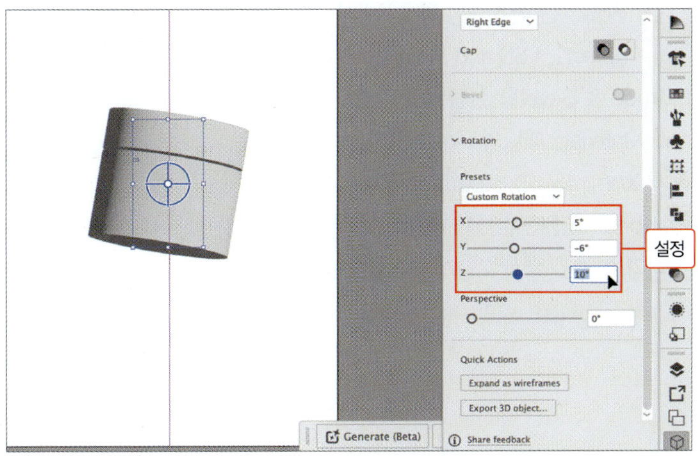

06 [Lighting]을 선택하고 'Top Left(왼쪽 위)'를 선택합니다.

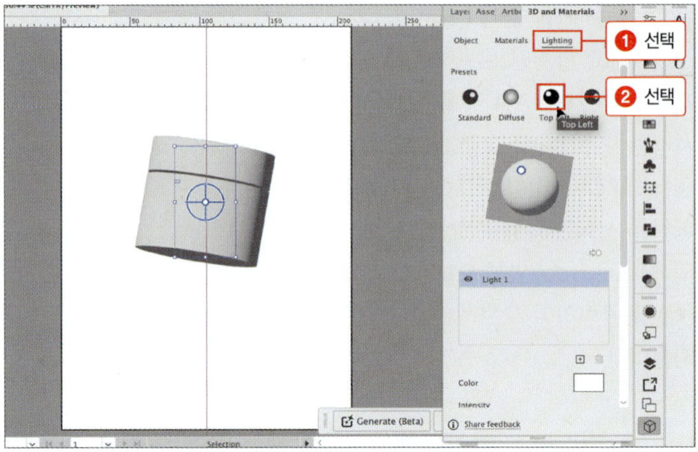

07 슬라이스 레몬을 표현하기 위해 먼저 원형 도구(◯)로 W/H가 '80mm'인 원을 그립니다.

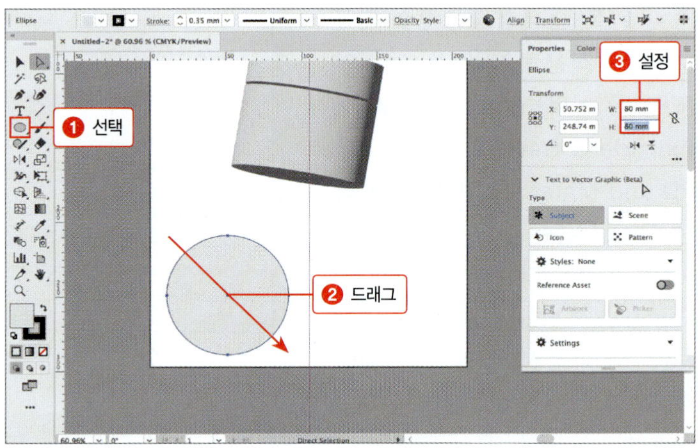

08 원을 선택하고 메뉴에서 [Effect] → 3D and Materials → Extrude & Bevel을 실행합니다. 3D and Materials 패널의 Rotation 항목에서 X/Y: 145°, Z: -160°로 설정하고 Perspective(원근감)를 '15°'로 설정합니다.

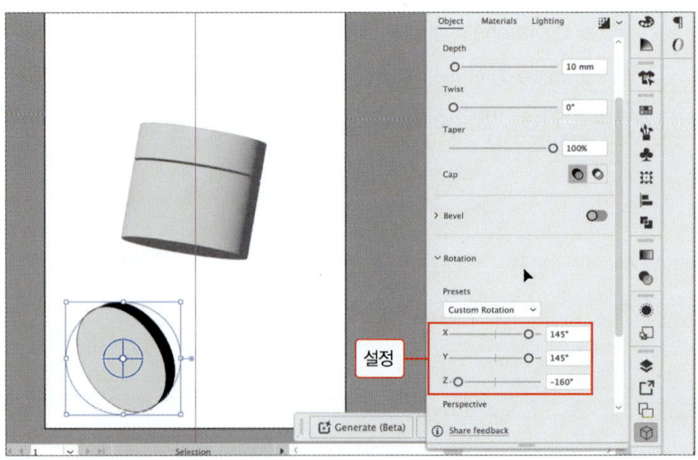

09 슬라이스 원 오브젝트를 복제하고 W/H 크기를 수정합니다. 3D and Materials 패널의 Rotation 항목에서 X/Y/Z 각도를 그림과 같이 각각 설정합니다.

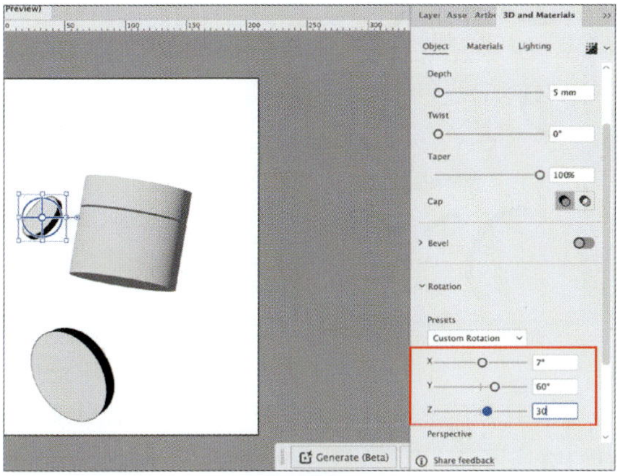

W/H: 33mm, X: 7°, Y: 60°, Z: 30°

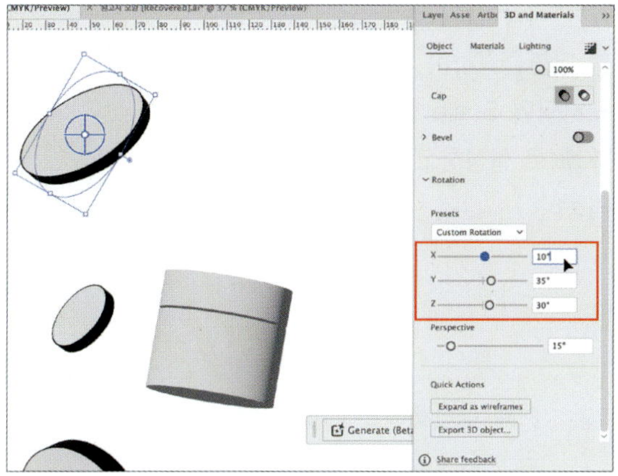

W/H: 44mm, X: 10°, Y: 35°, Z: 30°

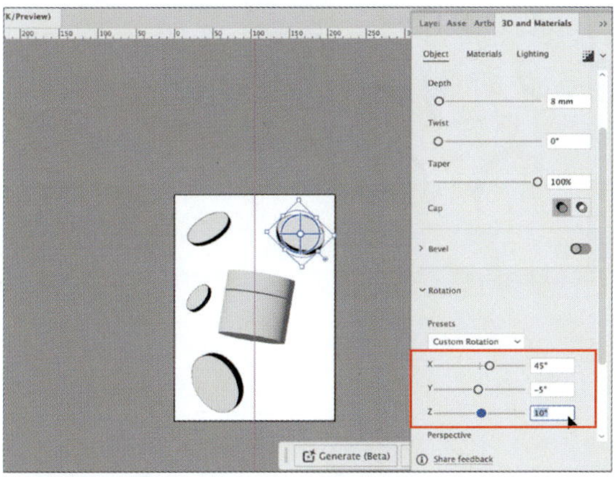

W/H: 50mm, X: 45°, Y: -5°, Z: 10°

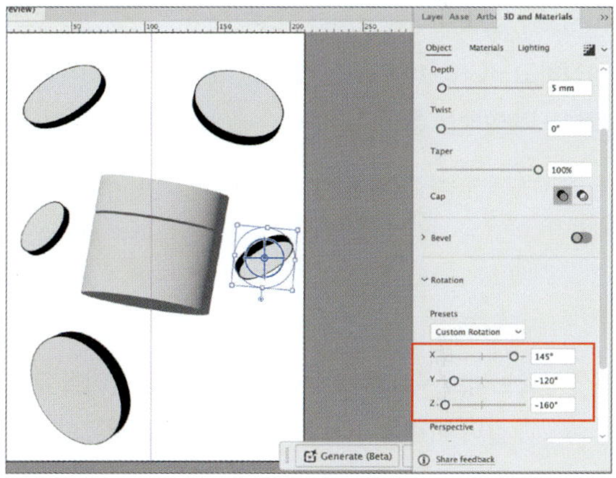

W/H: 33mm, X: 145°, Y: -120°, Z: -160°

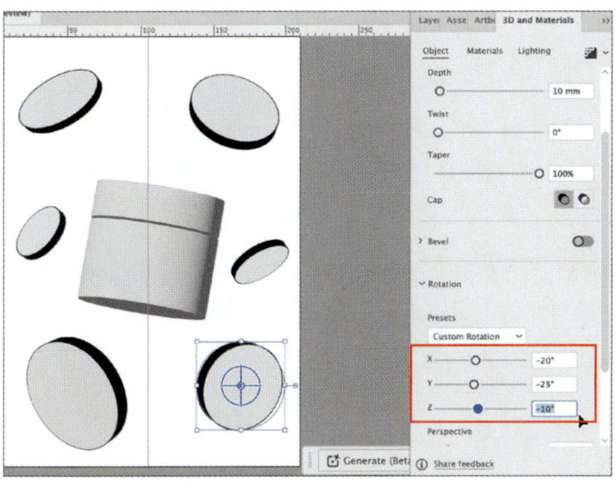

W/H: 48mm, X: -20°, Y: -25°, Z: -10°

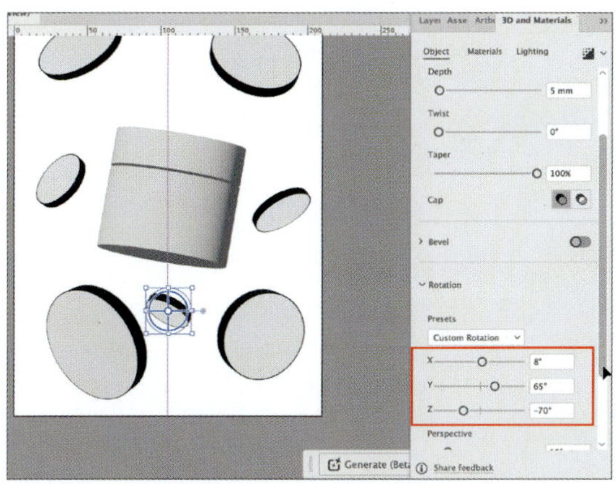

W/H: 25mm, X: 8°, Y: 65°, Z: -70°

10 3D 이미지 비율을 조정하기 위해 먼저 가운데 화장품 케이스를 선택합니다. 크기 조절 도구( )를 더블클릭하여 Scale 대화상자가 표시되면 Scale 항목의 Uniform을 '80%'로 설정하고 <OK> 버튼을 클릭합니다.

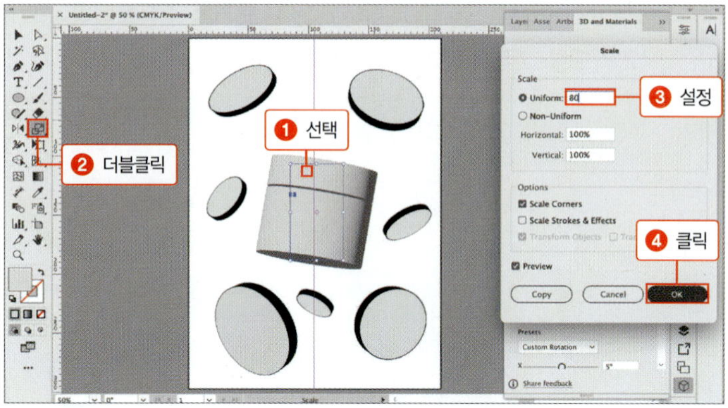

11 전체 오브젝트를 선택한 다음 크기 조절 도구( )를 더블클릭합니다. Scale 대화상자가 표시되면 Scale 항목의 Uniform을 '80%'로 설정하고 <OK> 버튼을 클릭하여 아트보드의 여백을 늘립니다.

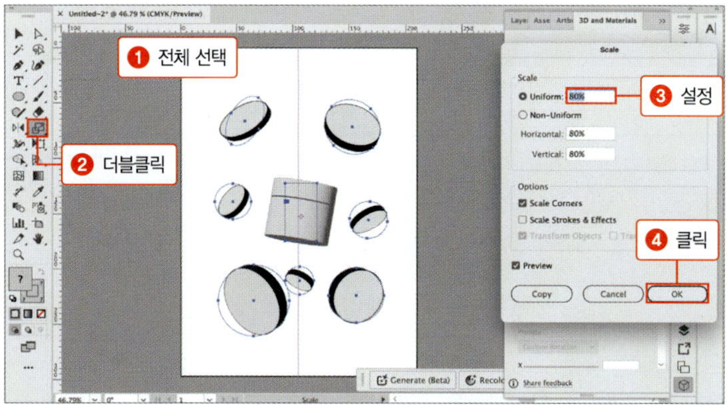

12 오브젝트 위치를 조정해 광고카피가 들어갈 여백을 그림과 같이 비워둡니다. 이미지를 JPG로 저장합니다.

파이어플라이에서 배경 이미지 생성하기

01 어도비 파이어플라이(Adobe Firefly)에서 가로세로비율을 '세로(3:4)'로 지정하고 프롬프트에 "배경은 민트색, 전체적으로 파스텔 색감, 레몬 슬라이스가 공중에 떠 있다, 레몬즙이 터지는 비주얼, 가운데는 하얀색의 원통형 화장품 케이스, 뒤쪽으로는 물이 팍 터져 나온다."를 입력합니다. <생성하기> 버튼을 클릭해 원하는 이미지를 생성합니다.

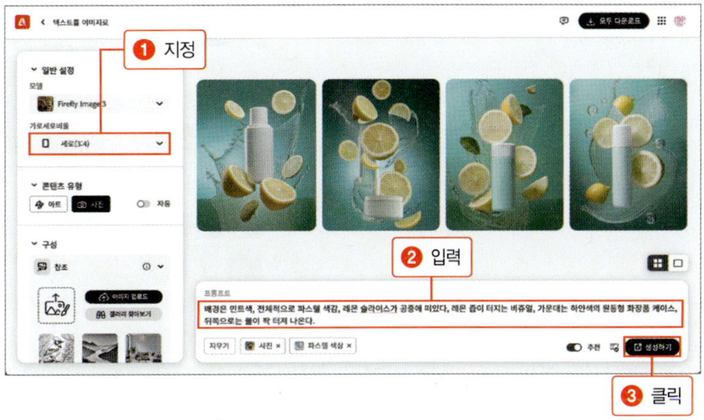

02 '콘텐츠 유형'에서 [사진]을 선택합니다. '구성'에서 <이미지 업로드> 버튼을 클릭하고 일러스트레이터에서 만든 이미지(JPG 파일)를 선택해 업로드합니다. 강도 슬라이더를 맨 오른쪽으로 이동하여 강하게 적용합니다.

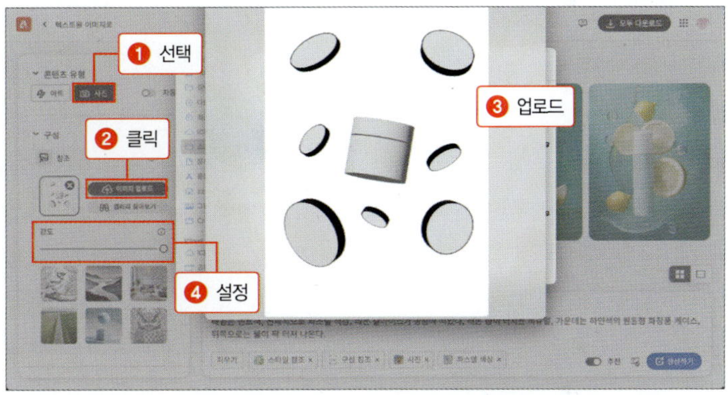

03 스타일에서 비주얼 강화 슬라이더와 강도 슬라이더도 맨 오른쪽으로 이동해 강하게 적용합니다. 이미지 업로드에 다운로드한 이미지 중에서 마음에 드는 스타일을 업로드합니다.

04 색상 및 톤을 파스텔 색상으로 설정한 다음 <생성하기> 버튼을 다시 한 번 클릭해 이미지를 생성합니다.

05 생성된 이미지는 바로 일러스트레이터에서 사용하지 않고 포토샵에서 세밀하게 보정합니다.

06 포토샵에서 자르기 도구를 이용해 캔버스 크기를 사방에 여유 있게 20~30mm 정도 확대합니다. 옵션바에서 Feather를 '20px'로 설정하고 그림과 같이 여백을 여유 있게 선택합니다. Contextual Task Bar에서 <Generative Fill>을 클릭해 비어있는 부분에 생성형 채우기를 적용합니다.

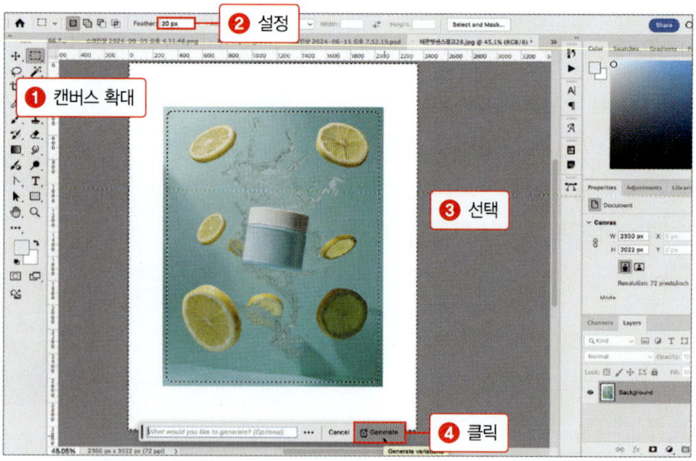

07 레이어가 추가되며 비어있던 부분에 이미지가 자연스럽게 생성됩니다. Layers 패널의 위쪽 레이어에서 마우스 오른쪽 버튼을 클릭한 다음 **Merge Down**(아래 레이어와 병합)을 실행해 하나의 레이어로 만듭니다.

08 인쇄광고를 만들기 위해 메뉴에서 〔Image〕 → Mode → CMYK Color를 실행하여 색상 모드를 변경합니다.

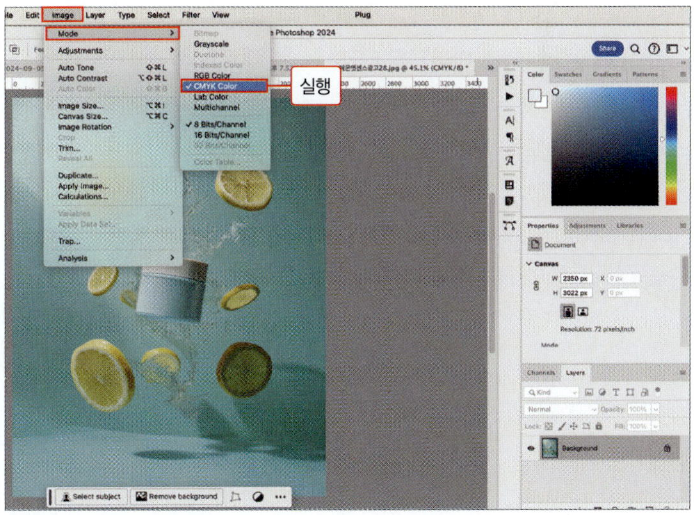

TIP

인쇄광고를 만들 때 RGB 모드를 CMYK 모드로 변경하는 이유는 다음과 같습니다. RGB는 화면에서 사용하는 색상 모드로, 인쇄 시 CMYK로 변환하지 않으면 색상이 왜곡될 수 있습니다. CMYK는 인쇄에 최적화된 색상 모드로, 선명하고 정확한 색상을 제공합니다. 변환 후에는 다음의 작업을 추가해야 인쇄광고의 품질을 높일 수 있습니다.

❶ **색상 조정**: 변환 과정에서 색상이 달라질 수 있으므로, 필요에 따라 색상을 조정합니다.
❷ **해상도 확인**: 인쇄에 적합한 해상도(일반적으로 200~300DPI 이상)인지 확인하고, 필요시 이미지 크기를 조정합니다.
❸ **파일 포맷 변환**: 인쇄용으로 적합한 파일 포맷(예: TIFF, EPS, PDF 등)으로 저장합니다.

09 CMYK 모드로 바뀌면서 색상과 채도가 약간 달라지므로 Ctrl+M을 눌러 Curves 대화상자에서 커브 값을 조정하고 <OK> 버튼을 클릭합니다.

10 메뉴에서 [File] → Save a Copy를 실행해 이미지를 EPS로 저장합니다.

EPS Options 대화상자에서 Preview를 'TIFF (8 bits/pixel)', Encoding을 'JPEG (high quality)'로 지정한 다음 <OK> 버튼을 클릭하여 저장합니다.

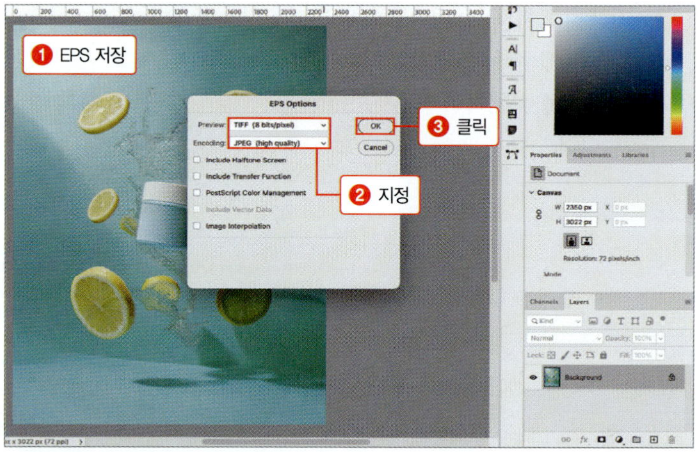

11 아트보드 도구(📋)를 이용해 아트보드를 복제합니다. 메뉴에서 [File] → Place를 실행해 EPS로 저장한 이미지를 불러옵니다.

파이어플라이에서 디자인 소스 만들기

01 가상의 브랜드 'Love Lemon'을 그리고 아래에는 광고카피를 입력합니다. 이때 'Love Lemon'은 브러시 도구(🖌)를 이용해서 문자를 그립니다. 문자 도구(T)를 선택한 다음 Character 패널에서 글꼴: Noto Serif, 글자 크기: 12pt로 설정하고 "당신의 아름다움, 레몬이 듬뿍 L.L 세럼과 함께 빛나게!" 문구를 입력합니다.

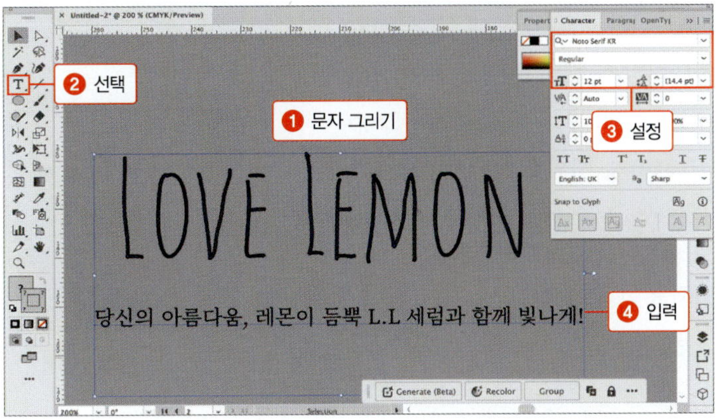

02 개성 있는 표현을 위해 브랜드명을 드래그해 선택하고 메뉴에서 [Effect] → Distort & Transform → Roughen을 실행하여 선에 거칠게 효과를 적용합니다. Roughen 대화상자에서 Size: 1%, Detail: 1/in, Points: Corner(각지게)로 지정한 다음 <OK> 버튼을 클릭합니다.

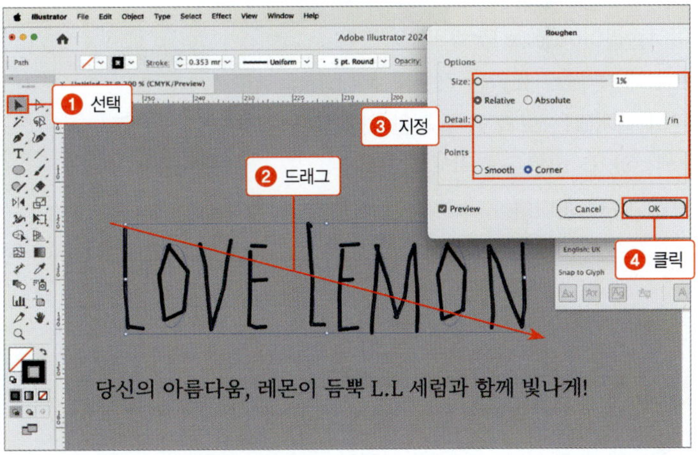

03 'Love Lemon' 글자가 선택된 채 메뉴에서 [Object] → Expand를 실행하여 오브젝트를 확장시켜 선을 면으로 만듭니다.

04 글자의 칠과 획을 각각 '흰색'으로 지정한 다음 Control 패널에서 Stroke를 '0.5mm'로 지정합니다. 메뉴에서 **〔Effect〕 → Stylize → Drop Shadow**를 실행하여 Drop Shadow 대화상자가 표시되면 Opacity: 50%, X/Y Offset, Blur:1mm로 설정하고 <OK> 버튼을 클릭해 그림자를 적용합니다.

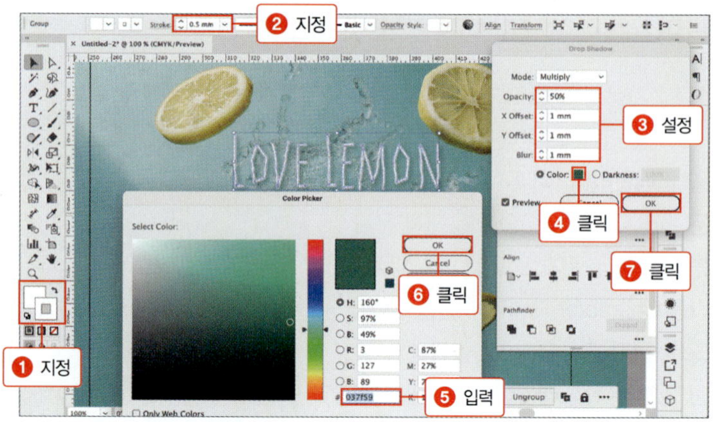

05 인쇄광고 아래쪽에 일러스트 요소를 만들기 위해 어도비 파이어플라이(Adobe Firefly)에서 프롬프트에 "반으로 토막난 레몬과 통레몬이 겹쳐있는 모습"을 입력한 다음 <생성하기> 버튼을 클릭해 이미지를 만들고 저장합니다.

06 일러스트레이터에서 **Place**를 실행하여 생성한 이미지를 불러옵니다. 브러시 도구(✓)를 이용하여 이미지를 바탕으로 그림과 같이 라인 일러스트를 그립니다.

TIP

자연스러운 선 느낌의 그림을 그릴 때는 마우스보다 태블릿이 더 효과적입니다. 태블릿은 압력을 감지해 자연스러운 필기감을 제공하고, 정밀한 조정과 다양한 브러시 효과를 활용할 수 있어 편안한 자세로 작업할 수 있습니다. 이런 이유로 태블릿은 자연스러운 그림을 그리는 데 매우 유용한 도구입니다.

07 획을 '흰색'으로 지정한 다음 그림과 같이 아래쪽에 라인 일러스트를 레이아웃합니다.

08 손그림 느낌을 더하기 위해 일러스트를 선택하고 메뉴에서 [Effect] → Distort & Transform → Roughen을 실행하여 선에 거칠게 효과를 적용합니다. Roughen 대화상자가 표시되면 Size: 0.1%, Detail: 80/in, Points: Smooth(매끄럽게)로 지정한 다음 <OK> 버튼을 클릭합니다.

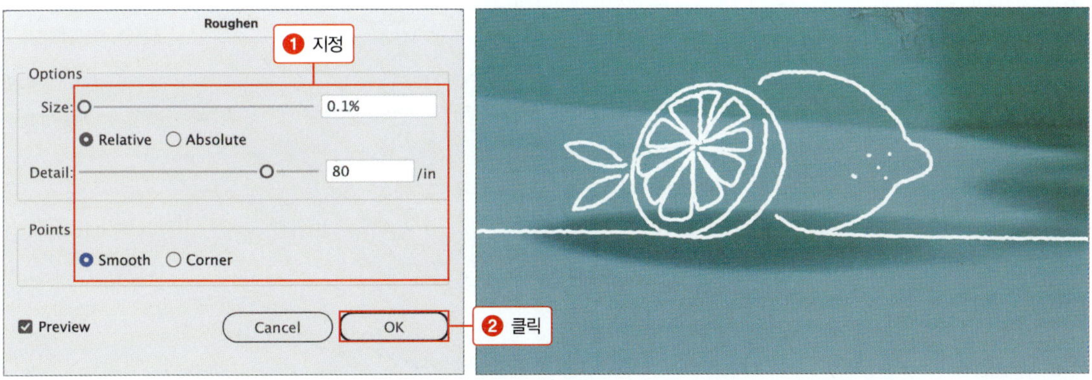

09 인쇄할 때 색상이 정확하게 맞지 않거나 잘리는 경우를 보완하기 위해 메뉴의 [File] → Document Setup을 실행합니다.

Document Setup 대화상자가 표시되면 Bleed(도련)에서 Top/Bottom/Left/Right을 각각 '5mm'로 설정하고 <OK> 버튼을 클릭합니다.

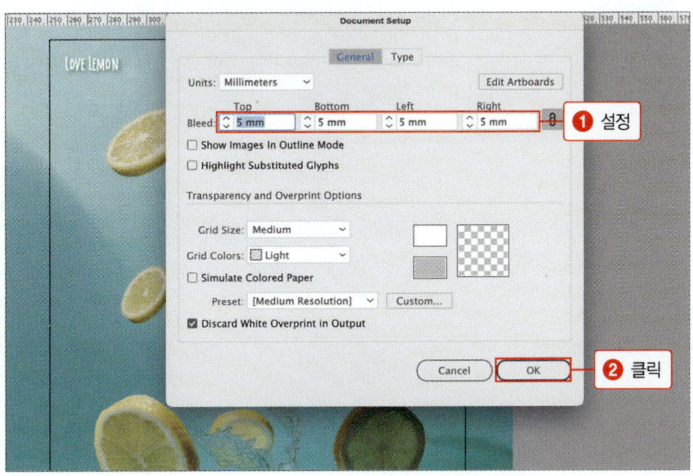

10 일반 인쇄용 PDF 파일로 변환하겠습니다. 메뉴에서 [File] → Save a Copy를 실행하고 'Adobe PDF (*.pdf)'를 선택합니다. Save Adobe PDF 대화상자가 표시되면 Adobe PDF Preset(사전 설정)을 'High Quality(고품질 인쇄)'로 지정합니다.

[Marks and Bleeds] 탭을 선택한 다음 'Trim Marks'와 'Color Bars'를 체크 표시하고 Bleeds 항목에서 사전에 설정한 '5mm'를 각각 입력한 후 <Save PDF> 버튼을 클릭합니다.

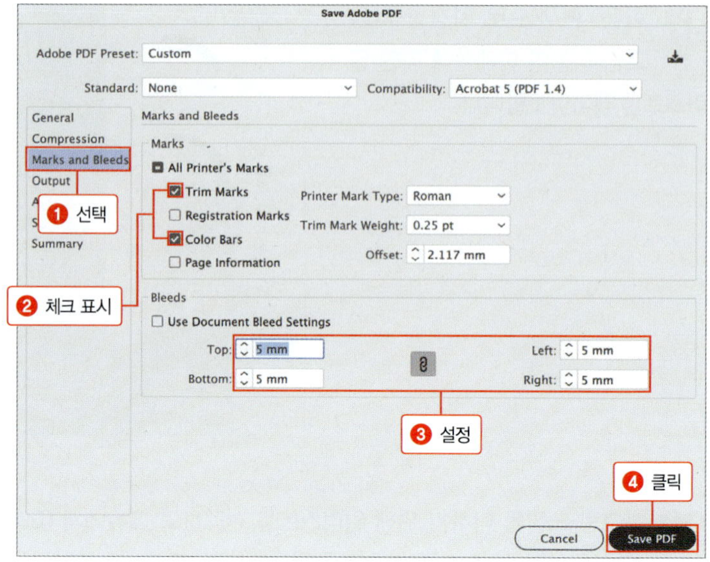

11 재단선 보기(Trim Marks)보다 사방으로 5mm 더 인쇄된 출력물이 나타납니다. 컬러 바(Color Bars)를 통해 프린터와 모니터 사이의 색상 차이를 확인할 수 있습니다.

연습 문제 | 생성형 AI로 광고 제작하기

01 도형을 활용해 어도비 파이어플라이에서 생성형 AI로 광고 이미지를 만들어 보세요. • **예제 및 완성 파일** : 12\연습문제1.ai

HINT 도형 도구를 이용해 레이아웃하기 → 어도비 파이어플라이에서 생성형 이미지 만들기 → 이미지를 구성과 스타일에 업로드 후 적용하기

02 3D 효과로 스케치하고 어도비 파이어플라이로 광고 이미지를 만들어 보세요. • **예제 및 완성 파일** : 12\연습문제2.ai

HINT 3D 효과 적용 후 레이아웃하기 → 어도비 파이어플라이에서 생성형 이미지 만들기 → 이미지를 구성과 스타일에 업로드 후 적용하기

WEEK 13

알아두면 유용한 포트폴리오 북 디자인

학 습 목 표

컨셉 아이콘 디자인과 템플릿 적용을 통해 효과적인 포트폴리오 북을 만드는 방법에 관해 배웁니다. 창의적으로 아이콘을 디자인하고, 이를 템플릿에 적용해 일관성 있는 레이아웃을 구성하는 방법을 익힙니다. 최종적으로 PDF 형식으로 저장해 전문적인 포트폴리오를 완성하는 방법도 이해합니다.

13.1 일러스트레이터로 포트폴리오 제작 시의 장점

일러스트레이터는 포트폴리오 제작에 다음과 같이 많은 장점을 제공해 많은 사람이 포트폴리오 제작에 일러스트레이터를 선택하고 있습니다.

1. **고급스러운 비주얼:** 벡터 기반 디자인 소프트웨어인 일러스트레이터는 고해상도의 선명한 이미지를 만들어 전문적인 인상을 줍니다.
2. **유연한 편집 기능:** 다양한 도구와 기능을 통해 쉽게 수정하고 편집할 수 있어 디자인 과정에서 유연성이 뛰어납니다.
3. **다양한 형식 지원:** 여러 파일 형식을 지원해 포트폴리오를 웹, 인쇄, 프레젠테이션 등 다양한 매체에 맞도록 쉽게 변환할 수 있습니다.
4. **일관된 스타일 유지:** 여러 장의 문서를 제작할 때 색상, 글꼴, 레이아웃 등을 일관되게 유지해 통일감 있는 포트폴리오를 만들 수 있습니다.
5. **창의적인 표현 가능:** 다양한 브러시와 효과를 사용해 독특하고 창의적인 디자인을 구현할 수 있습니다.
6. **고급 문자 처리:** 문자와 그래픽을 결합해 정보 전달이 효과적인 레이아웃을 쉽게 만들 수 있습니다.

실습 예제 01

13.2 템플릿 디자인의 기초, 컨셉 아이콘 만들기

• **예제 파일** : 13\컨셉.ai • **완성 파일** : 13\컨셉 아이콘.ai

템플릿 디자인의 기초로 컨셉 아이콘을 만드는 방법을 소개합니다. 아이콘은 시각적 메시지를 전달하는 중요한 요소로, 다양한 스타일과 기법을 활용하여 독창적인 아이콘을 디자인하고 이를 템플릿에 적용합니다. 아이콘 제작을 통해 템플릿에 일관성 있는 시각적 효과를 더해 봅시다.

01 13 폴더에서 '컨셉.ai' 파일을 불러옵니다.

포트폴리오 전체 디자인의 일관성과 차별화된 브랜딩을 위해 '느낌 아는 디자이너, 말이 통하는 디자이너, 별난 디자이너'라는 컨셉을 설정하여 그림과 같이 컨셉 아이콘을 디자인하겠습니다.

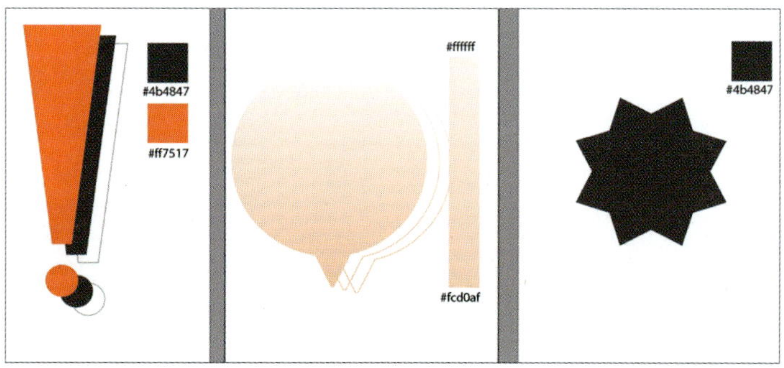

TIP

웹 디자인, 그래픽 디자인, UI/UX 디자인, 프로그래밍 등에서 모니터로 보는 문서는 일반적으로 헥사코드를 사용합니다. 이 코드는 RGB 색상 모델을 기반으로 색상을 정확하게 표현할 수 있습니다. 또한, 다양한 플랫폼에서 일관되게 사용할 수 있어 유용합니다.

02 먼저 느낌표 아이콘을 만들기 위해서 색상 코드를 기준으로 W: 15mm, H: 170mm 크기의 직사각형과 W/H: 25mm 크기의 정원을 그립니다.

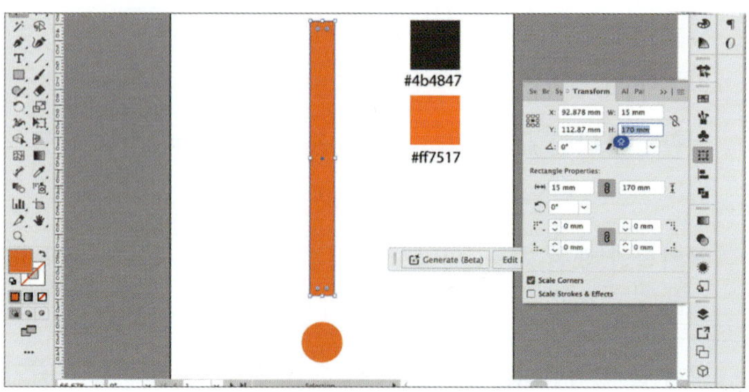

03 직접 선택 도구(▷)를 이용해 직사각형의 위쪽 두 개의 기준점을 선택합니다. 크기 조절 도구(⧉)를 더블클릭해 Scale 대화상자가 표시되면 Uniform을 '400%'로 설정하고 <OK> 버튼을 클릭합니다.

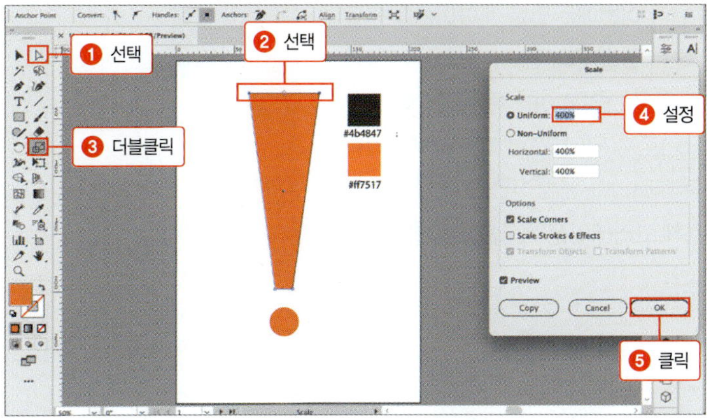

04 느낌표 오브젝트를 Alt+Shift를 누른 채 오른쪽으로 드래그하여 2개 더 복제합니다. 두 번째 오브젝트는 칠을 '#4b4847', 세 번째 오브젝트는 칠을 '색상 없음', 획을 '#4b4847'로 지정하고 Opacity(불투명도)를 '55%'로 설정합니다.

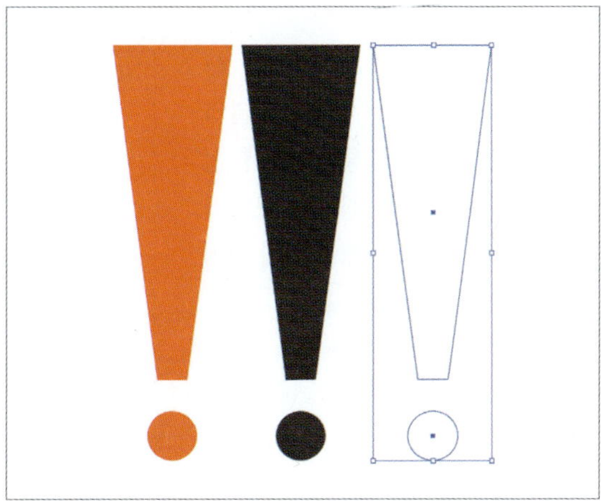

05 3개의 오브젝트 간격을 적당하게 조절하고 Align 패널에서 Align To 항목의 'Align to Selection'을 클릭합니다. Distribute Spacing(분포 간격) 항목의 'Vertical Distribute Space', 'Horizontal Distribute Space'를 각각 클릭하여 3개의 오브젝트를 같은 간격으로 분포합니다.

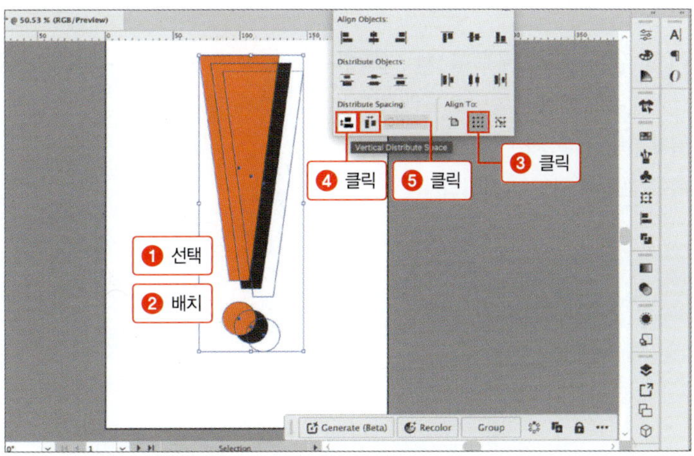

06 이번에는 말풍선 아이콘을 만들겠습니다. W/H: 150mm 크기의 원을 그리고 아래쪽에 다각형 도구(⬡)로 W/H: 25mm 크기의 역삼각형을 그립니다. 스포이트 도구(✎)를 이용해 그러데이션 색상을 지정합니다.

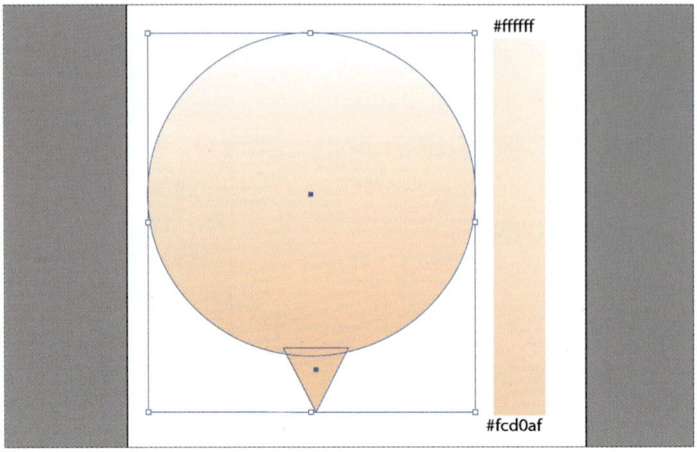

07 원과 삼각형 오브젝트를 선택한 다음 Pathfinder 패널의 'Unite(합치기, ■)'를 클릭하여 합칩니다. 말풍선 아래쪽 꼭지의 모퉁이 곡률을 그림과 같이 살짝 조절합니다.

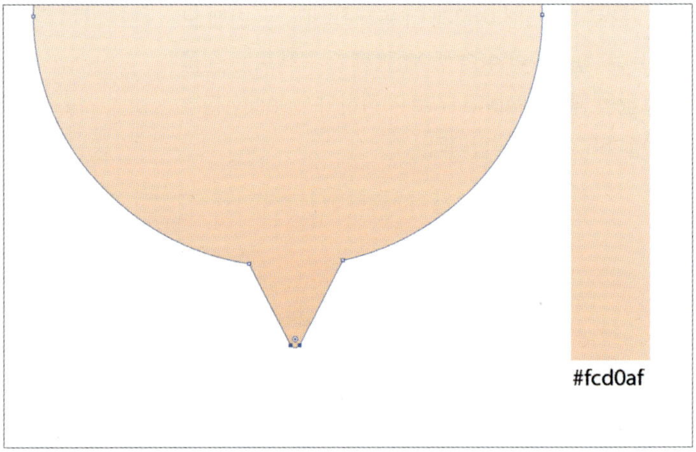

08 말풍선 오브젝트를 Alt+Shift를 누른 채 오른쪽으로 드래그하여 복제합니다. 복제된 오브젝트는 칠과 획을 교체해 선만 남깁니다.

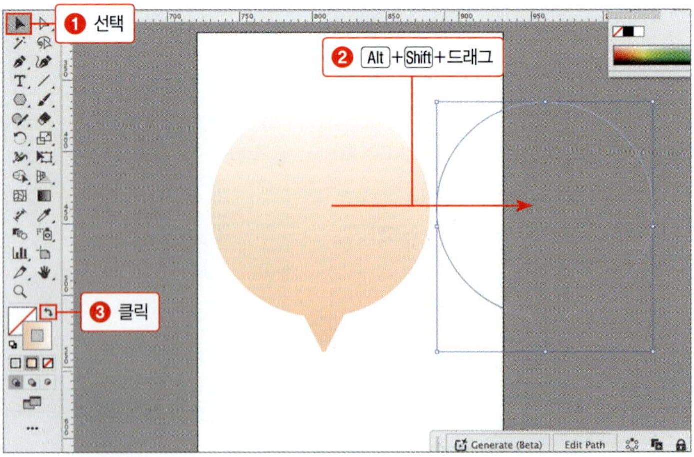

09 오른쪽 선 오브젝트를 하나 더 복제해 3개로 만듭니다. 오브젝트 간격을 적당하게 조절하고 Align 패널에서 Align To 항목의 'Align to Selection'을 클릭합니다. Distribute Spacing(분포 간격) 항목의 'Vertical Distribute Space', 'Horizontal Distribute Space'를 각각 클릭하여 같은 간격으로 분포합니다.

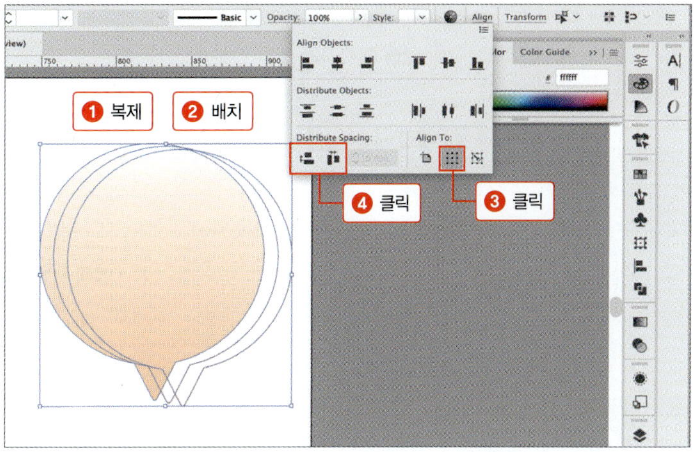

10 별 도구( )로 그림과 같이 8각 별을 만들고 Transform 패널에서 W/H: 114mm, R1: 45mm, R2: 62mm로 설정합니다.

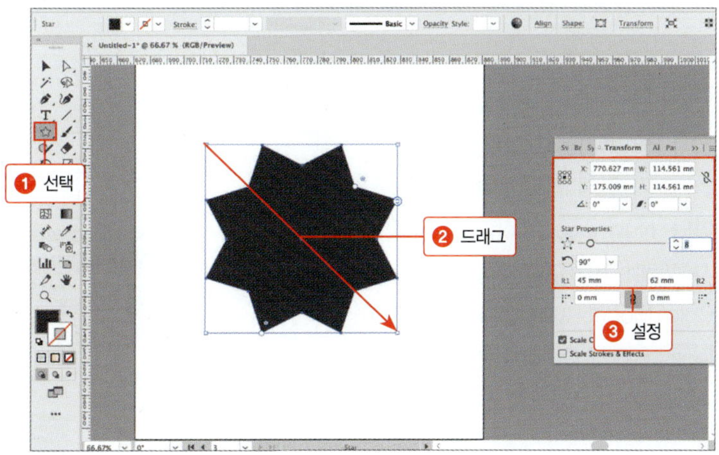

11 3개의 아이콘이 그림과 같이 완성되었습니다.

13.3

실습 예제 02

장표와 프로필 페이지 디자인하기

• **예제 파일** : 13\컨셉 아이콘.ai • **완성 파일** : 13\프로필.ai

포트폴리오 아트보드를 구성하고 프로필 페이지를 디자인하는 방법을 소개합니다. 잘 구성된 포트폴리오는 작업을 효과적으로 보여주고 전문성을 전달합니다. 프로필 페이지에는 경력과 강점을 표현해 인상적인 첫인상을 남길 수 있습니다. 이 과정을 통해 포트폴리오의 장표와 프로필 페이지를 작성해 봅시다.

장표 만들기

01 모니터 전용 아트보드를 만들기 위해 먼저 Ctrl+N을 누릅니다. New Document 대화상자에서 Width: 1920px, Height: 1080px, Color Mode: RGB Color, Raster Effects: High (300 ppi)로 지정한 다음 <Create> 버튼을 클릭합니다.

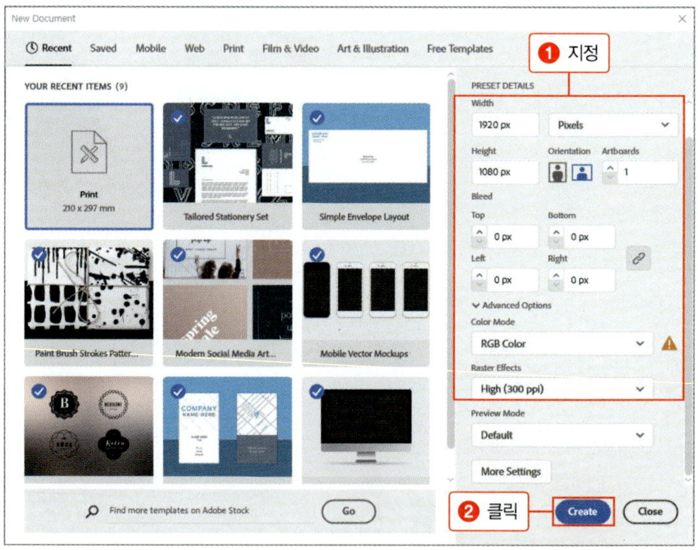

TIP

모니터에서 포트폴리오 작업을 할 때 최적의 가로/세로 크기는 사용 목적과 디스플레이 해상도에 따라 달라질 수 있지만, 일반적으로 다음과 같은 비율을 권장합니다.

❶ **16:9 비율**: 현대 모니터와 TV에서 많이 사용하며, 일반적으로 1920×1080픽셀(Full HD) 해상도를 가집니다.
❷ **4:3 비율**: 전통적인 화면 비율로, 1600×1200픽셀 또는 1024×768픽셀 해상도를 사용합니다.
❸ **A4 크기**: 인쇄를 고려할 경우 210×297mm(약 8.3×11.7인치) 크기가 적합합니다.

포트폴리오의 내용을 고려해 적절한 비율을 선택하는 것이 중요합니다. 어떤 내용을 담을지에 따라 최적의 색상 모드와 크기가 달라질 수 있으므로, 필요하다면 다양한 비율을 시도하는 것이 좋습니다.

02 13 폴더의 '컨셉 아이콘.ai' 파일에서 아이콘들을 가져와 그림과 같이 자유롭게 레이아웃합니다.

TIP

만들어진 아트보드 크기를 수정하려면 메뉴에서 [Window] → **Artboards**를 실행하여 Artboard 패널이 표시되면 오른쪽의 'Artboard Options' 아이콘을 클릭합니다. Artboard Options 대화상자에서 크기를 설정하고 <OK> 버튼을 클릭합니다.

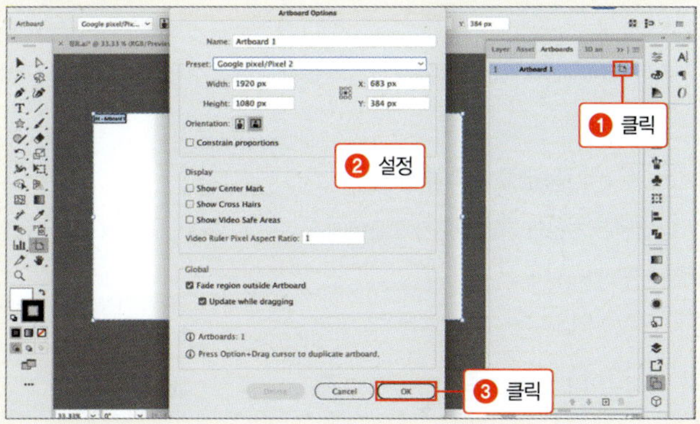

03 느낌표 아이콘 아래쪽에는 그림과 같이 원형 도구( )를 이용하여 타원 오브젝트를 그립니다. 그레이디언트 도구( )를 선택하고 그림자를 만들기 위해 Garadient 패널에서 그레이디언트 조절점을 추가한 다음 가운데 그러데이션 색상을 '#999999'로 지정하고 양쪽 Opacity를 '0%'로 지정해 자연스럽게 사라지도록 설정합니다.

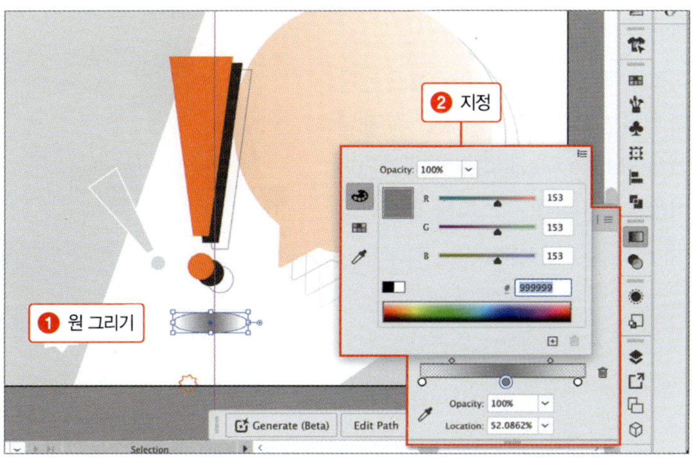

04 문자 도구(T)로 왼쪽 아래에 이름과 포트폴리오 컨셉을 입력합니다. 예제에서 글꼴은 무료 글꼴인 '나눔스퀘어'를 적용했습니다. 이름은 글자 크기를 '80pt', 컨셉 언어들은 글자 크기를 '30pt'로 지정했습니다.

> **TIP**
> 이후에 모니터에서 확인하며 글자 크기와 문자를 바꿀 수 있도록 Create Outlines(외곽선 만들기)를 적용하지 않습니다.

> **TIP 나눔글꼴 지적재산권**
> 나눔글꼴은 개인과 기업 사용자 모두에게 무료로 제공되며, 상업적으로 사용할 수 있습니다.
> https://help.naver.com/support/contents/contents.nhn?serviceNo=1074&categoryNo=3497

05 화면 밖 이미지는 일반적으로 클리핑 마스크를 적용해서 숨기지만, 이번에는 Transparency 패널에서 마스크를 적용하겠습니다.

직접 선택 도구(▷)로 아트보드 왼쪽의 별을 선택하고 Transparency 패널에서 <Make Mask(마스크 만들기)> 버튼을 클릭하여 마스크를 활성화합니다.

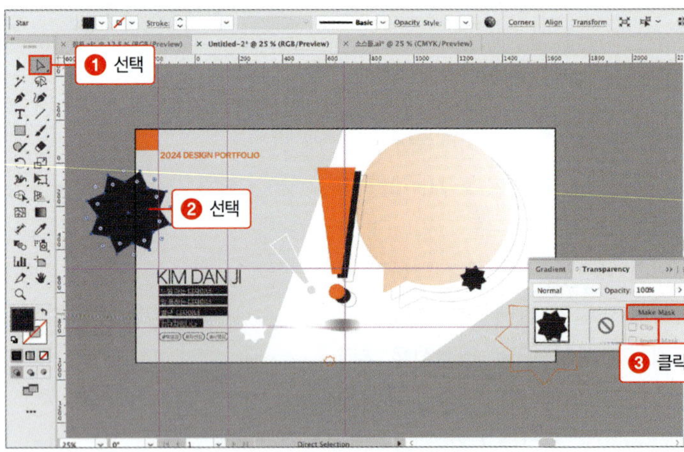

06 Transparency 패널의 오른쪽 마스크 섬네일을 선택한 다음 별 모양에서 나타내고 싶은 부분에 흰색 사각형을 그려 그림과 같이 사각형 영역만큼 나타냅니다.

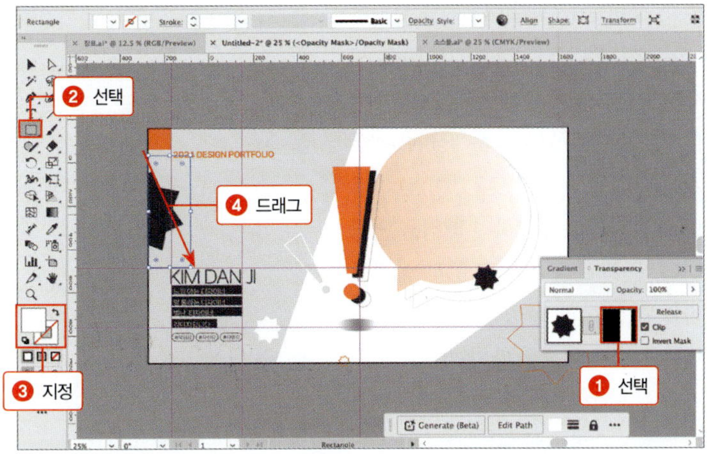

> **TIP**
>
> Transparency 패널의 왼쪽과 오른쪽 섬네일을 선택할 때마다 파란색 바운딩 박스가 이동하는 것을 확인할 수 있습니다.

07 별 오브젝트의 왼쪽 부분을 선택하면 파란색 바운딩 박스가 왼쪽으로 이동합니다. 이제 왼쪽 별 모양 오브젝트를 선택할 수 있습니다.

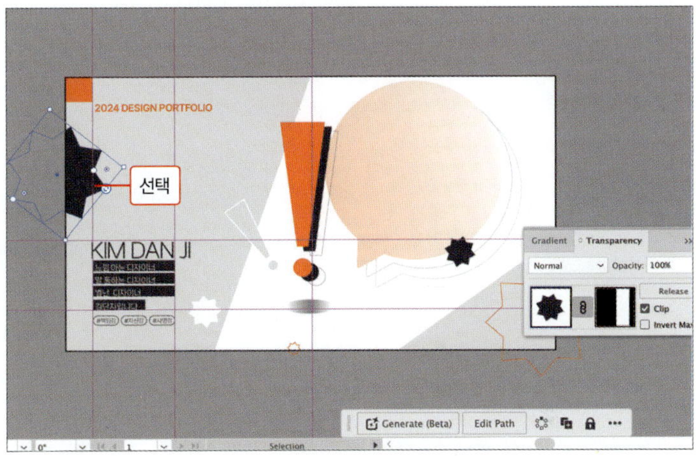

> **TIP**
>
> Transparency 패널의 오른쪽 마스크 섬네일을 선택하면 아트보드에서 다른 오브젝트가 선택되지 않으므로 바운딩 박스가 어디있는지를 확인해야 합니다.

08 같은 방법으로 아트보드 오른쪽 아래의 별 오브젝트에도 마스크를 적용합니다.

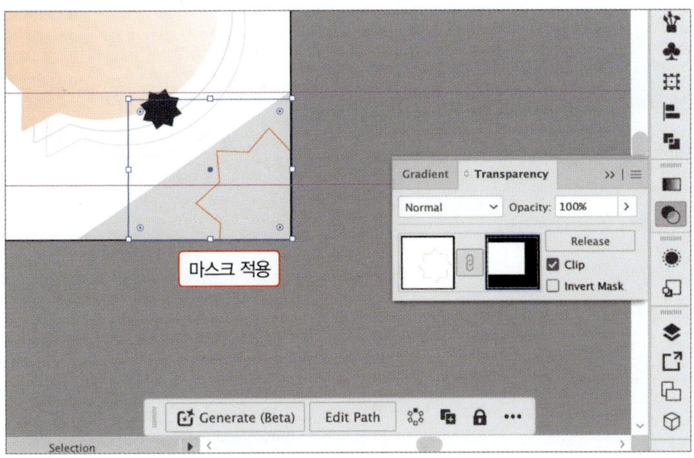

09 Artboard 패널의 [+]를 클릭하거나 아트보드 도구(![])를 선택하고 Alt를 누른 채 드래그해 새 아트보드를 만듭니다. 칠을 '#e8e8e8'로 지정한 다음 사각형 도구(![])로 아트보드 전체에 드래그하여 배경을 만듭니다. 문자 도구(T)로 문자 상자를 만들고 그림과 같이 문자를 작성한 다음 컨셉 아이콘을 배치합니다.

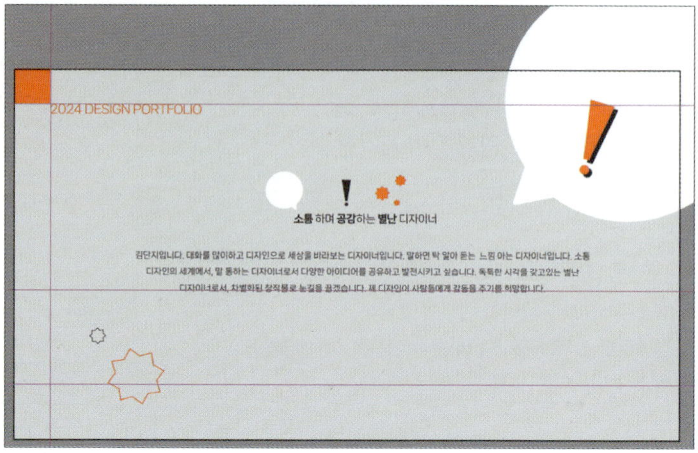

10 Transparency 패널을 이용해 오른쪽 위 말풍선 아이콘에도 마스크를 적용합니다.

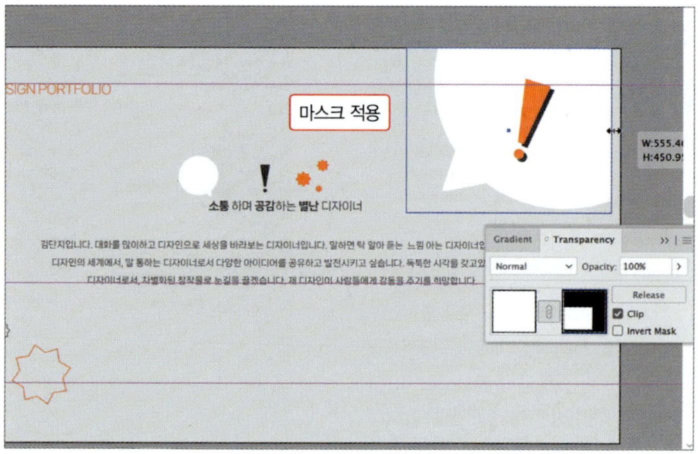

11 '소통하며 공감하는 별난 디자이너' 문자를 강조하기 위해 회색(#494949) 사각형을 만들어 뒤에 배치하고, 문자의 두께를 조정합니다.

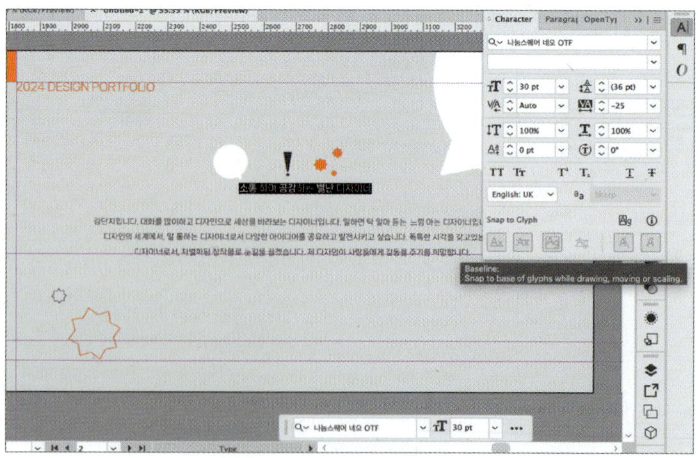

프로필 페이지 만들기

01 Artboard 패널에서 'New Artboard' 아이콘(⊞)을 클릭하거나 아트보드 도구(□)를 선택하고 Alt를 누른 채 드래그하여 새 아트보드를 만듭니다. 칠을 '#e8e8e8'로 지정한 다음 사각형 도구(□)를 이용해 디자인합니다. 문자 도구(T)로 문자 상자를 만들고 그림과 같이 문자를 작성한 후 컨셉 아이콘을 배치합니다.

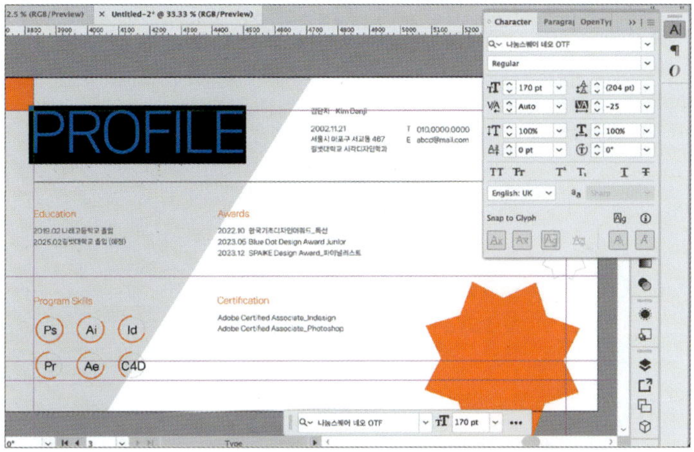

02 주황색 소제목은 글자 크기를 '28pt', 내용은 글자 크기를 '21pt'로 설정했습니다.

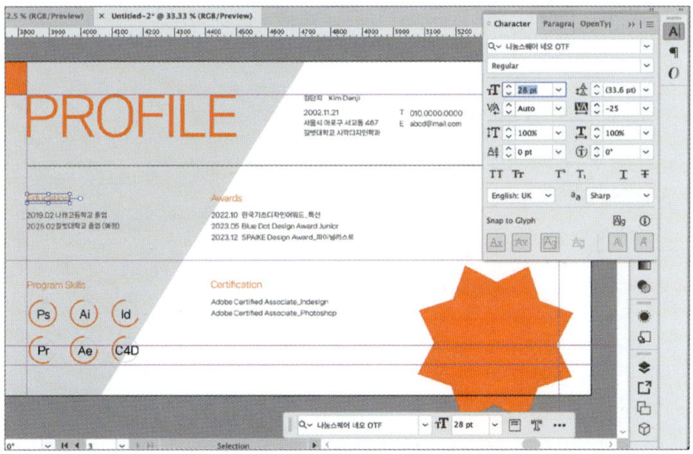

03 칠과 획을 교체한 다음 원형 도구(○)로 왼쪽 아래 'Program Skills' 아래에 Shift를 누른 채 드래그해 정원을 그리고 복제합니다. 원을 선택하고 메뉴에서 [Object] → Expand를 실행하여 모양을 확장합니다.

> **TIP**
>
> 양쪽 원 오브젝트에는 차이가 있습니다. 오른쪽 이미지는 Expand 기능을 적용해 모양을 확장했습니다.

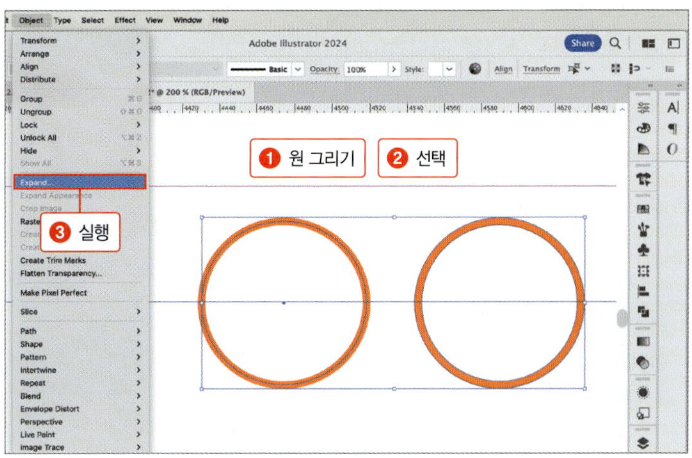

04 확장된 오브젝트는 지우개 도구( )를 이용해 불필요한 부분을 드래그하여 지웁니다.

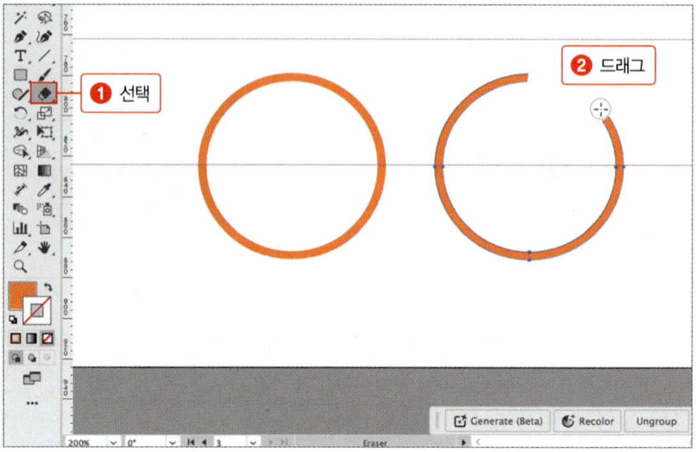

05 왼쪽에 획만 지정되어 있고 모양이 확장되지 않은 오브젝트를 그림과 같이 겹칩니다.

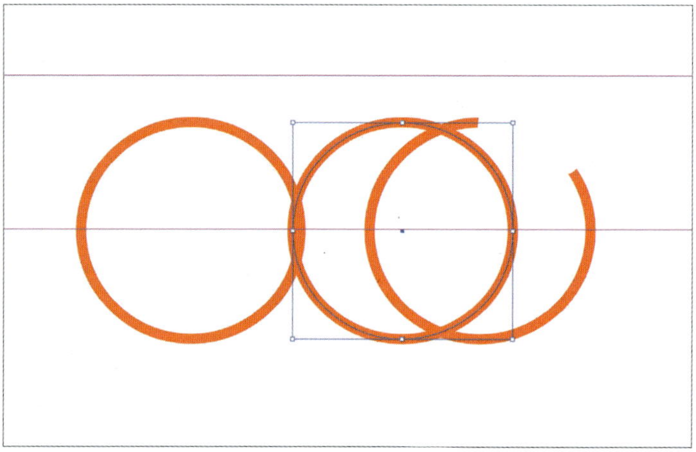

06 Stroke 패널에서 Align Stroke의 'Align Stroke to Inside(안쪽으로 선 정렬,)'을 클릭합니다. Stroke는 '0.25mm'로 설정합니다.

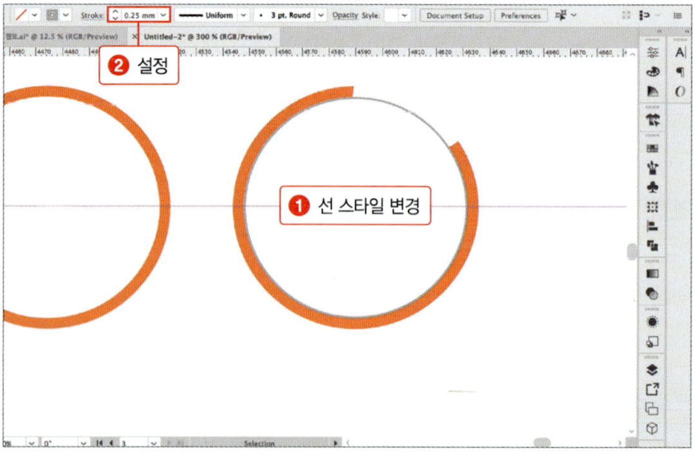

TIP

선 두께나 색상 등은 취향에 따라 지정합니다.

07 'Program Skills' 부분을 그림과 같이 디자인합니다.

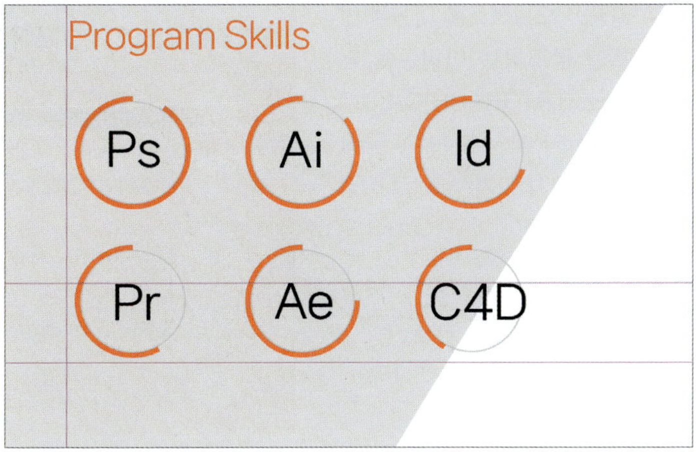

08 느낌표 아이콘을 오른쪽 위에 배치하여 디자인에 통일감을 줍니다.

목차 페이지 만들기

01 새로운 아트보드를 추가하고 칠을 '#FF7517'로 지정한 다음 사각형 도구(▭)로 아트보드 전체에 드래그하여 배경을 만듭니다.

02 말풍선 오브젝트를 이용해 번호를 강조하는 아이콘을 만듭니다. 소제목(GRAPHIC/EDIT Design)은 글자 색: #494949, 글꼴: 나눔스퀘어, 글자 크기: 35pt로 설정합니다.

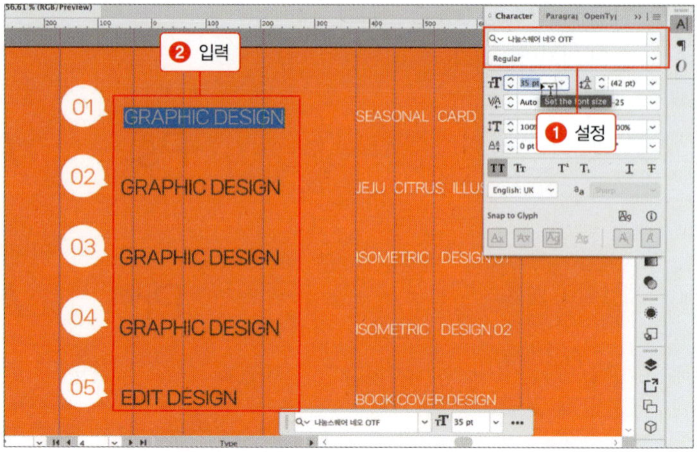

03 오른쪽 내용은 글자 색: #ffffff, 글자 크기: 25pt로 설정합니다.

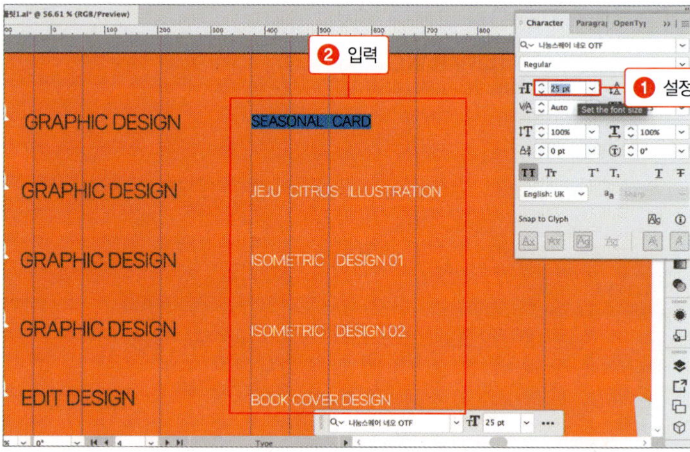

04 컨셉 아이콘들을 복제해 자유롭게 배치합니다.

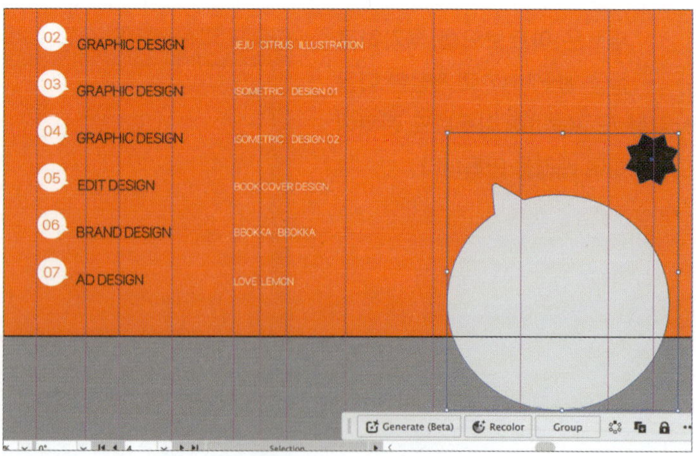

05 필요한 부분만 나타내기 위해 클리핑 마스크를 적용하겠습니다. 먼저 아트보드 크기의 사각형을 그리고 전체 오브젝트를 선택합니다.

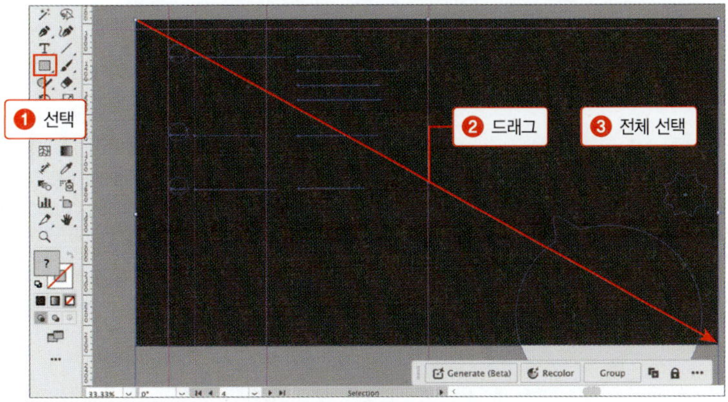

TIP

작업 스타일에 따라 다양한 방법으로 마스크를 적용하면 실력 향상에 도움이 됩니다.

06 메뉴에서 [Object] → Clipping Mask → Make를 실행하여 클리핑 마스크를 적용합니다.

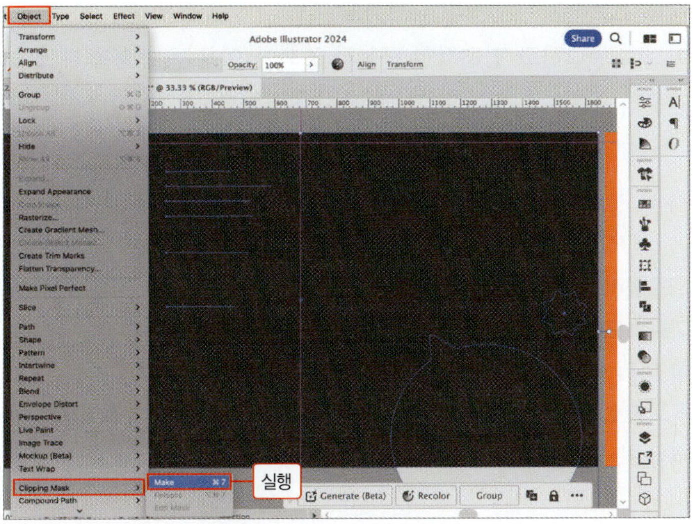

07 필요한 부분만 나타나 장표와 프로필 디자인이 완성됩니다.

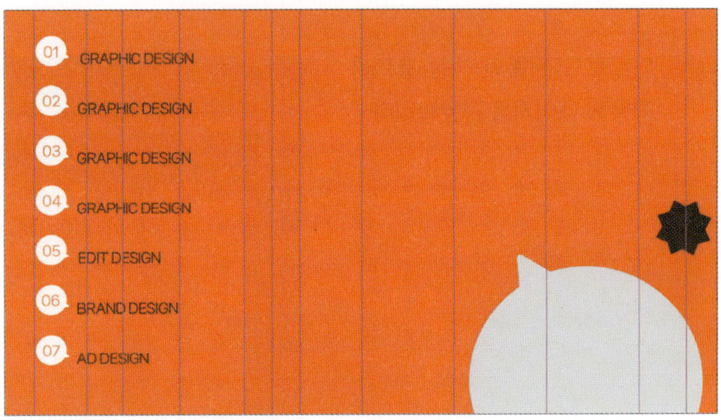

13.4 실습 예제 03

포트폴리오 페이지 디자인하기

• **예제 파일** : 13\프로필.ai • **완성 파일** : 13\포트폴리오.ai

포트폴리오 각 페이지에 컨셉 아이콘을 적용하고 구성하는 방법을 소개합니다. 아이콘은 정보를 효과적으로 전달하고 페이지의 일관성을 높이는 중요한 요소입니다. 다양한 디자인 기법을 활용해 아이콘을 페이지에 통합하고 전체적인 구성과 조화를 이루는 방법을 배워 보겠습니다. 이를 통해 더욱 매력적이고 전문적인 포트폴리오를 완성해 봅시다.

01 13 폴더에서 '프로필.ai' 파일을 불러옵니다.

포트폴리오 페이지를 만들기 위해 새 아트보드에서 Ctrl+R을 눌러 눈금자를 나타낸 다음 왼쪽 눈금자에서 오른쪽으로 드래그해 그림과 같이 가로 폭을 8등분합니다.

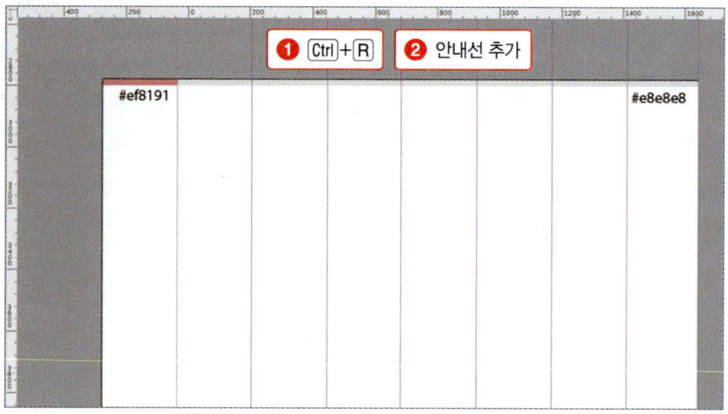

02 아트보드 위쪽의 색상 코드를 적용해 페이지를 구분합니다.

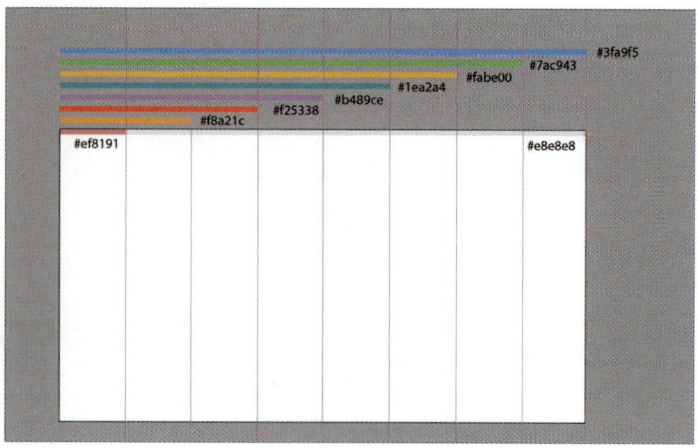

TIP

완성 파일(13\포트폴리오.ai)의 색상 코드를 참고해도 좋습니다.

03 안내선에 맞춰 오브젝트와 문자 상자를 배치합니다. 포트폴리오 페이지를 디자인하면서 문자 상자에는 더미 문자인 로렘 입숨(Lorem Ipsum)으로 채웁니다.

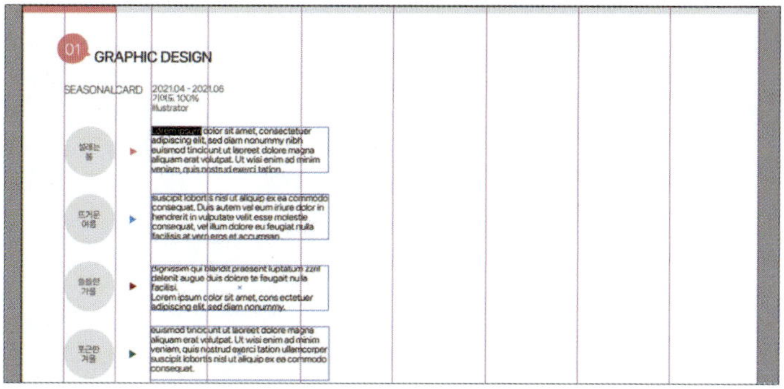

TIP **로렘 입숨**

로렘 입숨(Lorem Ipsum)은 라틴어로 쓰인 더미 문자로, 주로 디자인과 타이포그래피에서 실제 내용 대신 사용합니다. 이는 시각적 요소가 문자의 의미에 영향을 미치지 않도록 도와주며, 디자이너가 레이아웃을 설계할 때 내용이 아닌 형식에 집중할 수 있도록 합니다.

1. **디자인 레이아웃 확인:** 문자가 들어갈 자리를 미리 확인할 수 있습니다.
2. **타이포그래피 실험:** 다양한 글꼴과 크기를 적용해 최적의 스타일을 찾을 수 있습니다.
3. **시각적 균형 유지:** 문자의 양과 위치를 조정하여 전체적인 디자인의 균형을 맞출 수 있습니다.

04 세로 눈금자를 아래로 드래그하여 그림과 같이 가로 안내선을 추가합니다. 오른쪽 4개의 일러스트를 안내선에 맞춰 배치합니다.

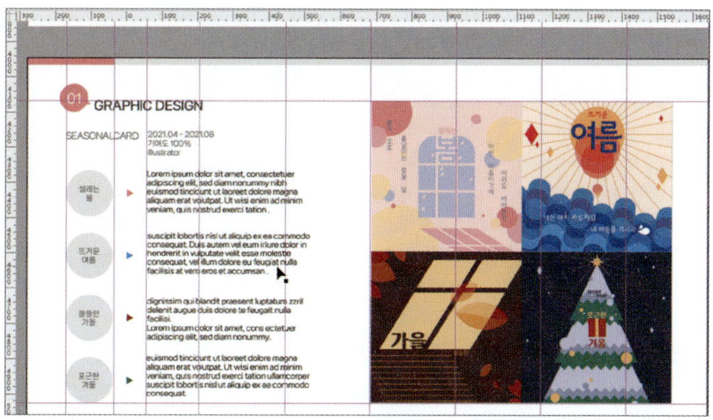

05 두 번째 페이지를 추가합니다. 위쪽 8등분 색상 바는 02번 색상 코드를 참고해 그림과 같이 2등분만큼 채웁니다. 안내선에 맞춰 문자 상자를 배치하고 더미 문자인 로렘 입숨(Lorem Ipsum)으로 채웁니다.

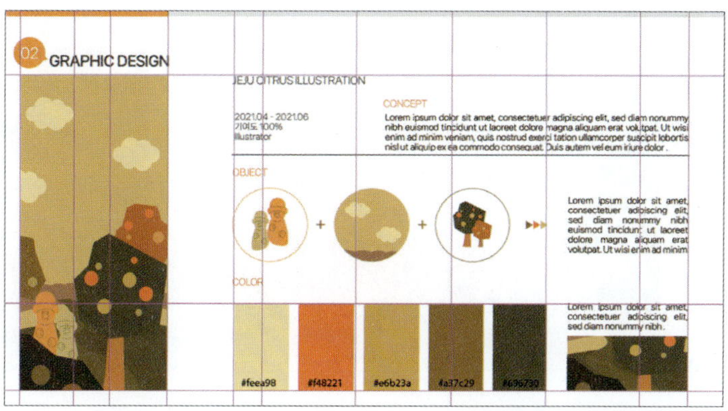

06 세 번째 페이지를 추가한 다음 그래프 디자인을 적용하겠습니다. 이미지 난이도를 보여주기 위해 영역 그래프 도구(📈)를 선택하고 드래그한 다음 데이터 입력 창에 데이터를 입력합니다.

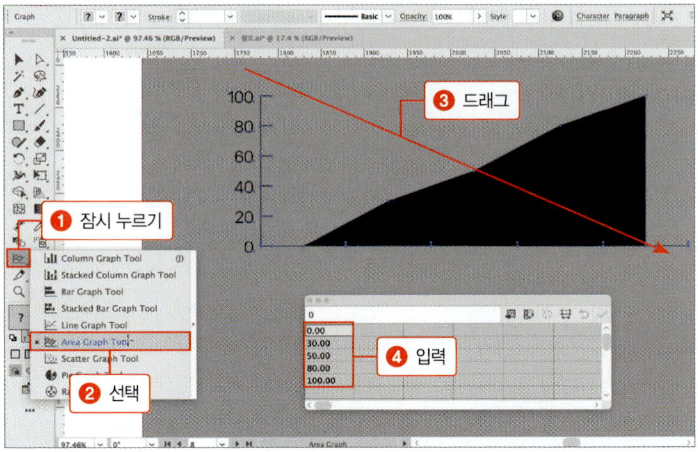

07 그래프가 꺾이는 부분마다 색을 적용하기 위해 그림의 색상 코드를 참고해 사각형을 그립니다.

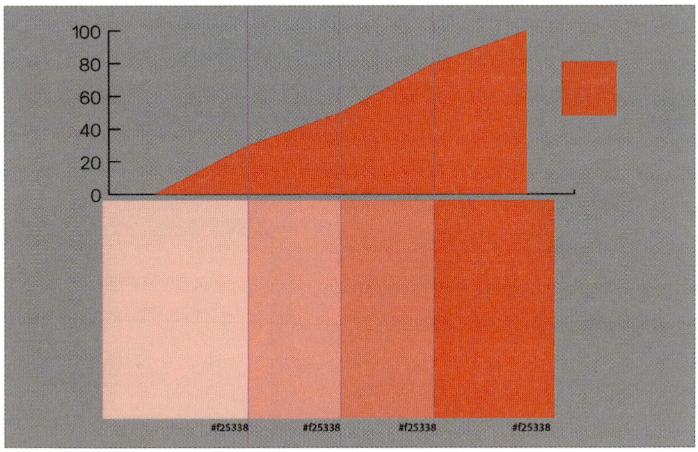

08 색상이 적용된 직사각형 위에 그래프를 복제하여 배치합니다. 오브젝트들을 선택하고 메뉴에서 [Object] → Clipping Mask → Make를 실행하여 클리핑 마스크를 적용합니다. 그래프가 그림과 같이 오브젝트로 만들어집니다.

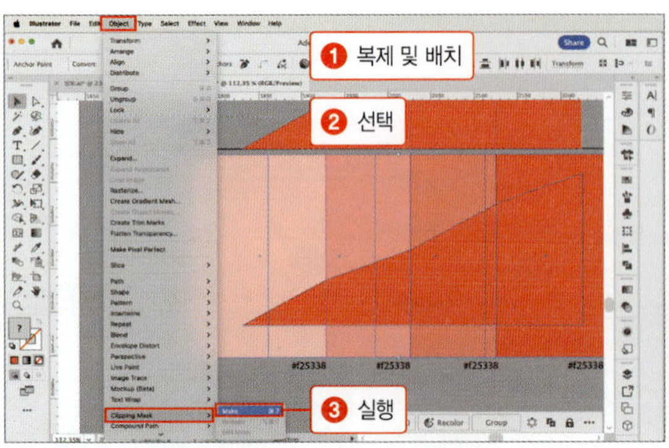

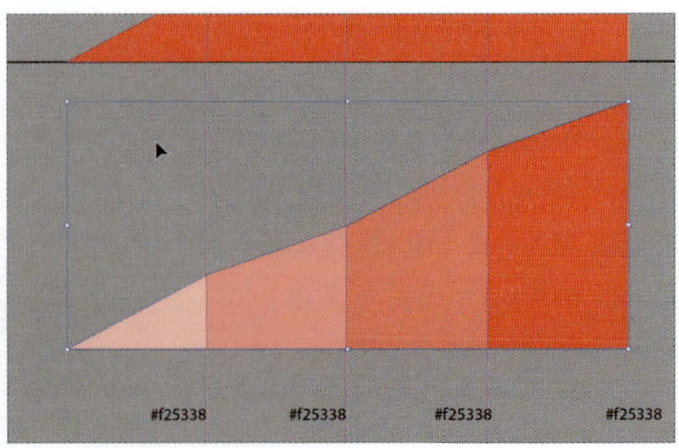

09 페이지에서 아이콘은 사각형의 모퉁이 곡률을 조정해 디자인합니다.

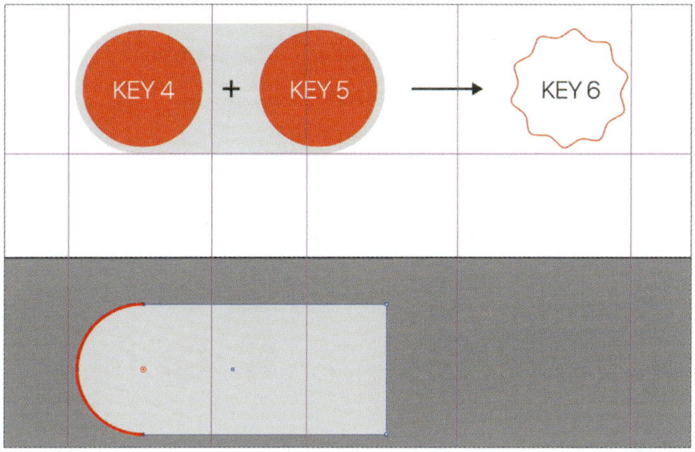

10 별 도구(☆)를 선택하고 아트보드를 클릭합니다. Star 대화상자가 표시되면 Points에 '10'을 입력한 다음 <OK> 버튼을 클릭해 포인트가 10개인 별을 그립니다.

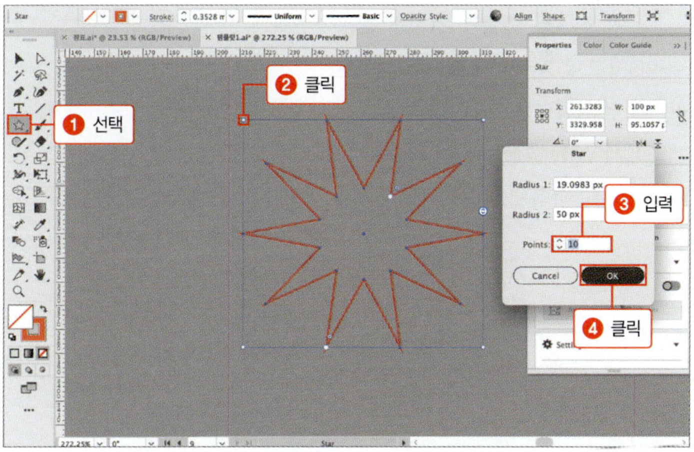

11 Properties 패널에서 'More Options' 아이콘(…)을 클릭한 다음 Rotate: 70°, R1: 50px, R2: 60px, Radius: 12px로 설정해 곡률과 크기를 수정합니다.

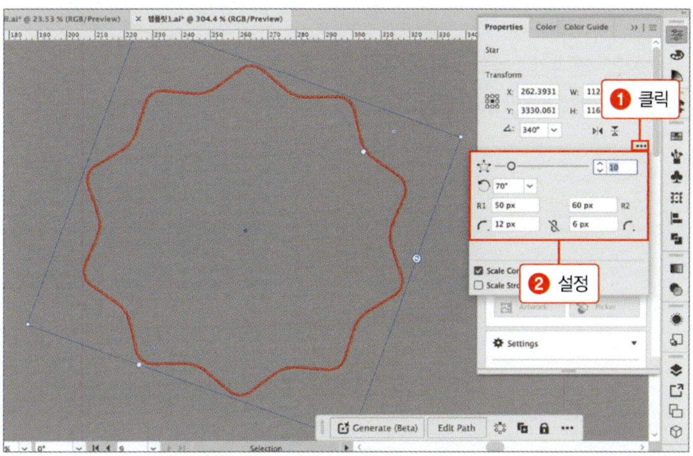

12 다음 페이지의 위쪽 8등분 색상 바를 색상 코드를 참고해 3등분 만큼 채웁니다. 안내선에 맞춰 그림과 같이 일러스트와 문자 상자를 배치합니다.

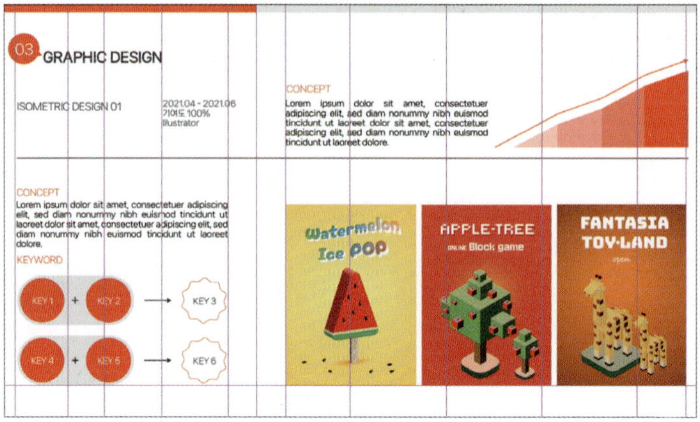

13 다음 페이지에 들어갈 디자인 소스를 만들겠습니다. 칠을 '#E2D3EF'로 지정한 다음 사각형 도구(▭)로 사각형을 그리고 Transform 패널에서 W/H: 155px, Angle: 315°로 설정하여 마름모를 만듭니다.

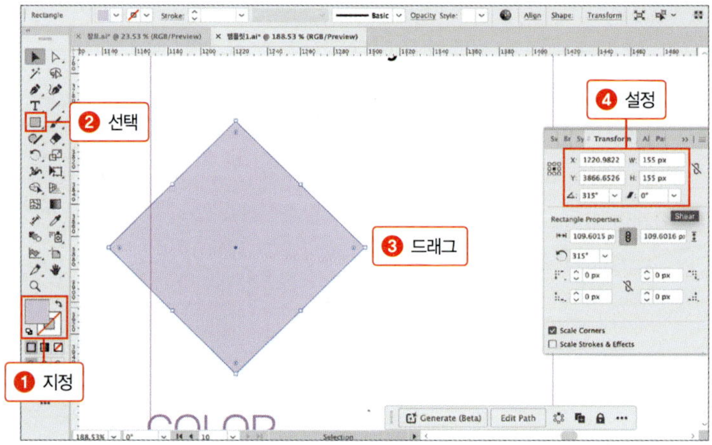

14 직접 선택 도구(▷)를 선택하고 마름모의 위쪽, 아래쪽, 왼쪽 기준점을 선택한 다음 모퉁이 곡률을 조정하여 그림과 같이 변형합니다.

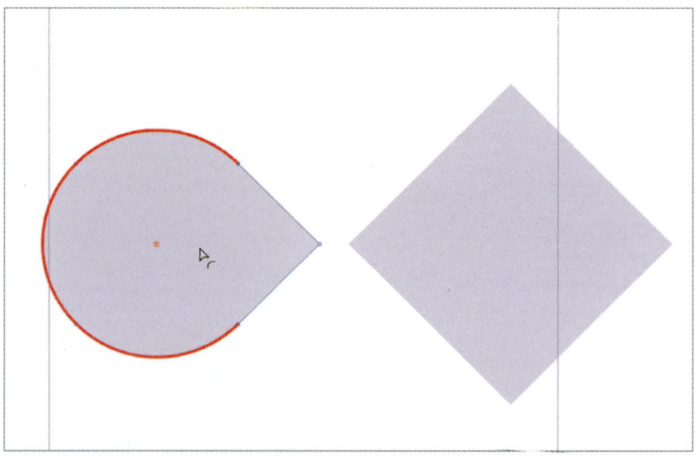

15 다음 페이지의 위쪽 8등분 색상 바를 색상 코드를 참고하여 그림과 같이 채웁니다. 안내선에 맞춰 그림과 같이 일러스트와 문자 상자를 배치합니다. 같은 방법으로 일러스트와 문자 상자를 함께 배치합니다.

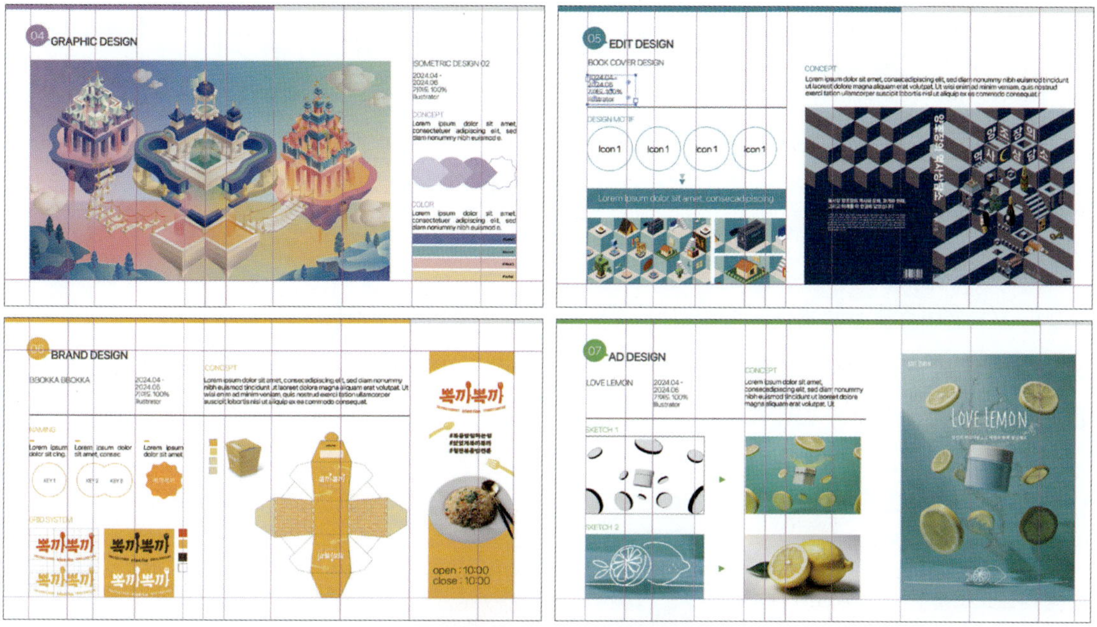

16 마지막 페이지는 시작 페이지와 같은 컨셉으로 말풍선 오브젝트를 이용해 그림과 같이 디자인합니다. 시작 페이지 문자를 다시 한 번 복제해 마무리합니다.

13.5 실습 예제 04 포트폴리오를 PDF로 내보내기

• **예제 파일** : 13\포트폴리오.ai • **완성 파일** : 13\포트폴리오.pdf

완성된 포트폴리오를 효과적으로 전달하기 위한 PDF 저장 방법을 소개합니다. 원본 이미지를 정확히 전달하기 위한 설정을 통해 전문적인 인상을 주는 포트폴리오 PDF를 만드는 방법을 배워 보겠습니다. 이를 통해 나의 작업을 더욱 효과적으로 전달해 봅시다.

01 13 폴더에서 '포트폴리오.ai' 파일을 불러옵니다.

전체 아트보드를 PDF 문서로 만들기 위해 메뉴에서 [File] → Save a Copy를 실행합니다. 저장 위치와 파일명을 지정합니다. Format(저장 포맷)을 'Adobe PDF (*.pdf)'로 지정해 저장합니다.

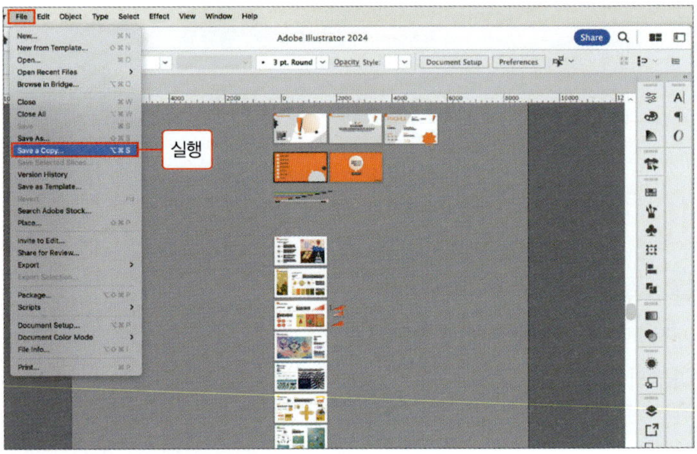

02 Save Adobe PDF 대화상자의 [General(일반)] 탭에서 'View PDF after Saving(저장 후 PDF 보기)'를 체크 표시합니다.

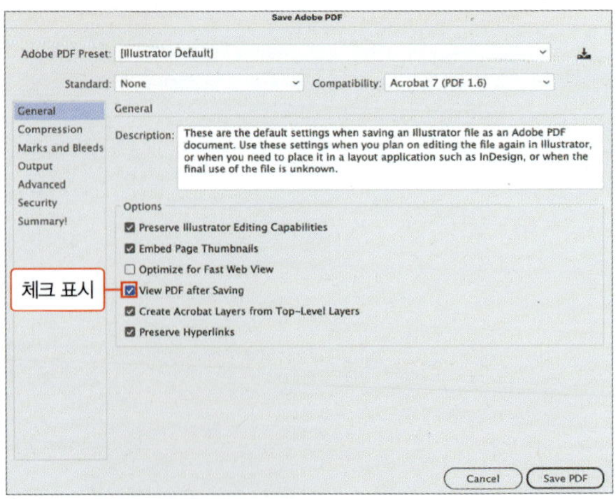

TIP

'View PDF after Saving'를 체크 표시하면 PDF로 저장한 후 바로 파일이 열려 확인할 수 있습니다.

03 [Compression(압축)] 탭을 선택한 다음 Adobe PDF Preset을 'High Quality Print'로 지정하고 <Save PDF> 버튼을 클릭합니다.

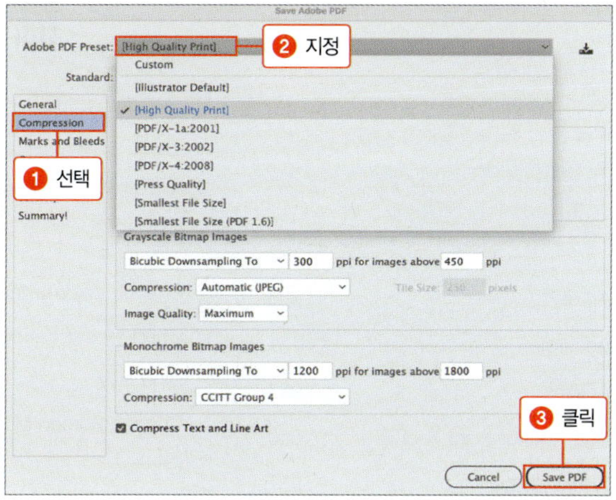

TIP

Adobe PDF Preset의 'Smallest File Size'로 지정하면 파일 크기를 줄이는 데 유리합니다.

04 모든 페이지가 저장된 PDF 문서로 변환됩니다.

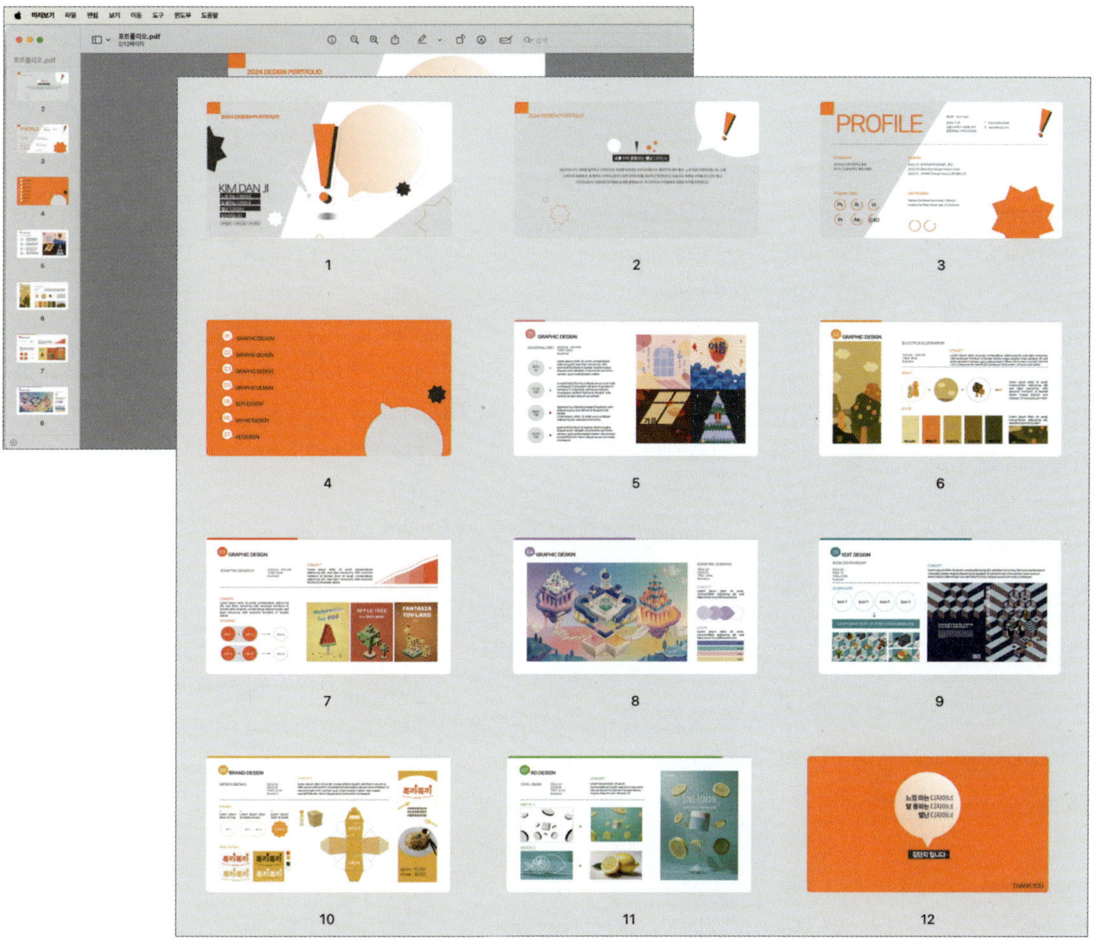

찾아보기

T

U-Z

ㄱ-ㄴ

ㄷ-ㅂ